小故事 大历史

一本书读完

人类战争的历史

崔佳◎编著

中华工商联合出版社

图书在版编目(CIP)数据

一本书读完人类战争的历史 / 崔佳编著. — 北京 :
中华工商联合出版社, 2014.3
(小故事,大历史)
ISBN 978-7-80249-928-7

Ⅰ. ①一… Ⅱ. ①崔… Ⅲ. ①战争史-世界-通俗读
物 Ⅳ. ①E19-49

中国版本图书馆 CIP 数据核字(2014)第 010245 号

一本书读完人类战争的历史

作　　者:崔　佳
责任编辑:效慧辉
封面设计:映象视觉
责任印制:陈德松
出版发行:中华工商联合出版社有限责任公司
印　　刷:天津市天玺印务有限公司
版　　次:2014 年 5 月第 1 版
印　　次:2024 年 2 月第 2 次印刷
开　　本:710mm×1000mm　1/16
字　　数:500 千字
印　　张:22
书　　号:ISBN 978-7-80249-928-7
定　　价:98.00 元

服务热线:010—58301130
销售热线:010—58302813
地址邮编:北京市西城区西环广场 A 座
19—20 层,100044
http://www.chgslcbs.cn
E-mail:cicapl202@sina.com(营销中心)
E-mail:gslzbs@sina.com(总编室)

序 言

1337 年，英国和法国为争夺弗兰德地区爆发战争，直到 1453 年英军投降，战争耗时 116 年。

1896 年，英国和桑给巴尔爆发战争，38 分钟就宣告结束。

1925 年，一个希腊军人因为追狗进入保加利亚境内被射杀，两国爆发战争。

1969 年，洪都拉斯和摩尔多瓦两国因一场足球赛而爆发战争，接近 3000 人伤亡。

……

有人的地方就有恩怨，有恩怨战争就不可避免。纵观人类的历史，就是一部活脱脱的战争史。从原始社会人类为了争夺猎物爆发的部落战争，到了现代社会为了争夺利益发生战争，战争从来就没有停止过。

据不完全统计，在有记载的 5000 多年的人类历史上，共发生过大小战争 14531 次，平均每年 2.6 次。

翻开这本《一本书读完人类战争的历史》，从一个个硝烟弥漫的战争故事里，我们希望透过残酷的战争，能让人们知道和平的可贵。

人类战争的历史，我们分成两个部分，中国战争史和外国战争史。

中国战争最初的形态，是原始部落式的，为争夺猎物或领地展开，石块、木棒就是兵器。炎黄之战，是我们能够了解到的中国历史上最早的大规模战争。

东周时期，是中国历史上最为混乱的一个时期，众多诸侯国林立，相互之间常年进行着战争。春秋五霸、战国七雄这些诸侯国已为我们所熟知，长平之战、巨鹿之战等经典战役，我们也耳熟能详。直到秦王扫六合，中国第一次完成统一，从此之后，华夏大地上的战争才频率骤降。

此后近 2000 年里，这片土地上的战争依然在继续，一个王朝推翻另外一个王朝的大规模战争几十年或一两百年就发生一次；小规模的战争，诸如农民起义、王侯内战也屡屡发生，和周边夷族外邦的战争也一直没停歇过。

1840 年鸦片战争之后，中国土地上战争频仍，中法战争、八国联军侵华、中日甲午战争，等等。日本和俄国为了争夺在中国的利益，还可耻地在中国的土地上爆发了日俄战争。

外国战争史主要包括欧洲战争史，以及美国的独立战争和南北战争。虽然在非洲大陆和南美大陆，战争的硝烟也一直没有停息过，但与发生在欧洲诸多大规模战争相比，无论是规模还是影响力，就不值一提了。

从雅典战争到波希战争，从普法战争到苏芬战争，欧洲大陆上诸多战争频繁发生。从马其顿帝国到古罗马帝国，从拜占庭帝国到奥匈帝国，每一个帝国的诞生和消亡，都伴随着无数场战争发生。

到了 20 世纪，以欧洲为主战场，终于爆发了第一次世界大战和第二次世界大战，规模之大，亘古未有。可以说在欧洲大陆，战争一天也没有停止过。“二战”结束后，世界依然不平静，从 1945 年到现在，依然发生过多达 80 多次战争，有多场战争到现在还未结束。

在未来，人类的战争也不可能会终止，甚至规模还会更大，但和平终将是全人类的共同愿望。现在就让我们通过此书，回望人类历史上发生的战争，来寻找和平的密匙吧。

目　录

冷兵器时代——中国篇

冷兵器时代——外国篇

早期火器时代——中国篇

早期火器时代——外国篇

近代战争——中国篇

近代战争——外国篇

命战争，这场战争从1775年至1783年，持续8年之久，最终以英国在北美殖民统治的破产和北美殖民地的独立而告终。

现代战争

冷兵器时代——中国篇

冷兵器时代是指远古时兵器由生产工具分化出来，到火药发明并应用于战争之前的时期。刀剑是冷兵器时代的象征，军队主要由步兵和骑兵组成，冷兵器时代延续时间非常久远，有文字记载的历史可达数千年之久。在我国，虽然没有确凿的证据表明兵器是何时由何人发明的，但是可以确认的是，兵器由生活或生产工具中分化出来的时间，距今至少已有四千六百多年，其中有些兵器产生的时间更长，比如弓箭。冷兵器时代的战争，受兵器的影响很大。

阪泉之战

华夏儿女常称自己是“炎黄子孙”。“黄”是指黄帝，“炎”是指炎帝。阪泉之战就是发生在他们之间的一场战争。他们为了争夺中原地区部落联盟的首领，在阪泉进行了一次大战。由于黄帝部落和炎帝部落是同属于华夏集团内部两个同源共祖的亲属部落，所以这次战争中既没有残酷的杀戮，也没有分出绝对的胜负。最终两个部落结成了新的部落联盟。

我们的两大祖先为什么会爆发战争

在炎帝和黄帝时期，华夏民族形成了自己初具雏形的古代文明，中华大地从此开始繁荣起来。炎帝最大的贡献是教给了人们播种五谷的方法，使人们有了足够的粮食。他另外一个了不起的成就是创造了医药学，保证了人们的生命和健康。同炎帝比较起来，黄帝的知名度更高，他用自己的杰出智慧在政治、思想、农业、医药、军事等多个领域继承了前辈的成果，使发端于炎帝的中华文明形成了完整的体系，并一直延续到几千年后的今天。

▲炎帝升仙图

黄帝部落和炎帝部落同源共祖，同属华夏民族，他们为什么会发生战争呢？关于黄炎之战的起因众说纷纭，流传最广的说法是两人在治理天下、为民谋福祉的方法上存在分歧，互相又都不能接受对方的政策，因而产生了矛盾，矛盾的激化最终导致了战争的爆发。而史学家们则认为真正的原因是，炎帝和黄帝两个部落在同一地区生产生活，他们为了获得更多的物质利益，就各自与自己的亲属部落联合在一起，结成部落联盟，并用暴力征服不顺从者，根据“以力为雄”的原则，他们都成为了享有很高威信的首领，很多弱小的部落纷纷投靠他们，以求得保护。然而两强并起的局面，限制了他们的发展空间。为继续扩大自己的势力范围，占得绝对的霸主地位，两个最强的部落之间终于爆发了战争。

千变万化的星斗七旗阵

战争一开始，两个部落各自占据有利地形。首先，炎帝在黄帝没有防范的情况下，先发制人，率兵以火围攻，使得轩辕城外经常浓烟滚滚，遮天蔽日。黄帝的手下应龙带人用水熄灭火焰，黄帝率兵将炎帝赶回阪泉之谷。在阪泉河谷中，黄帝积极进行作战准备。为增强武力，他将强悍的熊、罴、狼、豹、貙、虎六个氏族中有战斗力的人员编成氏族武装，精心教练。同时他竖起七面大旗，摆开了星斗七旗战法。黄帝仰慕炎帝的医药和农耕技术，吩咐手下士兵只许与炎帝斗智斗勇，不能伤其性命。他在炎帝营外摆阵练兵，千变万化的阵法层出不穷，炎帝无计可施，只能利用悬崖作屏障拒不出战。黄帝一边以演练战法做掩护，一边派人日夜掘进，将洞穴挖到炎帝的后方。一天，黄帝的兵将突然偷袭了炎帝营，活捉了炎帝。

黄帝虽然取得了这场战争的胜利，成为中原地区部落联盟的首领，但他并没有否定炎帝的功劳和威望。在处理同炎帝的关系上，他表现出了博大胸怀，他把炎黄两个部落联合起来，建立了新的同盟关系，使之成为自己帝王体系中的一个重要支柱。黄帝的这种兼容并包的精神也奠定了中华民族不断发展的基础，这种思想也被后世所继承。

传说时代

我们的祖先在中华大地上已生息繁衍了一二百万年，但直到夏王朝建立，原始文字改进的速度加快，才有了用文字记载的历史。在此之前，历史经验的传递靠口耳相传，故称“传说时代”。

在传说中，这时最活跃的有华夏、东夷、苗蛮三大部族集团。华夏集团的主要代表是黄帝和炎帝，他们主要活动在黄河中游，一般认为他们是仰韶文化、中原龙山文化的创造者。

涿鹿之战

如果说黄帝是通过战胜炎帝获得了统治地位，那么他真正稳固了自己的统治是经过了另外一场重要的战争，即同蚩尤的涿鹿之战。蚩尤是九黎之君，传说他铜头铁额，能吞云吐雾，是一个有超常能力的战神。他不甘心向黄帝臣服，几次挑起战争。他的好战善战使许多地方都受到危害。黄帝为了平定蚩尤作乱，亲自带兵出征，上演了一次旷日持久、规模巨大的史诗般的战争。

不食人间烟火的蚩尤

蚩尤实际跟黄帝一样，也是许多部落联盟的首领。他统率了72（或说81）个氏族，势力很大。蚩尤经常炫耀说自己有超人的能力，可以不吃食物，用沙子来补充自己的体力。他的头上长着两只尖角，打仗时比野兽还要凶猛。其实，这全是无稽之谈。当时人类已能种稻谷，他只是以米为食，而不是以沙为食。他的头上并没有长角，只不过戴着插有两只锋利牛角的头盔罢了。蚩尤会制造多种类型的兵器，据说剑、戈、矛、戟、弩和铠甲都是由蚩尤发明并在自己的军队中率先使用的。天性勇猛的蚩尤不愿听从黄帝的指挥，希望自己号令天下。于是蚩尤率领手下的氏族军队开始向黄帝进攻，战争在涿鹿爆发。

指南车指引黄帝走出迷雾

传说中蚩尤最拿手的是吞云吞雾，他的这一本领使黄帝的军队吃尽了苦头。正当双方交战处于难解难分之际，蚩尤开始作法，只见他七窍生烟，吞云吐雾，浓烟夹杂着迷雾一下子扩散开来，奇怪的是，这些烟雾只能遮挡住黄帝将士的视线，而蚩尤手下的兵将却能看得清清楚楚。这样蚩尤的士兵不断地进行突然袭击，得手后就躲在烟雾里。以上这些不过是神话传说，真实的情况是蚩尤族大多习惯了恶劣的天气环境，擅长在浓雾和暴雨中作战。所以他常常选择有雾和下雨的天气与黄帝交战，天时不利时，他轻易不出兵。而适应晴天中作战的黄帝在交战中常常损失惨重。这时候，黄帝手下一个叫风后的能工巧匠，想出了办法，他摹仿北斗星座制作了指南车，车上有一个磁石做成的小人，无论怎么转动指南车，小人的手始终指向南方。黄帝在指南车的帮助下，率

▲涿鹿之战（油画）

领族人冲出雨雾，脱离了险境。当雨季过去，黄帝选择了有利的天气，向蚩尤发起进攻，这一次，黄帝取得了胜利。

低沉浑厚的龙吟之声开启了胜利之门

▲涿鹿古战场遗址，今河北涿鹿矾山川

蚩尤的士兵个个凶猛剽悍，所以他们的战斗力要强于黄帝部落，双方交手多次，黄帝的军队败多胜少。黄帝只好再次寻找破解方法。当他得知玄女族人擅长利用计谋和阵法与敌交战时，就与玄女族结成联盟。此后黄帝不与蚩尤正面硬碰硬地交锋，而是组织各氏族部落采取灵活、多变的作战阵形，用智慧和经验把只有蛮力的蚩尤士兵打得只有招架之功，没有还手之力。有一次双方正在激战，突然狂风四起，尘沙漫天，黄帝便找来大批牛角和羊角，做成可以吹出龙吟之声的号角，然后让士兵一起吹起号角，低沉浑厚的号角声使蚩尤族在风沙中心惊胆战，不知所措，以为上天在帮助黄帝。最后黄帝采取诱敌深入的办法，把敌人引诱到他们生疏的地形上，待敌人十分疲惫之后与之决战，一举获胜。黄帝打败蚩尤后，扫清了自己施行仁政的障碍，使自己的地位得以巩固，他带领百姓，开垦农田，定居中原，奠定了华夏民族的根基。

牧野之战

牧野之战是商周时期周武王率军在牧野大破商军、灭亡商朝的一场改朝换代的著名战争。经此一战，殷商王朝600余年的统治宣告终结。周是商的附属国，实力原比商小，但周武王却在牧野之战中以少胜多、以弱胜强，体现出的谋略和作战艺术，给后人留下了深刻的启示。这场战争也确立了周王朝对中原地区的统治秩序。

通过检阅部队了解备战情况

商纣王统治下，政治腐败，刑罚残酷，连年用兵，矛盾激化，导致了整个社会动荡不安。周武王的父亲周文王为了完成灭商大业，已进行了多年的精心准备。为了避免引起对方怀疑，他天天歌舞升平，装出一副贪图享乐的样子，时不时还亲自带领手下大臣朝拜纣王，向其显示出很忠心的样子。通过一系列伪装，纣王对他放松了警惕。这使得灭商的准备工作一直进行得非常顺利。周文王在完成大业前夕逝世，武王姬发继位。他即位后，继承了父亲的遗志，表面上对纣王恭恭敬敬，暗地里继续加紧备战。公元前1029年，武王为了检查准备情况，带着父亲的灵位前往孟津检阅军队。当时到孟津汇集的诸侯有800多家，他们都认为到了讨伐商纣王的时候了。但武王感觉时机还不很成熟，所以只是带着部队进行了简单的演练就下令撤回了。两年后，周武王听说商纣王杀死了多次劝谏他的叔父比干，囚禁了自己的堂兄箕子，逼得太师疵、少师强逃到了周朝，朝中大臣们已人人自危。周武王认为时机已到，于是向所有诸侯郑重宣布："商纣王罪恶深重，现在已经到了讨伐他的时候了！"亲自率领战车300辆，勇士3000人，各路将士45000人，浩浩荡荡地东进伐商。

▲酷刑图

"母鸡是不应该早晨打鸣的"

2月初，周武王率军来到商都朝歌附近的牧野，排兵布阵完毕，带领大家庄严誓师（史称"牧誓"）："辛苦了，全军将士们，举起你们的戈，排好你们的盾，立好你们的矛，我们就要做出征宣誓了！古人道：'母鸡是不应当早晨打鸣的，如果母鸡在早晨打鸣，那么这个家必定要败落。'如今的商王纣，只听信宠姬的谗言，不治理国家，不尊重祖先，不报答神灵赐予的恩惠；他抛弃了自己的亲兄弟，却任用罪恶多端的罪犯，让他们欺压百姓，虐待百官，为非作歹，犯法作乱！现在我们要遵照天意去讨伐商纣王。”接着，武王又郑重宣布了作战中的行动要求：每前进六七步，就要停下来整顿一下行列，以保持队形；每刺杀四五次或六七次，也要停下来整顿队伍，以稳住阵脚。最后他向大家明确了作战纪律：对于逃跑的商军不要追杀，冲锋时要像老虎、豹子、熊一样勇猛顽强，否则按军法处置。

杂牌军临阵倒戈

商纣王在国都朝歌听到武王进攻的消息后，急忙组织防御，此时商军主力还在外征战，一时无法调回，纣王只好把大批奴隶和战俘临时拼凑起来，加上守卫部队共17万人。纣王带着这支杂牌军到了牧野，他把奴隶和战俘部署在最前面，将正规部队放在后面，迎战武王。

武王下令向商军发起总攻击。他首先命令吕尚率领勇士突击队向商军挑战，勇敢善战的吕尚就像雄鹰扑小鸡一样一下子就打乱了敌军的阵脚。而商军中被迫应战的奴隶和战俘，根本没有打仗的心思，这时纷纷阵前起义，掉转戈矛。武王不失时机地投入主力，猛烈突击敌阵。商军十几万军队，顷刻间土崩瓦解。纣王见大势尽去，仓惶逃回朝歌，登上鹿台自焚而死。武王率大军乘胜攻克了朝歌，结束了商王朝的统治。

人才的圣地——朝歌

朝歌，古地名，位于河南省北部鹤壁的淇县。殷商末期纣王在此建行都，改称朝歌。汉代设置朝歌县，元代设置淇州，明代改为淇县。淇河水养育了不少仁人志士，如被孔夫子誉为“殷有三仁”的箕子、微子、比干，以及传奇人物军事家鬼谷子、义士荆轲，我国第一位女诗人——许穆夫人等。

齐鲁长勺之战

长勺之战发生在公元前684年。交战的双方是齐国和鲁国。这次战争规模虽然不大，但是齐败鲁胜的战争结果可以表明，大与小，强与弱，是相对的；在一定的条件下，劣势和优势也是可以转化的。曹刿等齐军三鼓后才命令出击，目的就是为了消耗敌人士气，使双方形势发生转变。所以历代兵家都认为，在战场上要善于创造有利于自己的态势，这样才能收到用力小而获利多的效果。

为老百姓办好事才能打胜仗

公元前684年，齐桓公在巩固了君位之后，仗着兵强马壮，步步侵入鲁国。鲁国兵少国弱，处于劣势。为了保存实力，待机反攻，鲁军不得不暂时避开齐军的锋芒，采取守势。后来，鲁军退到一个有利于反攻的地方——长勺，战局才开始扭转。

当时鲁国执政的是鲁庄公，他为自己的人民做了一些好事，老百姓都很拥护他。面对齐国的进攻，他决定动员全国的力量与之决一胜负。鲁国有一个名叫曹刿的人，听到全国上下要与齐国作战的消息，非常着急。他虽然不是什么肩负国家重任的大官，但是他认为，对关系到国家生死存亡的大事，每个人都有责任来关心和过问。而且他认为当政大臣们庸碌无能，未有远谋，于是他决定求见鲁庄公，为帮助国家战胜强敌出谋划策。

曹刿见了鲁庄公，开口就问："齐军快打来了，听说你已经做出了应战的决策，但不知你凭什么同齐军作战？"鲁庄公正需要有人帮他出主意，见曹刿这样关心国家大事，就高兴地回答说："我对臣民还算是宽厚的，对衣食等生活用品，从来不独自享用，总要分一些给别人。"曹刿认为单凭这一点还远远不够，还不能作为战胜齐国的保证，就对鲁庄公说："你只是给人家一些小恩小惠，况且还不能施及全国，多数人并没有得到。所以老百姓是不会和你一起死战的。"鲁庄公又说："我对待天地神明是很虔敬的，祭祀天地的祭品总是有多少说多少，从不敢虚报。"曹刿还是不以为意，说："你不虚报祭品的数量，这只能算是守点小信，老天爷未必能感动给你降福。"鲁庄公沉默了一会儿，又继续说："鲁国每年都发生许多起诉讼案件，我虽然不能做到明察秋毫，但我总是尽最大努力公正地处理。"曹刿这时才说："这倒是尽到了君主的责任，为老百姓办了些好事。我认为你具备了同齐国决一胜负的基本条件了。"于是，曹刿自告奋勇，请求随同鲁庄公一起出战。鲁庄公答应了他的这一请求，让他和自己同乘一车前往长勺。

一鼓，两鼓，三鼓

齐鲁两军在长勺摆开阵势，准备决战。齐军仰仗人多，一开始就擂响了战鼓，发动进攻。鲁庄公也准备下令反击，曹刿连忙阻止说："等一等，不要击鼓反击。眼下敌人士气正旺，如果我军出击，必然损失惨重，不如先不跟他们交锋，消磨消磨他们的锐气。"当齐军第二次擂响战鼓时，曹刿还是叫鲁庄公按兵不动。在急于求胜心理的驱使下，齐军凭恃强大的兵力优势，又一次主动向鲁军发起猛烈的进攻。齐军连续三次的出击都在鲁军的严密防御之下无功而返，未能达到先发制人的目的，反而造成自己战力衰落，斗志沮丧。曹刿见时机已到，建议鲁庄公果断地进行反击。鲁庄公听从了他的意见，传令鲁军全线出击。鲁军于是凭借高昂的士气，一鼓作气冲垮了齐军的阵地，大败齐军。庄公见到齐军败退，急欲下令发起追击，此时又被曹刿所劝阻。曹刿下车仔细察看，发现齐军的车辙的痕迹紊乱；又登车远望，望到齐军的旗帜东倒西歪，判定了齐军确是真败，这才建议鲁庄公实施追击。追击令一下，鲁军个个奋勇当先，终于把齐军赶出了鲁国国境。

齐、鲁矛盾的由来

齐、鲁的矛盾冲突由来已久，早在齐襄公在位时，两国就因纪国的归属发生激烈的争夺，结果鲁国失败，其保护国纪国被齐国兼并。到了公元前686年，鲁国为了灭掉郕国曾联合齐国出兵，结果郕国到头来又划入了齐国的版图，鲁庄公兼并郕国的计划由此而破灭。这样既加深了两国的矛盾，又使得齐桓公错误地认为鲁国不堪一击，所以最终酿成了长勺之战的爆发。

战争结束后，鲁庄公向曹刿询问取胜的原因。曹刿回答说："用兵打仗凭的是勇气，第一次击鼓冲锋时，士气最为旺盛；第二次击鼓冲锋，士气就衰退了；等到第三次击鼓冲锋，士气便完全消失了。齐军三通鼓罢，士气已完全丧尽，相反，我军士气却正十分旺盛，这时实施反击，自然就能够一举打败齐军。"接着曹刿又说明未立即发起追击的原因："齐国毕竟是实力强大的国家，不可等闲视之，要防止他们假装败退，设下埋伏。我看到他们的车辙紊乱，军容不整，相信是真的溃败，这才建议实施追击。"在曹刿的指挥下，鲁国击退了齐军，局势从此稳定下来。

楚宋泓水之战

泓水之战的规模虽然不大，但是在中国古代战争发展史上却有一定的意义。讲仁义的宋襄公拘泥于陈旧的用兵教条，认为敌人没有摆好阵势，就不能发动进攻。结果被楚国大败。此战标志着西周以来“成列而鼓”为主要特色的“礼义之兵”行将寿终正寝，新型的“以诡诈奇谋”为主导的作战方式正在崛起。

因为想出头而被拘捕

春秋第一个霸主齐桓公去世后，长期以来受齐桓公遏制的南方强国——楚国，就企图乘机入主中原。这时各诸侯国因为失去了盟主，已成为一盘散沙。宋襄公此时便想继承齐桓公的霸主地位，出头领导各诸侯抗衡楚国。

▲春秋时期战车

公元前639年秋，宋襄公为抬高自己的声望，召集了楚、陈、蔡、郑、许、曹等国的国君举行盟会，希望在这次盟会上最终确立自己诸侯盟主的地位。楚成王早已处心积虑要算计宋襄公，便乘赴会之机，率军北上。而宋襄公对楚国的战略动向毫无觉察，出发前又拒绝了公子目夷（宋襄公的庶兄）提出的多带战车、以防不测的建议，轻车简从前往盟会召开地盂邑。结果在盟会上当场被楚军拘捕。楚军押着宋襄公乘势攻打宋国，多亏公子目夷等人事先已作准备，率领宋国军民进行顽强抵抗，才抑制了楚军的猛烈进攻。几个月后，楚成王接受了鲁僖公的调解，将饱受屈辱的宋襄公释放回国。

宋襄公遭此奇耻大辱，既痛恨楚成王的不守信义，出尔反尔；更愤慨其他诸侯国见风使舵，背宋亲楚。恼羞成怒的他一心想报仇雪恨。可他知道宋国的军力不如楚国，所以不敢主动招惹楚国，而是把打击的矛头指向了带头臣服于楚国的郑国，他决定兴师讨伐它，以显示一下自己的威风，挽回自己被楚囚俘而失去的面子。这时公子目夷和大司马公孙固认为攻打郑国会引起楚国出面干预，对宋国极为不利，所以劝阻宋襄公要头脑冷静，不要伐郑。可刚愎自用的宋襄公根本听不进大家的劝告，一意孤行地联合了卫、许、滕三国出兵攻打郑国。

“仁义之师”被全歼

郑文公听到宋军大举来攻，立即向楚国求救，楚成王果然迅速起兵伐宋救郑。宋襄公得到了这个消息，才知道事态的严重性，不得不急忙从郑国撤军。宋军虽然返回了本土，但楚国仍然不依不饶，准备从郑国境内追杀到宋国。宋襄公为了阻挡住楚军，将部队部署在自己的边境地区，宋军在泓水的北面等待着楚军的到来。公元前638年，楚军开进到泓水南岸，并开始了渡河。这时宋军早已摆好了阵型，可以随时出击。公孙固看到虽然楚强宋弱，但宋军占有先机，就建议宋襄公趁楚军渡河到一半时发起突然袭击。这一合理建议却被宋襄公断然拒绝，从而使楚军顺利渡过泓水。楚军渡河后开始布列队形，这时公孙固又提出乘楚军列阵未定之际发起攻击，但宋襄公仍然不予接受。就这样，一直等到楚军做好了一切作战准备，宋襄公才击鼓向楚军进攻。可是，弱小的宋军哪里是强大楚军的对手，一阵厮杀后，宋军受到了重创，宋襄公本人也受了重伤，他的禁卫军全部被楚军所歼灭。幸亏公孙固等人拼死掩护，宋襄公才狼狈不堪地突出了重围。

逃回都城后，宋国许多大臣都埋怨宋襄公实在糊涂，可是宋襄公本人并不服气，反而振振有词地为自己的错误指挥作辩解：“讲仁义的人不去伤害已经受伤的人，这叫‘君子不重伤’；也不去攻击头发花白的老年人，这叫‘不擒二毛’。仁义之师是不能利用险隘地形取胜的，更不能主动攻击还没有排好作战队形的敌人。”第二年，因为腿伤过重，这个满脑子“仁义礼信”的宋襄公死去了。他争当霸主的夙愿就此烟消云散了。

晋楚城濮之战

城濮之战是我国春秋时期晋、楚两国为争夺中原霸权而进行的第一次具有决定意义的战争，它对于当时中原局势的演变具有重大而深远的影响。“退避三舍”这个成语典故，就产生在这次战争中，最早说出这句话的人，就是晋国的公子重耳。晋国在大战中的胜利，大大提高了它的声威，从前同楚国关系密切的一些诸侯国，纷纷脱离楚国，归附晋国。这就改变了战前晋、楚两国力量的对比，实际上确立了晋国的霸主地位。

假装挖掘祖坟攻下曹国

公元前634年，楚成王为了争夺中原霸权，亲自率领楚军攻打宋国，把宋国的国都商丘包围了起来。宋成公派人向晋国求援。晋文公决定采取曲线救宋的策略，也就是去攻打楚国的同盟国曹国和卫国，迫使楚国救援，这样，宋国就可以不救自解了。

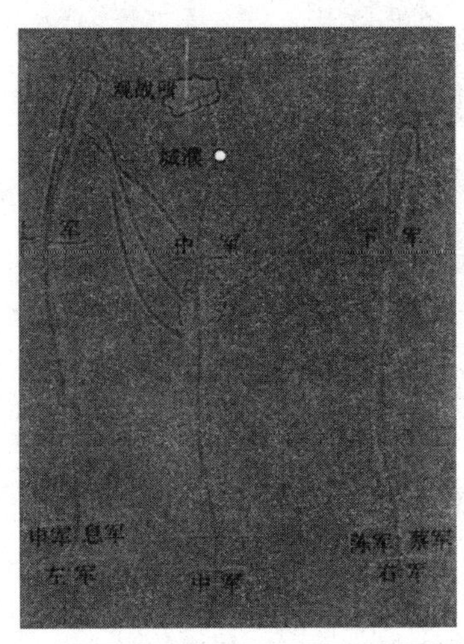

▲城濮之战侧翼攻击法

晋军轻易地攻下了卫国后，又包围了曹国的国都。曹军猛烈抵抗，晋军死伤很多。曹人为打击晋军士气，把晋兵的尸体挂在城墙上面。这件事使晋文公很伤脑筋。这时，一些士兵献计说：“我们把军队驻扎到曹人的墓地上，让他们以为我们要挖掘其祖先的坟墓，曹人一定会很恐惧，这时就可以趁他们慌乱的时候去攻城。”这一计策果然收到奇效，城上的曹兵看见晋军要挖自家的祖坟，乱成一团，为了阻止晋军，他们赶快把城上的晋军尸体用棺木装好，并送出城去。晋军抓住这个机会，攻入曹国国都，活捉了曹共公。

晋军攻打曹、卫两国，原来的意图是想引诱楚军北上，解救宋国之危。然而楚军却不为所动，反而加紧了对宋都商丘的围攻。于是宋成公只得又派人向晋国告急求援。这使得晋文公感到进退两难：要是不救宋国，宋国可能就会同晋国断绝关系，从而使晋国失去一个重要的同盟国，这样会损害称霸中原的计划；但要直接出兵救援，在兵力有限的情况下，远离本土与楚军交战也很难取胜，另外这样做也违背了过去与楚王的誓约。这时新任元帅先轸给晋文公出了一条妙计。他建议让宋国表面上同晋国疏远，然后由宋国出面，送厚礼给齐、秦两国，由他们劝解楚国撤兵。同时晋国把曹、卫的一部分土地送给宋国，以坚定宋国联合晋国的决心。这样的结果是，楚国看到曹、卫的土地被宋占有，必定会拒绝齐、秦的调解。而齐、秦收了宋国的厚礼，便会抱怨楚国不听劝解，从而与晋国站在一起，出兵共同与楚作战。晋文公对此计大加赞赏。并按此计一一施行。楚成王果然拒绝了齐、秦的调停，而齐、秦见楚王不给面子，也大为恼怒，便出兵助晋。齐、秦都是当时的大国，他们放弃了中立立场，使得晋、楚双方的力量对比发生了重大变化。

重耳的逃亡生活

晋公子重耳曾经因为晋国内部的动乱，逃离晋国，四处流亡。流亡19年后，他回国登上了国君的宝座，成为历史上赫赫有名的晋文公。

晋文公这19年在外流亡的生活，对他日后称霸大业的影响殊为重大。通过流亡，他完成了一个纨绔子弟到杰出政治家的转变，在困境中磨炼了意志，增强了政治才干。同时他了解了当时主要诸侯国政治、军事、外交、经济的基本情况，初步掌握了列国的战略动态，为自己登位后制定称霸战略方针提供了可贵的第一手材料。流亡中他团结了一大批既忠诚又有才干的大臣，这些贤能之士始终追随晋文公，在流亡过程中彼此荣辱与共，同甘共苦。他们在此后的经国治军上发挥了巨大的作用。

只有退避三舍才能理直气壮

楚成王看到晋、齐、秦三个大国结成了联盟，形势明显对自己不利，就决定进行战略收缩，他把楚军撤到楚国的申地，并命令大将子玉将攻打宋国的楚军主力撤离宋国，避免与晋军发生直接冲突。他告诫子玉说，晋文公流亡在外19年，有丰富的经验，又洞察民情，要量力而为，切不可轻举妄动。但是，正在前线指挥攻打宋国的子玉却骄傲自负，他根本听不进楚成王的劝告，仍坚决要求与晋军决战，并请求增调兵力。楚成王对子玉坚持与晋决战的态度很是不满，但又优柔寡断，同时希望能侥幸取胜。所以他既没有坚决制止子玉的做法，又没有给子玉增派充足的兵力，只派了少量人马前往增援。子玉得到了楚成王增派的援兵之后，更加坚定了同晋军作战的决心。他不顾楚成王的告诫，指挥楚军向曹都陶丘逼进，寻求与晋军进行战略决战。

晋文公见楚军逼近，立刻命令晋军后撤。这个不同寻常的举动引起了一些军臣的不满。他们认为这是对敌人示弱的一种表现，是晋国的耻辱。晋文公命令撤退的理由还要从他流亡到楚国时的一段故事说起。当年还不是国君的晋文公曾经在楚国流亡，楚成王把这位晋国公子当成贵宾看待。在一次招待盛宴上，楚成王曾经问他："如果公子回国做了国君，准备怎么报答我呢?"公子重耳回答说："美女、宝玉和丝绸，您有的是。如果托您的福，我能回到晋国做了国君，将来晋国与楚国万一发生了战争，我一定命令

▲晋文公

晋军退避三舍。”现在晋、楚两国的军队真的碰上了，晋文公命令撤退，就是为了表示实现自己对楚成王许下的诺言。

当然，晋文公的撤退，并不单纯是为了兑现诺言。他这样做一方面可以树立自己信守诺言的形象，取信于民，另一方面又可以先避开楚军的锋芒，挫伤楚军的士气。选择有利时机同楚军决战。但是，晋国的一些将领并不明白晋文公的良苦用心。为了与全军将士取得认识上的统一，先轸和狐偃又向将士们解释道：“出兵打仗，理直的军队士气就会旺盛，而理亏的军队士气就低落。我们的国君在流亡时受过楚王的恩惠，现在我军后撤，正是对楚国的报答，如果我们说话不算数，楚军就会觉得有充分的理由攻打晋国，如果后撤而楚军仍然不肯罢兵，那就是楚军侵犯我们，这时就可以理直气壮地与他们交战。”就这样，晋军撤到了卫国境内的城濮。

将战马披上虎皮吓败晋军

对晋军的主动后撤，楚军中不少人也感到事有蹊跷，主张慎重对待，不可大意。然而刚愎自用的子玉却认为这正是打败晋军的大好时机，于是挥兵跟进到城濮。子玉这种自负的做法也不是完全没有道理，当时，晋军的兵力仅仅是楚军的一半，他想借助绝对的兵力优势聚歼晋军。晋文公对此也是有一些顾虑，既怕晋军无必胜的把握，又担心与楚决战会有负楚成王过去的恩惠。狐偃等人的及时进言打消了晋文公的这些顾虑，他们激励晋文公说：“这一次决战，如果我们打赢了，就可以称霸中原；即使万一战败，我们还可以利用我国险要的地理条件，抵御敌人的进犯。”这时齐、秦、宋等盟军也先后赶来，准备在附近策应晋军的行动。晋文公最终下定了开战的决心。一场继齐桓公称霸之后对春秋历史进程有决定性意义的大战就这样一触即发了。

当楚军主将子玉派人前来挑战时，晋文公果断决定应战。晋将胥臣把驾车上的马蒙上虎皮，首先向楚军战斗力最差的右侧发起进攻，晋军的战马看见“老虎”扑来，都惊恐地伏倒在地，不能动弹。士兵们也惊慌失措，纷纷弃阵逃跑。接着，晋军又采取诱敌出击、分割聚歼的战法对付楚军的左侧。大将狐毛故意在车上竖起只有主帅才有的两面大旗，冒充统帅，同时装出要退兵的样子，其他部队也与之配合，用战车拉着树枝，扬起尘土，假装败逃。楚军看到这种情景，误认为晋国的主帅败退了，就驱马追击。晋将见楚军中计，拦腰冲杀回来，将楚左军大部歼灭。楚军战败后，向西南撤退，楚军主将子玉无脸回见楚王，便自杀而死。城濮之战就这样以晋军大获全胜而告结束。城濮之战改变了战前晋国和楚国的力量对比，奠定了晋国的霸主地位。

秦晋崤之战

晋文公在世时，晋国联合秦国共同抗楚，当时秦、晋两国往来频繁，关系密切，互通婚姻，结为友好同盟。“秦晋之好”也成为盟国之间相互信任，相互支持的代名词。但是，在国与国的关系上，既无永久的敌人，也无永久的朋友，有的只是永久的利益。终于，他们因为各自的利益而反目成仇。崤之战就是发生在秦国和晋国之间的一场战争，此战完全破坏了秦、晋两国之间的传统友谊，致使秦国转而同楚国结盟。晋国因此而腹背受敌，无法集中全部力量与主要敌人——楚国进行决战。所以这场战争虽然晋国大获全胜，但最大的赢家却是楚国。

“秦晋之好”被密探破坏

公元前628年，晋文公去世了，晋国和秦国这两个曾经相互支持、相互信任的国家的关系日益紧张起来。终于，他们在为争夺郑国这件事上反目成仇。郑国地处中原腹心，无论谁称霸中原，都必须控制郑国。一日，秦国在郑国的密探杞子，派人给秦穆公送来一份密报。杞子在密报中宣称，自己已掌握了郑都北门的控制权，故请求穆公派兵偷袭郑国。秦穆公得杞子密报后，认为自己争霸中原的时机来了，于是决定出兵袭取郑国，进而图求霸业。但是秦国偷袭郑国，必须经过晋国境内的崤山地区。如果不预先向晋国借道，便构成对晋国的入侵，必然会遭到反对；但如果预先通知晋国，晋国未必会同意，而且也难以再对郑国保密，这样就失去了军事行动的隐蔽性。所以秦穆公执意要偷袭郑国这件事实际上已破坏了秦晋联盟。

▲秦穆公

牛贩子慰问敌军

于是秦军向郑国进发，这时的郑国不知道任何消息，情况已万分危急。当开进到与郑国相邻的滑国时，一个预想不到的情况出现了。郑国一个叫弦高的贩牛商人正在那里经商，他发现秦军大军到来，断定是准备攻打郑国的。于是他急中生智，想出了一个对付秦军的办法来。他先派人火速赶回郑国报告这一消息，然后把自己装扮成郑国的使臣，精心挑选了12头牛，来到了秦军大营。秦军主帅孟明视看到郑国使者来见，感到十分奇怪，就按外交礼节接待了他。面对秦军大将，弦高十分镇静，从容地对孟明视说："将军们辛苦了，我们国君早就听说贵国军队要求从我们国土上经过，所以，特意派我在路上迎接和犒劳众将士们。"他又接着说："虽然我们郑国是一个小国，但由于不断遭受大国的侵犯，所以时刻都厉兵秣马，丝毫不敢大意，所以还请你们看到这些情况后千万不要介意。"这一下，秦军统帅部没了主意，主帅孟明视认为，郑国使臣远道前来犒师，说明郑国已知道了秦军偷袭的计划，并已有所准备，在这种情况下去攻打，绝无成功的可能。所以秦军放弃了袭郑的计划。为了避免空手而归，他们趁势灭掉了滑国，准备回去交差。郑国收到了弦高的急报，也将秦国的内应驱逐出了国境。

回家的路上被全歼

秦军袭郑的消息很快传到了晋国，并掀起了轩然大波。卿大夫先轸第一个站出来要求开战，另一个大臣栾枝则主张放过秦军，认为晋文公曾受过秦穆公的恩惠，现在袭攻其军，将无法面对刚刚去世的晋文公。晋襄公认为自己东进争霸的时机已经成熟，于是决定出兵截击秦军，为确保截击行动的成功，晋还联络了擅于山地作战的姜氏部落共同出战。秦军回师途中，对晋出兵行动一无所知，又缺乏必要的警惕，终于一步步走向失败的深渊。4 月初，秦军到达了崤山地区，这里山高路窄，道路崎岖，秦军此时已是人困马乏，举步维艰。秦帅孟明视等人发现无异常情况，戒备更为松懈。就在这时，鼓声大起，晋军从前后左右突然杀出。秦军突遭伏击，想要应战，但兵车无法在山路上列阵和回旋，进退不能。在晋襄公亲自督战下，晋军将士个个奋勇向前，一举全歼了秦军。崤山之役晋军大获全胜，秦军"匹马只轮未返"。崤山之战后，秦国与楚国结成了联盟，晋国因此而腹背受敌。

▲崤山谷地战场遗址

晋楚邲之战

邲之战，是春秋中期的一次著名会战，是当时两个最大的诸侯国——晋、楚争霸中原的第二次重大较量。在作战中，楚军利用晋军内部分歧、指挥不力等弱点，适时出击，反客为主，先发制人，一举战胜对手，从而一洗城濮之战中失败的耻辱，在中原争霸斗争中暂时占了上风。而楚庄王本人，也由于此役的胜利，无可争辩地挤入了史所称道的“春秋五霸”的行列中。

受夹板气的郑国

由于崤之战引起秦、晋战略同盟的破裂，两国陷入了长期争战的泥潭之中。这使楚国的势力逐渐复苏，并构成对晋国的重大威胁。公元前614年，楚穆公去世，赫赫有名的“春秋五霸”之一楚庄王继位。楚国在楚庄王的治理下，综合实力日益增强。楚、晋之间的一场大战已在所难免。而受夹板气的弱小的郑国成了引发战争的导火索。

晋、楚都想号令中原诸侯，这使郑国、宋国等小国夹在了两个势力中间，谁也不敢得罪。小国们为了自保，只好两面讨好，尤其是郑国。郑国所在位置是中原的战略要地，它面对两大强国常常是左右为难，所以郑国对楚、晋双方只能时叛时服，飘摆不定。公元前598年，郑国归服了楚国，但不久，它又主动向晋国请和。楚庄王深知郑国在争霸全局中的重要性，于是便以郑通敌叛楚为罪名，亲率大军攻伐郑国，就此拉开了晋、楚邲之战的序幕。郑国都城在被围数个月后，因为没有得到晋国的及时援助，虽经顽强抵抗，但终因实力与楚相差悬殊，被楚国攻陷。楚庄王破城后从争霸全局出发，并没有吞并郑国领地，只是强迫郑国与之结盟。

谁也做不了主

郑国是晋国进入中原的通道，晋国自然不能允许楚国控制这里，所以当楚围郑两个月后，晋景公就委任荀林父率军救郑。就在大战一触即发的前夕，郑襄公派遣使臣前往晋营，劝说晋军进攻楚军，并向晋国许诺，如果晋、楚开战，郑军将会和晋国协同作战。对郑国的这一请求，晋军一部分将领认为应该借此机会立即出战，一部分人却认为郑国来劝战，纯粹是出于自身利益的考虑，希望晋、楚双方速战速决，好以战争结局来决定郑国的依赖取向。晋军主帅荀林父对于两派的意见也犹豫不定，迟迟未能作出决断。正在此时，楚庄王派来了使者，表示楚国这次出师北上，目的只是为了教训一下郑国，而并没有得罪晋国的意思。荀林父则很客气地答复说，晋国对郑国心怀二心的做法很看不惯，所以奉命来质询郑国，而与楚国也没有关系。晋军主战派将领赵旃对此大为不满，认为荀林父谄媚楚国，于是便用挑衅性的语言答复楚国使者，说晋国出兵就是为了把楚军从郑国驱逐出去，为达到这个目的，不惜与楚军交战。这样一来，晋军内部的混乱和分歧，便直接暴露在楚使眼前，楚庄王从而也掌握了晋军的意向和虚实。

船上到处都是断臂断指

为了进一步麻痹晋军，确保作战的胜利，楚庄王再次派人以卑屈的言辞向晋军求和。荀林父本来就没有决战的想法，见楚军求和，立即就答应了，并放松了戒备。可晋军中两个对荀林父心怀不满的部将魏锜和赵旃，以出使请和的名义，擅自向楚军挑战，这下正好被楚军所利用。楚大军倾巢而出，猛烈地向晋军发起了突然攻击。此时晋军主帅荀林父正在等待楚国派使者前来议和，却猛然发现楚国大军已如潮而至，顿时手足无措，竟然在恐慌中发出了全军渡河撤退的命令，并高声大喊，先渡过河的人有奖赏。这样一来，晋军更是陷入一片混乱，全部都拥挤在黄河的岸边，争相渡河逃命。由于船少人多，加上没有指挥，先上船的怕楚军赶到，急于开船；未上船的跳入河中，手臂抓住船舷，企图挤上船头，以至于渡船难以开动。结果引起了一阵自相砍杀，船上到处都是还在流血的断臂断指，晋军损失惨重。就这样，楚军取得了邲之战的胜利。

▲龙凤云纹皮盾

吴楚柏举之战

公元前506年所发生的柏举之战，是由中国伟大的古代军事家孙武所指挥的一次经典战役。它是春秋末期一次规模宏大、战法灵活、影响深远的大战。有史学称它为“东周时期第一个大战役”。吴国在经过6年的“疲楚误楚”战略后，深入楚境，于柏举一举战胜多年的敌手楚国，给长期称雄的楚国以十分沉重的打击。这场战争在很大程度上改变了春秋晚期的整个战略格局。

假厨师用鱼肠剑行刺

吴国在与楚国争夺江淮流域的争斗中屡屡取胜，但要彻底战胜楚国，还必须出现一位旷世的明君。这一位君主，就是吴王阖闾。阖闾是一位文武双全且富有心计的人，当他未即位时被称作公子光，按照“兄终弟及制”的惯例，公子光的父亲吴王夷末死后，夷末的庶弟僚登上了国王的宝座。作为嫡长子的公子光对此并不服气，于是他通过楚国亡臣伍子胥的推荐，找到了勇士专诸，准备杀王夺位。公子光在客堂摆设酒席宴请吴王僚。吴王僚不知是计，只带少数精兵欣然前往。酒过三巡，勇士专诸伪装成厨师端上烤鱼，等接近吴王僚时，突然掰开鱼腹，抽出事先藏在鱼肠子中的利剑猛刺过去，这一剑从前胸穿透到后背，吴王僚当场毙命。公子光夺取了王位，取号为阖闾。吴王阖闾立志称霸天下，他注重发展经济和军事，吴国呈现了国富兵强的势头。

小的骚扰隐藏大的野心

公元前512年，阖闾在急于求成的心态驱使下提出大举发兵攻楚的打算，孙武认为时机未到，劝阻道：“楚国疆土比吴国大，人口比吴国多，尽管国力出现了衰败的迹象，但军事实力仍然很强大。吴楚两国的整体实力相比较，楚国还是占有一定优势的，特别是它拥有一支相当规模而且实战经验丰富的军队，数量达20万人，现在攻楚还不是时候。”接着孙武提出了具体建议：“虽然我们现在不攻打楚国，但要始终对其进行骚扰和麻痹。我们可以派出小股部队长期对其袭击，使吴军始终处在疲劳的状态。”

吴王采纳了孙武的建议，每隔一段时间，吴军就派出一支部队对楚国进行袭击，楚国总是派大量兵力迎战，可是等楚军出动后，吴军便往回撤。如此轮番袭扰楚国长达6年时间，先后袭击了楚国的夷、潜、六以及弦、豫等重要地区。害得楚军疲于奔命，疲惫不堪，人力物力都被大量耗费。同时，吴军这种浅尝辄止，不作决战的做法，也给楚军造成错觉，误以为吴军的行动仅仅是“骚扰”而已，而忽视了吴国隐藏在深处的“野心”。

逃到河的中间再开始追击

吴国实施的“疲楚误楚”等策略，给楚国以沉重的打击，使吴国基本上完成了消灭楚国的战略准备。公元前506年，给楚国以致命一击的时刻终于来临了。吴王阖闾御驾亲征，他委任伍子胥、孙武等人为将军，公子山为先锋，倾全国兵力水陆3万余人，目标直取楚都郢都。楚国方面闻报吴军大举来袭，大为惊恐，不得已而在极其被动的情况下仓促应战。几经激战，楚军已陷入完全被动的困境，被迫在柏举地区做最后的挣扎。遭到重创的楚军失魂落魄，狼狈溃逃，吴王阖闾尾随不舍，终于在柏举清发水追上楚军。吴军见追兵赶来，争先恐后地抢渡过河，阖闾准备立即展开攻击，夫概马上劝说他先等一等，并解释说：“我们如果追得太急，楚军就会觉得反正也逃不走了，不如拼死一战；如果先让他们逃到河的中间，楚军就会觉得有逃生的希望，他们的斗志就会全部丧失。这时再发起攻击必将获大胜。”果然，楚军见吴军追上来但没有跟进，都无心恋战，去争相渡河了。等渡到河中间时，吴军加速追击，结果再度给渡河逃命的楚军以极其沉重的打击。在柏举决战后的第十天，吴王阖闾指挥吴军一举攻陷楚都郢都，柏举之战至此终于以吴军的辉煌胜利而宣告结束。

孙子与《孙子兵法》

孙子，名武，字长卿，春秋末期齐国人。他是我军古代最著名的军事家。他的兵学思想集中反映了春秋时期军事理论的伟大成就和最高水平，并对中国古代军事文化的成熟和发展产生了极其深远的影响。

孙子之所以在今天的军事学术史上享誉中外，是因为他的一部不朽的兵学名著——《孙子兵法》。《孙子兵法》今存本共十三篇，5900余字。它对于如何在战争中取得胜利进行了系统、精辟的论述。它以无可置疑的事实向古往今来的人们昭示：孙子无愧于“一代兵圣”的光荣称号，《孙子兵法》无愧于“百世谈兵之祖”的不朽之作！

越灭吴之战

吴越战争的规模和影响远远不及当年的晋、楚争霸，但越王勾践“卧薪尝胆”的奋斗精神却代代相传。吴国和越国的角逐发生在春秋中晚期，双方经过长期较量，一波三折，极富戏剧色彩。越王勾践经过20余年的卓绝努力，终于灭亡了吴国，成为了春秋时期的最后一个霸主。

阵前集体自杀

吴楚柏举之战以后，楚国已经不是吴国的对手。吴国要想谋求进一步的发展，就必须在南征越国和北战齐、晋两个方向上做出选择。吴王阖闾本来是想北上与齐、晋等大国一争雌雄，但遭到了伍子胥和孙武为代表的南进派反对。加之越国近在咫尺，并不时骚扰进犯，吴王不得已将矛头指向了越国。

▲吴国都城遗址

公元前496年，阖闾得知越王允常去世，认为正是进攻越国的大好时机，于是便决定大兴吴师，征伐越国。伍子胥虽然坚定主张南进，但却认为不应该在敌国君王刚刚去世时出兵，因为这样会使在政治上陷于被动，所以他以时机不成熟为由劝阻吴王的盲动，结果被阖闾拒绝。阖闾趾高气扬地统率吴军开向吴越边境。新越王勾践见吴军大举来犯，不甘示弱，也亲自率领越军主力进行抵御。双方在两国边界上展开了第一场大战。越王勾践先发制人，组织了两支敢死队，率先向吴军发起冲击，然而吴军训练有素，防御阵型坚固，挫败了越军的几次攻击。勾践见初战不胜，使出了惊人一举。他迫使犯了死罪的囚徒，都拿着剑排成三列前进队形，当进至吴军阵前时，一起举剑自杀。吴军看着这一幕，不禁个个目瞪口呆，军心震撼，顿时阵脚大乱。勾践乘机指挥越军发起了猛烈攻击，一举冲垮了吴军的阵型。阖闾在混乱中也被击伤。吴军只能撤离战场，退向本国。在撤退的路上，吴王阖闾因伤势过重，不治身亡。他在临终前再三嘱咐太子夫差要牢记这一血海深仇，日后一定要破灭越国。

亲自去做人质

阖闾死后，夫差继位吴王。夫差牢记已故父王的叮嘱，每天派专人提醒自己：“夫差，你忘记越王的杀父之仇了吗?”夫差则回答：“我不敢忘!”就这样，夫差遵循父王的遗志，致力于操练部队，增强军备，准备有朝一日向越国讨还血债。而越王勾践因为大胜了吴国，滋长了骄傲情绪，认为阖闾已死，年轻的夫差不会对自己有什么威胁，就松懈了军事上的准备。当勾践知道了夫差正加紧备战的消息，终于如梦初醒，为了摆脱厄运，他决心孤注一掷，先发制人，首先发动对吴国的进攻，以求侥幸取胜。吴王夫差得知越军来犯，当即调集了10万精兵迎战勾践，两军在吴国境内的夫椒展开了激战，双方从白天一直厮杀到夜晚。吴军在夫差、伍子胥等人的指挥下，出奇兵高举火把猛攻越军两翼，并乘敌混乱之际夹击越军主力，越军惨败而逃。勾践自知已无力抵抗，只好退守稽山。夫差指挥吴军乘势将勾践及其败军紧紧包围。在越军濒临覆灭的时候，大夫范蠡向越王提出了屈辱求和的建议，主张向吴国求降，如果不答应，就由勾践亲自去吴国做人质。不得已，勾践采纳了这个建议，一面准备死战，一面派人向吴王求和。并用美女、财宝贿赂吴太宰伯嚭，要他从中斡旋，劝说夫差允许越国作为吴国的附属国，并声明如果吴国不接受求和，就会与吴军血战到底。夫差因为急于北上与齐国争霸，并认为越国已经名存实亡，于是答应了勾践的求和请求，率兵回国。

吴越战争爆发的根源

越国的迅速崛起是在春秋的晚期，在允常和勾践统治期间，越国的实力有了相当大的发展，其疆域已纵横数百里，成为南方地区仅次于楚、吴的大国。随着国势的逐渐强盛，允常和勾践也想以中原诸国为榜样，循序渐进争霸中原。然而，越国的北方是比它强大得多的吴国，越国要北上，首先要越过吴国这道障碍，这就势必导致两国政治、经济利益上的冲突，出现“争三江五湖之利”的局面。这就是吴越争霸兼并战争发生的内在根源。

勾践卧薪尝胆

按照事先的约定，越王勾践将国内事务分别托付给了文种等大臣，自己带着范蠡等人去吴国做人质。勾践到了吴国，每天喂马擦车，服侍夫差狩猎游玩，每天晚上还在阖闾的坟前守墓。最使勾践君臣提心吊胆的是伍子胥，常常劝说吴王杀掉勾践，因此，勾践必须装出万分忠于吴王，而且不能让吴王发觉他的虚假。勾践在吴国忍辱含垢，历尽了艰辛，终于骗得了夫差的信任，在吴国权臣伯嚭的帮助下，三年后被释放回国。

勾践返回越国后，决心东山再起，复国灭吴。他励精图治，做出表率。勾践亲自耕田，夫人亲自织布，食不加肉，衣不重彩，礼贤下士，厚待人才。为了不忘记在吴国当奴仆的奇耻大辱，勾践还在身边总放着一个苦胆，坐卧饮食都先尝一尝苦胆，这些举动，极大地感动了越国的军民，大大增强了民众的凝聚力。

同时，他不断送给夫差优厚的礼物，表示忠心臣服，以消除夫差对越国的戒备；勾践还将美女西施、郑旦送给吴王，使他沉溺于女色；同时越国拿出大量财物贿赂吴国的大臣，争取他们的同情和帮助，并设法使吴国群臣内部互相猜忌；为了破坏吴国的经济，越国用高价收买吴国的粮食，使其内部粮价高涨，造成供应困难；为消耗吴国人力、物力，勾践送给了夫差许多能工巧匠和优质建材，促使其修筑宫殿，大兴土木。越国对吴国实施的这些措施，使吴王穷奢极欲，忘乎所以，并极大地消耗削弱了吴国经济、军事实力，使其在不知不觉中走向了衰败。至此，越国已全面复兴，其综合国力大为增强，发兵伐吴只需要一个良好的时机了。

▲越王勾践卧薪尝胆图

连杀 7 个报信人

在越国上下一心、为复仇雪耻磨刀霍霍时，吴国却日趋腐败，夫差奢侈淫乐，穷兵黩武。夫差一边调用了大量人力、物力建造姑苏台，以供自己寻欢作乐，一边又征调大批民工开凿人工运河邗沟，修筑屯兵基地邗城，为北上征战齐国做战争准备。此时，齐国发生内乱，局势十分动荡，这就给夫差伐齐带来了机会。他认为中原霸权已唾手可得，不可错失良机，便北上联合鲁军，击败了齐军。战后，夫差更加骄横，认为只要压服晋国就可以中原称霸，于是率领精兵3 万，北上黄池，只留下 1 万多老弱残兵留守姑苏。勾践梦寐以求的机会终于来到了。公元前 482 年，勾践调集 5 万越军，兵分两路，一路由范蠡带领，由海道入淮河，切断了吴军自黄池的归路，一路勾践亲自率兵直袭姑苏。越军到达后，发起了猛攻，将吴军一举包围聚歼。此时，夫差正在黄池与晋定公争当霸主，听说越军攻破了姑苏，唯恐这个消息动摇了军心，影响到争霸的形势，他一连杀掉了 7 个前来报信的人，以封锁这一不利消息。并以强大的军威逼迫晋国让步，终于勉强做了霸主，然后才急忙回国。此时姑苏失守的消息已经泄露，军心因此涣散，将士都没了斗志，夫差感到反击越军已没有希望，便派人向越国求和。勾践此时也没有灭吴的把握，所以同意撤兵回国。公元前 478 年，吴国发生了大饥荒，勾践认为伐吴的时机已经成熟，于 3 月率军出征。结果越军出其不意地渡过笠泽江，使吴军一败再败，只能退守到姑苏。越军采取了长期围困的策略，围困吴军三年之久，最后夫差绝望自杀。越国灭吴后，终于成为了春秋时期的最后一霸。

齐魏桂陵之战

与敌人作战时，是正面交锋以硬碰硬，还是集中力量攻击敌人的弱点呢？齐魏桂陵之战给我们提供了很好的答案。桂陵之战是战国中期发生在齐、魏两个大国之间的一场著名战争。作战中，孙膑使用避实击虚、攻其必救等用兵方法，大破魏军，创造了“围魏救赵”的著名战法。

赛马赢千金

公元前354年，魏国为了维护自己的霸主地位，派大将庞涓带兵8万进攻赵国，包围了赵国国都邯郸。邯郸局势危急，派遣使者先向齐国求救。当齐威王决定出兵救赵时，首先想到让孙膑担任主将，统率全军。孙膑曾受庞涓迫害，被用刑砍断了双脚，所以他推辞说：“我是个受过刑的人，当大将会被敌人笑话的。还是请大王另选别人吧。”于是，齐威王改派田忌为大将，孙膑为军师，统率齐军救援赵国。一个受过刑的人为什么会得到齐威王的重用呢？这还得从田忌赛马说起。

孙膑精通兵法，齐国大将田忌非常赏识他，把他留在自己的门下，敬为上宾。齐威王喜欢赛马，下的赌注很大。田忌家里也养了不少好马，但是每次比赛，老是赛不过齐王。有一次，孙膑去看赛马，他看到田忌虽然每场都输了，但是就马的足力而论，相差得并不太远。他就对田忌说：“下次赛马，您只管把赌注下大，我有办法使您得胜。”尽管田忌半信半疑，但他知道孙膑足智多谋，到了下次赛马的时候，田忌果然下了重注。临比赛之前，孙膑教田忌说：“今天赛马，第一场先用下等马同国君的上等马比赛；第二场用上等马同他的中等马比赛；第三场用中等马同他的下等马比赛。”田忌按他的办法去比赛，结果一负两胜赢了千金。齐威王见田忌居然能够连赢两场，非常奇怪，就问他用什么方法取胜的。田忌就把孙膑替他出主意的经过告诉了齐威王。齐威王听了，认为孙膑有过人的才智，立刻传令召见。齐威王与他谈起兵法，孙膑精辟独到的见解引起齐王强烈的共鸣。于是齐威王决定以后要对孙膑委以重任。

救赵国要用劝架的方法

田忌决定率领大军直接开到赵国，以解邯郸的围困。孙膑对田忌说：“这不一定是上策。”接着他分析道：“要想解开一团乱丝，只能用手指慢慢地去理，不能一把抓在手里，强拉硬扯。同样的道理，要劝解两个人打架，只能从旁边劝说，不能自己进去帮着打。现在我们要去劝解魏、赵之争，只能采取避实击虚的策略，不必去同围城的魏军主力正面交锋，而是要乘虚攻击敌人的后方。现在魏国已经把精兵全部调到了攻打赵国的前线上，而且与赵国相持已经一年多了。而留在国内的只有一些老弱残兵。

您不如率领大军火速前往魏国的首都大梁，占据魏国的交通要道，攻击它的薄弱环节。攻打赵国的魏军听到这个消息，就一定会放弃赵国而回兵救援。这样，既可以解救邯郸之围，又可以调动敌军，使他们来回奔袭，那时，您就可以选择有利时机消灭他们，这样岂不是一举两得吗？”田忌听取了孙膑的建议，迅速带兵向魏国的都城大梁进军，切断了魏国的交通要道，引诱庞涓回救国都。齐军主力以逸待劳，集结在魏军的必经之路上等待魏军的到来。

以逸待劳大获全胜

经过苦战，魏军在付出很大的代价后，在攻打赵国的第二年即公元前 353 年的 10 月，终于攻下了邯郸。此时，孙膑认为与魏军决战的时机已经成熟，便请田忌派出小部队轻装直扑大梁而去，做出要攻取魏都的假象。远在赵国的庞涓刚刚攻下邯郸，还未来得及休整，就接到了齐军攻打大梁的战报。庞涓只好留下少数兵力控制刚刚攻克的邯郸，率领主力轻装回救国都。此时，田忌、孙膑早已料定魏军必然经过桂陵，率主力先期到达桂陵布置阵地，设置埋伏。而魏军由于长期攻打赵国，兵力消耗较大，加上长途跋涉，士卒疲惫不堪。当魏军马不停蹄地刚到桂陵，即遭到齐军截击，结果自然惨败。庞涓狼狈逃回大梁。桂陵之战最终以齐国的完胜而告终。

▲田忌赛马

齐魏马陵之战

马陵之战是齐国对魏国具有决定意义的一次伏击歼灭战，也是一场经典的隐真示假、隐强示弱的战例。作战中，齐军减少士兵做饭用的锅灶，掩盖了自己的真实兵力，迷惑了魏国。齐国在桂陵、马陵两次大败魏国，表面上看是救了盟国，实际上是为自己消灭了强敌。此战过后，齐国进入到“诸侯面东朝齐”的强盛时期。

口头答应救援，可就是按兵不动

公元前 344 年，魏惠王加冕称王，邀请韩、宋、邹等国参加庆典，但韩国拒不赴会，这使魏惠王觉得丢了面子，他一直怀恨在心。两年后，魏惠王派庞涓率军向韩国发动了进攻。韩国抵挡不住，向齐国求救。齐威王口头答应了韩国使者，但又没有马上出兵。齐威王有自己的打算，如果现在出兵，韩国既不会遭到太大损失，魏国也不会消耗太多实力，这样不利于齐国的长远战略利益。所以齐国一面向韩国传递了救援和信守盟约的信号，做出维护两国友好关系和帮助韩国抗魏的样子，坚定韩国抵抗魏国的决心，另一面让魏、韩继续互相消耗，准备在魏军疲惫之际，再寻找机会解救韩国。果然，韩国得到齐国答应救援的允诺，人心振奋，竭尽全力抵抗魏军进攻，但结果仍然是五战皆败，韩国只能再次向齐国求救。公元前 341 年，齐国抓住魏、韩两国都疲惫的时机，以田忌为主将，田婴为副将，孙膑为军师，率领齐军直取魏都大梁。

▲马匹护甲

做饭的锅灶派上了大用

魏国眼看着胜利在望，又是齐国从中作梗，自然十分恼怒。于是决定放过韩国，调转大军，气势汹汹扑向齐军，企图好好教训一下齐国。齐军进入魏国境内纵深地带，兵马辎重数量众多，行动速度缓慢，魏军尾随而来，一场鏖战已是不可避免。田忌问孙膑有什么破敌之计。孙膑胸有成竹地说：“魏军自以为兵强马壮，轻视齐国军队，我们就要利用魏军骄傲轻敌、急于求成的心理。”接着孙膑提出了一套减灶诱敌的作战方案。按照孙膑预先的部署，齐军与魏军刚一接触，就立即佯败后撤。为了诱使魏军追击，齐军每天都减少士兵做饭用的锅灶：第一天挖了可用于为 10 万人做饭的锅灶，第二天减少为 5 万人用灶，第三天又减少为 3 万人用灶。齐军士卒大批逃亡的假象果然使庞涓上当，他认为齐军不敢同魏军作战，斗志已经涣散，并根据减少的锅灶计算出逃亡的齐军士兵数量，于是丢下步兵和辎重，只带着一部分轻装精锐骑兵，昼夜兼程追赶齐军。

在树上写着能杀人的字

孙膑根据魏军的行动，判断魏军将在日落之后到达马陵。马陵一带地形险要，道路狭窄而且林木茂密，属于打伏击战的绝佳地形。而且马陵已在齐国境内，既便于齐军的后勤补给，也利于封锁消息。于是齐军在马陵设伏。他们构筑了野战壁垒，埋伏下弓弩手。孙膑还下令把路旁的树木砍倒，只留下中间一颗大树并削去一块树皮，在上面写上几个大字。魏军果然在天黑后如期而至，庞涓见树上有字，就叫士兵点起火把照明，当看到树上写着“庞涓死此树下”时，惊呼上当。但是已经为时太晚，埋伏在两旁的弓弩手一看到火光，立刻朝火光方向万箭齐发，魏军顿时大乱，纷纷死于箭下，齐军乘势冲杀过来。庞涓眼见败局已定，愤愧地自刎而死。齐军消灭了庞涓的精锐部队，乘胜追击，势如破竹，又连续大破魏军，前后歼敌 10 万余人，并俘虏了魏军主帅太子申。马陵之战以魏军惨败而告终结。

大军事家孙膑

孙膑是孙武的后代，早年曾经与庞涓同学兵法。庞涓后来在魏国为将，自以为才能不如孙膑，便将孙膑召到魏国，借机迫害，并施以膑刑（一种割去人双脚或膝盖骨的酷刑），使其残废。孙膑在齐国使者的帮助下，逃到了齐国，受到的齐威王和大将田忌的重用，任为军师。孙武在齐国改革军事，而且谋略出众，取得了齐魏桂陵之战和马陵之战的辉煌胜利，以此“名显天下，世传其兵法”。

孙膑在继承其祖先孙武的军事思想的同时，针对他所在时代的军事战争特点，进一步进行了创新和发展，并著有《孙膑兵法》。“必攻不守”就是《孙膑兵法》中的一个著名的作战思想，“必攻不守”是指进攻方向必须选择在敌人没有防守或不易防守的要害地域。现代战争中的“避实击虚”就是从此种作战原则中演化而来的。

齐燕即墨之战

在齐国生死存亡的关头，田单以复仇雪耻为号召，带领守城军民，同仇敌忾，齐军不仅在即墨和莒两座孤城上成功坚守了3年，而且还巧妙地利用火牛阵一举击溃了攻城的燕军，尽收失地，上演了一出绝地反攻的好戏，创造了反败为胜的奇迹。齐燕即墨之战也因此成为我国古代战争史上一个“得人心者得天下”的经典战例。

散布流言换掉强将

公元前284年，燕昭王封乐毅为上将军，统帅燕、秦等国军队，消灭了齐军主力，连下齐国70多座城池，攻占了齐国的国都临淄。当时齐国只剩下即墨和莒两城未被攻下。即墨为齐国较大的都邑，地处富庶的胶东，靠山近海，土地肥沃，财物丰富，有坚固的城池和一定的人力用于防守。守城将领田单为挽救危局，除积极争取人心，还将所带的族兵及收容的残兵7000余人，及时加以整顿和扩充；他亲自带头构筑城防工事，加固城墙；将族人、妻妾编入军营参加守城。田单与将士同甘共苦，使即墨军民群情振奋，斗志昂扬，决心为保卫自己的生命财产，奋起抵抗燕军。如此相持3年之久，两城依然未被攻下。

公元前279年，燕昭王死后，惠王继位。田单知道惠王早在做太子时便对乐毅不满，就派间谍进入燕国，到处散布流言说：“齐王已经死了，现就只有两座城没有攻打下来，乐毅为什么三年攻不下两座城？其实他想控制军队当齐王。现在齐国人还没有答应乐毅的要求，所以他故意放缓攻城的行动。齐国现在最怕的就是燕国换另外一个将领顶替乐毅，那样即墨很快就会被攻破。”燕惠王早已怀疑乐毅，加上田单挑拨离间，便派骑劫代替并召乐毅回国，乐毅知道惠王会加害自己，便投奔了赵国。这样田单借燕王之手换了难以对付的敌将，而且燕军将士因为这件事都为乐毅愤慨不平，所以军心涣散。

田单请神仙

田单命令城中的百姓每次吃饭前都要在庭院中摆设饭菜祭祀祖先，说是只有这样做才能表达对祖先的敬意。于是，每到吃饭的时间，即墨城上空都会有很多飞鸟盘旋。城外的燕国士兵不知道这是怎么回事。接着，田单又让人四处散播谣言说：“看啊！这是天上的神仙要来帮助齐军了啊！”为了让百姓们对自己的话深信不疑，田单特意从城中挑选出了一个精明强干的士兵，让他装扮成神仙，而且每次发号施令的时候都会说这是神的旨意。

俘虏被割了鼻子

新来的燕军主将到任后，一反乐毅的做法，改用强攻。由于齐国军民的顽强抵抗，仍未能奏效。田单为了进一步激励士气，便诱使燕军行暴。他向燕军散布谣言说：“我最怕燕军割去被俘士兵的鼻子，如果把这些人放在攻城军队的前面，即墨城就会被攻破。”燕军听到后，就按照他说的做了，城中军民看到被俘的士兵被割去了鼻子，全都异常愤怒，决心与燕军死战到底，决不当俘虏。田单又向燕军宣扬：“齐人最怕自己的祖坟被挖，那样会令人伤心沮丧，斗志全无。”燕军就把齐人在城外的祖坟全部挖掉，并烧了尸骨。齐国军民从城上看到此景，更加愤怒，纷纷要求与燕军决一死战。田单看到军民士气高昂，知道反攻的时机已经成熟。

火牛阵绝地反击

田单先命精壮士兵全部隐伏起来，以老、弱、妇女登城守望，使燕军误以为齐军青壮年男子已伤亡殆尽，失去继续作战的能力，然后他又派人向燕军诈降，燕军信以为真，更加麻痹松懈。田单在城中收集了一千多头牛，在牛角扎上锋利的尖刀，在牛的身上披上红色的外衣，在牛尾上绑好渗透油脂的芦草，在城脚挖了几十个洞，又挑选了5000名精壮勇士，扮成神怪模样。夜里，齐军点燃了牛尾上的苇草，1000多头牛从城墙洞中飞奔而出，五千勇士随之冲杀，全城军民敲打铜器呐喊助威。一时间火光通明，杀声震天。燕军从梦中惊醒，仓皇失措，四出逃命，死伤无数。骑劫也在混乱中被杀。围攻即墨的燕军完全溃败了。田单奇袭获胜后，立即大举反攻。齐国民众痛恨燕军的暴行，纷纷响应，很快将燕军逐出齐国，收复了被燕军攻占的70余座城池。

秦赵长平之战

综观烽火连天、刀光剑影的270年战国历史，规模最大，杀戮最惨烈的战役，当属秦赵长平之战。秦军所以大获全胜，除了它在政治、经济、军事占有优势地位外，还在于成功地运用了“远交近攻”的外交策略，使赵国失去了与各国联合的机会。决战前夕，使用离间计，诱使赵国换掉久经沙场、经验丰富、威震三军的老将廉颇，使用缺乏实战经验，只会“纸上谈兵”的赵括，也是赵国战败的一个重要原因。

“秦军最害怕的将领是赵括”

赵国国力较强，是战国时期能与秦国抗衡的少数国家之一。秦国为完成统一六国大业，必须要拔去这颗钉子。公元前261年，秦国夺取上党，赵国被牵入战事。赵王听说秦军进犯的消息，派遣名将廉颇率领大军开往长平，抵御秦军的进攻。秦强赵弱，所以秦军希望速战速决，廉颇不愧为久经沙场的名将，他准确分析了双方形势，决定凭险固守，拒不出战，等秦军给养困难时，再伺机进攻。这一招很是奏效，两军在长平相持不下。

▲赵长城遗址

秦王看到攻不下长平，就运用谋略来打开缺口。一方面，他们借赵国使者郑朱到秦国议和的机会，故意殷勤招待郑朱，向各国制造秦、赵和解的假象，使赵国在外交上丧失了与各国联合的机会，陷于被动和孤立。另一方面，采用离间计。他们派人携带千金重礼到赵都邯郸，贿赂收买赵王身边的人。并且散布流言说：“廉颇老了，容易对付，而且他固守长平，不主动出战，是准备投降秦国。秦军最害怕的将领是赵括。”赵括是赵国名将赵奢的儿子，他从小熟读兵书，对用兵打仗的道理说得头头是道。但赵奢了解他的儿子：没有实战经验，只会夸夸其谈。赵奢曾经对妻子说：“打仗是关系生死存亡的大事情，可是赵括却说得那样容易。今后赵国不用赵括带兵倒也罢了，如果用他做大将，断送赵军的一定是他。”赵王听信谣言，准备用赵括换下廉颇，丞相蔺相如和赵括的母亲都极力反对，说他只会纸上谈兵，不会在实际中灵活运用。赵王不听，执意任命了赵括为赵军主帅。

谁泄露消息就处以死刑

赵括上任后，马上改变了廉颇的军规制度，更换了将领，搞得赵军上下四分五裂，斗志消沉。他还撤换了廉颇的防御部署，命令部队做主动出击的准备，企图一举打败秦军。

秦国在离间赵国君臣的同时，也及时调整了自己的军事部署，不仅向前线增派了大批攻赵军队，还征调了骁勇善战的武安君白起为上将军。为了避免引起赵军的注意，秦王下令全军将士要严守这一机密，谁泄露了白起担任主将的消息就处以死刑。这个白起，可不是寻常人物。他是战国时期最杰出的军事将领之一，久经沙场，曾大战伊阙，斩杀韩、魏联军 24 万；南破楚国，打得楚人失魂落魄。只会背吟几句兵书的赵括哪里是他的对手。

公元前 260 年 8 月，不知深浅的赵括果然指挥赵军向秦军发动了大规模的进攻。秦军的先头部队佯装败退，赵括不察虚实，立即率军实施追击。追至长平时，被秦军团团围住。赵军只好筑垒防守，等待援兵。但他们等来的是秦国的援军，秦军彻底切断了赵军的所有粮道，到了九月，赵军断粮已 46 天，以至于出现了吃人充饥的情况。赵括孤注一掷，亲自率领精兵强行突围，结果被秦军乱箭射死。赵军失去主将，斗志全无，40 万饥疲之师向秦军投降。白起认为赵军士兵反复无常，日后很有可能发生叛乱，就下令将他们全部活埋。秦军取得了长平之战的彻底胜利。长平之战中，秦军前后共歼灭赵军 45 万人，从根本上削弱了最为强劲的对手赵国，也给其他诸侯国以极大的震慑。从此以后，秦国统一六国的道路变得畅通无阻了。

范雎的“远交近攻”策略

范雎是战国时期的著名军事战略家，他向秦昭王提出了一套系统的战略思想，这就是“远交近攻”的思想，这个思想对秦国以后的兼并战争产生了深远影响。

“远交近攻”就是对远方的诸侯实行暂时的联合政策，以争取其中立；对邻近的诸侯实施军事打击，以蚕食其土地。这样才能“得寸则王之寸，得尺亦王之尺”，巩固既得的成果，扩展秦国的疆域。“远交近攻”的原则是先弱后强，由近及远，先占据中枢之地，再向四周扩展，最后完成统一。

“远交近攻”战略是秦统一天下条件已初步具备，其军事与外交策略逐步成熟的产物，它的提出，也标志着秦统一天下在战略思想上的准备已基本完成。秦贯彻“远交近攻”之策取得的第一次重大胜利，就是长平之战的胜利。

邯郸之战

历史上著名的“毛遂自荐”、“窃符救赵”的典故都出自邯郸之战。秦国在长平之战取得的辉煌胜利，使各国深切感受到了秦国的威胁，形势逼迫他们不得不走合纵抗秦的道路，以求自保。邯郸之战中，赵国的坚决抵抗，魏、楚两国的救援，使合纵的力量显示出威力，令秦国损兵失地，遭受了战国后期以来最严重的挫折。

锥子放在口袋里就一定会冒尖

长平之战后，秦国扣留了赵王，赵国用了六个城才换回了赵王。赵王回国后，在大臣虞卿的建议下，决定不再割让六城。秦王知道后大怒，发兵进攻赵国国都邯郸。赵国对于秦军的进攻，采取了持久防御、避免决战的战略。同时还积极争取其他诸侯国的帮助，魏国首先答应出兵，并派将军晋鄙率军救赵。平原君赵胜还亲自带领毛遂等人来到楚国求援。毛遂是平原君手下的一个门客，他一开始并没有受到平原君的重视，当平原君确定与自己同行赴楚的人选时，他自我举荐。平原君并不熟悉这个已在自己门下待了三年的人，就认为他没有才能。对他说：“有才能的人就像一把锥子，如果放在口袋里，它的尖会很快冒出来的，而你恐怕没有什么本领吧？”毛遂从容地反驳说：“几年来，我从来就没有被您放在口袋里，这怎么能冒尖呢！”平原君觉得毛遂说得有道理，就带着他和其他几十个门客一起来到了楚国。见到楚王后，毛遂有胆有识，他用秦国攻下楚国国都、焚烧了楚国坟墓等往事激将楚王，楚王决定派春申君率军北上救赵。

▲毛　遂

偷出能指挥部队的信物——虎符

秦王听到魏楚两国发兵救赵，便派人威胁魏王说：“秦国攻下赵国是早晚的事，如果哪个诸侯国胆敢派兵前往救援，秦国一定会先去攻打这个国家。”魏王听到后非常害怕，担心秦国会来报复，所以连忙派人通告晋鄙，要求他把兵马驻扎在邯郸以南的邺城，按兵不动。同时派遣使者进入邯郸城，要平原君劝说赵王投降秦国。平原君当然不会答应，所以不断催促魏公子信陵君设法救赵。信陵君又多次请求魏王，但魏王始终不肯下令进军。这时，信陵君的朋友侯生想出了一个大胆的计策。他让信陵君求助于魏王的爱妾如姬。这个如姬与信陵君有过一段不寻常的关系。当年，如姬的父亲被人杀害，她为了替父报仇，就请求信陵君帮助找到凶手，信陵君派自己的一个门客杀死这凶手，为如姬报了仇。如姬因此非常感谢信陵君，曾经表示愿意以死报答。信陵君按照侯生的计谋，找到了如姬。因为如姬非常受魏王宠幸，所以能随便出入魏王的卧室。信陵君就和如姬商量，让她偷出魏王的虎符。虎符是可以调动部队的信物，谁拿着虎符，就说明魏王已授予了这个人兵权，可以指挥调动魏军部队。当天夜里，如姬趁魏王熟睡以后，偷出虎符，交给了信陵君。

▲信陵君夷门访侯嬴图

杀晋鄙，夺兵权

信陵君拿着偷来的虎符，来到了邺城。他假称受魏王的命令要求晋鄙交出指挥权，晋鄙检验了兵符后，仍然有些怀疑不肯交出兵权，说还要亲自奏明魏王才能照办。这时，跟随信陵君的大力士朱亥，不容晋鄙再做分辩，拿出40斤重的大铁锥，砸死了晋鄙，信陵君就这样夺取了魏军的指挥权。他高举虎符，对众将士高呼：“现在魏王命我接替晋鄙去救援邯郸，晋鄙不听命令，已被处死，这与你们无关，只要大家服从命令，一心杀敌，都有重赏。”他见将士们的情绪已经稳定，就宣布，父子同在军中的，父亲可以退役回家，兄弟同在军中的，哥哥可以回家，独生子也可回家奉养父母。魏军的士气一下子高涨起来。他挑选了8万精兵，立刻向邯郸进发。当魏军到达邯郸时，楚军也已派兵赶到，两军协力将秦军击退。邯郸城内的平原君也组织了3000人的敢死队主动出击，配合魏、楚联军作战。这时，秦军已攻打邯郸两年之久，消耗十分巨大，在遭内外夹攻、腹背受敌的情况下，终于力不能支，溃败于邯郸城下。这场关系赵国生死存亡的邯郸之战，至此告终。

秦灭六国之战

秦灭六国的战争，是中国历史上最早的一场封建统一战争。秦国用了10年的时间，相继灭掉了韩、赵、燕、韩、魏、楚、齐六个国家，结束了春秋以来长达500余年的诸侯割据纷争的战乱局面，建立了中国历史上第一个中央集权的封建统一国家。秦王政之所以能完成这一历史伟业，是与秦国领土辽阔，人口众多，经济发达，政权巩固，兵力强盛等方面的优越条件密切相关的。同时，秦国经过六代国君的改革图强，特别是自秦昭王采纳了范雎提出的“远交近攻”的战略性谋略之后，军事力量日益增强，外交方针灵活有效，疆域领土迅速扩展，也为秦灭六国，完成一统奠定了坚实的基础。

“赵为号，秦为笑”

公元前236年，燕、赵两国发生了战争，秦王政决定假借救燕为名，分兵两路大举攻赵。从此拉开了统一战争的帷幕。秦国经过数年连续攻赵，不但极大地削弱了赵国实力，而且从军事和地理形势上，还将六国沿黄河南北拦腰断开，使他们难以联合起来，相互支援策应。由于秦国一时难以快速灭赵，便掉转矛头进攻韩国。韩国是六国中最小的诸侯国，原本就是秦国确定要首先攻取的目标。早在公元前244年，秦将蒙骜就已夺取了韩国的十二个城池，奠定了灭韩的基础。公元前230年，秦国借口韩与魏、赵联合攻秦，派出内史腾从南阳率军一举攻破韩都阳翟，俘虏了韩王安，成功灭韩。

公元231年，秦国第五次攻打赵国。当时，赵国已连续两年发生地震、干旱和饥荒，人心浮动，百姓流离。民间广泛流传着“赵为号，秦为笑，以为不信，视地之生毛”的流言，意思是说赵国遇到天灾人祸，民众号啕大哭，而秦国却在为有机会灭掉赵国而欢天喜地，如果不相信这种说法，土地上长着的白毛可以验证。秦国名将王翦率军攻下了井陉，然后进攻赵国国都邯郸。赵国派出大将李牧、将军司马尚迎战，双方各有胜负，陷入了僵局。双方相持的时候，秦国使出了反间计，他们用重金收买了赵国宠臣郭开，要他向赵王诋毁李牧、司马尚企图谋反。赵王听信了谗言，撤换了李牧和司马尚。赵军由于临阵易将而造成指挥失误，失去了相持能力。公元前228年，王翦向赵国发起总攻，很快攻占了赵都邯郸，俘虏了赵王迁，终于实现了灭赵的战略目标。

▲秦始皇诏版

地图展到了最后，露出了匕首

灭赵之后，秦在统一战争中取得了极大的主动权。正当秦国考虑和选择下一步战略进攻的方向时，发生了燕太子丹派荆轲刺杀秦王政的事件。秦王政早年曾随父母生活在赵国，当时与燕太子丹同在赵国做人质，两人相处得很好。秦王即位后，燕太子丹又在秦国做了人质，没料到秦王政对他的态度很冷漠，太子丹因而十分气愤，在秦王政十五年私自逃回了燕国。从此秦、燕两国绝交，嬴政和太子丹之间也由朋友变为仇敌。秦国灭掉赵国后，燕国一片恐慌，燕王喜无计可施，只能听凭太子丹谋划。

太子丹在走投无路的窘境中，打算用刺杀秦王的办法来挽救危局。公元前227年，燕太子丹派刺客荆轲和秦舞阳，带着燕国督亢地区的地图和秦国流亡将军樊於期的人头，以割地献图为名，企图刺杀秦王政。荆轲献图时，地图展到最后，露出了匕首，荆轲拿起匕首刺向秦王。结果刺杀失败，荆轲当场被杀，“图穷匕见”由此而来。太子丹的冒险行动，激怒了秦王政，他立即决定把下一步的进攻矛头指向燕国。公元前227年，秦王派王翦率兵大举攻打燕国，燕王喜与太子丹率残部逃到了辽东郡。秦将李信率兵追到辽东，再次击败太子丹军，燕王喜出于无奈，忍痛杀死了太子丹，向秦求和。秦王虽未答应，但鉴于燕国残部已无碍大局，不足为患，便下令调转兵力，乘势灭魏，并准备大举攻楚。

万里长城

春秋战国时期，各诸侯国为了防御邻国的突然袭击，常常在自己的边境上修筑一些关、塞、亭、障等守备设施，后来又进一步用城墙连接起来，便出现了长城。我国历史上最早出现的长城是楚国的方城。

秦始皇统一中原后，在秦、赵、燕三国边境长城的基础上，进一步大规模地加以增筑，便出现了我国历史上闻名古今中外的秦代万里长城。长城一般修建在险峻的山梁岭脊之上，它的结构并不是一道单纯孤立的城墙，而是以城墙为主体，同大量城、障、亭、燧相结合的防御体系。

自秦代以后，万里长城被许多封建王朝的统治者所继承，经过2000多年的不断修缮和扩筑，规模越来越宏伟壮观，是我国军事筑城史上的奇迹之一，至今仍引为中华民族的骄傲。

必须有60万军队才能灭楚

秦国重创燕国之后，已控制黄河南北大部分地区，黄河中下游只剩下孤立无援的魏国。公元前225年，秦将王贲率军从关中出发，进攻魏国，很快包围了魏都大梁。大梁城坚固难攻，秦军便引黄河水灌入城中，魏王只好投降。

在攻取燕都后，秦国便已把进攻目标转向楚国。公元前226年，秦王政问诸将攻楚需要多少兵力，老将王翦认为楚国地广兵强，必须有60万军队才能灭楚，而李信则说只用20万军队就能攻下楚国。秦王认为王翦是年纪太大，害怕作战，所以没有听取他的意见，派李信和蒙恬率军20万攻打楚国。秦军开始进军顺利，但在楚将项燕的顽强抵抗下，在城父遭到重创，李信大败而归。李信伐楚失败后，秦王政十分生气，当即把李信免职。他认识到伐楚失败的主要责任是自己决策失误，没有采纳王翦的正确建议。于是秦王政亲自来到已经退休的王翦家中，向他赔礼道歉。并答应“非六十万不可”的条件，启用王翦担任灭楚的统帅。王翦采取养精蓄锐、以逸待劳、乘虚而进的作战方针，抓紧时间休整部队，坚持等待战机，不肯出战。双方相持了很久，项燕看到求战不能，就引兵撤退。王翦见战机到来，立即下令全线出击。楚军正在撤退移动，队形混乱，被迫应战后无法抵抗秦军的猛烈进攻，全军四散溃逃。秦军乘势发起追击，杀死了项燕，全歼了楚军。第二年，秦军乘胜攻入楚都寿春，俘虏了楚王负刍，楚国灭亡。

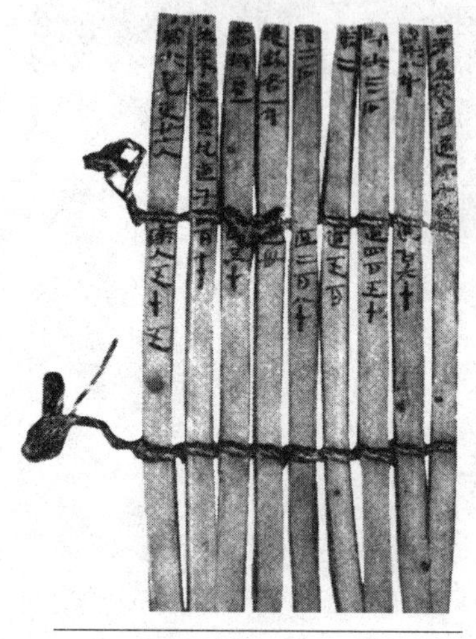

▲竹　简

天下大势不可逆

秦国灭楚之后，天下大势已定，统一战争接近了尾声。公元前 222 年，秦将王贲、李信率军进入辽东，迅速击败燕国残余力量，俘虏了燕王喜。秦军随即又回师攻打赵国余部，在代北俘获赵国代王嘉，赵、燕彻底灭亡。

此时，齐国面临着随时被消灭的危险，其内部混乱不堪，人无斗志。齐王建想亲自到秦国去投降，走到城门时被把守城门的司马劝阻。有人提出建议，把齐国军民全部武装起来，再将逃亡在齐国的楚、赵、燕、魏、韩的贵族都利用起来，主动出击秦国。齐王感到没有什么希望，没有采纳这一建议。最后，齐王建决定，把齐军主力集结在齐国的西部地区，准备抵抗秦军的进攻。这种单纯在边界某一个方向集中主要兵力设防的做法、恰恰造成了其他方向的薄弱和国内的空虚，给了秦军突袭齐都临淄的可乘之机。

秦对齐的作战已呈摧枯拉朽之势。但秦军吸取了灭楚时轻敌的教训，仍以重兵攻打齐国。公元前 221 年，秦王政派王贲、李信、蒙恬等大将率兵攻齐。秦军避开齐军的正面防御，从燕国的南部进军，从其防御薄弱的北面直插齐都临淄。与此同时，长期潜伏在齐国的陈驰等人，乘机向齐王施加压力，并承诺，如果齐王投降，就封给齐王 500 里地。在秦的军事压力和政治利诱下，齐王建投降了秦国。投降后，他被押送到了一片松柏林中，活活饿死。至此，秦统一中原的战争宣告胜利结束，我国历史上第一次实现了空前的大一统。

▲连绵起伏的万里长城

陈胜、吴广农民起义

公元前209年，陈胜、吴广所领导的农民起义战争，是我国历史上第一次农民大起义。在秦王朝残酷的统治和严密防范的情况下，陈胜、吴广敢于“斩木为兵、揭竿为旗”。在短短6个月内，革命风暴席卷全国，从根本上动摇了秦朝的统治。为刘邦、项羽等推翻秦王朝奠定了基础。这次大规模的武装起义，为以后的农民起义树立了榜样，在农民革命斗争史上写下了光辉的第一页。

鱼肚子里藏布条，狐狸能学人说话

公元前209年，秦王朝从汝阴、蕲县征发900名贫民去渔阳戍守边防。陈胜、吴广也在被征之列，因为他们关心、同情贫苦农民，所以被指定为屯长。当他们走到蕲县大泽乡时，遇到连日大雨，因道路被冲断，所以无法按时赶到渔阳。按照当时秦朝的法律，误期便要被处死。于是陈胜、吴广商量，与其白白死去，还不如拼死干一番事业。而且他们认为天下百姓痛苦地生活在秦王朝的残暴统治之下已经很久，如果起义一定会得到老百姓的拥护。

当时人们普遍有迷信思想，因此陈胜和吴广设计了一条取得众人支持的计策。他们用朱砂在布条上写上“陈胜王”，再塞到鱼肚子里，而后叫别人把鱼买回来。在剖开鱼膛准备做菜时，大家看见了写着字的布条，都非常惊奇，并互相暗暗传播开来。接着陈胜又叫吴广在夜间到驻地附近的荒庙中，点燃一堆火，假装狐狸的声音叫道：“大楚兴，陈胜王”。戍卒们听见后更加惊异，都以为陈胜是个非凡的人物，对他产生了信赖和拥戴之心。

经过这些谋划和准备，陈胜、吴广终于找到一个发动起义的机会。有一天统率戍卒的两个秦尉喝醉了酒，吴广为激怒秦尉，故意散布要逃跑的言论，秦尉果然大怒，下令鞭打吴广，这就引起戍卒们的愤愤不平。吴广遭到鞭打后仍然不服，进一步激怒了秦尉。秦尉拔剑要杀吴广，吴广乘机夺剑杀了秦尉，在陈胜的帮助下，他又杀了另一个秦尉。陈胜、吴广把大家召集在一起，激励大家说：“我们遇到大雨，已经耽误了日期，不能按时到达肯定会被杀头的，不如大家共同起义反秦。”就这样，在陈胜和吴广的带领下，我国历史上的第一次农民起义爆发了。

▲大泽乡遗址

一直攻打到秦王朝的心脏

起义爆发后，在广大贫苦农民的拥护下，起义军同秦王朝统治者展开了英勇的殊死搏斗。他们首先攻占大泽乡，接着夺取蕲县，起义队伍得到一步步壮大起来，很快发展成了数万人的大军，陈胜也在陈邑称王，立国号为张楚，建立起了中国历史上的第一个农民政权。张楚政权建立后，对于全国各地的广大贫苦农民和其他反秦势力，是一个极大的鼓舞。全国各地的农民纷纷响应，原来被秦国灭掉的六国旧贵族也乘机起兵反秦，逐渐形成了声势浩大的天下反秦之势。

在这一大好形势下，陈胜决心彻底推翻秦王朝的统治。他领导的各路起义大军先后取得了重大的胜利：吴广所率领的楚军主力，很快就击败了驻守在荥阳一带的秦军主力，夺取了荥阳周围各地；宋留所率的部队，顺利地攻占了南阳地区；取得成就最大的是周文。周文经历过抗秦斗争，具有较多的军事知识和战争经验。他率军西进，在吴广主力的掩护之下，绕过荥阳，一直攻打到距离秦都咸阳仅有百里的戏亭。在征战途中，他们受到广大农民群众的支持，起义军队伍空前壮大，大有一举毁灭秦王朝之势。

▲陈胜、吴广起义

连车夫也叛变了

此时，秦王朝上下一片震惊，秦军集中兵力数十万进行反击。公元前 208 年 11 月，秦军出关击败周文，周文战败后自杀，全军瓦解。此时吴广率领的起义军内部发生内讧。吴广率军到达荥阳以后，迟迟不能攻下荥阳，部将田臧、李归就以骄傲自满、不懂带兵等理由，假传陈胜的命令，擅自杀死了吴广。因为义军不能没有主帅，陈胜不得已只能让田臧接替吴广指挥作战。周文和吴广的死，使起义军的士气、军心受到很大影响，加上兵器装备与兵力数量上的劣势，起义军已很难与秦军对抗。后来，秦军在敖仓、荥阳等地连续击败了起义军，陈胜只好亲自率军作战，也被章邯击败。公元前 208 年 12 月，陈胜退到城父时被他的车夫庄贾杀害。至此，陈胜领导的农民大起义终告失败。

巨鹿之战

巨鹿之战，是秦末农民起义军同秦军主力在巨鹿地区进行的一场战略决战。项羽率领的楚军，是当时反秦力量中最强大的一支军队，他针对秦军兵多粮足的情况，先派兵断其粮道，然后与之交战，终于获胜。项羽军在巨鹿之战的胜利，使楚军一举成为雄冠诸军的霸主。巨鹿之战中农民军将士在项羽的果断指挥下，作战以一当十、英勇顽强，一举歼灭秦军主力，扭转了整个农民战争的战局，对于灭亡秦王朝反动腐朽的统治，具有决定性的意义。

救援的路上竟然驻扎了46天

秦将章邯镇压了陈胜、吴广起义之后，又采取突击手段，在定陶打败了项梁率领的楚军。之后就北上攻打赵王歇，迫使赵王歇退守到了巨鹿。章邯率军乘胜逼进，他命令王离、涉间、苏角等率领绝对优势的兵力，将巨鹿团团围住。

巨鹿城内的守军兵少粮缺，形势十分危急，于是赵王向楚怀王求救，楚怀王果断作出战略决策，他任命宋义为上将军，项羽为次将军，带领5万人马北上救赵。楚军出征后，宋义听说秦军声势浩大，对秦军产生了畏惧心理，到达安阳后，就停止了前进，一连在那里驻扎了46天。项羽劝他赶快率兵前进，他不同意。还非常自负地对项羽说："在战场上冲锋陷阵，我比不过你，但是运筹谋略，你却不如我。"宋义拒绝了项羽的建议后，继续按兵不动，还整日摆酒聚会，寻欢作乐。又亲自到无盐大摆宴席，送他的儿子去齐国为相，以发展扩大自己的势力。当时天气寒冷多雨，士兵忍饥受冻，巨鹿的赵军又十分危急，宋义的做法引起了将士们的不满。性格刚烈的项羽更是觉得忍无可忍，在再次据理力争未被采纳后，他杀死了宋义。然后派人报告楚怀王，楚怀王见事态已经如此，便任命项羽为上将军，由他率军北上救赵。

过河后凿沉渡船，打破饭锅

项羽取得指挥权后，首先派遣英布、蒲将军率2万人做前锋，切断了秦军运粮的通道，使秦军陷入缺粮的困境。项羽则亲自率领主力渡过漳河，渡河以后，他下令凿沉渡船，打破所有做饭用的炊具，并规定每人只带3天的干粮。项羽用这个"破釜沉舟"的方法来表示全军上下有进无退、一往无前、与秦军决一死战的决心。战斗开始后，楚军

▲项　羽

迅速将秦军包围，楚军将士们无不以一当十，奋勇死战，将秦军杀得溃不成军。章邯急忙率人援救，也被楚军英勇击退。项羽指挥楚军连续作战，不给秦军以任何喘息的机会，三天中打了九个胜仗。

▲项羽戏马台

交战开始时，因恐惧秦军而躲在旁边观战的各路诸侯援军，这时看见楚军胜局已定，也参与到对秦军的作战中。最后，秦军主将王离被俘虏，两名副将一个被杀，一个被迫自焚身亡，楚军获得了大胜，从而解了巨鹿之围。项羽在巨鹿之战中所表现出的杰出指挥才能和一往无前的英勇气概，使各路诸侯无不为之震慑和敬重。他们便一致拥戴项羽做各路诸侯的统领大将军，统一指挥所有集结在赵地的军队。

章邯在巨鹿战败后，并没有善罢甘休，他率军撤退到棘原进行坚守，项羽率部乘胜追击，章邯屡次败退，尽管还有几十万兵马，但士气低落。章邯急忙派人向朝廷告急求援，这时秦朝内部已经分崩离析，不但没有抽调兵力援助章邯，反而追究章邯战败的罪责。这使得章邯进退不得，无奈之下，他多次秘密向项羽求和议降。公元前207年7月，章邯率20余万秦军投降了项羽。至此，巨鹿之战胜利结束。前后历时十个半月，秦军精锐和主力先后被歼，秦王朝的军事力量基本瓦解，灭亡的命运已不可逃脱。

韩信灭赵之战

韩信是刘邦手下的一员大将，他以灵活运用兵法而著称。在整个楚汉战争中，给项羽以最大打击的，莫过于韩信在北方战场的灭赵、破代等战争。在灭赵之战中，韩信显示了卓越的军事才能，他能够根据敌我双方的实际情况和赵军统帅的轻敌思想，灵活运用兵法，以“背水阵”一战而胜，全歼赵军。

背靠大河排好了阵势

正当刘邦在荥阳战场与项羽周旋时，韩信向刘邦提出一个宏伟的战备构想，他准备在北方大举出击，对项羽实施战略包围，进而夺取其全部领地，最后在荥阳将项羽围歼。刘邦采纳了这一建议，立即拨给韩信精兵 3 万，并派张耳做他的助手。于是，韩信在灭魏之后，紧接着发动了破赵之战。

▲栈　道

这时，赵军已作好迎敌的准备，赵王歇和陈余集中了号称 20 万的大军，企图在井陉口以绝对优势的兵力一举将其围歼。赵国有个善于用兵的将军叫李左军，他向赵军主帅陈余献计道：“汉军虽然士气高昂，但他们也有不利的一面，汉军要迅速通过几百里的山路，他们的粮食必然跟随不上，我可以领兵 3 万，从小路截住汉军的辎重，而大王您可以深挖壕沟，暂不同他们交锋。这样，汉军将前不能进，后不能退，不出十天必然溃散。”可陈余骄傲自大，自以为熟悉兵书，通晓兵法，根本没把汉军放在眼里，所以他没有采纳李左车的计策。

韩信知道敌我力量相差很大，不能直冲猛打，就把大军驻扎在离井陉口很远的地方，观察形势，研究赵军的兵力部署。他侦察到陈余拒绝了李左车的建议后，就已经知道陈余有轻敌心理。因此，他设计了一个出奇制胜的作战方案。他指挥部队开到离井陉口 30 里的地方驻扎下来。挑选了 2000 名年轻力壮的骑兵，叫他们每人手里拿一面红旗，趁着天黑，沿偏僻小路，埋伏在赵军大营附近的山中，并吩咐他们，等到明天与赵军决战时，赵军一定会倾巢出击，那时要乘赵营空虚，把赵军的军旗换成汉军的红旗。韩信又派出 1 万人马作为先锋，开进至井陉口附近，沿着绵蔓水东岸背水摆好阵势。韩信深知陈余想把汉军一网打尽，所以不会攻打汉军这部分部队。因为他怕攻打先锋会导致后面的主力部队往回撤退。果然不出韩信所料，这支先头部队未遭到任何阻击，顺利地开到了绵蔓水的东岸，建立起了阵地。赵军望见汉军背水列阵，无路可退，都讥笑韩信根本不懂兵法。

▲青花萧何月下追韩信图梅瓶

敌军大营插满了红旗

汉军按照韩信的计划准备就绪，天刚亮，韩信亲自率领主力向赵军发起进攻，陈余看到汉军发起的攻击，认为消灭汉军的时机已到，立即出兵迎敌。双方激战了很长时间，韩信、张耳假装战败，向绵蔓水方向后退。陈余误认为汉军已被击败，就命令全军空营而出。汉军主力退到水边与背水列阵的 1 万人会合，因为身后无路可退，所以汉军将士个个奋勇作战。埋伏在赵营背后的汉军 2000 轻骑，此时乘虚攻入赵营，拔掉赵军的旗帜，在营垒上全部插起汉军的红旗。进攻背水阵的赵军忽然看见自己的营地被汉军攻占，以为统帅被俘，顿时大乱。韩信乘势发起反击，占据赵营的骑兵也同时杀出，赵军在两面夹击下，纷纷丢戈弃甲，四散溃逃。汉军猛烈追击，杀死陈余和赵王歇，平定了全部赵、代各地。

战斗结束后，汉军众将都问韩信："兵书上说，军队在布阵的时候，应该是右面和后面靠山，前面和左面临水，现在将军却违反兵法规定，背水列阵，这是什么原因?"韩信解释道："背水为阵在兵法上也是有的，只是诸位没有仔细研究。兵书上说的'陷之死地而后生，置之亡地而后存'，与我要求的背水列阵是一样的。把军士们安排在后退无路的死地，才能使他们拼死冲杀；如果都配置在安全地带，万一抵挡不住敌人，那他们就都要逃跑了。韩信此战，创造了我国战争史上又一个以少胜多的奇迹。

成皋之战

成皋之战是项羽、刘邦之间具有决定意义的战略决战。战争中，刘邦能及时采纳张良、韩信等人的建议，制订了正面坚持、南北牵制、敌后骚扰的方针，使强大的楚军陷于多面作战的困境。而项羽既不善于争取同盟势力，又不能团结内部，结果陷于孤立。最终汉军由劣势转为优势，由被动转为主动，以十万兵力，彻底歼灭了楚军的四十万大军，为建立强盛的西汉王朝奠定了基础。

吐出嘴里的饭破口大骂

公元前206年，项羽进入咸阳后，自恃力量最强，战功最大，便发号施令，在全国范围内封了18个诸侯王，并自封为西楚霸王。刘邦虽然对项羽的分封不满，但因实力不如项羽，只能暂时容忍，积蓄力量，等待时机。刘邦虽然巩固了后方，但因军事力量处于下风，所以正面受楚军的压力仍然很大。韩信在井陉背水为战，大败赵军后，不仅解除了刘邦左翼的威胁，而且为牵制项羽在荥阳的正面进攻发挥了有力的作用。不久，九江王英布接受了刘邦手下谋士随何的劝说，背叛了项羽，归顺了刘邦。这样，荥阳汉军右翼又减少了一个重大威胁。项羽见两翼接连失利，就从正面加紧对荥阳的正面进攻。这时刘邦手下有个叫郦食其的谋士，劝刘邦立六国国君的后代为王，以便共同对付项羽。刘邦没有仔细考虑，就同意了这个建议，并让人准备刻制印章，准备册封六王。张良听说了此事，立刻表示反对。他提出这样做会树立更多的敌人。刘邦这才醒悟过来，他当时正在吃饭，气得吐出嘴里的饭，破口大骂郦食其："这小子差点儿坏了老子的大事！"并派人立即销毁了已经刻好的六国王印。这一着棋，刘邦虽然没有走错，但是并不能解决军中的缺粮问题，刘邦不得已，就使用缓兵之计，派人向项羽求和，表示愿意以荥阳为界，平分天下。项羽看到自己的后方不是很巩固，打算接受议和。谋臣范增劝阻说："汉军是容易对付的，现在错过了机会，将来后悔就来不及了。"项羽这才拒绝了讲和，继续加强攻势。

▲刘邦、项羽隔鸿沟对峙的遗址－汉王城、霸王城

丰盛的酒宴换成了粗茶淡饭

荥阳的汉军受到的压力越来越大，眼看就要支撑不下去了。刘邦又采纳了谋臣陈

平的建议，使用反间计来破坏项羽君臣之间的关系。陈平从刘邦那里领到大量黄金，用来收买楚军，让他们散布谣言，说楚将钟离昧等人私通汉王。这样，就引起了项羽对部下的猜忌。为了挑拨项羽与范增的关系，刘邦等人更是想尽了办法。一次，项羽使者到汉军去探风摸底。刘邦亲自招待了楚军使者，他首先让人摆上丰盛的酒宴，等使者入席后，刘邦却装出一副惊讶的样子说："我原来以为你是范将军派来的使者，没想到是项王派来的人。"说着，他又叫人撤下酒席，换上了粗劣的饭菜。使者回去以后，向项羽报告了此事，项羽果然怀疑范增同刘邦有勾结，不再相信范增了。范增见项羽这样轻信多疑，就生气地说："天下大势已成定局了，大王好好地干吧，我已经老了，就让我回家去吧。"于是范增离开了项羽，在回乡的路上毒疮发作病死了。

鸿门宴

刘邦入关后，为了向项羽表示自己并无反叛之心，就来到项羽的驻地鸿门赴宴。宴会上，项羽的谋士范增三次示意项羽杀掉刘邦，项羽不肯动手。范增又找来项羽的从弟项庄，让他以舞剑助兴为由，相机刺杀刘邦。不料项羽的叔父项伯也拔剑而起，与项庄对舞，保护刘邦。张良找来刘邦的随从樊哙，樊哙持剑拥盾闯入宴席，准备与项羽拼命，从而解除了"项庄舞剑，意在沛公"的危机。接着，刘邦退席逃回军中。而项羽不仅没有追究刘邦的不辞而别，还接受了张良代表刘邦所奉献的礼物。这就是历史上著名的"鸿门宴"。

妇女装扮成士兵出城投降

陈平的离间计虽然赶走了范增，但楚军对荥阳的包围仍在继续，刘邦仍处在危机之中。为了防止刘邦被俘，在陈平、纪信的谋划下，制定了一个诈降脱险的方案。一天夜里，汉军打开荥阳的东门，先放出两千名披盔戴甲的妇女，假装出城投降。接着，纪信坐在刘邦平日乘坐的车子上，打着汉王的仪仗，假扮刘邦，也从东门出来。随从的士兵一边走，一边喊："不要再打了，汉王愿意投降了！"楚军听说刘邦出城投降，都从四面涌向东城。刘邦就趁这个机会，带着几十名亲信从西门逃走向了成皋。项羽见到了纪信，才知道受了骗，他一怒之下，就叫人把纪信活活烧死了。不久，成皋被楚军占领，刘邦被迫又退到了函谷关。刘邦从武关出兵，将楚军吸引过来，使荥阳的汉军得到了喘息的机会。这时，项羽的后方又出现了新的麻烦。有一个参加过秦末农民起义的将领，名叫彭越，他在反秦战争中立下很大功劳。秦朝被推翻后，他还拥有一支 1 万多人的队伍，在军事上很有实力。但是，项羽在分封时并没有封他为王，因此，彭越一直怀恨在心。楚汉战争爆发后，彭越归顺了刘邦。等到项羽带兵南下，攻打刘邦的时候，他就经常在后方袭击楚军的粮食补给线。为了配合汉军作战，他率兵渡过了淮河，占据了下邳，直接威胁着楚都彭城。项羽因为后方受到威胁，不得不撤回主力对付彭越。刘邦乘机击败留守的楚军，又夺回了成皋。

刘邦被射中了胸部却说脚趾痛

项羽回师击退了彭越，但他还没有来得及彻底消灭彭越，就听到成皋失守的消息，只好再次集中兵力攻向成皋。不料彭越又在其后方出击，项羽被迫再次返回。就这样，楚军始终在前后两个战场上来回奔波。项羽为了避免两线作战，决心先将刘邦部消灭。

公元前 203 年 10 月，项羽率领楚军主力重返荥阳，刘邦已猜透了项羽的心思，知道他无法两线作战，所以采取了避不出战、拖延时间的办法。项羽求胜心切，就把刘邦的父亲拉到两军阵前，对刘邦喊话道："你再不出来投降，我就把你的父亲活活地煮了。"可是刘邦却不慌不忙的回答："你我曾经是兄弟，我父亲就是你父亲，如果你一定要煮死你的父亲，别忘了分给我一杯肉汤喝！"这种无赖式的回答，让项羽无计可施。项羽正要杀死刘太公，他的叔父项伯上前劝阻说："争夺天下的人是不会顾惜自己的家人的。你杀了他父亲，不会得到什么好处，只会增加他对你的仇恨。"项羽无可奈何，只得把刘太公押回大营。

▲汉高祖刘邦

项羽又提出要与刘邦单挑决一雌雄，刘邦却笑着回答："我宁愿与你斗智，不同你斗力。"他还在阵前当众谴责项羽犯上作乱等十大罪状，项羽听后十分恼怒，命令弓箭手放箭射杀刘邦。刘邦被乱箭射中了胸部，但他为了稳定军心，强忍伤痛，装作若无其事的样子，弯下身子摸着脚说："射中了我的脚趾。"两军就这样继续在广武展开持久对峙。

此时，韩信在北方平定了齐国，所以来信请求刘邦允许他暂时代理齐王，管理齐国。刘邦见信后大怒，当着众人的面大骂韩信："我这里的形势这么危急，盼着他来救我，而他却忙着称王！"张良深知此时韩信是个举足轻重的人物，连忙在暗中踩了一下刘邦的脚，对他耳语道："现在我们处于危难之中，需要韩信的协助，怎么能阻止他称王呢？不如满足其愿望，让他镇守齐国，不然有可能发生叛乱。"刘邦一听觉得有道理，但是刚才骂出去的话又收不回来，只能顺着他前面的话接着说："大丈夫平定诸侯，怎么能做代理的王呢，必须当真正的王。"于是派遣张良前往册立韩信为齐王，并让他向楚都彭城推进，继续牵制项羽。

楚汉两军又相持了几个月，项羽欲战不得，欲罢不能，完全陷入了被动。此时韩信部队正逐步南下，准备直攻项羽老巢彭城，彭越又不断袭扰楚军后方，英布在南方战场也十分活跃，被刘邦立为淮南王。项羽在四面受敌、兵疲粮尽的情况下，权衡利弊，决定放弃攻打刘邦，收缩兵力，保住后方。于是项羽送回了刘邦的父亲和妻子，被迫议和。楚汉双方决定以鸿沟为界，以东属楚，以西归汉。至此，成皋之战以汉胜楚败而告终。

垓下之战

公元前202年12月，楚汉在垓下进行决战，当时正值寒风凛冽的严冬季节，楚军在垓下被汉军重重包围，缺衣少食，景况非常凄惨。深夜，忽然从四面传来凄凉的歌声，仔细一听，歌声从汉营传来，唱的竟是楚人的歌曲。楚军听到歌声后思乡之情油然而生，顿时军心瓦解，斗志全无。项羽败逃至乌江边，自知兵败，不能再与刘邦抗争，于是拔剑自杀。项羽一死，楚国所有的地方都投降归汉了。

得到封地以后才出兵

楚汉成皋之战后，项羽向东撤退，刘邦也打算西撤。但张良、陈平一致认为此时楚军兵力疲惫，粮食殆尽，正是彻底灭楚的大好时机，应乘胜追击。否则就是养虎为患。刘邦听后恍然大悟，决心利用项羽东撤时的麻痹疏忽，突然发起追击，并派人通知韩信和彭越，合力歼灭楚军。

▲项羽自刎

公元前202年10月，刘邦追击楚军至固陵，但韩信、彭越却按兵不动，没有如约会师。项羽乘机反击，大败汉军，刘邦被迫转入防御。这时刘邦很怕韩、彭二人不听调遣，造成被动，便和张良商量对策。张良献计说："楚军马上就要被击败，而韩信和彭越还没有得到封地，所以他们按兵不动。如果现在答应分给他们土地，他们就会立即出兵。"于是，刘邦将睢阳以北到谷城之间的土地分封给彭越；而把陈以东到海边之间的土地封给了韩信。得到封地之后，两人果然出兵进击楚军了。

韩信摆了个"五军阵"

韩信亲率精兵数万南下，一举攻破彭城。然后挥师直逼项羽背后。在韩信与刘邦的夹击之下，项羽不得不向垓下败退。在刘邦、韩信夹击项羽的同时，彭越、英布、刘贾等军均击败当面楚军，几路大军会师于垓下。刘邦委任韩信全权指挥，负责最后决战。

此时，汉军总兵力约五六十万，其中仅韩信就有30万人马，而项羽的军队只有10万人，两军实力相当悬殊。韩信一向以出奇制胜闻名，但在垓下因为手中握有绝对优势的兵力，他针对项羽擅于正面突破的特点，摆出了一个"五军阵"。也就是将汉军分成前、后、左、右、中五个部分，这个阵形的特点是正面兵力密集，两翼机动灵活。果然，决战开始后，韩信有效地阻止了楚军的正面突破，并使楚军损失惨重，项羽被汉军重重围困。

“这是天要亡我!”

当时正值寒风凛冽的严冬季节，楚军在垓下被汉军重重包围，缺衣少食，景况非常凄惨。深夜，又忽然听见四面传来凄凉的歌声，仔细一听，歌声从汉营传来，唱的竟是楚人的歌曲。楚军听到歌声后，思乡之情油然而生，顿时军心瓦解，斗志全无。其实这是刘邦的心理战术，他让自己的士兵学唱楚国的歌曲，目的就是让楚军感到汉军已完全占领了楚国的土地，从而动摇楚军的军心。项羽心中烦躁，与虞姬在帐中借酒浇愁，虞姬为不拖累项羽，拔剑自刎，这就是后人所为之感慨万千的“霸王别姬”。

▲虞　姬

此时项羽感觉大势已去，便抛下数万楚军将士，乘夜仅率800名骑兵向南突围逃走。黎明时分，刘邦发觉项羽已逃，派灌婴率五千骑兵追击。项羽渡过淮水时仅剩100余随从。走到阴陵地方，又迷失了道路，陷进了一片沼泽地。汉军追上了他们，项羽突围后身边只有28个兵士。项羽自料不能脱逃，对跟随他的人说，“我从起兵到现在已有八年，亲身经过七十多场战斗，从未打过败仗，今天被困在此，这是天要我亡啊!”说完，项羽又冲上前去，杀死了一些汉军将士。最后他逃到乌江岸边，虽有渡船接应，但他想到当年带了八千江东子弟出征，如今自己独自回去，已没有脸面再见江东的父老，所以自刎于江边。争夺天下的楚汉战争，至此告结。此后，刘邦当上了皇帝，建立了统一的西汉王朝，史称汉高祖。

平定七王叛乱之战

汉景帝时，以吴王为首的七国诸侯并起，天下大乱。为维护国家的统一和安定，汉景帝决心平叛。指挥主要战场作战的周亚夫熟知韬略，制定了“诱敌深入，避其锋芒，伺机破敌”的作战方案。公元前154年2月，吴楚联军在久战不胜的情况下被迫退兵。周亚夫亲率大兵适时追击，将叛军主力吴楚联军杀得丢盔弃甲，狼狈而逃。仅仅经过三个月的作战，七王之乱便被基本平定。

假帮皇帝真篡位

公元前157年，汉文帝病逝，太子刘启继位，是为汉景帝。汉景帝继位以后，各诸侯国的势力发展迅速，已显示出与朝廷分庭抗礼的迹象。景帝召集群臣商量对策。御史大夫晁错建议“削藩”，“削藩”就是削夺各个王国的一部分土地，然后归中央直接管辖。景帝接受了这个建议，并首先削减了楚、赵及胶西三王的封地。这一下激起了各个诸侯王的强烈不满和恐慌。反对最激烈的是吴王刘濞。刘濞是汉高祖兄刘仲的儿子，被汉高祖封为吴王，拥有50多个城池，其地位仅次于拥有72城池的齐王，是同姓诸侯王中的第二大国。刘濞的都城在广陵，下辖豫章、会稽等郡，那里有铜矿可以铸钱，海水可以制盐，土地广阔，财力富足。同时刘濞利用雄厚的财力，大肆收买民心，不向百姓收赋。到文帝时，随着经济实力的增长，刘濞日益骄横，逐渐走上了与朝廷对抗的道路。有一次，吴王世子因对皇太子不恭敬，被皇太子杀死，他便称病，不再上朝，开始有了反意。汉景帝的削藩，使刘濞终于忍耐不住了。

▲争功图　汉

吴王刘濞决定纠集各方武力反叛汉景帝，夺取皇位。刘濞听到胶西王刚刚被削夺了六个县城的封地，心中正愤愤不平，就派人联合胶西王反对朝廷，胶西王最初犹豫不决，刘濞就表示事成之后与他平分天下。胶西王禁不住吴王引诱，答应参加。吴王怕他反悔，又亲赴胶西当面约定。同时派遣使者游说齐、淄川、胶东、济南等王参加。吴王经过一番奔走勾结以后，认为联盟已成，准备伺机而动。公元前154年正月，朝廷下令削夺吴的会稽、豫章两郡，吴王认为时机已到，首先起兵，并派人通知闽越、东越出兵相助。这时胶西等6国也都先后起兵。

一时间，七国诸侯并起，天下大乱。为了表示出师有名，他们打出了“诛晁错，清君侧”的旗帜，意思是皇帝身边出了像晁错这样的奸臣，我们要出兵帮助皇帝诛灭奸臣，而不是以下犯上，谋权篡位。其实，这只是吴王的幌子，他的真正目的就是要夺取皇帝宝座。

吴王刘濞发动七王叛乱的消息传到京都长安后，汉景帝先是采取了姑息政策，杀掉了晁错，并允许恢复诸王的封地，企图以此平息战乱。但刘濞等不但不退兵，还公开叫嚣要夺取皇位。景帝这才恍然大悟，悔恨错杀了晁错，决定改变姑息政策，发兵讨伐叛军。他想起汉文帝临终前对他说的一句话：“即有缓急，周亚夫真可任将兵。”于是，他任命周亚夫为太尉，统率汉军主力，主攻吴楚军队，另外还派大将军窦婴、栾布等分兵钳制齐、赵的叛军。

一代忠臣周亚夫

周亚夫是秦末汉初名将周勃的儿子，他治军严明，令行禁止，是个不可多得的将才。周亚夫在平定七王叛乱时，更显示出出众的战略指挥才能。面对不可一世的吴楚叛军，周亚夫不争一城一池的得失，坚持彻底消灭叛军的战略部署，一举平定了吴楚的叛乱。

周亚夫晚年，其子为他买了500件官工甲盾，准备用作葬器，因未给搬运者工钱被诬告盗买官府器具，准备谋反。周亚夫受不了不白之冤，一气之下，绝食五日，于汉景帝后元元年（公元前143年）八月吐血而亡。

汉景帝的兄弟气得暴跳如雷

指挥主要战场的周亚夫，是一位熟悉韬略的将军，他向景帝提出了自己的作战构想。他说：“叛军现在锐气正盛，不宜正面和他们交锋。现在他们正在进攻梁国，梁王是您的弟弟，肯定会拼死抵抗。我想一面让梁王坚守城池，引诱并牵制吴、楚军队，挫败敌人的锐气；一面迅速出兵洛阳，抢占荥阳，控制战略要地，然后再用精锐的主力将其平定。”景帝同意了这一建议。随即，周亚夫率大军从长安出发，迅速抢占了战略要地荥阳，控制了许多粮仓和武器库，顺利实现了第一步作战计划。

公元前154年正月，吴、楚联军向梁王发起攻击。梁王刘武是汉景帝的同胞兄弟，原来被封为淮阳王，因为原来的梁王刘揖死后无子，所以汉文帝将刘武改封为梁王，并扩大他的封地，以防范其他诸侯王的反叛。汉文帝的这步妙棋，现在果然产生了积极的作用。梁王对吴楚联军进行了坚决的抵抗。但梁王兵少力弱，在损失了数万人后，被叛军围困在了睢阳。梁王不得已，只好派人向周亚夫求救。此时，周亚夫正按照预定计划，率军进占昌邑，筑垒固守。对于梁王的数次求救，周亚夫决定不予增援。梁王向景帝告状，景帝虽然下诏命令救援，周亚夫仍不直接出兵救梁，只派出一支小部队迂回到吴、楚联军的背后，截断吴军粮道。直到吴、楚联军因攻梁受到相当大的损耗后，才将主力推进到下邑。周亚夫迟迟不肯出兵相救，把梁王气得暴跳如雷，但又毫无办法。他只好命令将士拼死抵抗，坚守睢阳。

吴楚联军久攻睢阳不下，使得刘濞心中十分烦躁。为争取主动，速战速决，他决定调转兵力进攻下邑，寻求与周亚夫的主力决战。但不管叛军如何挑战、辱骂，汉军始终坚守在城池内，避而不战。刘濞又派出少部分兵力佯攻东南城楼，企图把汉军主力转移过去，然后再从西北方向强攻。周亚夫及时识破了叛军的意图，在西北角加强了戒备，挫败了吴、楚联军声东击西的企图。吴楚联军数十万人马始终无法与汉军主力决战，粮食渐渐接续不上，士气逐渐低沉下来。在粮尽兵疲、士卒叛逃的情况下，吴王刘濞只好引兵回撤。

▲歌风台

攻打自己的盟友

周亚夫见敌军士气低落，不胜而退，认为决战时机已到，便亲自率大军追击。吴、楚联军只顾后退，背对汉军，被杀得丢盔弃甲，狼狈而逃。刘濞见联军大败，丢下大部人马，只率数千人向江南逃窜。吴、楚士卒有的归降于周亚夫，有的投降于梁王，顷刻瓦解。楚王刘戊见大势已去，自杀身亡。吴王刘濞狼狈地逃到东越，企图作最后挣扎。东越王由于害怕汉军，便将刘濞骗出军营，割下他的头颅送交了朝廷。

在齐国战场上，齐王原先曾答应一起出兵反叛，但战争开始后，齐王却出尔反尔，决定据城自守。这使得胶西、胶东、济南、淄川四王十分恼火，于是四王联手决定首先围攻悔约背盟的齐国。四国军队在胶西王的统一指挥下，改变了进攻洛阳与吴楚会师长安的计划，攻向了齐都临淄。经过 3 个月激战，临淄不但没有被攻下，四国的军队反而被拖累得疲惫不堪。所以当汉将栾布率军前来平叛时，叛军一触即溃，纷纷缴械投降。结果，胶西王自杀，其他各王也相继被杀。

在赵国战场上，赵王刘遂为保存实力，并未出兵参战，而是暗中勾结匈奴，并集结兵力准备等吴、楚破梁后，再西攻长安。当汉军向他进攻时，赵军立方采取守势，退到邯郸以求自保。由于赵军之前没有投入作战，所以实力较强，汉军围攻邯郸 7 个月仍没有攻破。匈奴单于听说吴楚兵败的消息，所以也不发兵救赵。这就使栾布在消灭胶西四王后，得以从容赶来支援。最后，汉军引水灌入邯郸城，赵王无奈自杀身亡。至此，喧嚣一时的七王叛乱彻底失败。

马邑之战

马邑之战是西汉武帝时期反击匈奴的第一战。此战的奇特性是汉军与匈奴军还没有发生直接交锋就已结束。这虽然是一场未发生的战争，但它促使西汉君臣进一步认识到反击匈奴战争的长期性和艰巨性，进而需要切实研究制定对匈奴作战的长期战略。更重要的是，汉武帝利用马邑之战，彻底结束了朝廷内部对匈奴是“和”还是“战”的争议，从而揭开了汉匈长期战争的序幕。

雇用匈奴人训练汉军骑兵

汉武帝时期，西汉王朝经过六七十年的努力，社会经济已得到恢复和发展，国力空前强盛。雄才大略的汉武帝，不甘心继续维持对匈奴委曲求全的和亲政策，决心从消极防御转入主动进攻，解除长期困扰西汉边境的匈奴之患。为此汉武帝进行了大量的反击匈奴的准备。

▲汉武帝刘彻像

骑射是匈奴军的特长，正如晁错对汉文帝所说，“上山下坡，涉水过河，汉朝的马匹不如匈奴的马匹；险道斜坡，边跑边射，汉军的骑射不如匈奴的技术；不畏风雨，忍饥耐渴，汉军的士兵不如匈奴的士兵。”在这种情况下，没有一支训练有素的强大骑兵，是难于战胜匈奴的。所以汉武帝针对匈奴“利则进，不利则退”的擅于机动袭击的特点，大力发展骑兵。他在过去马政建设的基础上，扩建骑兵，甚至还制订法律条文鼓励民间养马。为了扩军备战，武帝在南军增设了期门军和羽林军，选召了许多精于骑射的官家子弟担任皇帝的侍卫，作为重点培养的对象。后来在对匈奴作战中屡建功勋的抗匈名将卫青、霍去病等人，都出身于这种骑士。在骑射的训练上，又大量雇用精于骑射的匈奴人来训练骑兵。经过努力，建立了一支较强的骑兵，为对匈奴作战创造了重要条件。

公元前 133 年，雁门郡马邑县有个叫聂壹的老人通过大臣王恢向武帝提出，匈奴刚刚与汉和亲，对我们并无防备，现在可以利诱使匈奴军出动，然后设下埋伏，将其击败。虽然御史大夫韩安国等大臣对此计策表示坚决反对，但汉武帝觉得反击匈奴的条件已经成熟，所以采纳了王恢的意见，决定让聂壹诈降，以献出马邑城为诱饵，引诱匈奴大军前来，然后用伏兵将其歼灭。

满山遍野的牲畜没人管

马邑位于雁门关外不远，是自北方进入雁门关的必经之地，战略地位十分重要。这里的地貌不但利于隐藏伏兵，而且也不利于骑兵作战，的确是汉军伏击匈奴的好战场。武帝任命韩安国为护军将军，统率30多万人马，埋伏在马邑附近的山谷中。并进一步明确了作战任务：骁骑将军李广和轻车将军公孙贺的主要任务是与匈奴主力决战，而王恢则领兵从侧后截击匈奴辎重。一切准备就绪后，聂壹按事先约定的计策去引诱匈奴，他向军臣单于说："我能杀掉马邑的县令，您可以借机攻占马邑城，夺取城中的所有财物。"军臣单于大喜，立刻与聂壹约定了进兵计划。

▲大破匈奴
▲马踏匈奴石雕

聂壹回到了马邑，将一个死囚杀死，并割下人头悬挂在城楼上，对军臣单于的使者说："马邑县令已经被我杀死了，请赶紧通知单于派兵来吧。"接到报告的军臣单于亲率10万骑兵，从雁门郡武州塞赶来。当匈奴军行至距离马邑还有百里左右的地方时，单于看到漫山遍野都是牲畜，却没有一个放牧人，顿起疑心。他下令停止前进，并在附近抓获了一名巡防的尉史。尉史贪生怕死，把汉军设伏于马邑的机密全盘供出。军臣单于大惊，迅速带兵撤回。汉军迟迟不见匈奴的踪迹，后来听说匈奴已经退兵，急忙追击，但为时已晚。王恢本应该能截击匈奴的辎重，但他们听到匈奴大军已经回撤，所以未敢出击。就这样，一场精心策划的伏击战最终以徒劳无功而告吹。马邑之谋失败后，盛怒的汉武帝将未敢出击的王恢抓进监狱，迫使他自杀，而匈奴则与汉朝彻底决裂。

昆阳之战

西汉末年，外戚王莽玩弄权术，篡夺了西汉政权，王莽政权残酷压迫广大劳动人民，全国因此爆发了大规模的农民起义。在众多起义军中，有两支最为突出，这就是威震山东的赤眉军和纵横中原的绿林军。昆阳之战中创造以弱胜强辉煌战绩的正是绿林军。昆阳地处军事要冲，为历代兵家必争之地，起义军驻守在城中的兵力不足1万，面对40余万铺天盖地而来的莽军，他们不畏强敌，英勇奋战，取得了光辉胜利，此战是历史上著名的以少胜多的经典战例。昆阳之战也奠定了推翻王莽政权的基础。

巨无霸走在“人兽联军”的最前面

公元23年，各路农民起义军统一归编为汉军，汉军连续取得了几个大胜利后，部队得到了发展壮大。于是，汉军分兵两路，一路以主力部队进攻宛城，准备把宛城作为夺取关中的根据地；另一路则迅速占领了昆阳等地。昆阳城虽然小，但城防设施却很坚固，它同宛城形成了掎角之势。从军事地理上看是昆阳是一个进、退、攻、守俱佳的战略要地。

王莽听说宛城被围，昆阳失守，非常恐慌，他纠集了各郡精兵共42万，号称“虎牙五威兵”，交给了他的亲信王邑和王寻指挥。所谓“虎牙五威兵”，主要是由各州郡精选出来的锐卒，其武器装备和作战能力都在普通士兵之上。为壮军威，王莽还任命了一位身高一丈的巨无霸为垒尉（负责管理营垒的军官）。同时还驱赶着一群大象、老虎、豹子和犀牛，让它们和巨无霸一起走在部队的最前头。可以看出，已近穷途末路的王莽决意孤注一掷，企图以压倒性的优势，一举歼灭汉军，彻底扭转被动的局势。当莽军逼近昆阳时，城中的汉军仅有八九千人，但汉军将领决心坚守昆阳，迟滞、消耗王邑的兵力，掩护主力攻取宛城，同时派出了刘秀等人出城求援。

故意丢失的“假捷报”

王邑、王寻率领的大军，一到昆阳城下，就立即轮番向昆阳城发起进攻。攻城的喊叫声几十里外都能听到。莽军架起了高达十几丈的云车，从城外向城内监视守城汉军的情况，同时还用挖掘地道、楼车撞击城墙、城门的战术日夜攻打昆阳城。由于城墙深厚坚固，加上守城军民的拼死坚守，汉军多次击退了莽军的进攻，昆阳城始终坚如磐石。

▲赤眉军无盐大捷

公元23年6月，刘秀率领援军来到昆阳城外，此时汉军主力已攻克了宛城，但是消息还没有传到昆阳，刘秀也一点不知道。刘秀为了进一步鼓舞汉军的士气，动摇敌人的军心，就制造了一个假情报，宣称汉军主力已经夺下宛城，并用箭把战报射入城内；同时，又故意把这份“捷报”，“遗失”给了莽军。这样，攻城和守城的双方都得到了这个消息。莽军将士人人吃惊，数十万大军攻击不足万人防守的昆阳，一个多月竟不能攻下；有重兵防守的战略要地宛城，却被为数不多的汉军攻破，莽军士气一落千丈。而胜利的消息传到昆阳城里，守军的士气更加高涨。

东汉王朝的开创者刘秀

刘秀（公元前6—公元57），南阳蔡阳（今湖北枣阳市西南）人。他早年加入绿林农民起义军，在推翻新莽政权的关键性战役——昆阳之战中，发挥了决定性作用。平定河北后，他统帅东汉军队，运用正确的战略策略，逐步扫平各地割据势力，实现了中国历史上第三次大一统。刘秀完成了统一大业后，采取“以柔道行之”的治国方针，致力于发展社会经济，安抚周边少数民族，东汉一度兴盛，封建史家誉之为“光武中兴”。

20∶1的绝对优势

刘秀迅速组织起一支3000人的敢死队，由他率领从城东迂回到城西，向莽军的指挥大营发起突然袭击。当他们突然出现在莽军阵前，莽军主帅王邑依旧轻视汉军，一看汉军兵力不多，便决定亲自带兵迎战。他首先严令留守的各支部队不得随意行动，以免由于无谓的混乱而使全军不安，然后带领1万余人迎战刘秀的敢死队。整个昆阳战场上莽军虽然拥有20∶1的绝对优势，但在这次局部作战，王邑只出兵1万，加之士气低落，实际并无优势。所以激战不久，莽军很快陷入被动挨打的困境。在混战中，莽军副帅王寻在乱军中被杀，王邑见形势不妙，就丢掉队伍逃跑了。失去主帅的王莽军队，到处乱窜，四散逃命。其他留守的莽军将领受到军令的限制，谁也不敢擅自行动。前面的败兵像潮水一样向后涌去，当败兵涌到其他部队的阵地时，其他部队的兵士也跟着向后溃退。看到莽军兵败如山倒的景象，昆阳城内的守军立即大开城门，奋勇冲杀出去，定陵、郾城的援军也发起攻击。就这样，几乎在同一个时间里，汉军从几个方向，展开了全线大反击。正在这时，忽然风雷大作，下起了瓢泼大雨，本来已溃不成军的莽军更加混乱。他们互相践踏和碰撞着身体，死伤不计其数。至此，昆阳之战以汉军全歼王莽军主力而告结束。

黄巾军农民起义

公元 184 年黄巾大起义的爆发，是农民阶级反抗东汉腐朽统治的革命力量不断积聚的结果，也是东汉末年此起彼伏的农民起义发展到高潮的表现。虽然起义在东汉王朝和各地地主武装的联合镇压下失败了，但这次起义给东汉王朝以沉重的打击，加速了它的崩溃，也不同程度地打击了地主、贵族等豪强势力。

发布起义动员令

东汉后期，大地主兼并土地的情况越来越严重，很多农民失去了土地和人身自由。灵帝即位以后，为了满足其奢侈淫逸的生活，大修宫室，公开标价卖官。所有官职按其职位高低和利禄的多少，各有不同的定价。地方官吏为了本利兼收，到任后就加倍勒索，更进一步加重了百姓的苦难。东汉后期，灾情屡屡发生，到处可以看见饿死人的惨象。农民由于无法生活下去，就此起彼伏，连续不断地奋起斗争。

▲李 膺

巨鹿人张角，是太平道的首领。他在传布太平道时，主要以治病为手段，先使贫苦百姓入道，然后利用宗教宣传，使人们相信太平道的说教。张角等人十几年的行医、传教活动，使太平道已形成了一个全国性的以宗教为掩护的农民革命组织。在长期的思想发动和组织准备之后，大起义的条件逐渐成熟。张角把中平元年（公元 184 年，是为甲子年）确定为起义时间，并发布了“苍天已死，黄天当立，岁在甲子，天下大吉”的口号，用“苍天”暗指东汉王朝，“黄天”暗指太平道的新政权，“甲子”为天干地支纪年循环一周之始，也有更新开始的意义，指出了甲子年一到，天下就可以过太平日子了。这一口号成为号召农民起来推翻东汉统治的总动员令。

头上都扎上了黄色布巾

就在公元 184 年，也就是甲子年，张角派马元义到洛阳，秘密联络洛阳的信徒，准备里应外合，夺取京师。这时张角的一个弟子唐周叛变，起义计划全部暴露。马元义和洛阳城内的太平道教徒一千多人全部被害。这一突然变化使起义步骤被打乱，一时陷入被动。张角为了扭转这种不利形势，当机立断地决定提前发动起义。他派人通告各方立即行动。并规定起义军要以黄巾包头为标志，因此被称为黄巾军。张角自称为天公将军，他的弟弟张宝称地公将军、张梁为人公将军。起义的火焰迅速燃遍全国。

面对突如其来的农民暴动，东汉地方政权和贵族、豪强惊慌失措，一时无法抵挡。南阳地区黄巾军领袖张曼成自称“神上使”，率领义军直攻宛城，杀死了太守褚贡。陈国地区的黄巾领袖波才率部攻占了颍川。汝南起义军攻取了召陵，击败了太守赵谦的官军。河北张角兄弟率领黄巾军主力，活动于巨鹿、广宗地区……各路起义军所到之处，烧官府，打豪强，占城邑，安平和甘陵两个封国的诸侯王刘续、刘忠也被活捉。黄巾军声势浩大，所到之处，百姓纷纷响应。

凶狠狡猾的官军

黄巾军从四面八方掀起的猛烈冲击，大大震撼了东汉王朝，朝廷针对黄巾军三面环攻洛阳的战略态势，急忙调集兵力，派大将皇甫嵩和朱儁等人，向颍川地区反扑。皇甫嵩诡计多端，他一面严令官军坚守不出，一面仔细观察城外黄巾军的动静。波才由于不懂战阵结营的方法，命令攻城义军紧靠着茂密的树林安营扎寨。皇甫嵩看到这一情况，就准备火攻义军。恰巧当天夜里刮起了大风，皇甫嵩一面命令军士各持火把登上城墙，一面派人趁夜潜出城外，借助风势放起大火，偷袭了黄巾军的营寨。皇甫嵩趁机率一队人马突入黄巾军营阵。混战之中，义军将士难以抵挡，惊乱奔走。数万人壮烈牺牲在此次激战中。

颍川、汝南黄巾军的失败，使东汉朝廷摆脱了京师之危，得以腾出力量来对付其他地区的起义军，至此，东汉朝廷已占据了主动和优势。起义军面临的是一伙凶狠狡猾的对手，他们具有老练的统治经验和军事素质，所以黄巾起义军逐渐被镇压了下去。公元 184 年，官军攻陷了下曲阳，这标志着张角等人所领导的黄巾起义悲壮地失败了。然而农民起义的火焰并没有就此而熄灭，分散在各地的黄巾余部，仍在坚持斗争，他们前仆后继，百折不挠，给东汉王朝的统治以新的打击。

官渡之战

官渡之战是三国鼎立形成初期的第一个大战役，是曹操、袁绍两大集团之间的一次主力决战。战争中，曹操指挥坚决果断，集中兵力攻下并焚毁袁军储粮仓库，使袁军军心动摇，内部分裂，斗志全无，从而一举歼灭袁绍的7万精锐，奠定了统一北方的基础。这次战争，是在北方平原上进行的坚固阵地防御战，也是中国历史上经典的以弱胜强的成功战例。

把钱财物资都扔在了路上

公元199年，曹操在北方势力逐渐扩大，已与袁绍形成沿黄河下游南北对峙的局面。袁绍担心曹操会越来越强大，就打算用数量和装备上占绝对优势的兵力消灭曹操。他挑选了十万精兵，起兵南下。而曹操认为袁绍志大才疏，胆略不足，兵多但指挥不当，所以调集了所能集中的数万兵力抗击袁绍的进攻，并把官渡作为阻挡袁军的主要阵地，以主力在官渡一带筑垒固守。

公元200年，袁、曹两军激战白马，曹操为了争取主动，求得初战的胜利，亲自领兵出击，他采取了谋士荀攸提出的声东击西的建议，先装作袭击袁绍后方，等袁绍分兵两路时，再以轻装回袭白马。袁绍果然中计，曹军距离白马很近的时候，袁将颜良才发觉，但为时已晚，颜良被关羽斩杀，袁军顿时溃散。袁绍听说曹操解了白马之围，正向西撤退，急忙率大军追击。当时曹操只有骑兵600人，而袁军多达五六千人。曹操命令士兵卸下马鞍，放开战马，把钱财物资和辎重车辆都杂乱地丢在路上。袁军赶到后，看见钱财物资堆得满地都是，就争先恐后地去抢夺，顿时乱成一片。曹操立即指挥全军上马冲杀回来，袁绍手下大将文丑在混战中被杀，他的全部人马也被曹操俘虏。

光着脚迎客

曹、袁经过数次激战，进入了一个暂时相持的阶段，在相持过程中，军粮的补给是关系战争胜败的一个重要因素。曹操的军粮虽然不足，但还能勉强坚持。袁绍粮草虽然比较充足，但是因为兵多，消耗也就很大，所以必须随时不间断的加以补充。而此时发生了一件意想不到的事情，这就是袁绍的谋士许攸叛降了曹操。许攸是袁绍手下的一个重要谋士，他认为袁绍骄傲轻敌，最后必定会失败，所以一直存有叛变的想法。这时恰巧他的家人因犯法被拘捕了，他一怒之下，投奔了曹操。曹操深知通过许攸可以获得袁绍的内部军情，所以听到许攸来投奔他时，高兴得连鞋也没穿，光着脚就迎了出去，边拍着手，边大笑着对许攸说：“你来了，我的大事就可以成功了！”果然，许攸报告了一个绝密军情。他对曹操说："现在袁绍有上万车粮草屯集在乌巢，而且守卫的兵力不多，戒备也很松懈，如果能去偷袭，将粮草烧掉，袁军不出三天必将失败。"曹操的手下对此十分怀疑，认为可能有诈。但曹操却相信了许攸，决定偷袭乌巢，焚烧袁军的全部粮草。

曹操文武并用的军事思想

曹操主张文武并用，调动多种制胜因素，争取战争胜利。他看重外交制胜的作用，主张以外交分化众多的敌人。他积极争取友军，孤立打击对象。凡是当前可以利用的力量，他都团结。正如他说的，"方今收英雄时也，杀一人而失天下之心，不可。"

在军事上，曹操不仅重视兵力、兵器的作用，也十分重视谋略的作用。官渡之战中，他接受荀彧的劝告，在最困难的时候坚营固守，决不后撤，因而也取得了最后的胜利。

谎称是袁绍的援军

由于曹操当时只有一个月的军粮，非常希望速战速决，所以在当天夜里，曹操就亲自率领5000人马前去偷袭，他们改换了袁军的旗号，每人手里拿着一把干柴，从小路直奔乌巢。途中如果遇到袁军盘查，就谎称是袁绍派到后方加强防备的援军。到达目的地后，曹军立即围攻放火。袁绍听到这个消息后，认为此时应该去攻打曹操在官渡的大本营，这样必然会使曹操引军回救，那时乌巢之危自解。所以派遣主力攻打官渡，而只派少量骑兵去救援乌巢。由于曹操在官渡的营垒非常坚固，加之将士死战死守，袁军久攻不下。而此时曹军也正加紧进攻乌巢，在曹操坚决果断的指挥下，不但击溃了袁军的增援部队，而且将袁军的1万多车粮草烧得一干二净。乌巢粮草被烧的消息传到袁军前线，致使军心动摇，内部分裂。曹操乘势领兵出击，大败袁军。袁绍和他的儿子袁谭只带着800名亲兵逃回黄河以北。曹军缴获了袁军丢下的全部物资，官渡之战就这样以曹胜袁败而告结束。

赤壁之战

发生在公元208年的赤壁之战，是孙权、刘备联军与曹操进行的一次大会战。此战对历史发展具有深远影响，三国鼎立的局面由此形成。大战前，孙刘集团不为曹军的强大所吓倒，能够正确分析形势，果断采取联合抗曹的方针。大战中，联军又能巧用计谋，找出曹军的弱点和不利因素，以长击短，以火破曹，最终孙、刘以5万兵力击败曹操20多万军队的进攻。

孙权受了刺激

公元208年7月，曹操兵不血刃夺取了战略要地荆州，孙权感到了对自己的威胁，试图联合刘备共同抗击曹操。当时孙权虽然不愿受制于曹操，但对曹操的声势也有所顾虑，所以一直在犹豫不决。诸葛亮根据孙权的好胜性格，使出了激将法。他向孙权建议，不管是降还是战，都需要尽快作出决定。如果认为可以同曹操对抗，就要赶快同他断绝关系，如果觉得抵挡不住，不如早点投降曹操。孙权提出，假如像你说的那样，刘备怎么不投降呢？诸葛亮刺激孙权说：“田横不过是齐国的一个壮士，尚且能够不受屈辱，何况帝王的后代刘备呢？他已经决定同曹操斗争到底了。”听了这话，孙权激动地说：“我也不能让别人来支配整个东吴和十万将士。”但是孙权还是对刘备的力量有怀疑。诸葛亮为了解除孙权的疑虑，坚定他的抗曹决心，进一步向他分析了双方力量的实际情况，指出如果孙、刘联合，是一定可以打败曹操的。诸葛亮说：“刘豫州虽然刚在长坂坡战败，但是归队的士兵和关羽从汉水而上的水军，合起来还有精兵一万。刘琦集结在江夏的军队也不少于一万人。而曹操的兵马，从北方远道而来，已经非常疲劳。现在他们的力量就好比射到尽头的箭，就连最薄的绸纱也穿不透了。兵法上认为，这种冒险作战，一定会损失主将。况且北方将士，最怕水上作战；曹操收编的荆州部队，都是被迫参战的，并不是真心归服，因此他们是不会替曹操拼命作战的。”孙权同意了诸葛亮的观点，双方商定协力抗曹。

▲周瑜赤壁纵火图

孙权初步定下抗曹的决心后，与自己的群臣进一步商量对策。这时曹操来信威胁孙权说：“近来奉皇帝的命令讨伐有罪的人，现在我正率领80万大军，打算在江东与将军比个高低。”东吴群臣都大惊失色，以元老重臣张昭为代表的大多数文武官员主张投降，他们认为东吴抵抗曹操的优势在于长江天险，而现在曹军已经夺取了刘表手中的大批战船和水军，实际上长江天险已阻拦不了曹操了。而且在兵力数量上，东吴也处于绝对下风。孙权在内部这一巨大阻力面前，深感失望和孤立。鲁肃私下对孙权说：“投降曹操对于孙权和其他大臣的利害关系是不同的，东吴像我这样的臣子投降后还可能保留个一官半职，但是您恐怕连性命都保不住。所以千万不要听信张昭他们的建议。”周喻是东吴的主要将领，他来到后，力排众议，坚决主战。他分析了曹操的四大弱点：一是后方没有完全平定，有后顾之忧；二是曹军多为北方人，他们不擅水战；三是现在天气寒冷，战马缺乏草料；四是中原士兵来到江湖地带，不服水土，必然会生病。而这些都是兵家大忌。经过周喻深入全面的分析，更加坚定了孙权联刘抗曹的决心。孙权当场拔出身上的佩剑，狠狠地把面前的桌子砍掉了一个角，并且严厉地说：“从现在起，再有人敢说投降曹操，就同这张桌子一样下场！”于是孙刘两个军事集团为了避免彻底覆灭的命运，终于结成联合抗曹的军事同盟。

▲诸葛亮舌战群儒

把战船用铁链连起来

曹军在赤壁果然如周喻预料的那样，营中疾病流行，战斗力受到很大影响。特点是北方人不习水性，长江的风浪把他们颠簸得口吐黄水，苦不堪言。为了克服北军不习惯船上生活的弱点，曹操命令工匠，把几艘或十几艘战船编为一组，用铁链分别连锁在一起，以减少风浪的颠簸。这样不但人可以在船上来往行走，甚至可以在船上骑马。周瑜的部将黄盖是孙氏政权的三朝元老，很有军事经验，他看出了曹军舰船头尾互相连接，不利于疏散的弱点，就向周瑜建议说：“曹军的连环船最怕火攻，一船着火，所有战船都难以逃脱，我们可用火攻击败曹操。”

黄盖为了骗取曹操的信任，使他放松戒备，特意写了一封投降书，派人送到曹操账下。信中的大意是：“我黄盖受孙氏政权的厚恩，官位升到将帅。按理说这种待遇已是很不错了。然而从天下大势来看，江东如果以现有的兵力，来抗拒您的百万大军，力量实在差得太远了，这是天下人都看得出来的。

▲东汉斗舰复原图

因此，江东的文臣武将同我的意见一样，都不愿意同您的大军交战。只有周喻和鲁肃他们两个人，心胸狭窄，见识短浅，硬要作无谓的抵抗。我不忍心看到江东的大好河山被这两人断送，所以情愿归顺于您。周瑜统领的军队数量有限，是不难打败的。等双方交锋的时候，我愿意利用担任先锋的有利条件，寻找机会，帮助曹军共同击败孙刘联军。”曹操看了这封信，起初还有些怀疑。但是，他想到自己在军事上的绝对优势，足以使江东文武百官丧失斗志。因此，他认为孙权内部发生分化，也是很有可能的。曹操对送信人说：“黄盖如果真心投降，我一定要重用他。”曹操的轻敌思想使他对黄盖的归降，已经是深信不疑了。

大火从船上一直烧到岸上

按照事先约定的时间，黄盖带领10只战船，驶向曹军水寨。船里装满了干草，浇上了鱼油，外边围着布作掩护，船上插着旌旗。另外，还把一些小船系在大船后面，以便放火后换乘撤退。行驶到江心以后，黄盖命令各船都张起帆来，趁着东南大风，迅速向曹军水寨逼近。黄盖手举火把，命令士兵高声喊道：“黄盖来投降了！”曹营中的官兵，听说黄盖来降，都走出营门观望，丝毫不加戒备。黄盖在离曹军1000多米时，见时机已到，下令各船同时点火，船上人员换乘到小船上。当时正刮着猛烈的东南风，10艘战船飞快地向曹操的水寨冲去。而曹军船只首尾相连，分散不开，移动不得，顿时便成了一片火海。曹操的水军在战船上互相挤撞，争着逃命，被烧死、淹死的不计其数。火借风势，很快从船上蔓延到岸边，一直烧到了岸上的曹军营寨。曹军将士在半夜里被这突如其来的大火烧得惊慌失措。

▲赤壁之战

在长江南岸的孙、刘主力望见北岸火起，知道黄盖已经得手，乘机擂鼓前进，横渡长江，全力猛冲上去。这一仗，把曹军杀得人仰马翻。曹操的大部分人马和所有战船，顷刻间都灰飞烟灭了。在弥漫的烟火中，曹操带领着残兵败将，由华容道向江陵方向仓皇撤退，逃到云梦泽沼泽地时，在大雾下迷失了道路。好不容易走出了沼泽地，又遇上狂风暴雨，道路泥泞。曹操命令所有老弱残兵，找来树枝杂草，铺在烂泥路上，骑兵才勉强得以通过。一路上，曹军人马自相践踏，死伤累累。孙、刘联军乘胜水陆并进，穷追猛打，一直把曹操赶到江陵境内。曹操到达江陵后，看到部队损失严重，已无力再组织进攻，决定结束灭吴作战，率残部退回了北方。这场赤壁大战至此遂以孙权、刘备大获全胜而宣告结束。

夷陵之战

吴、蜀两国在力量弱小的情况下，曾共同联合抗击魏国，但随着势力的扩展，均不甘于三分天下的局面。于是刘备集团以替关羽报仇为名，发起几十万大军向吴国进攻，准备从吴国手中夺回荆州，进而消灭东吴。这就引发了夷陵地区的一场大战。这一战是三国形成阶段中具有决定意义的最后一次战役，更是中国古代战争史上一次著名的积极防御的成功战例。

一封信害死了关羽

刘备率领大部兵马攻打益州，只留下心腹大将关羽镇守荆州。关羽趁孙、曹激烈交战的时机，接连打了几个胜仗。于是他居功自大，不把吴军放在眼里。东吴认为此时可以进一步迷惑一下关羽，趁机将其除掉。于是把大将吕蒙撤换成名望不高的偏将陆逊。陆逊给关羽写了一封信，信上措辞十分恭敬，把关羽比作历史上有名的韩信，又谦虚地自称为书生，没有经验，请求关羽指教帮助。这一下关羽果然落进陆逊的圈套，以为荆州稳如泰山，便放松了警惕。吕蒙趁机夺取了荆州的首府江陵。关羽自知兵力薄弱，只好撤到麦城，不久，他又从麦城率兵出逃，最后只剩下十几个人，十二月，关羽被吴军俘虏，遭到杀害，于是刘备的荆州各郡均被孙权所占。刘备把关羽当成亲兄弟看待，他的死对刘备打击很大。更重要的是荆州是重要军事基地，北上可以攻魏，东下可以攻吴，所以公元 221 年，刘备称帝以后，立刻决定以替关羽报仇为名，向吴发动收复荆州的战争。

年轻人作了主帅

刘备大军顺江而下，锐不可当。39 岁的东吴主帅陆逊决定诱敌深入，向东实施战略退却。蜀军主力深入夷陵山区，进入了兵力难以展开的崇山峻岭之中。刘备为能一举打垮吴军，天天派人到阵前辱骂挑战，但陆逊就是不出来应战。手下众将都认为他是害怕刘备而不敢出战，因此也对这位年轻的主帅很不尊重，常常摆老资格，不听他的调遣。陆逊为了维护自己的指挥权威，他手按佩剑对部下说，刘备是天下英雄人物，连曹操都怕他。我们应当同心协力，互相配合，共同翦除这个强敌。我虽然年轻，可是作为主帅，

▲陆　逊

你们必须听从我的指挥，否则将按军法处置。从这以后，吴军内部逐渐团结起来。

刘备见激将法没有效果，又改用诱敌出战的方法。他派吴班带领几千人在吴军阵前立营，向吴军挑战，自己亲自率领精兵埋伏在山谷里，等待把吴军引诱出来以后，来个两面夹击。但此计又被陆逊识破，吴军按兵没动。就这样双方相持了四五个月，蜀军一直找不到机会同吴军决战。天气却一天天热了起来，大江南北暑气蒸人，蜀军士兵个个叫苦，都纷纷提出："这里实在待不下去了。"士卒的斗志已经涣散，刘备也没有办法，只得把驻扎在山谷里的军队拉到谷外，将军营连接起来驻扎在深山密林里。

▲白帝城

用茅草取得了大胜

陆逊看到刘备的军营一座座地连接在一起，认为消灭蜀军的大好时机已经到来，为试探敌人虚实，他先派出小股部队作试探性的进攻，这支小部队虽然被打得惨败，但是摸清了蜀军的宿营部署：蜀军营寨都是用木栅搭建，而且周围草树丛生。这些都是实施火攻的有利条件，一旦起火，就会烧成一片。六月的一个夜晚，东风大起，陆逊命令所有士卒每人拿一束茅草，在蜀军军营的上风方向，顺风点起大火，蜀军连接在一起的40多个营盘，顷刻之间消失在火海之中。同时，吴军在大火后跟进攻击，这样人借火威，直打得蜀军人仰马翻，毫无招架之力。刘备率领残余部队乘夜逃窜，吴军紧紧追赶，幸亏蜀军把路上逃兵的战袍和铠甲点着，堵塞了吴军的追路，刘备才脱离险境。此战蜀军的损失十分惨重，伤亡和逃散的士兵共有几十万人，车、船、兵器和物资也全部丧失。刘备看到自己的惨败情景，却不自我检讨，忿忿不平地叹息道："想不到我刘备竟然被年轻无名的陆逊屈辱到如此地步，这岂不是天意吗?"夷陵之战就这样以刘备的骄傲轻敌而致蜀军惨败宣告结束。

诸葛亮北伐之战

诸葛亮取得南征胜利后，北伐魏国提上了日程。北伐魏国是刘备集团一贯的战略方针，是以兴复汉室、夺取天下为最终目的。刘备死后把这一重任交给了诸葛亮。诸葛亮历时六年半，前后出征六次，对强大的魏国进行了一系列作战。诸葛亮的北伐，是弱小的国家拼其全力主动进攻强大的国家的战争，是三国鼎立期间最重要的战争之一。

一个必须守住的咽喉要地

夷陵之战后，刘备认识到自己讨伐吴国的错误，因忧愤悔恨而病逝。临终前，他把北伐魏国的重任托付给诸葛亮。公元228年春，诸葛亮首次率军进攻魏国。根据既定计划，他自己率主力进攻陇右祁山，然后以祁山为根据地夺取整个陇右。魏国突然听说诸葛亮出军，朝野上下十分恐慌。魏明帝根据既定的防御方针，企图利用诸葛亮深入之机，在内线将其战败。于是下令派遣张郃率领步、骑兵5万为前锋，前往陇右迎战诸葛亮。张郃率部迅速沿关陇通道西进，企图上陇山，从街亭要地进入陇右，挫败蜀军夺占陇右的企图。

▲秦岭要隘大散关

诸葛亮大军迅速攻占了祁山、西县，形成以众击寡的有利态势。这时，只要切断魏军增援的通道，把目前的优势保持一个月，就可以全部占领陇右这个战略重地。因此，诸葛亮派遣爱将马谡扼守通道上的一个咽喉要地街亭。

马谡奉命占领街亭后，马上研究地形，部署兵力。他在现地勘察时发现此地高山环绕，易守难攻，于是准备将大营驻扎山上。他的部下王平则认为，如果在山上驻防，容易被敌切断水源而陷入困境，所以几次提出反对意见。其实早在临出发前，诸葛亮就已经针对街亭的地理环境情况，做出了战略部署。他要求马谡在山下布置兵力，依托险要地形驻守。但此时马谡不听劝阻，一意孤行，他组织人马驻扎在了街亭的南山上。

诸葛亮挥泪斩马谡

魏军大将张郃率兵赶到后，察看了地形及蜀军情况后，立即直逼山下，包围了蜀军，并切断了所有下山的汲水通道。蜀军在山上无水做饭，饥渴难忍，大多已丧失了战斗力。魏军乘势进攻，蜀军早已乱了阵脚，四散奔逃。这时只有王平率领1千多人与魏军相持，蜀兵边战边敲响战鼓，张郃怀疑还有伏兵，不敢再向前逼进。王平慢慢集中了蜀军的散兵，率将士撤出街亭战场。街亭的失守，使战局发生了逆转，蜀军由优势转为劣势，十分被动。诸葛亮没有抓住在陇右以强胜弱的战机，丢掉了继续北伐的根据地，为了保存实力，只好退回汉中。蜀军另一支作为佯攻的部队，由于赵云、邓芝的疏忽，在箕谷与曹真部作战时也失利了。蜀军在退却时，赵云亲自断后，他烧毁褒斜道赤崖以北的栈道，迫使魏军停止了追击，部队装备和人员都没有重大损失。蜀军在占有陇右三郡后，以街亭、箕谷失利而结束了第一次北伐。

▲三国木牛模型

此战之前，马谡与诸葛亮立下了军令状，按军法处置，马谡被判了死刑。本来，诸葛亮和马谡关系很好，交往也深，经常在一起谈论军事。马谡为蜀国的发展也出了不少好主意，有一些贡献。现在马谡犯了军法，为了严明军纪，赏罚分明，诸葛亮虽然痛心难过，但还是依法杀了马谡。马谡违犯军令，造成街亭失守，诸葛亮认为这和自己用人不当有很大关系，他主动承担责任，把自己降职三级。同时还把自己的失误布告天下，在以后的征战中，每次作战，诸葛亮都要亲临前线。

再也不敢轻举妄动

公元231年，诸葛亮第五次出师北伐。鉴于蜀道山多路险，以前的出征常常因为军粮运送困难而受严重影响，诸葛亮为解决这个难题，发明了一种适合山道行走的“木牛”和“流马”运粮车，向前方运粮。魏明帝闻祁山被围，急忙派足智善算的司马懿迎击。面对魏军的到来，诸葛亮企图尽快与之决战。所以诸葛亮留下部分兵力继续包围祁山，自己、亲率主力寻找司马懿决战。两军相遇在上邽一带。司马懿深知蜀军的粮食供应仍很困难，有意避免决战，扎营坚守，拖延时间。诸葛亮随即改变策略，佯装退兵，诱敌出战。司马懿谨慎尾随，但就是不主动出击。魏军中一些将领多次请战，均被司马懿拒绝。于是魏军中有人讥笑司马懿“畏蜀如虎”。司马懿无奈，只好派大将张郃出击，结果被早有准备的蜀军击败，损失了3000多人。此后魏军再也不敢轻举妄动，而诸葛亮也因此无法消灭司马懿的魏军主力。

双方相持了一个多月，蜀军粮食供应日益困难，负责运粮的蜀国大臣李严，既疏于职守，又怕承担罪责，就假传后主旨意，要诸葛亮退兵。诸葛亮只好再次退兵。司马懿料定这次蜀军是真的因为缺粮而撤退，就派大将张郃追击。诸葛亮抓住时机，在木门登山设下伏兵，射死了张郃，迫使魏军退去。回师后，诸葛亮严查了李严的赎职事件，将他革去官职，降为平民。诸葛亮这次北伐，进军路线与第一次相同，蜀军始终处于主动地位，连获胜利。但只因为发生李严事件，后勤保障出了问题才导致又一次无功而返。此后，诸葛亮吸取了以往的教训，进行更加充分的准备，他暂时停止北伐行动，“休士劝农”，让士兵歇息练武，同时加强农业生产，积蓄粮食。

能够运粮的“木牛”、“流马”

为了适应山地运输需要，节省人力畜力，诸葛亮改革运输车，制成了“木牛”和“流马”。“木牛流马”的形状构造，在《诸葛亮集》中有详细记载。说木牛“一脚四足”，“载多而行少，宜可大用，不可小使”；说流马有“前脚孔”，“后脚孔”，“形制如象”等等。木牛流马能够适应艰难的蜀道，缓解了蜀国人力物力的紧张状况，在一定程度上保障了诸葛亮北伐的粮食运输。

送给敌军主帅一套妇女服饰

建兴十二年（234 年），诸葛亮经过三年准备后，集中在汉中的 10 万大军，开始了第六次也是最后的一次北伐。司马懿依然坚决执行以逸待劳的方针，拒不出战。蜀、魏两军相持了 100 多天。诸葛亮多次派人送挑战书，百般引诱司马懿出战，又向司马懿送去了一套妇女穿用的服饰。并写信说：“你身为大将，统帅大军却不敢出战，现在我送上一套妇女用的服饰，你穿上正合适。”魏军的众将得知这件事后，无不气愤，来到大帐说：“我们都是魏国的名将，怎么能够忍受蜀军这样的侮辱，我们请求立即出战，以决胜负。”司马懿说：“我并不是不敢出战，只是魏明帝早已有了明确的旨意，下令我们坚守不战。”众将还是愤怒难平。司马懿只好向明帝上表，请求与蜀军交战。曹睿接到奏章后，对众大臣说：“司马懿既已坚守不出，为什么又上表求战？”卫尉辛毗道出了此中缘由：“司马懿本来不想出战，必定是因为诸葛亮这番侮辱，激怒了手下众将，才故意上了这道表章，希望陛下更明确地重申一下坚守不出的旨意，以压服众将求战的心情。”曹睿认为他说得很有道理，便向司马懿大营传旨，要求坚决不许出战，如果再有人胆敢提出迎战者，便以违抗对旨论处。众将只好作罢。由于司马懿坚守不出，诸葛亮一时也没有办法。

在两军相持中，诸葛亮早起晚睡，操劳军务。司马懿见到蜀国使者，不问军情，只问诸葛亮生活起居的情况，使者回答说：“诸葛亮起早睡晚，连处罚二十军棍的小事都要亲自审理，每天吃的食量更是不到数升（汉代一升约为现在的一两七钱）。”司马懿知道了这些情况，就对部下说：“诸葛亮饭吃得少，而军务繁重，身体已经累垮了，他已活不长了！”果然八月，诸葛亮在军中逝世，享年 54 岁。蜀军按照他死前的遗令秘不发丧，全军撤退回国。司马懿闻讯追击，蜀军调转军旗，假装反击，司马懿怀疑又是诸葛亮使用的计策，不敢进逼，蜀军全部安全撤回，结束了多达六次的北伐。

秦晋淝水之战

“草木皆兵”形容的是由于某种原因，使人表现出极度的怀疑、惊慌和害怕。这句成语就是从秦晋淝水之战里产生出来的。淝水之战是十六国时期最大的一次战争。前秦为扩张自己的势力范围，以数倍于敌的兵力，向相对比较弱小的东晋发起战争。东晋虽然弱小，但内部团结，后方稳定，人民积极支持，最后仅用4个月的时间，打败了强敌，取得了辉煌的胜利。

公元383年，前秦王苻坚轻率地决定发动进攻东晋的战争。符坚和他的弟弟苻融共率大军90万浩浩荡荡向东晋开进。他们先锋部队已向东晋在淝水西岸的重镇寿阳展开了进攻。前秦大举进攻的消息传到了东晋，在宰相谢安的提议下东晋孝武帝决定坚决进行抵抗。孝武帝派谢安的弟弟谢石代理征讨大都督，指挥全部军队。同时选派优秀将领谢玄做前锋统率8万精兵迎击苻坚。另外，又派将军胡彬率5000水军去增援寿阳。

▲前秦的八十万大军在淝水之战中溃不成军

“身在秦营心在晋”的秦国使者

苻坚依仗雄厚的兵力，向晋军发动全线进攻。十月，胡彬的水军还没有到达寿阳，苻融就把防御力量比较薄弱的寿阳城攻破了。胡彬在途中听到这个消息，便不敢前进，只得把水军结集在硖石，控制了这个险要的地方，专等谢石的大军到来。苻融占领了寿阳以后，一面派兵围攻硖石，一面封锁了淮水，阻止从东面来援救的谢石、谢玄的晋军。谢石只得在距离洛涧二十五里的地方，把八万军队驻扎下来。

谢石的大军不能前进，被围困在硖石的胡彬的水军就难以突围，眼看着军粮就要吃光，情况十分危急。胡彬为了迷惑敌人，便命令士兵们天天在河岸上用簸箕扬起沙土，装作在扬米的样子，故意给秦兵看见，表示自己的军粮还很充足；同时他又给谢石写了一封告急信，说明现在军中已缺少军粮，必须马上前来救援。不料送信的人在途中被苻融的士兵捉住，告急的密信也被搜走。苻融得到胡彬缺粮的情报，连夜派人到项城去报告苻坚，说：“现在晋军人少粮尽，很容易消灭他们，应该马上向他们发动进攻。”

苻坚得到报告后，非常高兴，决定把大军留在项城，只带领8000轻骑兵不分昼夜地赶往寿阳，想出其不意地捉住谢石。认为这样就可以一下子灭亡东晋了。他临离开项城以前，还恐吓项城的兵士说："谁敢泄漏了消息，我就要把他的舌头割掉！"

苻坚赶到了寿阳，和苻融商量，他们认为有可能使东晋不战而降，于是派朱序去劝降谢石。朱序本在东晋为官，4 年以前，前秦与东晋两国交战，东晋兵败，他因被俘而留在了前秦。但他一直"身在秦营心在晋"，仍心存报国之心。现在，他认为为东晋出力赎罪的机会到了，所以朱序到了晋营不但没有劝降，反而把他所知道的秦军所有军情，都告诉了晋军主帅谢石。并提出了破敌的建议。他认为，秦国总兵力多达 90 多万，如果这些军队全部到达，的确很难对付。但目前秦军大部分人马还在行军途中，他们前线的兵力并不多。现在只要派一支精兵打败秦军的前锋，挫伤它的锐气，秦军就会全线崩溃。晋军采纳了这个建议，趁黑夜成功袭击了秦营，斩杀了大将梁成，缴获了大批辎重和粮草。

▲淝水之战战场——八公山

山上的草木变成了士兵

苻坚听到梁成被杀的消息，又接到晋军大队人马开到淝水对岸的报告，开始觉得情况有些不妙。他急忙和苻融登上寿阳城楼，观察对岸晋军的动静。他向东望去，只见晋军阵容严整，旗号鲜明，一座座营帐整齐地排列在淝水对岸。八公山的山脚下，不时传来一阵阵士兵的操练声。苻坚顶着风向北远远望去，恍惚之间，只见八公山上，漫山遍野都是晋军。他感到十分意外，对苻融说："你看，晋军这么多人马，明明是强敌，怎么能说他们是弱军呢?"其实，八公山上根本没有晋军，是北风把山上的草木刮得起伏摇摆。苻坚因为心虚，加上错觉，误以为是晋军在山上奔跑操练。后来，人们常常把过分的紧张害怕，说成"草木皆兵"。苻坚不敢轻敌，他下城后，传下军令，要将士们严密防守淝水防线，谁也不许渡河出击。

此令一下，秦兵沿河岸层层布阵，晋军要想渡河与之决战，困难很大。此时秦军人马还未全部到达，晋军必须争取主动与秦军速战速决。为实现这一想法，主将谢玄想出一计。他派出使者与秦军协商，使者向苻融巧言道："将军领兵深入我国国境，是想与我军决战，可现在却在淝水对岸列阵不动，这种持久相持不会使你们达到战争目的的。不如你们向后撤退一段距离，腾出一片空地做战场，让我们晋

方寸不乱的统帅风度

淝水之战前，前秦大兵压境使京师上下非常恐慌。作为最高统帅的谢安却神色坦然，镇静自若。他安排完抗敌之计后，毫无惊慌地来到郊外游山玩水，宴会亲朋。当击败秦军的捷报传来时，谢安正与人下棋，他看过捷报后，随手放置在一旁，好像根本没有发生什么事一样。那个下棋的朋友忍不住询问军情，谢安这才缓缓地回答说："孩子们已把敌军打败了。"

军渡过淝水，咱们双方决一胜负。”苻融听了使者的要求，立刻报告给了苻坚。

苻坚心想，晋军虽然在洛涧打了个胜仗，但是力量毕竟有限，难道我还怕和他们决战吗？如果不答应晋军的要求，倒显得自己胆怯了。于是他召集部下来商议此事。将领们都认为，我们人多，晋军人少，不如严密地守住淝水防线，不让他们上岸，才是最好的办法。自负的苻坚却不同意将领们的看法，他想将计就计，等晋军渡到淝水中间时，出动骑兵，采取突然袭击，一举歼灭晋军。所以他同意部队后移，还与晋军约定好时间，让谢玄领兵渡水决战。

几十万的秦军就像决了堤的洪水

晋军得到对方的回信，立刻紧急行动起来。谢玄按计划率领 8 万晋军，在淝水东岸排好阵势。到了约定好的时间，苻坚传下将令，秦军开始了撤退行动。秦兵大部分是被强迫征调来当兵的，本来就不愿意为符坚卖命，现在一听说命令撤退，立刻散乱地向后奔逃，止也止不住了。就在这时，谢玄马上率领八千骑兵，排山倒海般地渡过淝水，后面的大队晋军也紧紧跟了上来，奋勇渡河。苻坚一看形势不妙，赶紧叫苻融命令军队停止后退。可是此时的秦兵再也收不住脚。朱序也乘机在秦军阵后大喊，“秦军败了！秦军败了！”秦军听了都信以为真，纷纷狂奔起来。秦将想用杀人的办法制止士兵逃跑，可是哪里制止得住？就连他们自己也被人流拥着向后溃退，几十万秦军就像决了堤的洪水，根本没法挡住。就在这个时候，晋军人马已渡过了淝水，在谢玄等人的指挥下，紧紧向秦军追击。

苻融看到军队拼命狂奔，根本就没法指挥了，他想向前冲杀，压住阵脚，阻止秦兵继续后退。可是一支乱军冲了过来，把他的坐骑也冲翻了。苻融连人带马倒在地上，晋军从后追赶上来，把他杀死了。秦军失去了主将，更加混乱，人马自相践踏而死的不计其数。苻坚在寿阳城外看到了前线大败的情形，慌忙跨上战马逃命。他狼狈地渡过了淮水，最后只带了一千多骑兵回到了淮北。这样，在淝水之战中，东晋以 8 万兵力，击败了 4 倍于己的秦军主力。前秦不但在这次战争中被击败，而且导致了政权的瓦解。淝水之战以后，苻坚的统治不久就崩溃了。

隋朝统一之战

隋文帝杨坚取代北周建立隋朝以后，全国境内仍存在三个主要政权，即中原地区的隋朝，江南地区的陈朝和漠北广大地区的突厥。实现全国统一的大任，自然落到隋朝身上。北击突厥和南下灭陈的胜利，结束了自东晋以来南北长期分裂、混战的纷乱局面，为推动社会生产力的进一步发展，促进封建国家政权的巩固和强盛，创造了极为有利的条件。自此，中国社会步入了封建统一帝国稳定发展的历史新时期。

突厥内部散伙了

杨坚建立隋朝以后，在对突厥的关系上，一反以往送礼和亲的做法，而采取防御和抗击的方针，这一下激怒了贪婪好战的突厥。公元581年，突厥举兵犯边。为了阻止突厥的袭扰，文帝一面组织武力反击，一面指派曾经出使过突厥的车骑将军长孙晟，携带厚礼出使突厥处罗侯实施反间计。长孙晟利用突厥内部的矛盾，说服亲近隋朝的突厥处罗侯之子染干，让他向突厥首领聂图可汗报告虚假情况，诈称突厥铁勒等部正要谋反，准备袭击他的老巢突厥牙帐。聂图调玷厥回师救援，担玷厥不听从调遣，擅自率本部人马不辞而别。大可汗被迫中止南侵，匆忙退兵到塞外，回师牙帐，长安的危机得到了缓解。与此同时，隋军对突厥的武力反击也给南下侵扰的突厥诸军以沉重打击，使得突厥内部因战败而互相指责，矛盾更趋尖锐。

▲杨　坚

几个月后，突厥再次南侵，隋文帝仍令长孙晟智取突厥。部族首领大逻便首次与隋军交战便失利。长孙晟趁机离间，他向大逻便传递了这样的信息："摄图每次出征，总是战无不胜，而你初战即遭惨败，有何面目再见摄图？况且你与摄图本来兵力相当，摄图对你一直存有戒心，如果摄图借机发难，你怎么办？"大逻便权衡利弊后归附了隋朝。当摄图听到这个消息，怒不可遏，率大军袭击了大逻便部的领地，并杀害了大逻便的母亲。大逻便悲愤至极，为了复仇，他向突厥玷厥部借了10万兵马，结果打败了摄图。就这样，突厥内部被瓦解，摄图已完全陷入了众叛亲离、孤立无援的境地。他只好派人向隋朝表示友好。自此，突厥再未南下袭扰。

假借换防渡过长江

隋文帝在取得了北击突厥的胜利后，按既定的战略目标，开始了南下灭亡陈朝的部署。隋朝与南朝被长江相分隔，所以南下灭陈首先要突破陈军的沿江防线，顺利渡过长江。隋军在名将贺若弼的组织下，进行了各方面的准备。贺若弼用已不能作战的老马换了许多陈国的民船并将它们隐藏起来，又买了几十条破船停泊在江边，以此掩盖隋军的备战企图。贺若弼还利用部队换防来迷惑敌军。每次换防时，隋军都要集中所有兵马，展开军中大旗，帐篷布满了整个江边，场面非常壮观。一开始陈军在江对面以为隋军要渡江，便调集各路人马前来抵御。

▲胭脂井

后来隋军解散，才知道是在换防。而后年年如此，陈军就放松了警惕，习以为常了。公元589年，隋军大举伐陈，当各路大军云集江边时，陈朝戍军仍以为是例行换防，不料这次集结并非换防而是大兵压境，于是隋军顺利渡过了长江。贺若弼指挥大军直捣陈朝的国都建康，陈军摆开了一字长蛇阵做最后的挣扎。隋将韩擒虎率军从陈都戒备空虚的西南方向直接杀入建康城。隋军在皇宫中搜寻陈王陈叔宝，最后在一个枯井中将其俘获。其他陈朝宗室王侯见陈叔宝被俘，也都相继出降。

一个弃暗投明，一个死罪难逃

隋灭陈后，陈朝旧官在岭南地区纷纷起兵叛乱，企图自立为王。隋文帝乘灭陈的余威，适时派出内史令杨素前往讨伐。杨素一路追剿，叛乱分子不是被生擒就是被斩杀。只剩下正在逃亡的叛乱头目王国庆和高智慧。杨素一面追捕，一面秘密派人规劝王国庆弃暗投明，并放话说："你叛逆谋反，死有余辜，但如果能抓住或斩杀高智慧，则可以立功赎罪。"王国庆见尚有一条生路，便在高智慧的隐蔽住所将他生擒，并交给了杨素，杨素立即将高智慧斩杀于泉州。这样隋朝仅用了两个月的时间，就将叛乱彻底平定。从而取得了稳定的统一局势。

围郑灭夏虎牢之战

虎牢之战是唐初统一战争中具有重要意义的会战，这一战使当时两个最有实力的政治集团即王世充和窦建德一举被唐王李世民消灭。他们的相继覆灭，不仅使唐朝占有了富庶的关东地区，增强了经济实力，而且歼灭了两个最为棘手的竞争对手，这为唐朝统一战争的最后胜利奠定了坚实的基础。

10 匹布仅能换到一升食盐

隋将王世充击败了以李密为首的瓦岗军后，在洛阳称帝，国号郑，成为中原地区最为强大的一个政治集团。公元 620 年，李渊派李世民率主力 10 万多人，同王世充展开中原决战。经过半年多的激烈战斗，唐军歼灭了王世充的大量部队，将其包围在洛阳孤城之中。李世民指挥唐军兵士在洛阳城的周围挖壕沟，修筑堡垒，将内外交通断绝。不久，洛阳城内粮食殆尽，一匹绢只能买到三升粟米，10 匹布仅能换到一升食盐。后来，树皮草根都被吃光了。王世充无计可施，只能在垂死之际向窦建德求救。

唐初统一战争的历史意义

李唐王朝取得统一战争的最后胜利，完成了统一中国的丰功伟绩，具有重大的历史意义。这次统一战争使中国的版图比隋朝极盛时期更为扩大，从而建立了当时世界上幅员最辽阔的封建帝国，确定了我国封建社会后期疆域的基本范围，进一步巩固和发展了多民族统一。这就为创造历时 3 个世纪的盛唐时期奠定了基础，为中华民族高度文明的深入而又广泛地发展创造了条件。唐文化至今仍具有世界魅力与此不无关系。

窦建德曾经是河北农民起义军的领袖，隋炀帝的统治覆灭后，他自立为夏王，与唐、郑形成三足鼎立之势。当李世民率军对洛阳发起进攻时，李渊就向窦建德提出双方结成联盟，窦建德既未答应，也没有拒绝，只是将俘获的李渊的妹妹送还了回去。窦建德实际对唐、郑交兵持观望态度。当唐军节节胜利，王世充只剩下洛阳一座孤城时，窦建德这才感到，如果王世充兵败洛阳，唐朝就会转向对自己发难，到那时，自己的命运也会和王世充一样。于是他回复王世充，答应出手相助。

窦建德发兵后，李世民决定采取围城打援的战术，即以唐军主力继续围攻洛阳，同时派遣精锐部队进入虎牢要塞，阻击窦军。这样的作战方针最大的好处是，如果窦建德冒险进攻，唐军会取得速胜；如果窦军见唐军据守咽喉而不敢出战，洛阳会被攻破，那时唐军会借破城之势一举克窦。于是李世民率军抵达虎牢。李世民为了试探敌军虚实，只带领 4 名部下，来到窦军军营，他故意暴露了自己，引出敌军追击，当追兵被诱入埋伏圈后，唐军突然杀出，歼敌 300 余人。窦建德在虎牢被唐军成功阻击，将士疲惫不堪。窦建德看到自己的士兵士气低落，而洛阳危在旦夕，认为不能久战。当他听说唐军喂马的饲料已快用完时，决定趁机冒险出击。

窦军的背后出现了唐军大旗

窦军准备出击的消息被唐军获得，李世民正愁窦军拒不出战，于是决定将计就计，借机诱敌。他把1000余匹战马留在河岸上放牧，做出已无饲料的假象，大军却在武牢按兵不动。第二天，窦建德果然全军出动，声势浩大地在20多里的宽阔地带布置了进攻阵形。有些唐军看到其声势浩大，十分恐慌。李世民登到高处瞭望之后，对众将说："窦建德在山东起兵后，从来没有参与过大战，现在冒险进攻，可见治军无方，他们的队伍混乱，可见治军不严。我们在这里按兵不动，用不了多久，敌军必然疲惫饥渴，到那时，我们再突然出击，必将大破窦军。我可以告诉诸位，我必定可以在午后破敌！"因此，他一面严阵以待，尽管窦军多次派兵挑战，他都拒不出战。另一方面又派人召回留在河边的战马，准备参加总攻。

果然如李世民所料，窦军从早晨就开始列阵迎敌，到了中午，士卒早已饥渴难挨。有的席地而坐，有的争抢饮水，有的聚在一起还要准备撤退。李世民见战机已到，便命令宇文士及率300骑从敌军西面进行试探性攻击，并告诫说："如果敌人阵型不动，要立即撤回，如果阵势发生骚动，则要向东突击。"宇文士及率部出击，窦军果然大乱。李世民见状，立即下令唐军全线出击。窦建德慌忙组织抵抗，未等列阵整齐，唐军已杀到眼前。李世民亲率史大奈、程知节、秦叔宝、宇文歆等将直冲入敌军身后，在窦军阵后打起唐军大旗。窦军将士望见阵后唐旗，以为被唐军包围，于是全线崩溃，向西撤退。窦建德也在混战中被生擒。窦军见主帅被俘，相继投降的有5万多人。

▲秦　琼

虎牢决战结束后，李世民率得胜之师回到洛阳城下，继续围攻王世充。李世民故意将俘获的窦建德带到洛阳城外示众，这让王世充及其守军的心理彻底崩溃。王世充在突围无望、守城不得的形势下，在公元621年5月出城投降。

反击东突厥之战

唐太宗即位后，面对边疆错综复杂的边境形势，相继采取了纳贿求和、整顿武备、分化瓦解、自卫反击等军政战略。随着唐朝国力的迅速强盛，唐太宗不失时机地果断派兵出击，首先突击了对唐朝边境威胁最大的东突厥汗国，并一举获胜。

为躲避突厥侵扰竟要迁移都城

地处漠北的东突厥汗国是由突厥汗国的分裂而形成的，其首领称为可汗。唐朝建立之初，东突厥由于获得了从内地逃奔漠北的大量人口，迅速强盛起来。趁唐朝国力虚弱和忙于国内统一战争、无暇北顾之机，大肆入侵唐朝北方边境。从公元 619 年到公元 626 年期间，东突厥汗国几乎每年都要在夏秋季节草肥马壮时期，率兵南下，进入唐朝国境大肆掠夺，有时竟深入到唐朝腹地关中渭水北岸，不仅给北境居民带来了很大苦难，而且也给唐朝国内的安定带来了很大威胁。

▲太原晋祠铭碑

公元 624 年 8 月，颉利可汗趁唐太子李建成唆使庆州刺史杨文干发动叛乱，企图杀害李世民，争夺太子地位的斗争日趋激烈之机，大举入侵。他派突厥吐利设与苑君璋合兵南下进犯朔、并、忻三州，自己则与侄子突利可汗率军从西北方向进犯原、陇、绥三州。大有进犯关中和京师之势。致使唐高祖李渊和部分大臣一度产生了迁徙都城以躲避东突厥的侵略的念头。李世民则坚决表示反对，他说："北方部族侵扰中原由来已久，大唐精兵百万，怎么能因为突厥扰边就迁都避敌，这样做岂不让后人耻笑？如果给我几年时间，一定能俘虏颉利可汗，假如做不到，再迁都也不晚。"李渊在李世民的强烈反对下，才放弃了这一念头。于是，李渊派秦王李世民和齐王李元吉率兵出豳州道抵御突厥。

突厥颉利、突利两个可汗率全部兵力南下攻唐，在豳州与唐军遭遇。突厥兵 1 万余骑兵突然冲到城西，由于双方兵力相差悬殊，李元吉吓得不敢出城作战。而李世民却率一百多名骑兵直奔颉利可汗的营寨，一面对突利可汗陈说利害关系，并许诺和亲；一面又指责颉利可汗背信弃义，违背和亲之约。突利可汗被李世民的真诚折服，与李世民拜为兄弟，结盟而回。而颉利可汗以为突利可汗与李世民合谋，不敢贸然交战，只好撤兵。这样李世民成功地离间了颉利可汗与突利可汗的关系。

突厥大汗的缓兵之计

唐太宗即位后，在各方面为反击突厥做了周密的战争准备。他一方面积极进行军事训练，大力加强军备力量，准备伺机对东突厥汗国的侵扰进行大规模的自卫反击。另一方面又精心在东突厥汗国内部进行离间活动，极力拉拢与颉利可汗矛盾重重的突利可汗。同时还在漠北地区扶植反抗突厥压迫的起义势力，并在西方与西突厥搞好关系，借以牵制东突厥的兵力。

公元630年，唐太宗派将军李靖领兵北进，攻击颉利可汗。李靖率精骑3000突然由马邑进至恶阳岭，向颉利可汗盘踞的北定襄城发起袭击。颉利可汗对唐军的突然兵临城下，惊恐不已，以为唐军派出了重兵前来围剿，所以向碛口逃跑。李靖率部乘胜追击，又派出间谍离间他的心腹。颉利的亲信康苏密押着隋炀帝皇后萧氏前来归降，李靖当即将萧后送往长安。与此同时，李勣与突厥在白道交战，大败突厥兵。颉利可汗的残部又在阴山脚下遭到李靖部的重创，只得逃往铁山，所剩兵马仅有数万。这时，颉利自知难以抵抗，便派出使者表示愿意归附朝廷。

但颉利虽然表面归降，其实使的是缓兵之计，他企图先休养兵马，然后进入漠北东山再起。李靖与李勣看穿了颉利的狡诈本质，决定乘胜进攻，不给他喘息的时间。于是，发兵夜袭了颉利的营地。颉利虽乘马逃脱，但唐军大败突厥兵，俘虏10余万人，缴获牲畜数十万头。颉利兵败后逃到小可汗苏尼失的居住地灵州，苏尼失恐怕唐朝兴师问罪，就率众投降，并把颉利押送给了唐军。至此，东突厥灭亡。

讨伐西突厥之战

西突厥汗国是一个由突厥汗国分裂后而形成的政权。他们占据了西域地区，给唐朝的西北边疆带来了严重威胁。自唐太宗即位后，唐朝在实施纳贿求和的基础上，不失时机地果断出兵讨伐西突厥，最终不但有力地巩固了边防安全，而且也使唐朝的领土大为拓展。同时，由于西突厥汗国的灭亡及其叛乱势力被平定，唐朝国境西部与古阿拉伯、波斯可以直接相通，这也促进了唐朝与国外的交流。

“我和你们的皇帝是不是差不多啊?”

咄陆可汗欲谷设是一个极富野心而又狂妄自大的西突厥大汗，他在统一了西突厥全境以后，自恃实力强大，扣留了唐朝使者，并对唐朝边境进行侵扰。唐太宗得知咄陆可汗侵袭西域后，集结了大量军队，准备对咄陆可汗的侵扰进行反击。不久，咄陆可汗派兵进犯伊州。唐朝将领郭孝恪闻讯，立即率领轻骑2000人，在伊州西北方向的乌骨地区设伏，结果咄陆中伏兵败。败逃途中，他又围攻西州天山县，郭孝恪派出西州守将将其击败，并一直追击到遏索山。

▲新疆吉木萨尔唐庭州故城

遏索山的失败并没有使咄陆可汗吸取教训，不久，他又率军西征康居地区，并掠得了大量资财和人口。他曾对扣留的唐朝使者元孝友炫耀说：“我听说唐朝的皇帝十分威武，现在我夺取了康居，你看我和你们的皇帝是不是差不多啊?”咄陆不但妄自尊大，而且贪得无厌。他把掠得来的财物全部占为己有，连自己的部下都不分赏。这就导致了手下将领强烈的不满。他们发动了突厥内部的叛乱，并请求唐太宗另行册立新可汗。这个事件开启了西突厥归服唐朝的开端。

进贡礼物还提出了和亲

新可汗射匮继位以后，为了利用大唐强国的声威，巩固自己并不牢固的地位，将原来扣留的唐朝使者全部放回，并进贡礼物，还提出了和亲。但射匮可汗这些行动的真正目的，是要利用唐朝压制他的政敌。一旦局势稳定以后，他便凶相毕露，极力想把唐朝的势力逐出西域。唐太宗对射匮表里不一的本质早有察觉，公元648年，太宗决定利用西突厥内乱之际，再次出兵，唐军一举攻占了龟兹，使射匮可汗遭受重创。

公元649年，唐太宗去世，唐高宗即位。西突厥的另外一个首领阿史那贺鲁羽翼逐渐丰满，开始谋划反叛唐朝。他先清除了异己，自立泥伏沙钵罗大可汗，后向唐朝进犯。唐高宗决定对其征讨。公元656年正月，唐军西行征讨，高宗任命程知节为统帅，在榆慕谷与贺鲁所属的部队遭遇，唐军奋力厮杀，大获全胜，俘获牲畜数以万计。榆慕谷大捷后，程知节继续率军西进，但在此后的作战中，因指挥不当和内部互相争功猜忌，被贺鲁乘机发兵反击。唐军战败后，只得班师回朝，程知节也因此被降职查办。

唐朝的烽燧制度

烽燧亦称烽火，是古代边境地区报警的信号设施。如果发现敌人入侵，夜晚可以放火报警，白天可以施烟报警。由于烽燧一般是建造在高台之上，所以又称烽火台。唐朝的烽燧制度在继承前代制度的基础上，更趋完善。大约每30里设置一个烽燧，如果有高山阻挡，也可以在附近的有利地形上设置。邻近边境的烽燧要在附近修筑护城，以便对烽燧加以保护。由于唐朝建立了一套严密而又完备的烽燧制度，所以对边防安全和国内稳定起到了重要作用。

突袭了正在狩猎的西突厥大汗

公元657年，唐高宗决心对西突厥发动更大规模的征讨。高宗对这次西征作了周密准备和精心安排。为了选拔西征唐军的军事骨干，他在全国范围内招募文武人才，还破格任用了与突厥作战丰富经验的苏定方等人。这时，西突厥内部发生了叛乱，阿悉结部反叛贺鲁，被贺鲁击败，该部酋长泥孰俟斤出逃，他的妻儿被贺鲁掳走。唐高宗马上利用这件事进一步分化贺鲁。他下令，如果唐朝军队从贺鲁处截获了泥孰俟斤及其家人，必须以礼相待并将他们送回自己的领地。这个做法使唐军西征获得了泥孰部的全力支持。一切准备就绪以后，唐军分兵南北两路向西挺进。两路人马协作配合，连续击败了贺鲁的突厥军队。贺鲁逃到千泉牙休整，当地天气十分恶劣，他以为唐军不能到达此地，所以放松了警惕。唐朝大军突然出现时，突厥军毫无准备，而贺鲁竟然正在出巡狩猎。结果突厥军数万人在千泉牙被俘，而贺鲁只带着几个随从逃到了石国。石国国王鼠耨在唐军的威慑下不敢收留贺鲁，将他押送给了唐军。西突厥汗国至此灭亡，唐对西突厥进行长达10多年的讨伐战争亦至此结束。

平定安史叛乱之战

安禄山和史思明原为唐朝镇守边境的将领，他们为了夺取唐王朝的统治权，组织了史称“安史之乱”的反唐兵变。唐王朝用了8年的时间，才平定了这场叛乱。最后虽然取得了全面的胜利，但也付出了惨重的代价。唐朝的社会经济因此遭到了严重破坏，唐王朝也从此急剧地走向了衰落。

守城将士穿着盔甲吃饭和睡觉

安禄山攻陷洛阳后，派兵向东发展。公元756年3月，叛将令狐潮率兵4万多人杀到雍丘城下。城中军民十分恐慌。当时驻守雍丘的张巡非常镇定，他对部将们说：“叛军知道我们守城的兵力较少，因而有轻视心理。如果我军出其不意突袭敌军，必定能将他们击溃。”于是，他将1000人分成几组，亲自带领出城进行突袭。叛军措手不及，果然被张巡军击退。

▲明皇幸蜀图

第二天，叛军用100多辆楼车攻城。张巡则在城上架起栅栏，在上面绑上灌有膏油的柴草。叛军楼车向上攻时，守城军士便点燃柴草，叛军没有办法只能退下。为防止叛军偷袭，张巡命令所有将士都穿着盔甲吃饭和睡觉。就这样，坚守了60多天，叛军竟然束手无策。

同年5月中旬，令狐潮闻知玄宗已逃往西蜀，便写信给张巡，希望他投降。当时张巡部下有六员大将也劝他降敌，张巡表面上答应，第二天在大堂之上摆上天子像，张巡率众人朝拜后，当众将六人斩首。当雍丘城中的箭用完了，张巡便命令士兵捆扎了1000多个草人，给他们穿上黑色的衣服，在天黑以后用绳索悬放在城下。叛军以为守军趁夜出击，纷纷放箭射杀，直到天亮，才发现都是草人。张巡守军一夜得到了几万支叛军的箭。几天后，张巡组织了500名勇士，趁天黑从城上放了下去，叛军以为又是草人，不再防备。这500名精兵突然袭击了叛军军营。叛军以为唐军主力来袭，被追杀出10多里地，死伤无数。就这样，张巡以少胜多，在雍丘坚守了近一年。

堑壕被坠入的人马填满

唐玄宗李隆基过高地估计了唐军的实力，在兵力尚未集中，准备很不充分的情况下，催促坚守在潼关的哥舒翰发起攻击。哥舒翰虽然认为应该凭借潼关险要之地，坚守相持，但不敢抗令不遵，只好带兵出关。公元756年6月，当唐军开进到灵宝时，与叛军崔乾佑部相遇。崔乾佑为了诱歼唐军，故意将1万多人散乱地部署在狭长的隘口中，唐军见叛军阵势不整，便长驱直入，结果被诱进绝境。叛军伏兵从山上投下檑木和滚石，唐军士兵拥挤在隘路中，难以展开，死伤无数。在叛军伏兵的冲击下，唐军首尾不能相顾，自相践踏，有的弃甲逃入山谷，有的被挤下河里淹死。唐军后续部队见前锋大败，也溃散撤逃。潼关外面为了防御敌军，挖了三道堑壕，这时也成了障碍，败回的唐军，人马纷纷坠入壕沟，不一会堑壕就被填满，其他人从上面踩踏着才进入到关内。将近20万的唐军，最后仅有8000人退回到潼关。第二天，崔乾佑攻占了潼关，哥舒翰被部将挟持到洛阳投降了安禄山。

节度使的设立

随着唐朝疆土的扩大，边防线也越来越长，尤其是自关陇到西域一线，一旦发生战事，需要长途调兵运粮，困难很大。为了弥补这种不足，划分若干军事区域，增加边防驻军，延长屯驻时间已势在必行。军队长期屯驻，带兵的将领也必须长期任职，节度使就是在这种历史背景下产生的。安禄山和史思明都是唐朝任命的节度使，因为他们拥有大量军队，手握军事、行政、财政等大权，所以他们的叛乱才会严重威胁到唐朝的最高统治权。

军营竟然突然塌陷

潼关失陷后，唐军大将郭子仪率军5万赶赴灵武，而另一位名将李光弼则留在太原坚守。公元757年正月，叛军调集10万兵力从四个方向对太原形成合围，企图一举攻下太原城。当时李光弼的主力部队都抽调到了灵武，只剩下不足1万的地方团练兵。李光弼知道叛军很快就要杀到，加固城墙已经来不及了，就率领士卒及民众，在城外挖掘壕沟以阻敌攻城。并将挖出的土运入城内，做成几十万块土坯，准备以后随时修补可能被毁坏的城垒。叛军围攻了一个多月，仍攻打不下太原城。只好从外地运来攻城的器具，不料半路上被李光弼派人截击，杀死了护送器具的叛军3000多人，并将攻城器械全部烧毁。李光弼还让人制作了一种巨型的抛石车，这种抛石车需要200人操作，可以将巨石从城上发射出去，一块石头就可以砸死几十个攻城士兵。死于石下的叛军兵士不计其数。叛军也因此再不敢接近城墙。为了打破围困，李光弼一面派人诈降，一面暗地将地道挖掘到叛军军营周围，为防止地道塌陷，还用木头在下面支撑。到了“投降”的日子，几千名守军出城吸引叛军的注意力，而早已埋伏在地道中的兵士突然抽掉撑木，叛军纷纷陷入坑中，李光弼乘机发动猛烈攻击，俘虏和歼灭了1万多人。

太原之战正当紧张之时，安禄山被他的儿子安庆绪杀死，安庆绪自立为帝。命令史思明等部回守范阳。李光弼得知叛军人心不稳，就率领敢死队主动出击，大败上党方向的叛军。叛军败退途中，各县百姓因为痛恨其残暴，所以四处进行截杀，使叛军损失惨重，狼狈逃走。太原保卫战唐军共歼敌 7 万余人，取得了具有战略意义的胜利。

城中的树皮都被吃光了

睢阳保卫战几乎是与太原之战同时展开的，安庆绪为了向江淮发展，进而夺取唐朝国库供应地，命令尹子奇率兵 13 万攻打睢阳，唐军守将许远向守卫在雍丘、宁陵的张巡求援，张巡从宁陵率兵 3000 人进入睢阳城，与许远共同坚守。二人齐心协力，张巡指挥战斗，许远调集军粮，修造战具。唐军虽然只有 1 万余人，但在全城百姓的支持下，却士气百倍，昼夜苦战。双方激战 16 天，有时一天击退叛军 20 多次攻城，共俘获叛军将领 60 多人，杀敌 2 万余人。尹子奇由于屡次攻城不下，只好率军回撤。三月中旬，尹子奇再度围攻睢阳。张巡激励将士，以全军出战。叛军看见唐军兵少，就麻痹轻敌不以为意。张巡亲率将士冲进敌阵，由于叛军准备不足，被追杀出数十里地，被歼一千多人。此后双方相持于睢阳，张巡为了疲惫敌人，经常命令士兵夜间在城上列队击鼓，作出要交战的样子，使叛军通宵不敢休息。天明后，唐军则息鼓休整。如此数日后，尹子奇也就不再防备，到了白天，叛军都脱下盔甲睡觉休息。张巡与勇将南齐云、雷万春等 10 余人，各带 50 名骑兵，开城突然杀出，直接突进了敌营，冲到尹子奇大帐前，南齐云一箭射中尹子奇左眼，险些把他活捉。在唐军顽强的抵抗下，尹子奇只能再次撤兵。七月，尹子奇第三次围攻睢阳，唐军因伤亡无法补充，又无援兵，城中粮食也用完，张巡只好固守拒敌。到了十月，城中的树皮、马匹、鼠雀也被吃光，在这种情况下，有人开始议论弃城突围，但张巡、许远认为睢阳是江淮的保障，不能弃而不守。而且城中军民都已经疲惫不堪，也难以突出重围，所以决心坚守待援。十月九日，叛军攻破睢阳城，张巡等 36 名将领被杀，许远被俘。睢阳之战，长达 10 个月，加上此前的雍丘之战，共计 21 个月之久，使唐朝后勤供应基地江淮地区得以保全，并为唐军组织反攻赢得了时间。

▲嘉　山

公元 759 年，史思明杀死了安庆绪，自称大燕皇帝，过了两年，史思明的儿子史朝义为夺太子之位，与部下密谋杀死了史思明，自立为帝，史思明原来的部下大多数不服从史朝义的调遣，叛军内部四分五裂。公元 762 年，唐代宗即位，命雍王李适为元帅，协同李光弼讨伐叛军。唐军在洛阳北郊的横水大败史军。史朝义只能退回到河北。公元 763 年，史朝义在走投无路、众叛亲离的形势下，被迫自杀。至此，唐王朝平定安史之乱的战争历时 8 年终告结束。

反击吐蕃、回纥联合侵袭之战

唐代宗时期，吐蕃族和回纥族为了扩张更大的领地和掠夺更多的财富，乘唐朝内部发生安史叛乱之机，借唐朝叛将仆固怀恩引领之便，联合对唐朝进行侵袭掠夺。唐朝大将郭子仪利用双方矛盾，将其分化瓦解，最后大量歼灭了吐蕃的有生力量，获得了较大胜利。虽然唐朝为了争取加纥付出了巨大经济代价，但从军事角度看，这种联合一方，孤立一方的策略是值得借鉴的。

一支地位特殊的部队——朔方军

安史之乱时，唐廷为了平定叛乱，抽调了用于守护边疆的精锐部队，这就给了吐蕃等边疆少数民族侵扰唐朝边境的机会，吐蕃乘机进占了陇右、河西数十个州，并一度攻陷了长安。后来在唐军重兵围剿下，撤军退去。公元 764 年，吐蕃联合了回纥在唐朝叛将仆固怀恩的统一率领下，又一次卷土重来。仆固怀恩在平定安史之乱时，为唐朝立下赫赫战功，但他并没有得到唐代宗的信任。原因是仆固怀恩是朔方军的将领。朔方军是一支地位特殊的部队，它的地位之所以特殊，是因为唐朝在平定安史之乱时，主要倚重的是朔方军，许多重要的将帅如郭子仪、李光弼、仆固怀恩等都是出自于这支部队。长期的战争中，朔方军系统的将领大多握有重兵，这也使唐朝皇帝不得不对其处处防范，害怕他们谋反夺权。大将郭子仪看到吐蕃连年侵扰，曾提议用朔方军的兵力进行抵挡，但唐代宗却不应允，因为使用朔方军就要扩充朔方军。从这点可以看出唐廷对这支部队是存有戒心的。而仆固怀恩正是因此受到唐代宗的怀疑而反叛朝廷的。

▲郭子仪

“敢言战者斩”

仆固怀恩引领吐蕃、回纥 10 多万人马入侵后，唐代宗连忙命郭子仪出兵抵御。吐蕃、回纥攻到奉天，郭子仪命部队原地待命。许多将领都向郭子仪请战出击，但郭子仪均未允许，他向大家解释道：“敌人现在是孤军深入，他们希望速战速决。我们不能立刻出击，要耐心地坚守等待。要让他们误以为我军没有做好交战的准备，这样他们就会放松戒备，到那时就可以将其击败。”接着他严明了“敢言战者斩”的军纪。在仆固怀恩率吐蕃、回纥南下时，唐河西节度使杨志烈发兵5000人，交给监军柏文达统率，并交代他说："河西的精兵全都交给你，你要带领他们去攻打仆固怀恩的老巢灵州，这样仆固怀恩就会返回救急，京城的危机就可以化解了。"柏文达率兵直扑灵州，仆固怀恩听到灵州危急的消息后，急忙带兵撤回。撤到灵州后，在夜里袭击了柏文达部，虽然唐军大败，但已解京城之危。

忠贞不二的郭子仪

郭子仪东征西讨60余年，无论是在平定安史之乱及其他叛乱的战争中，还是在抗御少数民族政权侵扰的战争中，他都以维护唐王朝的统一为己任，出生入死，不避危难。他长期领兵在外，诚如代宗李豫所言，他最有条件颠覆李唐王朝，但他始终忠贞不二，即使受到怀疑、打击，甚至在有人挖了他的祖坟，激他起兵反对朝廷的情况下，他仍能以大局为重。这在当时是极其难能可贵的。

主帅在行军路上病死了

仆固怀恩不甘心上一次远征的失败，公元765年9月，他又一次引领吐蕃族和回纥族的数十万人马入侵。这一次吐蕃、回纥一前一后，分兵开进。仆固怀恩本来是与回纥在一起，作为后续支援部队，但行军路上得了急病，只好独自返回，不料病情加重，在返回的路上病死了。10月，吐、回联军抵达了泾阳。这时驻守泾阳的郭子仪只有1万兵力，双方实力相差十分悬殊。这时，吐蕃和回纥已经知道了仆固怀恩的死讯，所以他们为了争夺掌兵大权，相互猜忌，驻扎部队时也都分兵两地。郭子仪得知这个情况后，派部将李光瓒前往回纥大营，企图说服回纥共同消灭吐蕃。回纥首领曾经与郭子仪共同为唐朝平叛，非常敬佩郭子仪的威名。他们不相信郭子仪还活在世上，便要求见郭子仪本人。郭子仪不顾个人安危，只领着几名随从，来到回纥大营。到了回纥首领的军帐前，他翻身下马，摘掉头盔，脱去铠甲，放下刀枪，毫无惧色地走了进去。回纥首领和各将领看到真是郭子仪本人，都十分吃惊。他们对郭子仪说："仆固怀恩欺骗我们，说唐朝皇帝和您已去世，中原已无君主，所能我们才来到这里，今日看到了您，我们知道上了仆固怀恩的当了。"郭子仪趁机劝说回纥首领与唐军结成联盟，共同消灭吐蕃。于是双方立下誓言，结下盟约。吐蕃已经听到了一些风声，连夜撤离。郭子仪率兵与回纥共同对其追击，在灵台大败吐蕃，斩杀1万余人。之后，回纥首领石野那等人到长安朝见了唐代宗，臣服了唐朝。至此，持续3年的仆固怀恩之乱始告平息。

平定淮西吴元济之战

唐宪宗统治时期，各地藩镇的割据环境和内部矛盾都发生了新的变化，唐宪宗为改变藩镇割据局面，在政治、经济、军事等条件基本具备的情况下，开始了扫平藩镇割据的战争。著名的李愬破蔡就是在此期间发生的一个战斗。在这次作战中，唐朝大将李愬利用雪夜作掩护，领兵一举攻破淮西重镇蔡州城，活捉了叛将吴元济。此战也是我国古代战争史上一个出奇制胜的经典战例。

刺客杀死了朝廷的宰相

安史之乱以后，唐朝各地兴起了许多藩镇。他们名义上虽然是唐朝的节度使，受朝廷管辖，实际却根本不服从唐王朝的命令，在经济、政治、军事上各行其是，后来连节度使的职位也代代相传，成为了世袭的。他们的分裂割据使社会生产遭到了破坏，百姓生活不得安宁。唐宪宗时期，淮西节度使吴元济，就以蔡州为根据地，盘踞在淮西镇。淮西镇，地处中原腹地，战略位置非常重要，面对吴元济的横暴肆虐，唐廷必须要扫除吴元济这股割据势力。

唐宪宗的出兵讨伐使吴元济惊恐万分，他派出使者向淄青节度使李师道和成德节度使王承宗求援。李师道与王承宗上表朝廷，请求赦免吴元济，宪宗没有同意。两人得知唐宪宗没有答应他们请求赦免吴元济的奏请后，便与家中豢养的几十名刺客商议对策，他们认为皇上讨伐吴元济的主意全是宰相出的，只要将宰相武元衡刺杀，以后就没有人敢向皇帝建议出兵伐吴了。

一天早上，武元衡照例带两个家人骑马上朝。当他们三人刚出家门，突然从水沟边的树后阴影处窜出几名刺客，用箭射走了随从，用大棒猛击武元衡的大腿，把武元衡掀下马来，割下了他的头。众人听到武元衡家人的呼救声，纷纷赶来，四下寻找，在墙根发现了倒在血泊中的武元衡。同一天，另一个极力主张讨伐吴元济的御史中丞裴度上朝时，也遭到刺客袭击，幸亏他的仆人冒死相救，加上裴度戴的毡帽比较厚，才幸免于难。消息传开后，朝廷上下一片震惊，唐宪宗下诏搜捕刺客。而刺客竟然写信威胁说："谁要来抓我，我先杀了他。"唐宪宗重金悬赏追查刺客和背后指使者，并下诏称，如果有人胆敢藏匿刺客则诛杀全族。结果，在王承宗的住处，抓获了何宴等刺客。李师道、王承宗对唐廷讨伐吴元济的破坏，虽然造成了许多混乱和损失，然而并没有动摇宪宗扫平吴元济的决心。裴度伤势刚刚好转，宪宗就任他为宰相，主持削藩大计。后来，又任命名将李晟的儿子李愬为平叛的主帅。

叛军降将可以带刀随便出入大帐

李愬为了扫平淮西叛镇吴元济，日夜操劳，精心谋划。为了分化瓦解敌军，他采取了优待和重用俘虏的政策。淮西降将吴秀琳向他建议说，要想夺取蔡州，必须得到李祐的协助。当时李祐是吴天济手下的一员勇将，曾经多次击败过唐军。李愬就设计活捉了李祐，众将一致要杀掉李祐以平众愤，李愬不仅未加杀戮，反而亲自为他松绑，以礼相待。为了防备其他将领把此事上奏给皇帝，导致皇帝下诏将李祐处死，自己不好解救，李愬就主动将李祐押送到京师，密奏唐宪宗说，如果杀了李祐，平叛蔡州就不能成功。于是唐宪宗就下诏释放了李祐，并送其回到前线归李愬调遣。李祐返回后，李愬对他更加信任，允许他随身佩带武器巡视军营，并可以自由出入自己的军帐，两个人还经常通宵达旦地商议军情。李愬有一支3000人的卫队，都是选调来的精兵，号称“六院兵马”，李愬特意任命李祐为六院兵马使，统率这支部队。李祐感激李愬对他的信任，为攻取蔡州不断地出谋划策。

▲唐代武士复原图

李愬优待俘虏和降将的家属，在生活上都能给予关心和照顾。他听说有些降卒家里父母年老多病，就发给他们米和布，允许与家人团聚。对待从蔡州逃来的穷苦百姓和士兵，李愬也都给予妥善的安置。因此，从淮西过来投降的人接连不断，叛军被削弱了，唐军的影响也逐渐扩大起来。李愬还特别重视了解淮西各方面的情况，凡是有从淮西来投降的人，他都要亲自询问敌方的情况，因此有关淮西的工事防御、兵力部署、道路气候、险要地形等各方面的情况，他都了如指掌，这就为他后来制定奇袭蔡州的作战计划提供了充分的依据。

连马匹都冻死在行军路上

公元817年9月，李祐见奇袭的条件已经成熟，便向李愬建议说，淮西的精兵都在洄曲和边境，守卫蔡州的全是不堪一击的老弱军士，唐军可以乘虚直接攻打蔡州城，出其不意，一举擒获吴元济。李愬非常认可这个建议。就派人将这个奇袭的计划密报给了在前线督战的丞相裴度。得到了裴度的赞赏和批准。

十月十五日夜里，风雪交加，李愬认为可以利用天黑雪大，敌军放松警戒的时机，奇袭蔡州。他命令李祐、李忠义率领训练有素的敢死队3000人为前锋，自己亲自率3000人为中军，命李进城率3000人为后军，冒着大风雪趁夜出发。军队的行动十分秘密，除个别将领外，全军上下都不知道行军的目的地和这次行动的具体任务。李愬只下令说向东开进。走了60里后，唐军在夜间抵达张柴村，乘守军不备，全歼了守军，并杀死了负责观察敌情、燃放烽火的军卒。全军稍作休息，吃了些干粮，又整装出发。李愬为防止洄曲叛军前来救援，留下了500人切断通往洄曲和其他方向的桥梁。众将请示询问，向哪个方向前进，李愬才宣布说，直接攻入蔡州捉拿吴元济。将领们都大惊失色。军中的监军更是痛哭流涕地说，这个行动是中了李祐的奸计。但李愬不为所动，严令继续前进。军令如山，众将只得带领队伍前进。此时风雪更加猛烈，部队的旌旗都被冻裂。起先，只是一部分年老体弱的士兵被冻死了，后来，不少年轻力壮的士兵也被冻死，连马匹都冻死不少。由于风雪严寒，道路生疏，再加上夜间行军，将士们都认为必死无疑。但由于李愬军纪严厉，没有人敢违抗命令，只好抱定一死的态度继续前进。就这样，唐军将士经过异常艰苦的70里急行军，半夜时分到达了蔡州城。在靠近蔡州城边的地方，有一片池塘，李愬命令士兵们击打鸭鹅，用它们的叫声来混淆人马前进时发出的声响。

只留下了打更的更夫

自从吴氏父子割据淮西以来，唐军已经30年没有来到过蔡州城了，加上谁也想不到唐军在暴风雪夜里前来袭击。因此守城的叛军丝毫没有防备，唐军兵临城下，竟无一人觉察。先锋李祐和李忠义带领少数兵士在城墙上挖出攀登用的土坎，爬进城中。把正在熟睡的守城士卒全部杀死，为避免惊动敌人，只留下了打更的更夫，让他正常打更报时。先入城的唐军打开城门，让大队人马开进了蔡州城，这时城中的人仍然没有察觉。

当李愬率军占据了吴元济的外宅时，吴元济还在睡觉。有人向他报告唐军已经进入蔡州，他笑着说："那是囚犯们在偷东西，天亮后一定把他们全部杀掉。"过了一会，又有人向吴元济报告城池已经失陷，他仍不以为然地说："这一定是洄曲的部队来向我索取棉衣呢！"当吴天济穿好衣服，走出卧室，听到唐军严整雄壮的号令时，他才感到大事不妙，赶紧率人登上牙城进行抵抗，企图等待援军前来解救。当时，吴元济的大将董重质率精兵正在镇守洄曲，李愬命人查访到董重质家人在蔡州的住址，安抚他的家人不要害怕。并叫董重质的儿子拿着李愬写好的劝降信去劝说他的父亲归顺投降。董重质见大势已去，又感谢李愬厚待了他的家人，就单人匹马来到蔡州投降了李愬。李愬命李进诚率军进攻牙城，摧毁了外门，找到了兵器库，唐军用缴获的兵器，重新攻城，放火烧了牙城南门。当时，附近百姓见唐军作战勇敢，加上平日深受吴元济的欺压，所以争先恐后地抱柴草协助唐军进攻。吴元济见牙城南门已毁，董重质的援军已经投降，只得走下牙城，束手就擒。不久，淮西所辖的申、光二州及其余2万多人马相继投降，平定淮西的战争至此胜利结束。

黄巢农民起义

唐朝后期，由于统治阶级日益腐朽糜烂，战争频繁，费用日增，官府便不断向人民加税，逼得广大人民衣食无着，破产逃亡。“朱门酒肉臭，路有冻死骨”的社会现实终于导致全国农民揭竿而起，纷纷起义。黄巢是唐末农民军的领导者，起义军纵横南北，坚持斗争了10年，建立了农民政权。起义虽然最后失败了，但却彻底地摧垮了唐王朝的统治基础，其政权从此分崩离析。

只要自己愿意就可以官复原职

公元874年，黄巢在山东举起义旗，领导农民对唐朝腐败的统治展开了武装斗争。起义军发展壮大后，黄巢决定北上入关，推翻唐朝统治，建立自己的政权。起义军攻克潼关后，直趋长安。在义军的强大攻势下，朝廷任命黄巢为天平节度使，企图阻止农民军进入长安。但黄巢不为所动。他率领大军攻入长安城，自立帝王，建国号大齐。黄巢以为唐朝官吏和军队都会诚心归顺自己，就没有继续攻取长安周围的各州县，只是向各地唐朝官吏下了一道赦免书，说只要愿意顺服，可以恢复原来的官职。而且他也没有乘胜对唐僖宗进行追剿，致使唐僖宗从容逃到了成都。唐僖宗入川后，补充武器，训练士兵，准备卷土重来。唐僖宗的死灰复燃，使王重荣等已经投降农民军的许多唐朝旧将又重新叛变。这时，起义军的内部也发生了分裂，特别是镇守着战略要地同州的大将朱温，在部下的挑唆下，叛变投敌。朱温的反叛，极大地削弱了起义军的实力。

▲黄　巢

穿黑衣服的鸦军

尽管唐王朝调动各地官兵对黄巢展开围剿，但因为力量有限，还不具备彻底镇压起义军的实力。所以朝廷请出西突厥的沙陀人出兵相助。沙陀兵作战时身穿黑衣，所以也叫鸦军，他们的战斗力很强，在沙陀军出兵之前，唐朝军队都比较畏惧起义军，打仗时不敢冲在前面。而沙陀军来到之后，起义军对他们反而有所顾忌，常常是不与鸦军正面交锋。双方的士气和兵力对比发生了很大转变。公元883年，黄巢为阻止沙陀军向长安推进，在梁田陂与沙陀军展开了一场大规模的殊死决战，结果起义军大败，损失数万兵力。此战使农民军元气大伤，只好准备撤离关中退入河南。

义军叛将朱温被唐朝重用，他率兵在汴州镇压起义军。他担心单凭自己的实力难以与黄巢匹敌，所以又向沙陀军求援。黄巢本来要袭击汴州，但看到沙陀军赶来，急忙引兵退走。可鸦军却紧紧追赶，终于在王满渡追上了黄巢，经过激战，起义军大败。除了被斩杀了 1 万多人，尚让等将领也都投降了朱温。王满渡之战使农民军损失惨重，主力军不是被歼灭，就是由叛将率领投降了官军。黄巢仅率 1000 多人逃走，从此再也不能对唐朝构成威胁。尤其是尚让的投降，影响最大。尚让是农民军中地位仅次于黄巢的重要人物，进入河南后，农民军的精锐也多由他统领，他的投降不仅增强了官军的力量，而且也使农民军丧失了作战能力。王满渡之战后，官军继续对黄巢追击，黄巢在退到山东莱芜狼虎谷时，见大势已去，自杀身亡。历时 10 年之久的、轰轰烈烈的唐末农民战争随着黄巢的牺牲，最终以悲剧结局而告终。黄巢虽然失败了，但他仍是中国农民战争史上最杰出的领袖人物之一。在他的领导下，农民军队伍发展到 60 万，转战南北各地，规模之大在我国农民战争史上都是空前的。

▲潼关禁坑

冷兵器时代——外国篇

世界各国使用的冷兵器其形制、其变革、其持续时间不尽相同，各有其特色。随着人类科学技术的发展，火药登上了历史舞台，以此为基础的火器逐渐取代冷兵器成为了兵器中的主流，特别是在西方，这一点尤其明显。虽然如此，冷兵器并没有退出历史的舞台，相反却制作更为精良，使用更为合理。由于冷兵器的特殊作用以及在各国、各地区的发展进程的不同，冷兵器一直活跃在历史的舞台，发挥着不可替代的作用，仍旧对战争的影响很大。

埃及与赫梯争夺西亚霸权

公元前14世纪末叶至前13世纪中叶，古埃及与赫梯为争夺叙利亚地区的控制权展开了长期的战争。这场战争中的关键性战役卡迭石之战是古代军事史上有文字记载的最早的会战之一，战后缔结的和约是历史上保留最早的有文字记载的国际军事条约文书。

卡迭石之役

埃及是一个历史久远的文明古国，早在公元前3100年前后，古埃及王国就统一了。图特摩斯三世时，他一生征战，击溃了中东诸国，从而巩固了埃及在叙利亚的统治。约公元前14世纪，当埃及忙于宗教改革无暇他顾时，安纳托利亚的赫梯帝国迅速崛起，积极向叙利亚推进，逐步控制了整个叙利亚地区，沉重打击了埃及在这一地区的既得利益。

约在公元前1290年，埃及法老拉美西斯二世即位，以图再战的他决心与赫梯帝国一争雌雄，再较高低，将叙利亚地区重新纳入自己的管辖范围。为此，拉美西斯二世积极备战。公元前1286年，埃及首先出兵占领了南叙利亚的几个地区。次年，拉美西斯二世亲自带领军队，挥师北上，经过近一个月的行军，进至卡迭石（今泰勒奈比曼德，位于叙利亚霍姆斯城附近）地区。

卡迭石，峭壁耸立，河水湍急，地势险要，是联结南北叙利亚的咽喉要道，也是赫梯军队的军事重镇和战略要地。埃及军队试图首先攻克卡迭石，控制北进的咽喉，然后再向北推进，恢复对整个叙利亚的统治。

▲卡迭石战役

实际上，就在埃及准备攻打赫梯帝国时，赫梯方面已经了解了这一情况，是赫梯派往埃及的间谍获悉了这一情报后通知自己国家的。赫梯王召开王室会议，制定了以卡迭石为中心，扼守要点，以逸待劳，诱敌深入，粉碎敌军北进企图的作战计划。为此，赫梯王集结兵力，隐蔽于卡迭石城堡内外，打算诱敌进入伏击圈后，将其一举歼灭。

拉美西斯二世率一个军团冲锋在前，两个军团居后跟进，其中一个军团由于行动迟缓，尚滞留在半途，一时难以到达战场。在行军途中，埃及军队截获两名赫梯军队的“逃亡者”（实为间谍），他们谎报赫梯主力尚远在卡迭石以北百里之外的地方，并佯称卡迭石守军无心御敌，士气低落，并畏惧埃及军队。拉美西斯二世听信了他们的谎话，立即指挥军团孤军深入，来到卡迭石城下。

赫梯王闻讯迅速将主力秘密转移，对埃及军队形成包围圈，将敌军团团围住。拉美西斯二世发现中计后，立即派急使催促随后的两个军团紧急来援。当其中一个军团到达卡迭石以南的丛林时，早已设伏于此的赫梯战车出其不意地攻其侧翼，埃及军队损失惨重。接着，赫梯军队向拉美西斯二世率领的军团发起猛烈攻击，埃军士兵不堪打击，四散逃命。陷入重围之中的拉美西斯二世在侍卫的掩护下，左突右挡，奋力抵抗。在此危急时刻，埃军北上远征时曾留下的一支部队赶到，突然从赫梯军队侧后猛攻，把拉美西斯二世从危局中解救了出来。双方的战斗十分激烈，黄昏时分，埃及援军赶到，加入战斗。入夜，赫梯军退守要塞，战斗结束，双方势均力敌，胜负未分。

在此后漫长的岁月中，双方展开了拉锯战。你来我往，你进我退，你攻我守，我打你防，互有胜负，又都不肯罢休。连年战火，使赫梯大伤元气，埃及也受到了极大的损失。

人类文明史上第一个和平条约

公元前 1273 年，赫梯首都发生政变。赫梯王之弟哈图施利三世篡夺了侄子的王位，并将他的侄子放逐。然而，这位篡权的国王却在历史上青史留名，当然不是由于他的劣迹，是他的权术和作为政治家的远大的谋略使他为后人所知。在卡迭石之战后的第 16 年，哈图施利三世派使者带着一块银制的字板去了埃及。

此时，满头白发的埃及法老拉美西斯二世正准备向赫梯发动第 28 次进攻。士兵们向他报告“赫梯人来了”。当法老远远看见赫梯使者手里捧着闪闪发光像磨盘一样的东西时，马上想到：“难道赫梯人又造出了什么新的武器?”

这一疑虑很快就被打破了，原来拉美西斯二世所谓的“新武器”是赫梯人刻在银板上的战争和约。埃及法老深受感动地接过了这块银制字板，表示接受赫梯人提出的和平条约。

争霸战争的影响

埃及与赫梯的争霸战争，是古代中近东历史上的重要事件。长期的军事较量，使双方的实力都受到严重削弱。拉美西斯二世的后继者们日益面临内外交困的局面，从爱琴海的小亚细亚一带席卷而来的“海上民族”的迁徙浪潮，与利比亚部落的入侵相呼应，日益动摇法老的统治，曾经一度强盛的帝国逐步陷入瓦解之中。赫梯虽然占有叙利亚大部，一度雄视西亚。但与埃及战争后，本来就不甚稳固的经济基础进一步动摇，不久即开始衰落。公元前 13 世纪末，“海上民族”从博斯普鲁斯海峡入侵，小亚细亚和叙利亚各臣属国家纷纷起来反抗，导致帝国于公元前 12 世纪崩溃。残存的赫梯小城邦于公元前 8 世纪始被亚述帝国所灭。

特洛伊战争

特洛伊城是古希腊一个殖民城市，位于小亚细亚西北距达达尼尔海峡不远处。在当时的小亚细亚西部沿海，特洛伊是东方许多部族的霸主。与之隔海相望的希腊半岛上有一个小城邦叫斯巴达。特洛伊国王的小儿子帕里斯渡海前往希腊，受到斯巴达王墨涅拉奥斯的款待。然而，帕里斯却情不自禁地爱上了斯巴达王美貌的妻子海伦，并把她带回了特洛伊城。斯巴达王求助于希腊各城邦，组织联军，渡海远征特洛伊。由此，长达十年的特洛伊战争开始了。

海滩上的木马

浩浩荡荡的希腊征讨大军于公元前12世纪末横渡爱琴海，包围特洛伊城。但特洛伊地势险要，城池坚固，易守难攻。再加上特洛伊也早已联络各友好邻邦，结为同盟，共同抗击希腊人。

9年过去了，战争仍在继续，在漫长的9年交战中，双方你争我夺。被围困的特洛伊国力日渐削弱。希腊人则有成千上万的武士战死在异国他乡。

当战争持续到第10年时，特洛伊城虽仍未被攻破，但它最英勇的主将、帕里斯的哥哥、特洛伊王太子赫克托尔却在与希腊军中最勇猛的将领阿基里斯的决斗中阵亡。此后，帕里斯用一支毒箭射中了阿基里斯的脚踵，使阿基里斯中毒身亡。不久帕里斯也在战斗中被希腊将领们乱箭射死。

双方的兵力都大不如前，但依然互不相让。希腊人还是无法攻下特洛伊城。在这种情况下，希腊军中最足智多谋的将领奥德修斯想出了一条妙计。

一天清晨，特洛伊人突然发现城外再也听不见希腊军营中的骚动声了。希腊人已人去营空，战舰也扬帆离开了特洛伊附近的海面，向爱琴海方向驶去。饱受战火煎熬的特洛伊将领和士兵们雀跃着走出城外，许多普通老百姓也跟着走了出来，特洛伊城内外传出了一片人们激动的欢呼声。

欢快的特洛伊人很快在海滩上发现了一个巨大的木马。特洛伊人好奇地围着这只木马转来转去，弄不明白它到底是干什么用的。有人主张把它当作战利品拉进城去，有人建议把它烧掉或者推到海里。

正在争论不休的时候，人们突然发现木马下面躲藏着一个希腊人。这个希腊人对特洛伊人说："这匹木马是希腊人献给雅典娜女神的礼物，它能使希腊坚不可摧。希腊人故意留下这匹木马，是因为估计你们会毁掉它，这样一来，就会引起天神的愤怒。可如果把木马拉进城，特洛伊就将受到神的保护。希腊人为了防备这点，就把木马造得非常巨大，使你们无法拉进城去。"这一番话打动了特洛伊王，他吩咐放了那个希腊人，并且下令把木马弄进城去。

就在众人要将这巨大的木马拖进城里时，却被特洛伊城的祭司拉奥孔制止了，他说："你们发疯了吗？你们为什么要相信这个骗子的话？这个木马会给特洛伊带来灾难的！快去搬些干树枝来，把木马烧掉！"

▲被拖进城的巨大木马

正在人们犹豫不决的时候，忽然看到两条巨蛇悄无声息地从大海的波涛里钻出来，向拉奥孔的两个儿子扑去。拉奥孔跑过去想要救儿子，但那两条巨蛇十分凶猛，拉奥孔父子三人很快就被这两条巨蛇缠住了。拉奥孔和他的儿子们拼命和巨蛇搏斗，但是很快就被缠得窒息而死。然后，巨蛇从容地钻到雅典娜女神雕像脚下，不见了踪影。

这恐怖而又神秘的一幕把众人惊得目瞪口呆。人们不再犹豫，赶紧动手把木马拉进城内。但是木马实在太大了，城门口根本进不去，特洛伊人只好又推倒了一段城墙，才把木马拖进了城，安放在雅典娜神庙旁边。

特洛伊一夜之间被攻陷

十年的围困终于解除了，自由的人们欢天喜地，庆祝这似乎从天而降的胜利，唱着跳着，喝光了一桶又一桶酒，才回家休息。

希腊人只是佯装撤退。当晚半夜三更，茫茫大海的夜雾中突然闪现出灯光，希腊战舰向特洛伊疾驶而来。那个留下的间谍看到灯光，就赶紧跑到木马前敲了三下。木马里面隐藏着20名全副武装的希腊勇士，他们一个个从木马里跳了出来，迅速打开城门。返回复仇的希腊大军潮水般涌了进来，十年没有攻下的特洛伊城就这样在一夜之间被攻陷了。

特洛伊战争确立了希腊人在爱琴海地区的霸权，也为希腊伟大文明的兴起奠定了基础。它在西方文明中的影响力，是怎样评价也不过分的。一千余年后，古罗马诗人维吉尔在其长诗《伊尼特》中记述了特洛伊勇士伊尼斯在特洛伊城被毁后流落到亚平宁半岛的故事。

亚述帝国的征服战争

在公元前8—前7世纪，亚述是阿拉伯的强大帝国，曾发动了一系列扩张性战争。亚述人把这种战争看作是“神”的旨意，“神圣”的事业。亚述帝国的征服战争就是这“神圣”事业的突出表现。虽然亚述帝国在人类漫长的历史长河中只不过是一个昙花一现的军事强国，但其军事在中东的影响是相当长远的。

帝国的兴起

古老的亚述兴起于公元前3000年的两河流域，它东北靠扎格罗斯山，东南以小扎布河为界，西临叙利亚草原。

由于亚述处于特殊的被异族包围的地理环境中，经常受到敌对民族进攻的威胁，加之国土、资源又非常有限，使亚述人养成了好战的习性。他们十分贪恋土地，并且，征服越多就越感到征服之必需，相信只有对外不断地征服，才能保住其已经获得的一切。每一次征服的成功都刺激着其野心，使他们借助武力征服世界的心更加牢固不移。

公元前9世纪到前8世纪，是亚述人扩张的大好时机。当时，它四周已经没有强敌：强大的埃及帝国已失去了往日的雄风，小亚细亚的赫梯已为“海上民族”所摧垮，南部的巴比伦分崩离析，东方的米底和波斯尚未兴起。而在亚述国内，铁器从赫梯引进后不仅给亚述的经济生产带来了革命性的变化，更重要的是给尚武的亚述人提供了更锐利的武器，他们的军事力量大为增强。

从亚述那西尔帕二世统治时期起，亚述开始了它的对外征服事业。经过多年的征服战争，两河流域北部和叙利亚地区的许多小国大都被征服。公元前8世纪下半期，亚述终于形成了庞大的军事帝国。

▲亚述军队攻城情景

亚述的四位征服者

提格拉·帕拉萨、萨尔贡二世、辛那克里布、伊撒哈顿是亚述帝国扩张史上声名最显赫也是功劳最卓著的君主。

公元前746年，军事将领提格拉·帕拉萨夺得王位，接着实行一系列改革，以巩固中央集权、提高部队战斗力、加强对被征服地区的统治和剥削。从中央到地方，建立起庞大的官僚制度。改革后重新开始大规模扩张。他统治时期，打败了亚述的劲敌乌拉尔图，征服了整个叙利亚地区，兼并了巴比伦。他实际上是亚述帝国的真正创立者。一块石碑上以他的口吻这样记载道："我率勇士，远征居姆赫。陷城池，获珍宝，无可数计。敢反抗者，我必焚其城，使成灰烬。"

▲亚述帝国步兵像

萨尔贡二世原是一名下级军官，因战功显赫而得到提升，他利用迅速攀升的权势篡夺了王位，被后世称为"亚述的拿破仑"。萨尔贡二世成功地打败了埃及和以色列，并对获得埃及支持的叙利亚和腓尼基等地的起义进行了镇压。萨尔贡二世使亚述帝国进入了鼎盛时期，在位期间，萨尔贡二世对内改变片面支持军事官僚贵族集团的政策，以大量授予城市自治权的办法笼络神庙祭司，建立起以军事官僚贵族和神庙祭司为支柱的专制王权。

辛那克里布是萨尔贡二世的长子，他在位时力图扩大其父的战果。他痛恨，也可能是嫉妒巴比伦城的繁华奢侈，在攻破巴比伦后，一怒之下将巴比伦城全部夷为平地，烧成灰烬。他的这一行为，给他带来了千古的骂名和耻辱。

伊撒哈顿在公元前671年远征埃及，攻占孟斐斯城，接受了埃及之王和埃塞俄比亚之王的称号。在他统治时期，建立了一个地跨西亚、北非，版图几乎囊括整个文明世界的亚述帝国。在他之后，亚述帝国渐渐衰落了。

征服者的暴行

亚述帝国的侵略战争是以极度凶残闻名的，大军所至，万室皆空，居民几乎全被屠戮。亚述帝国对不肯投降而在战争中失败的国家，报复极其残酷。破城之后，亚述士兵残酷地处置城里的人们，敲碎他们的头颅，割断他们的喉管，火烧他们的房屋，抢走他们的财产，还把他们的妻儿掳走。

亚述军队公元前743年攻陷了叙利亚首都大马士革。由于城中军民拼死抵抗。城破之后被亚述士兵砍下的头颅，竟然堆成一座小山。亚述人还把成千上万的战俘，插在上端削尖的木桩上，让他们慢慢在痛苦中死去。残忍的亚述人连孩子也不肯饶过，统统杀掉。城中所有的贵重物品，都被运回亚述。亚述的野蛮征服造成了赤地千里、惨绝人寰的人间惨剧。

希波战争

公元前492年，爆发了世界历史上第一次欧亚两洲大规模的国际战争——希腊、波斯战争。希波战争是希腊城邦反抗波斯帝国侵略的战争，导火索是公元前500年小亚细亚的希腊城邦米利都发生的反波斯统治起义。这场战争前后持续了将近半个世纪，结果是希腊城邦国家和制度得以幸存下来，而波斯帝国却一蹶不振。

马拉松会战

位于小亚细亚西部的希腊城邦一直受到波斯的压迫，公元前500年在希腊城邦中，以米利都为中心爆发了反波斯起义。波斯军队实行残酷镇压，希腊人起义失败。波斯帝国早有向西扩张的野心，于是利用这次机会发动了对希腊的侵略战争，希波战争爆发。

公元前492年，波斯帝国君主大流士一世沿色雷斯海岸西进，开始了侵略希腊的战争，但初次出兵就不顺，几乎全军覆没。出师不利，于是大流士一世命令部队退回小亚细亚。次年，波斯向许多希腊城邦派出使者，要求各城邦降服，雅典和斯巴达杀死了派去的使者作为回答。

大流士一世于公元前490年春，开始了第二次远征希腊。波斯军横渡爱琴海，占领并破坏了埃雷特里亚城，继而南进，在距雅典城东北约40千米的马拉松平原登陆。

面对波斯的又一次入侵，雅典一面紧急动员全体公民赴马拉松应战，一面派遣长跑健将腓力庇得星夜奔往斯巴达求援。腓力庇得在两天内跑了150千米，于9月9日到达斯巴达。斯巴达人虽然同意出兵，但声称只有等到月圆了才能出兵援助。雅典人无奈之下只好以一己之力抗击强敌。

▲马拉松战役的一个场景

9月12日晨，马拉松会战拉开了战幕。雅典军队利用有利地形将主力分置于两翼，趁波斯军队部分骑兵尚未赶到会战地点时，佯作正面进攻。波斯军队依仗兵力优势，采取中央突破战术。希腊中军且战且退，波斯军队步步进逼。希腊军队突然发起两翼攻击，其长枪密集方阵攻势凌厉，波斯军队无法抵抗，仓皇后撤。希腊军队乘胜追击，波斯军队退至海上回国。就这样，马拉松会战以雅典完胜波斯而宣告结束。

血战温泉关

在马拉松会战失利后，波斯不甘心从此偃旗息鼓，开始征集大量兵员物资，建造大批舰船，架设浮桥，开凿运河，准备再次攻入希腊。希腊方面也积极备战，做好防御工作，特别是加强海军训练。公元前481年，以斯巴达和雅典为首的30多个城邦在科林斯集会，组建希腊联军，并推举拥有强大陆军的斯巴达为盟主，准备抗击波斯的再次入侵。

薛西斯一世于公元前486年春率军大举远征希腊。在地势险峻的温泉关，斯巴达国王列奥尼达率希腊联军早就在这里等候入侵的波斯人了。他把大部分的兵士配置于狭窄通道一线，只派少部分兵士把守关后小道，以防波斯军队的偷袭。

薛西斯指挥波斯军队连连进攻，但因地势狭窄，大军无法展开而收效甚微。但两天后，靠当地向导的指引，他以精锐部队偷袭关后。希腊守军没有意料到，很快就被击溃。列奥尼达在腹背受敌的情况下，为保存实力，命令联军主力撤退，他自己率领300名斯巴达人断后，最终全部战死。温泉关在波斯军付出两万人的沉重代价后被其占领。

萨拉米斯海战

波斯军在占领了温泉关之后，又迅速地占领了雅典城，大肆破坏劫掠。海军绕过阿提卡半岛南端，进入狭窄的萨拉米斯海峡。

萨拉米斯海战于公元前480年9月下旬拉开了战幕。波斯舰队在数量上占绝对优势，对萨拉米斯海峡呈围攻态势。希腊舰队隐蔽在艾加莱奥斯山后，编成两线战斗队形。波斯战船由于船体太大，调度滞后，陷于被动挨打的境地，有的还相互撞在了一起沉没了。而希腊的战船船体小，运动自如，能够灵活地袭击敌舰。在此次战斗中，波斯海军遭受重大损失。薛西斯一世深恐后路被切断，仓皇败逃回国。

公元前479年8月中旬，南下的波斯陆军与希腊联军在布拉底决战。战役的结果是希腊联军又一次打败了实力远胜于自己的波斯陆军，粉碎了波斯第三次远征。

停战缔约

波斯三次入侵希腊，都以失败而告终。由于帝国内部矛盾重重，被迫退居守势。以雅典为首的希腊联军逐渐转入反攻，并乘机扩张海上势力，企图建立雅典在爱琴海的霸权。公元前449年，雅典代表到波斯首都谈判，与薛西斯一世签订了《卡利亚斯和约》。和约规定：波斯放弃对爱琴海、达达尼尔海峡和博斯普鲁斯海峡的控制，承认小亚细亚希腊诸城邦独立。希波战争到此结束，战争的最大赢家是雅典，它逐渐统治了爱琴海地区。

希波战争影响

希波战争是亚洲与欧洲之间的一场规模巨大、时间跨度长的战争，前后持续了将近半个世纪。战争的结果是波斯帝国一蹶不振，希腊则获得了自由、独立与和平，雅典一跃上升为爱琴海地区的霸主，夺取了爱琴海沿岸包括拜占庭在内的大量战略要地，控制了通往黑海的要道。从此之后，希腊开始对沿岸国家进行掠夺，并从中获得了巨大的利益。

伯罗奔尼撒战争

公元前431年—前404年，数百个城邦卷入了规模空前的“希腊世界大战”，战火几乎波及当时整个地中海文明世界。以斯巴达为首的伯罗奔尼撒同盟和雅典帝国这两大城邦集团，一个在陆上称雄，一个在海上称霸，双方巧施权谋，展开长期的拉锯战。正当双方两败俱伤、财尽兵竭之时，虎视眈眈的波斯人借机干涉，最终协助斯巴达人击败雅典，摧毁了盛极一时的雅典海上帝国。这场战争对希腊城邦政治造成了巨大的冲击和震荡，对于社会经济和民生无异于一场浩劫，对于其后希腊人的思想文化、对于地中海世界的国际局势都产生重大而深远的影响。

十年战争

为了争夺希腊的霸权，斯巴达和雅典之间爆发了旷日持久的战争，这就是伯罗奔尼撒战争。这场战争因以斯巴达为首的伯罗奔尼撒同盟而得名。

公元前432年，雅典借口伯罗奔尼撒同盟成员科林斯的殖民地波提狄亚隶属于提洛同盟，要求波提狄亚与科林斯断绝关系。于是，在科林斯鼓动下，伯罗奔尼撒同盟要求雅典放弃对提洛同盟的领导权，遭到拒绝，战争爆发。

伯罗奔尼战争可分为三个阶段，在最后一个阶段，最终斯巴达获胜，取代雅典而成为希腊诸城邦的霸主。

伯罗奔尼撒战争的第一阶段，史称十年战争。公元前431年，伯罗奔尼撒同盟成员底比斯袭击雅典盟邦布拉底引发战火。公元前422年，双方进行最后决战，雅典主战派首领克里昂和斯巴达将军伯拉西达均战死。次年签订《尼基阿斯和约》，第一阶段的伯罗奔尼撒战争宣告结束。

▲内战时期的重装备士兵

西西里战争

西西里战争是伯罗奔尼撒战争进入新阶段的标志。公元前415年，雅典人在亚西比的鼓动下，介入西西里岛希腊城邦之间的争端。这就是西西里战争。

亚西比得是雅典的一位将军，他的作战思想很独特。他极力鼓吹远征西西里岛，攻占支持斯巴达的叙拉古城。雅典人接受了这个主张，建立了拥有100艘三层舰的庞大舰队。公民大会决定由亚西比得、尼西阿斯和拉马科斯共同负责指挥远征军。

雅典城内的赫尔墨斯神像在出征的前一天全被打坏了。一些反对远征的人散布谣言说，这是一贯不敬重神的亚西比得指使人干的。

面对反对者的挑战，亚西比得没有丝毫的退让之心。他是一个追求名利，野心勃勃的人，早就想通过西西里远征的胜利，让自己的名字在希腊人人皆知。他决心和那些阻碍他远征的人斗个高低，就要求公开审判这件事。如果证明是他亵渎了神灵，他伏罪；否则，他就要控告诬陷他的人。最后，亚西比得得到了多数雅典人的信任。他们不同意为这件事而延误出征，于是，在用金杯装的水酒敬献战神以后，舰队在一片颂歌中起锚了。

令众人没有想到的是，军队到达西西里岛不久，亚西比得就因与捣毁赫尔墨斯神像案有牵连被控犯有渎神罪，被召回雅典候审。正在指挥战斗的亚西比得听到这个消息，大为愤怒。起初，他决定回雅典为自己辩护。可是，后来他察觉自己的处境已经十分危险，就在回雅典的路上潜逃了。雅典的公民大会对亚西比得进行了缺席审判，判处他死刑。亚西比得听到这个判决以后，狂怒不已，他决定投降敌人来报复，于是，他逃到了斯巴达。斯巴达人十分高兴地欢迎他，认为这是神意要雅典失败。

逃到斯巴达后，亚西比得依然没有平息怒火，为了泄愤，他向斯巴达人献上两条计策：一是要他们赶快派海军到西西里岛，去解救被雅典人包围的叙拉古城；二是要他们从陆上出兵，占领雅典城北 20 千米的狄克利亚高地，封锁雅典的对外通道。这两条计策很厉害。雅典被斯巴达人封锁以后，疫病流行、饥荒严重。2 万多名奴隶乘机逃到斯巴达人那边去了。

公元前 413 年秋，雅典远征军全军覆没，损失战舰 200 余艘，海军 3.5 万人。往昔强大的雅典海军不复存在，失去了海上霸主的强悍实力。

战争结束

西西里战役的失利，使雅典实力大减，元气大伤。公元前 413 年，斯巴达军入侵阿提卡，并长期占领德凯利亚，伯罗奔尼撒战争进入最终阶段。

公元前 411 年雅典发生政变，民主政体被推翻，建立了以四百人会议为首的寡头政治。次年，民主政体重建。公元前 405 年斯巴达将雅典舰船诱入赫勒斯滂海峡，突然袭击，雅典舰队全军覆没，雅典海上霸权丧失殆尽。

斯巴达军队于公元前 404 年 4 月海陆两面围困雅典，雅典选择了投降。战争使参战双方的多数城邦蒙受人力和财力的巨大损失，国力下降，虽然战争的胜利者斯巴达成为了霸主，但实力也大不如前，波斯帝国又得以插手希腊各邦的事务。

战争的影响

伯罗奔尼撒战争在古代军事史上占有相当地位。对抗双方对海上通路的争夺，从海上对敌的封锁和侵入都达到了很大规模；夺取要塞创造了许多新方法，如使用水淹、火焚和挖掘地道等；方阵虽还是战斗队形的基础，但步兵能以密集队形和散开队形在起伏地机动行动；职业军人开始出现。这些都对希腊以及西欧军事产生了深远影响。

亚历山大东征

亚历山大东征是一次掠夺性远征，历时10年，行程逾万里，灭亡了波斯帝国。在西起巴尔干半岛、尼罗河，东至印度河这一广袤地域，建成幅员空前的亚历山大帝国。亚历山大东征与其他战争相比，时间并不算长，但其独特的进攻和远距离机动作战方式，却在世界战争史上留下了重要的一页。

马其顿的兴起

就在希腊各城邦实力日渐衰微的时候，希腊北面的马其顿国家却渐渐强大起来。公元前4世纪中期，国王腓力二世当政。腓力要做一个强有力的国王，要统一整个希腊，成为全希腊之王，他为了这个梦想开始了一系列改革。经过改革，马其顿迅速发展成为一个军事强国。

▲亲自围攻推罗城的亚历山大

腓力二世公元前336年遇刺身亡，他的儿子，时年20岁的亚历山大受军队的拥戴登上王位。亚历山大决心继承父业，实现其称霸世界的目的。即位之初，人们以为他年轻，不足以实行他父亲的东征计划，但亚历山大却以事实证明了人们的想法是错误的。

亚历山大自幼接受希腊文化教育，曾拜希腊著名哲学家亚里士多德为师。亚历山大梦想不仅要征服世界，而且要使世界希腊化。亚历山大最喜欢的书是《伊利亚特》，他一心想向阿喀琉斯学习，创下辉煌的伟绩。他16岁起，就跟随父亲参加军事征战，学到不少作战技术和军事知识。在著名的喀罗尼亚战役中，18岁的亚历山大曾指挥马其顿军队的左翼取得辉煌的战果。

坐上王位宝座的亚历山大不久就开始仿效希腊人的制度，实行改革。最重要的是军事改革，他创立了包括步兵、骑兵和海军在内的马其顿常备军，将步兵组成密集、纵深的作战队形，号称马其顿方阵，中间是重装步兵，两侧为轻装步兵，每个方阵还配有由贵族子弟组成的重装骑兵，作为方阵的前锋和护翼。

这些卓有成效的改革使马其顿迅速成为军事强国。腓力二世被害后，希腊被征服的城邦认为这是摆脱马其顿帝国控制与奴役的天赐良机，纷纷起义暴动，但年轻的亚历山大在短短的两年里就平息了骚乱。为了维持庞大的军队以镇压希腊各城邦的反马其顿运动，为了实现自己征服世界的野心，亚历山大把目光投向了领土辽阔、资源丰富的波斯。

入侵波斯

公元前 334 年，亚历山大开始了对波斯帝国的侵略战争。亚历山大首先率领部队攻克了小亚细亚，把驻守在那里的波斯军队消灭掉。然后他又挥师北上，向叙利亚进军。在伊苏斯城，他打败了波斯王大流士三世，并俘获了他的母亲、妻子和两个女儿。看着大流士三世豪华的宫殿，亚历山大赞不绝口：“这样才像个国王!”接着，亚历山大向南进攻叙利亚和腓尼基，又派手下大将攻占了大马士革，从大流士三世的军械库里获得大量战利品。他亲自率领部队南下，经过 7 个月的艰苦战斗，终于攻克了推罗城。

亚历山大于公元前 332 年成功切断波斯陆军与海上舰队的联系，然后挥师直入埃及，并且自称是太阳神“阿蒙之子”，成为埃及的统治者。在埃及，他亲自勘察设计，在尼罗河三角洲西部，建立亚历山大城，他要它永存人世，作为他伟大战绩的纪念碑。埃及的祭司们为亚历山大加上了“法老”的称号。在庆功的宴会上，亚历山大分外兴奋，他说：“英雄的伟大就在于不断开拓疆土，不断增加权力，尽情享受美味佳肴和少女美色。”

公元前 330 年春，亚历山大引兵北上追击大流士三世，大流士三世被其部将谋杀，古波斯帝国灭亡了。波斯的全部领土都被马其顿军队占领了，一个横跨欧、亚、非三洲的亚历山大帝国在此基础上建立起来了。

东侵之路

征服了波斯，亚历山大没有满足，他是个野心极大的人，他的目的是整个世界。公元前 327 年，亚历山大率军由里海以南地区继续东进，经安息（帕提亚）、阿里亚、德兰古亚那，北上翻越兴都库什山脉，到达巴克特里亚（大夏）和粟特。

公元前 325 年，亚历山大指挥马其顿军队侵入印度，并占领印度河流域。他还企图征服恒河流域，但是经过多年远途苦战，兵士疲惫不堪。由于印度人民的顽强抵抗，加之疟疾的传染、毒蛇的伤害，兵士拒绝继续前进，要求回家。亚历山大不得不放弃东进计划，返回波斯。公元前 325 年 7 月从印度撤兵。一场声势浩大的、历时将近十年的远征由此结束了。

帝国瓦解

亚历山大返回波斯的第二年，用了近一年的时间对他的帝国和军队进行改编，这是一次重大的改编。亚历山大计划侵入阿拉伯与波斯帝国北面的土地，还想再次入侵印度，征服罗马、迦太基和地中海西岸地区。但不幸的是公元前 323 年 6 月，亚历山大突然患恶性疟疾，从发病到生命结束仅 10 天时间就匆匆离开了世界。亚历山大生前没有指定接班人，死后不久就出现了一场夺权斗争。在这场斗争中，亚历山大的母亲、妻子和孩子都横遭杀身之祸。将领们纷纷拥兵自立为王，横跨欧亚非三洲的马其顿王国从此分裂为若干个希腊化的国家。

罗马与迦太基争霸

在公元前264年—公元前146年间，罗马与公元前9世纪腓尼基人在北非建立的殖民地迦太基为争夺西地中海霸权进行了长期的战争，因罗马人称腓尼基人为“布匿人”，所以这场战争又称“布匿战争”。在这场延续100多年的战争中，罗马与迦太基之间进行了3次战争。第一、二次布匿战争是作战双方为争夺西部地中海霸权而进行的扩张战争，第三次布匿战争则是罗马以强凌弱的侵略战争。其中以第二次布匿战争或称汉尼拔战争，最为激烈和具有决定性的影响。

第一次布匿战争

公元前3世纪上半叶罗马统一意大利后，开始了向地中海周边区域扩张，它首先遇到的劲敌是西部地中海霸主——北非的迦太基。双方为了争夺盛产谷物的西西里，爆发了第一次布匿战争，墨西拿事件是这场战争的导火线。

公元前264年，罗马出兵渡过墨西拿海峡，击败迦太基军，占领墨西拿城，继而占领西西里岛大部地区，并攻占迦太基人在西西里岛西南岸的主要据点。

经过一系列交战，罗马军队取得陆上作战的一些胜利，但迦太基海上优势明显，西西里岛西部地区和沿海一些要塞仍在迦太基掌控之中。

为夺取海上优势，擅于模仿的罗马人，以一艘搁浅的迦太基战舰为样板，在希腊人帮助下，建立了一支庞大的舰队。船只结构同迦太基人的一样，也是桨式战船，但罗马人发明了一种搭有尖钩的活动吊桥——接舷吊桥，将它钩到对方战舰的甲板上，这样不习水战的罗马人就可沿长板冲向敌船，在甲板上打一场陆地战，发挥罗马军团人数多的优势，迦太基舰队被击败，罗马人随后乘胜登陆北非。迦太基元气大伤，没有办法再战只得讲和。

▲公元前217年在特雷比亚战役中，罗马军团首次与战象这种巨兽交战。

汉尼拔战争

罗马取得了第一次布匿战争的胜利后，并没有满足，更没有止步不前。而迦太基也不甘心自己的失败，双方终因在西班牙的利益冲突，导致了第二次布匿战争，也称汉尼拔战争。

战争一开始，汉尼拔即以惊人的胆略定下了越过阿尔卑斯山脉，从陆地进军意大利的战略。公元前218年，汉尼拔率军从西班牙的新迦太基城出发，冲破重重艰难险阻，越过了阿尔卑斯山，到达北意大利平原。罗马人措手不及，被汉尼拔连续击溃。在敲开意大利的北大门后，汉尼拔继续挥军南下。

汉尼拔于公元前216年春占领了意大利南部的坎尼城。坎尼是罗马的重要粮仓，如果失去坎尼城，罗马将陷入更大的困境。因此，罗马决心全力夺回。在坎尼城附近的平原上，汉尼拔与罗马进行了一场著名的战役，这就是坎尼会战。

在战争还没有开始前，汉尼拔就了解到当地每天午后刮东南风，于是指挥部队紧急转移，处于上风方向，并把部队布成一个新月形阵势，从侧面把罗马军卷入口袋之中，重重包围起来，最后全歼罗马军队。这就是著名的坎尼之战。坎尼之战是西方军事史上第一个合围之战，显示了汉尼拔的卓越军事才能。

坎尼会战后，南部意大利许多城市归顺汉尼拔。但是，战事拖延愈久，形势对罗马愈有利。汉尼拔的雇佣军孤陷敌境，补给困难，得不到迦太基的有效支援；而罗马在本土作战，加上意大利中部各城市仍然忠于罗马，向其提供大量兵源，因而逐渐从守势转入攻势。

处境艰难的汉尼拔退守意大利南端。公元前202年，在迦太基西南的扎马之战中被罗马军打败。迦太基丧失了军事和外交的自主权，罗马成为西地中海的霸主。

第三次布匿战争

虽然，迦太基在军事上没有力量再与罗马一较长短，但其商业发展迅速，物质财富迅速增加，引起了罗马的妒忌，决心消灭迦太基。罗马唯恐迦太基复兴，公元前149年，罗马进犯迦太基，第三次布匿战争爆发。

面对这突如其来的入侵，迦太基显得毫无准备，只得向罗马求和。罗马提出，要迦太基交出全部武器和300名儿童作人质。当迦太基满足罗马这一条件后，罗马无理要求迦太基毁掉城市，移居离海15千米以外的内地。迦太基人愤然拒绝，起而抵抗。他们铸造武器，加固城墙，充实粮库，妇女们剪掉自己的头发，搓成绳子，供绑扎武器之用。

▲公元前218年9月，汉尼拔率兵越过了阿尔卑斯山

在全民参战的情况下，迦太基城坚守了两年之久。公元前146年春，迦太基发生饥荒，疾病流行，罗马军终以强大的兵力破城而入。残酷的巷战进行了6天6夜，最后许多迦太基人同庙宇同归于尽。罗马元老院下令焚烧迦太基城，大火延烧16天之久，残存的5万迦太基人被卖为奴隶，迦太基城被彻底毁灭。罗马在迦太基设置了行省。就这样，一个独立自主的迦太基国家在地球上消失了。

罗马与马其顿争霸

公元前3世纪上半叶，罗马征服意大利半岛后，开始向海外扩张，先后与地中海西部强国迦太基和地中海东部的马其顿王国发生冲突。马其顿与罗马为争夺对希腊及其属地的霸权而进行了三次战争，马其顿三战皆败。

第一次马其顿战争

公元前324年，在亚历山大离世后，他的部将争夺地盘，将其帝国分为三部分，即马其顿王国、赛琉古王国和托勒密王朝统治下的埃及王国。

公元前217年，罗马人与汉尼拔交战惨败的消息传到马其顿王宫。腓力五世大喜过望，他迅速组建了一支轻型快艇舰队，于公元前216年春开进亚得里亚海。虽然罗马舰队迫使马其顿军队迅即撤退，但马其顿定下的目标已经明确，因此他不会轻言退却。腓力五世决定与汉尼拔结盟。

公元前215年夏，罗马人截获了腓力五世的使者和秘密文件，得知了马其顿欲与迦太基结盟的情报。元老院立即命令正在塔兰托的行政长官拉维努斯加强对腓力五世的监视，并配给他50艘战船，以便在必要时越海去伊利里亚。

公元前211年拉维努斯与埃陀利亚人结盟，相约埃陀利亚人立即与腓力五世展开陆战，所获领土归已，罗马人提供海军支持，并分得部分浮财和人、畜等战利品。不久，许多希腊城邦纷纷加入这个联盟。腓力五世非但不能在意大利帮助汉尼拔，反而把战火引到了希腊，自己也陷入了包围之中。

公元前207年，汉尼拔的弟弟哈斯德鲁巴率军南下攻入意大利，罗马人忙于本土战争，在希腊无所作为。埃陀利亚人已无力单独与马其顿对抗。公元前206年，埃陀利亚人与马其顿签约议和。罗马人见胜利无望，就决定与腓力五世议和，第一次马其顿战争就此结束。

第二次马其顿战争

公元前205年，埃及托勒密四世死去，大权由宫中的奸人掌控。埃及的衰弱，被其他两方看在眼里。马其顿的腓力五世和叙利亚的安条克三世缔结密约，瓜分埃及在欧洲和亚洲的势力范围。安条克三世是这场交易最大的获利者。

公元前202年春，安条克三世向叙利亚南部开战。腓力五世攻下了与埃陀利亚有盟约的奇乌斯，激怒了埃陀利亚人，也使安条克三世大为不满，进而导致罗德斯人决定与腓力五世对着干。几经胜负，罗德斯人决定向罗马求援。罗马元老院决定参战。

战争的前两年，双方都没有取得多大的战绩。不久，埃陀利亚放弃观望态度，站到罗马人一边。阿卡亚联盟却不肯在此时伸手拉腓力五世一把。罗马人没费多大力气便占领了马其顿西部地区。并劫掠了爱琴海岸和马其顿沿海的财物。

公元前 197 年，腓力五世在基诺斯山与罗马人展开了决战。这场战争使腓力五世的军队损失过半，腓力五世除了无条件接受罗马的要求，别无选择。马其顿被迫与罗马签订和约，根据和约失去了小亚细亚、色雷斯及希腊等地的领地以及舰队，将陆军缩减到 5000 人。这场战役使马其顿统治希腊的现实告以结束，罗马接管了希腊的大部分领土。

反抗罗马的起义

第三次马其顿战争后，罗马人在巴尔干地区开始了其残暴统治。公元前 149 年，不堪忍受罗马人暴政的马其顿人与希腊人揭竿而起，进行了声势浩大的起义，安德里斯克自称是珀尔修斯的儿子，号召人民重建马其顿，打击罗马人。很快，希腊人也接受了他的号召。罗马人迅速作出反应，调集大量军队镇压起义。

第三次马其顿战争

公元前 179 年腓力五世之子登上皇帝宝座，他镇压了马其顿贵族的反抗，巩固了国家经济，组成了一支 4 万人的军队，并同与罗马敌对的国家建立了关系，其中包括迦太基。罗马元老院指责马其顿破坏以往条约。公元前 171 年，罗马向马其顿宣战，进军希腊。

战争开始的阶段，双方损伤不大。然而皮德纳一战，罗马军团几乎全歼马其顿军队。公元前 168 年 6 月 22 日，双方在皮德纳决战。马其顿军发起进攻，击溃罗马军前锋。罗马军退向山地，马其顿以方阵实施追击，但在崎岖不平的地形上难以保持严整的队形。鲍路斯利用马其顿方阵出现的缺口率军插入，两翼部队同时发起进攻。马其顿军大败，狼狈逃回首都的马其顿国王，没有片刻的喘息时间，情势所逼，继续出逃，但最后被迫投降。

罗马占领了马其顿，并洗劫了它。罗马元老院废除马其顿帝制，把全国划分为 4 个直属罗马的独立区。公元前 149 年，马其顿爆发反罗马起义。起义被镇压后，罗马将马其顿与伊利里亚和伊庇鲁斯合并为一个行省。第三次马其顿战争结束。

斯巴达克起义

在人类战争史中，反抗阶级压迫的战争占有相当的比重。在这种战争中涌现出的军事历史人物的事迹无不英勇悲壮，可歌可泣。公元前73年，斯巴达克起义爆发。曾经震动了整个西方世界，其不畏强暴、前仆后继求解放的斗争精神曾影响了一代又一代的奴隶，谱写了奴隶解放的光辉诗篇。

从卡普亚城到维苏威火山

奴隶劳动的大庄园在古罗马可以说随处可见，奴隶被称为“会说话的工具”。奴隶主为了取乐，建造巨大的角斗场，强迫奴隶成对角斗，并让角斗士手握利剑、匕首，相互拼杀。一场角斗戏下来，场上留下的是一具具奴隶尸体。奴隶主的残暴统治，迫使奴隶一再发动大规模武装起义。世界古代史上最大的一次奴隶起义——斯巴达克起义就是在这样的背景下于公元前73年猛烈爆发了。

角斗士

对角斗士的最早记载要追溯到公元前264年。角斗士是经过训练的职业杀手，他们为了取悦皇帝和当地的领主而搏杀到死。一般来说，角斗士的社会地位比奴隶略高。而且，也有些角斗士，因其所向披靡的高超搏杀技巧而成为超级明星。

斯巴达克是巴尔干半岛东北部的色雷斯人。罗马军队入侵北希腊时，斯巴达克在一次战争中被罗马人俘虏，被卖为角斗士奴隶，送到卡普亚城一所角斗士学校接受训练，期间受到了非人的待遇。在忍无可忍的情况下，斯巴达克向他的伙伴们说：“宁为自由战死在沙场，也不为贵族老爷们取乐而死于角斗场。”角斗士们在斯巴达克的鼓动下，拿了厨房里的刀和铁叉，冲出了牢笼。在路上，他们正好遇上几辆装运武器的车子，就夺取了这些武器武装了自己，并跑到几十里以外的维苏威火山上聚义。斯巴达克率领起义者在这里安营扎寨，建立起一个巩固的阵地。

附近的奴隶听说这件事后，十分兴奋，纷纷跑到维苏威火山加入到起义的队伍中来。奴隶起义军很快就扩充到近万人。他们多次战胜罗马军队的一些小部队，杀富济贫，令当地的奴隶主闻风丧胆。

纵横意大利

罗马元老院被如火如荼的奴隶起义惊呆了，公元前72年，他们派遣两支军队讨伐斯巴达克。这时，起义军内部产生了分歧。大部分奴隶，其中包括斯巴达克，根据敌我双方力量对比，认为在意大利本土建立政权比较困难，主张离开意大利，冲过阿尔卑斯山，进入罗马势力尚未到达的高卢地区，摆脱罗马统治，获得自由，或者返回家乡。这个正确的主张却遭到了参加奴隶起义运动的当地牧人和贫农的反对，他们不愿意离开意大利，希望继续与罗马军作战，以夺取失去的土地。由于意见分歧，3 万人的队伍脱离了主力部队，在阿普利亚北部被罗马军队击溃。斯巴达克闻讯赶来救援，已经来不及了。斯巴达克杀死了 300 名罗马俘虏，祭奠了阵亡战友的“亡灵”，继续率军北上。

▲古罗马角斗士斗兽场遗址

斯巴达克率领军队于公元前 72 年沿亚得里亚海岸穿过了意大利。在北意大利的摩提那会战中，斯巴达克的军队击溃了罗马的军队。起义者受到胜利的鼓舞，又因越过阿尔卑斯山有不少困难，斯巴达克改变了原来的计划，挥师南下，又回到了意大利，从一边绕过罗马，向南方进军。

布林底西港血战

斯巴达克起义队伍来势汹汹，吓坏了罗马那些统治集团，他们惊慌失措，没有人敢竞选执政官。元老院宣布国家进入紧急状态，最后选任大奴隶主克拉苏斯统率大军，镇压起义军。

公元前 72 年秋，斯巴达克起义队伍在意大利卡拉布里亚集合起来，准备乘海盗船渡过墨西拿海峡。但海盗不守信用，没有提供船只，斯巴达克只好令人制造木筏渡海，但也未能成功。这时，克拉苏斯在起义军兵营后方构筑了一道工事，切断了起义军撤回意大利的后路。起义军用土和树木填平了壕沟，突破了工事。在突击中，斯巴达克的军队损失了大半。

对这支起义队伍，罗马元老院非常渴望尽快将其镇压下去，他们分别从西班牙和色雷斯调来部队增援克拉苏斯。为了不让罗马军队会合，斯巴达克决定对克拉苏斯的军队发起总决战。他指挥军队快速开向北方，迎击克拉苏斯。

在布林底西港附近的激战中，斯巴达克军队虽在数量上比罗马军队少得多，但他们仍然英勇战斗。斯巴达克身先士卒，骑在马上左冲右突，奋力拼杀。他决心杀死克拉苏斯，但由于大腿受了重伤，最后壮烈牺牲。斯巴达克死后，起义队伍没有了统一领导，但仍然坚持战斗，他们在意大利许多地区英勇地抗击敌人达 10 年之久。

恺撒征服高卢

公元前58年，恺撒出任高卢总督，标志着高卢战争的开始。高卢战争是罗马共和国为征服高卢、扩大疆土而进行的侵略性远征，更是高卢总督恺撒为壮大自己的实力，战胜自己的对手进而确立独裁统治而进行的一场建功扬威、扩军备战、掠夺财富的残酷战争。战争的结果是恺撒征服了整个高卢，为建立个人的独裁政权铺平了道路。

前三头同盟

罗马共和国北部有一大片土地，包括今天的意大利北部、法国、卢森堡、比利时、德国以及荷兰和瑞士的一部分，这部分地区被称为高卢。高卢辽阔的土地和丰饶的物产早就为古罗马人所窥视觊觎。

罗马入侵前的高卢

高卢是罗马共和国北部的一大片土地，包括今天的意大利北部、法国、卢森堡、比利时、德国以及荷兰和瑞士的一部分。凯尔特人从公元前7世纪在今法国出现前，经过几个世纪与当地原有居民的融合、交流，至公元前1世纪中，在高卢共分为三支，即中部的高卢人、北部的比尔及人和西南部的阿基坦人。这三支凯尔特人具有共同的语言、文化、宗教特征，相似的风俗习惯，但讲不同的方言，体质形态上也有差异。

克拉苏斯、恺撒和庞培是公元前1世纪罗马政坛上三位有影响的新人。恺撒打出马略派领袖的旗号，在社会上声名鹊起。他虽出身名门，但家财不丰，加以为笼络人心而慷慨施舍，欠了大笔债款。据说公元前62年恺撒得到出任西班牙总督的肥缺，却因债务缠身不能启行，大富豪克拉苏斯为他作保并偿清部分债务后，恺撒才得以动身前往西班牙。

在当西班牙总督期间，恺撒搜刮了很多钱财。他于公元前60年回到罗马时野心更大，与克拉苏斯、庞培正式订立秘密政治协定，组成所谓的“前三头同盟”。据此协议，三方促成恺撒当选公元前59年的执政官。

在当执政官期间，恺撒竭尽所能批准庞培在东方所实行的各项政策，并通过一些有利于骑士的法案。这些事情，恺撒都不顾元老院的反对而一一兑现，这使他的政治声望大为提高。更有甚者，恺撒还有意培植他平民领袖的声誉。这些充分表明恺撒借重民众和改革派声誉称雄争霸的野心。

恺撒深知，掌握强大的军队和拥有雄厚的资财是斗争中的最大资本，是他实现梦想的最大基石。恺撒看中了高卢总督这一肥缺，决定执政官任满后前去高卢。他要以高卢行省为基地，开疆拓土，招兵买马，增加实力与威信，为夺取更大权力准备条件。

公元前58年，恺撒终于实现了梦想，当上了高卢总督，任期为5年。恺撒出任高卢总督，标志着高卢战争的开始。

恺撒远征高卢

恺撒带着4个军团于公元前58年进驻山南高卢后，就开始训练、培植、扩展一支忠于自己的强大部队，同时，寻找机会侵占尚未被罗马人征服的“蓬发”高卢广大地区。当时高卢原始社会各邦、各部落内部的阶级对立、冲突已很尖锐。高卢各邦内外矛盾激化、战事不断的动乱局面为恺撒插手他们的内部纷争，进而出兵入侵提供了良好的机会。

每次战役后，恺撒都会借着出征的机会，将自己的军团和冬令营留在高卢，这些军团镇压高卢人的反抗并欲以夺取更多的领土。这引起高卢人的不满，北部的各邦首先起来行动，他们相互串联，试图结成联盟把罗马人赶过阿尔卑斯山去。恺撒知道情况后，马上动手，利用高卢人的矛盾将其各个击破。

通过一系列军事手段，恺撒又征服了一些城邦，又用许愿、结盟等方法笼络、分化瓦解了另一些邦，至公元前53年已占领高卢大部分地区。恺撒在各重镇和交通要冲驻军、建立冬令营，要求各邦提供人质、纳贡、听从军事调度和服从罗马的统治。

但是高卢人并没有臣服恺撒的掌控，公元前52年爆发了几乎席卷全高卢的反对罗马占领者的起义。恺撒倚仗自己军队的高度机动性和丰富作战经验，企图一举扑灭起义。

▲征战中的恺撒

恺撒指挥军队步步为营，构筑大批工事、防堤和壁垒，把高卢联军团团围住。高卢人向罗马军队数次发起猛烈突击，战斗非常艰苦，成胶着状态，但最后高卢人还是无法攻破恺撒的包围圈。最后，联军主力为恺撒的骑兵所歼灭。一场声势浩大，几乎高卢各邦人民都参加的反罗马军事斗争，在不到1年的时间里，被恺撒的10多个军团镇压。至公元前50年，高卢境内反罗马武装斗争基本平息。

恺撒通过一系列的军事战争和手段终于将高卢地区掌控在手中，在征服高卢地区期间，恺撒利用战争之机掠夺了巨额财富，并造就出一支有10个军团的强大军队。这一切都大大加强和壮大了恺撒的实力和权威，为他在罗马内战中战胜对手、建立个人独裁政权奠定了基础。纵观全局，可以认为在高卢地区的军事战争是恺撒一生的转折点，其结果是加速了罗马共和国的解体和走向帝制的步伐。

罗马内战

罗马内战是公元前1世纪40年代至30年代罗马奴隶制国家内部为争夺政权和建立军事独裁而进行的一场战争。战争的发动者是罗马晚期共和国时期著名的“前三头”和“后三头”。罗马内战揭开了罗马历史新的一页，使罗马奴隶制政权从共和发展到帝制的新阶段。

“前三头同盟”决裂

一方面，恺撒在高卢地区频频发动战争，把高卢地区踩在了脚下，期间攫取了大量的财富，另一方面，他和罗马世界的另一个巨头庞培之间的关系却愈来愈紧张。克拉苏斯原来作为第三股力量，在他们之间起着平衡作用，这时已经死在安息（公元前53年）。恺撒的独生女儿尤莉娜嫁给庞培，本来是他们之间的联系桥梁，但于公元前52年因难产身亡。从此他们之间的关系急转直下。

恺撒有从高卢战事中获得的财富、声望和一支久经沙场的军队作为资本，而庞培有元老院、整个罗马的国家机器以及除高卢以外的所有行省作为后盾，可以用合法政府的名义发号施令。双方都有恃无恐，终于使内战的爆发变得不可避免。

高卢战争结束后，恺撒写成《高卢战记》一书在罗马广为散发，向公民宣传他的赫赫战功。更重要的是他已掌握了空前强大的实力，有久经征战的10个军团归自己指挥，更有在高卢战争中掠夺的巨额财富供他在罗马网罗党羽、收买群众。这样的形势迫使庞培加强了同元老院的联合，庞培等人把打击目标集中在恺撒及其党羽身上。

公元前50年，元老院和庞培作出决定，恺撒应在第二任高卢总督期满时交出兵权，解职回国。这个决定等于公开宣布了和恺撒的决裂。

恺撒回信要求庞培也放弃兵权，否则决不服从，并不惜兵戎相见。元老院将恺撒的这封信看成是对元老院的挑战，立即在公元前49年元旦决定恺撒应立即卸任。恺撒派的保民官安东尼等对此行使否决权不成反遭迫害，被迫逃往恺撒在山南高卢（北意大利）的军营，罗马内战一触即发。元老院马上宣布恺撒为公敌，全国处于紧急状态，授命庞培召集军队保卫罗马，不久内战正式开始。

恺撒与庞培内战

内战初始，恺撒马上动手，突然于公元前49年1月10日率军进攻罗马，内战由此拉开战幕。庞培准备不足，偕大批元老院成员仓皇逃往希腊。

罗马被恺撒占领，恺撒决定歼灭庞培留在西班牙的主力，以保障后方安全和掌握战略主动权。公元前49年，恺撒打败庞培在西班牙的部队，消除了后顾之忧，继而于公元前48年初率军渡海去希腊与庞培决战。

恺撒登陆后不久，庞培海军设法消灭了恺撒的海上运输船只，恺撒通往意大利的交通线被切断。恺撒率军北上，围攻都拉基乌姆（今阿尔巴尼亚的都拉斯）失利。为了将庞培军诱离其补给基地与之会战，恺撒率军向东南方转移，进抵帖撒利亚（色萨利）地区法萨罗附近的平原，庞培跟踪而至。恺撒兵力约2.2万人，其中骑兵1000人；庞培兵力约4.5万人，其中骑兵7000人。

双方沿埃尼派夫斯河北岸占领阵地；恺撒军在东南方，庞培军在西北方。庞培拥有兵力优势，且占据有利地形。考虑到恺撒军远离后方，粮食运输可能不及时，无法长期坚持，庞培采取坚守待变战略。恺撒军虽多次挑战，庞培军坚守营垒，拒不出战。最后，恺撒军实施佯动。庞培担心后方交通线受到威胁，遂出营应战。

恺撒将3000伏兵埋伏起来寻找机会突然猛击庞培的精锐骑兵，导致庞培军左翼溃散，而庞培又指挥失当，未能及时巩固中军组织反击，终于一败涂地。庞培兵败逃往埃及，不久被人杀死。

恺撒乘胜追击庞培残余部队至埃及。他卷入了埃及内部纷争，打败了托勒密国王的部队，立克列奥帕特拉王后为国王。随后，他进军攻打并击溃了占据着部分罗马领土的帕提亚人。

恺撒于公元前46年再次登陆非洲，并在塔普苏斯城附近击溃贵族派军队。接着他又挥师西班牙，在公元前45年的孟达一战中击败庞培两个儿子的部队，从而胜利地结束了内战。

▲恺撒之死，18世纪晚期的油画

恺撒击败庞培和元老贵族军队是罗马内战第一阶段结束的标志。战争的结果是恺撒建立了个人军事独裁政权。他不仅被选为终身独裁官，而且还拥有统帅、大教长和祖国之父等尊号，集一切大权尊荣于一身，是名副其实的军事独裁者，或者说是罗马历史上第一个皇帝。然而罗马共和传统的势力并没有完全被恺撒的独裁征服。公元前44年3月15日，恺撒的一位亲信布鲁图斯与同伙卡西乌斯在元老院会议厅向恺撒连刺23剑，恺撒，一代枭雄就这样在刺杀中失去了性命。

“后三头同盟”分治

在恺撒被刺死后，恺撒派主要头目变成了安东尼，他出兵镇压了因恺撒葬礼而引发的平民和奴隶暴动。由于安东尼领导下的恺撒派缺乏对夺权斗争的统一筹划，以西塞罗为首的元老院的地位有所增强。加之这时恺撒的养子屋大维，一位年仅18岁的青年突然闯入罗马政坛，这也给元老院以可乘之机。屋大维是恺撒的姐姐之孙，在恺撒遗嘱中被定为继承人，得其遗产四分之三。

安东尼和恺撒派的将领对这个从外地闻讯赶来奔丧的青年人相当轻视，然而屋大维却非同凡响，胆略兼备。他知道恺撒的声望和财产已成为自己的有力武器，遂大加利用，收揽人才，扩充实力，拉拢民众，居然顶住安东尼的排挤打击而自立门户，西塞罗和元老院不得不对屋大维重视起来，同时，他们也希望借屋大维来抗衡安东尼。

公元前43年春，安东尼在出任高卢总督的要求遭元老院拒绝后，马上诉诸武力。他派兵抢印夺权，将原高卢总督围于穆提那城。元老院即和屋大维一起出兵解围，安东尼退出北高卢，和恺撒派另一重要将领雷必达联合。

抗击安东尼成功后，屋大维并没有得到元老院的信任，相反却受到排挤，他多次要求担任执政官皆遭拒绝，只好兵临罗马强行当上执政官。在这种情况下，屋大维、安东尼和雷必达终于在公元前43年秋结成“后三头同盟”。三方协议分治天下5年：安东尼统治高卢，屋大维控制非洲、西西里和撒丁尼亚，雷必达得西班牙，意大利和罗马由3人共治，东方处于杀害恺撒后逃亡的共和派布鲁图斯手中，归安东尼和屋大维处置。三方协议得到了罗马公民大会的批准，大会规定，三人在5年内有处理国务的全权。由此可见，共和制已经失去了存在的意义。

从三头鼎立到两雄对峙

“后三头”掌控了权力后，没有丝毫的停留，就开始对共和派展开大屠杀和清洗，以西塞罗为首的元老贵族几乎被斩尽杀绝。公元前42年，安东尼和屋大维进军希腊，与布鲁图斯展开决战，布鲁图斯不敌自杀身亡，共和派从此永远退出了罗马政坛。

大屠杀后，“后三头”于公元前40年再次划分势力范围：安东尼统治东部，屋大维统治意大利和高卢，雷必达统治北非。屋大维坐镇罗马，占尽了地利的便宜，逐渐和元老、骑士等上层统治分子取得妥协，又以公民领袖自居，渐渐积累了雄厚的实力。

公元前36年，屋大维肃清了庞培之子小庞培在西西里和撒丁尼亚的势力，又解除了雷必达的军权，只为他保留大教长的虚衔，三头鼎立遂变成两雄对峙。

在东部，安东尼同恺撒的做法如出一辙，正式与克列奥帕特拉结婚，迷恋姿色，宣称要把他治下的领土赐予克列奥帕特拉之子，这些丑闻为屋大维反对安东尼提供了最好的炮弹。

公元前32年，三头分治5年的协议正式到期，这个时候也成为了屋大维和安东尼公开决裂的起点。屋大维以武力迫使亲安东尼的两

> **罗马内战的意义**
>
> 罗马内战揭开了罗马历史新的一页，使罗马奴隶制政权从共和发展到帝制的新阶段。这次内战对于推动军事学术的发展起了很大的作用。特别是恺撒将罗马军事艺术推向巅峰。在战略战术方面，恺撒善于选择主要突击方向，巧妙地分割敌军，将其各个击破。他在迅猛、大胆、机动地迎击敌军时，通常集中兵力狠狠打击敌人某一侧翼；在战斗队形中通常留有强大的预备队。预备队作为战斗队形的重要组成部分，用来加强部队在主要方向上的突击力量、实施决战和扩大战果，这是军事学术史上的创举。

位执政官和300名元老东逃，并让元老院和公民大会宣布安东尼为“祖国之敌”，向埃及女王宣战。罗马内战的第二阶段由此开始了。

罗马帝国的诞生

屋大维和安东尼的战争开始于公元前31年9月，决战地点在希腊的阿克兴海角。此役双方旗鼓相当，交战初期胜负难分，但督战的克列奥帕特拉却在战斗最激烈时率埃及舰队撤退回国，安东尼随即也跟着去了，全军遂告瓦解。阿克兴的胜利奠定了屋大维主宰帝国全境的权势，成为恺撒事业的真正继承人。

屋大维指挥军队于公元前30年的夏天进军埃及，包围亚历山大里亚，安东尼伏剑自刎，克列奥帕特拉被俘后仍想施展故技迷惑屋大维，但屋大维作为恺撒的继承人并未继承恺撒迷恋美色的弱点，克列奥帕特拉悲叹自己已经失去了美色诱惑力，只好自杀。托勒密王朝灭亡，埃及被并入罗马。

▲《图说世界战争史》

公元前27年，屋大维获得元老院赠予的“奥古斯都”尊号，从此以罗马帝国的诞生结束了晚期罗马共和国的内战。

犹太人反抗罗马帝国的斗争

犹太民族是一个聪明能干、英勇顽强、精诚团结的民族，同时也是一个充满悲剧色彩、命运多舛的民族，她的历史堪称一部可歌可泣的悲剧。公元1世纪，发生了犹太人民反抗罗马帝国统治的两次伟大起义。战争的结果是犹太民族遭到血腥屠杀，国破家亡，被掠为奴，四处飘零，开始了一个伟大民族悲壮的全球流浪史。

第一次犹太战争

凯撒利亚的犹太人和外邦人在公元66年5月起了纠葛，全境为此不得安宁。这时罗马总督弗罗腊斯乘机抢掠圣殿财物，西卡尼派率领犹太人奋起抵抗，弗罗腊斯的雇佣军很快便被犹太人打败。弗罗腊斯求援于叙利亚总督，但援军仍被击溃，起义的犹太人完全控制了耶路撒冷城。犹太总督向罗马皇帝尼禄告急，尼禄派遣维斯帕先将军率领大军进入巴勒斯坦，公元67年平定北方加利利省。

▲犹太人的恶魔——第度（骑白马者）惊恐地望着圣殿

罗马征讨大军继续南下，占领撒玛利亚、犹太全地，进逼耶路撒冷和少数残存据点。正当此时，罗马皇帝尼禄猝死，引起罗马局势动荡不安，多人觊觎王位，维斯帕先也有野心，于是暂停进攻，退到埃及亚历山大城注视罗马局势的发展。

维斯帕先的辉煌时刻终于到来了，他先于公元69年7月在埃及称帝。公元70年回师罗马，正式做了罗马皇帝。由于尼禄之死，犹太人在公元69年间得以安然度过。维斯帕先当上罗马皇帝后，派遣儿子第度继续平息犹太人的起义，很快占领耶路撒冷的周围据点，围困耶路撒冷城。负责守卫的起义军首领不能很好合作，又缺少武器，并与外界断绝了联系，粮食告罄，军民挨饿坚守。

罗马军队很快攻破了耶路撒冷第一道城墙，起义战士又坚守数十日，但还是没有守住，城门终于被攻破了。双方在圣殿内决战，圣殿成为废墟一座。罗马兵疯狂屠杀起义犹太战士，全境遍立钉人的十字架，被处死的勇士不可胜数，以致“没有地方再立十字架，没有十字架再钉人”，还有7万犹太战士被俘卖去为奴。有几百起义战士退至死海西岸的马塞达要塞，在那里坚持战斗到公元73年，在粮尽援绝之时，壮士英勇自杀。当罗马人最后攻占这座山头要塞时，只剩下两个妇女和5个孩子。

镇压了犹太人第一次起义后，罗马军队的指挥者第度在罗马举行了盛大的凯旋仪式。在凯旋队伍的行列中，有犹太起义者的重要俘虏和从耶路撒冷圣殿中掠来的金银器皿等战利品。

第二次犹太战争

公元118年，罗马皇帝哈德良为加强他的独裁统治，计划在耶路撒冷废墟上重建一座罗马式的城市和一所罗马神殿。但是，由于他忽视这片废墟对犹太人仍有着巨大的心理影响和意义，绝大多数犹太人仍将这片废墟视为圣地，期待日后重新建立圣殿。此外，哈德良颁布在罗马统治区域内严禁阉割的法令，禁止犹太人自古以来施行的割礼。这样，罗马帝国的行为再次激起犹太人无比愤恨的火种，顷刻之间就爆发起反抗的熊熊烈焰。

犹太人精神领袖阿奇巴拉比与哈德良皇帝进行温和的谈判，谈判期间，罗马的建城工作从未停顿，因而起义行动随之发生，一名大卫家族后裔的西门揭竿而起。阿奇巴拉比谈判失败后亦转而大力支持群众反抗的起义行动。他从旧约《民数记》引出："有星要出于雅各，有杖要兴于以色列"的预言，称起义领袖为"巴·柯克巴"。"巴·柯克巴"希伯来语意为"星辰之子"。西门领导的起义将应验"有星要出于雅各"的预言，于是这第二次犹太战争亦称为"巴·柯克巴起义"。

▲哭墙

在公元132年起义爆发初期，犹太人一度夺回耶路撒冷，虽然圣殿已不存在，但仍有成千犹太人前来朝圣、献祭。犹太教公会又恢复工作一段时期。犹太人再一次掀起谋求独立的自由之战，但这次斗争同样遭到了镇压。3年后，也就是公元135年，犹太人的这次自由之战也被镇压下去了。

罗马在耶路撒冷建了新城，并让外族人前来居住，禁止任何犹太人进入新城。犹太人的圣城耶路撒冷变成一座外邦人的城市。犹太人开始了向全世界流散的历史。

拜占庭帝国与波斯的争霸

拜占庭帝国与波斯的争霸是两个帝国为争夺东西方商路和小亚细亚霸权而进行的断断续续经历了一个多世纪的征战。这场旷日持久的战争几乎同萨珊波斯共始终，它是古代西方势力同东方势力千余年冲突的一个缩影。战争的结果是拜占庭帝国日趋衰落，萨珊波斯遭到惨败，不久便在阿拉伯帝国的铁蹄下灭亡。

两个军事超级大国

拜占庭成为帝国之初，手工业和商业发达，全国城市一片繁荣景象，在农业上隶农制持主导地位。5 世纪时拜占庭在经受“蛮族”入侵之后度过了奴隶制的危机，未曾打破国家机器，自上而下进行改革，逐渐演变为封建制国家。帝国实行君主专制，除设置训练有素的常备军外，并使用庞大的雇佣军。由于防守坚固，战术较先进，外交策略灵活，能够在一个时期内抵御外族的入侵。渐渐地，拜占庭帝国开始了与邻邦争夺土地的战争。

▲君士坦丁堡——拜占庭帝国的中心

波斯帝国位于拜占庭帝国的东边，它拥有美索不达米亚、巴勒斯坦、西亚和中亚等地区，与印度和中国接壤。印度和中国也是两个强大的军事国家，不过当时正处在分裂状态，无力对外。拜占庭与波斯是两个完整的大帝国，互为邻邦，又都很强盛，旗鼓相当，互不相让。两个强国各有自己的一套政治体制和意识形态，拜占庭人信仰基督教，而波斯帝国的国教是“拜火教”。种种的差别，让这两个军事大国针锋相对，边界上从不安宁，为争夺战略据点或领土，两国武装冲突频繁，战争不断。

公元 487 年，萨珊波斯的科巴德一世登上了波斯帝国王位的宝座，他野心极大，崇尚武力，梦想再现其远祖的辉煌。他指挥由波斯人、匈奴人和阿拉伯人组成的联军从拜占庭帝国手中夺走了上美索不达米亚和亚美尼亚。之后，双方媾和，拜占庭以 1000 磅黄金为代价复得阿米达城，双方维持原有边界，处于和平状态 20 年。

527 年，拜占庭皇帝查士丁一世辞世，他的外甥查士丁尼继位，即有名的查士丁尼一世。为恢复昔日罗马帝国的版图，他对内施行了一系列加强中央集权的改革措施，对外积极向东、西两个方向举兵扩张。他向东方的征讨使罗马波斯战争又一次拉开了。在以后的 100 多年内，拜占庭与萨珊波斯之间先后进行了五次大规模的争霸战争。

五次争霸战争

公元527年，第一次拜占庭和萨珊波斯的战争开始了，刚刚继位的查士丁尼一世就任命22岁的贝利撒留为东征大元帅。波斯先发制人，向拜占庭军发动猛烈进攻，在尼亚比斯首次战役中击败贝利撒留。531年，双方在卡尔基斯会战，波斯打退了贝利撒留的进攻。532年双方媾和。

公元540年，第二次战争开始了，波斯皇帝库斯鲁一世率大军对拜占庭的幼发拉底防线发动突然袭击。第二次争霸战争进行了5年，545年，双方缔结5年停战的协定。第二次争霸战争结束了。

第三次战争开始于547年，库斯鲁一世率大军攻陷拜占庭的要塞。在第三次战争中，拜占庭先赢后输，波斯军队连续获胜。562年双方再次媾和，拜占庭每年向波斯支付黄金1.8万磅，有效期50年。

第四次战争开始于571年，查士丁尼二世停止向波斯支付年金，库斯鲁一世以敌人毁约为名率军进犯，经5个月的厮杀，索得黄金4万磅后，波斯撤军。589年，波斯发生内乱，拜占庭皇帝派大军援助库斯鲁二世夺取王位。波斯则将亚美尼亚的大部分和伊比利亚的一半割让给拜占庭，并订立“永久和平协定”。

库斯鲁二世乘拜占庭发生内乱的时候，于606年率大军西征，第五次争霸战争开始了。波斯分两路大军西进，一路势如破竹。这时，拜占庭内战正处在关键时刻。波斯一路大军长驱直入，619年征服整个埃及。同时，另一支大军出征小亚细亚，直抵博斯普鲁斯海峡，威胁君士坦丁堡。至此，波斯版图达到极点，波斯的势力达到了空前绝后的顶峰。

▲战斗中的波斯人

617年，波斯军联合蛮族共同进攻君士坦丁堡。这次拜占庭皇帝利用双方休战的时间，积极备战，做好了各种准备，战争的结果是拜占庭获得了胜利，乘胜收复了失地。628年，波斯发生政变。631年，波斯与拜占庭议和：波斯归还历代侵占的拜占庭领土、释放战俘、归还抢自耶路撒冷的“圣十字架”，归还抢自拜占庭的一切财物，偿还数年军费。五次战争下来，波斯没有获得任何实质性的利益，可以说一无所获。战争的另一个后果是，使两国的军事和经济能力都大幅下滑，实力大减。

北欧维京人的四处掠夺

公元8世纪末，残暴、好战的海盗团伙开始威胁着西欧海岸的定居点。他们来自欧洲北部遥远的斯堪的纳维亚半岛。这些强盗从他们的大海船爬上岸后，所到之处无恶不作，疯狂抢掠珠宝和金钱。他们还将人抓走，然后或卖为奴隶，或拘为人质索取赎金。英格兰的盎格鲁—撒克逊民族为这些残暴的海盗起了一个名字，称他们“维京人”，意为海盗。

胡作非为的强盗

北欧海盗是对来自挪威、瑞典和丹麦强盗的又一称呼。公元800年－1100年间，北欧海盗乘着他们的长体船活跃在西北欧的海岸线上，见到可夺的财宝便劫掠而去。人们都被北欧海盗的闪电般的抢劫吓得心惊胆战。那个时候有一句祈祷词：“解放我们吧，哦，别让斯堪的纳维亚人降怒于我们！他们毁坏我们的土地。他们残杀我们的妇女和儿童。”

海盗部队

海盗入侵者通常携带的武器是长矛、利剑和战斧。他们驾乘以帆或桨为动力的海船从斯堪的纳维亚半岛出发，跨海寻找猎物。早些时候，每当海盗登陆，他们一般是靠两条腿行军和打仗。然而，在多次遭遇骑兵之后，海盗们不得不采用新的战术。他们需要在速度上与骑士们相抗衡。他们开始以骑马的方式冲向袭击目标，但他们通常仍然下马作战。没有人真正知道海盗的队伍到底有多么庞大。

这种极富刺激的、丧心病狂的强盗行为令北欧海盗极为兴奋。他们多数人徒步作战，手持剑刃、长矛和斧头。有钱的北欧海盗骑马作战，被称为凶猛斗士的突击部队带头进攻。凶猛一词在挪威语里是“赤身裸体”的意思，因为他们从来不穿盔甲。一场战斗之前，他们大碗喝酒，吞食药物，变成乱砍乱杀之人，相信神会让他们安全无恙。另外，有些北欧海盗不做这些杀人越货的勾当，也有些北欧海盗不完全是海盗，在家里，他们是农人和渔夫，商人和工匠。

英格兰、苏格拉和爱尔兰以及欧洲大陆沿海地区的修道院是这些异教徒海盗们经常袭击的目标之一。他们的目的是四处寻找宝物。这种袭击一直持续到9世纪，并且变得日益频繁。来自挪威的海盗的主要袭击目标是爱尔兰和苏格兰。丹麦海盗攻击英格兰和现在的法国、比利时、荷兰和德国等沿海地区。瑞典海盗则袭扰现在的俄罗斯和乌克兰等地。这些海盗行为十分猖獗，他们把他们的侵略活动都扩展到了拜占庭帝国和意大利。

入侵巴黎

公元885年11月，维京人驾驶着700艘耸立着高高的桅杆、上挂红色船帆的战舰沿塞纳河直驱巴黎。当时，法国为征服意大利，将主力军队都调集到意大利，只有200余名骑兵和为数不多的步兵在守卫着巴黎。面对来势汹汹的海盗，巴黎守卫者连忙加强警备，发动城里市民加固防御工事。3万名维京人仍然像以前行动一样开始了对巴黎的入侵。他们并不把仅有几百名士兵防守的巴黎放在眼里，没想到他们刚到城下，弓箭、石块等投掷物像暴雨一样落了下来，维京人伤亡惨重。他们做过几次强攻，均被英勇顽强的巴黎城军民击退。维京人久攻不下，不得不采取包围战术。在城外挖壕堑，一面封锁巴黎的对外联系，切断城内供给，一面继续在城郊大肆掠夺、屠杀。巴黎城军民大难当前，同心协力，以死相拼，誓不投降，坚持了一年。

▲北欧海盗在战斗中使用的部分武器和盔甲

公元886年2月，河水上涨使巴黎城南边的桥被冲断，维京人抽调部分参与围困的士兵，沿塞纳河和卢瓦尔河之间长驱直入。巴黎已陷入了绝境。为求救兵，守城的奥多伯爵亲自在海盗疏于防范时翻越城墙，翻山涉水，将巴黎的困境汇报给查理国王。

查理很快调动军队赶回巴黎，希望将维京人击退，双方展开激烈的战斗。双方激战多时不分胜负，只好各自收兵。几次交锋，查理仍然无法彻底击败维京人，为解巴黎之围，无奈之下查理出黄金7000磅让维京人离开。维京人离开巴黎后，沿着塞纳河而上，洗劫了勃艮第。

深入欧洲大陆腹地

维京人是贪婪成性的，野心极大，他们入侵英国和法国，开始只把财物看在眼里，接着变成了移民，到最后还想完全将其占为己有。公元896年，以罗洛为首的维京人再次进攻法国。昏庸无道的法国国王无力阻止海盗的进攻，于是把诺曼底奉送给海盗，以求不再受到侵扰。公元911年，维京人搬迁至法国的诺曼底定居，建立了诺曼底公国。9世纪末，劫掠英国的维京人也在伦敦和剑桥定居，并不断侵扰英国，最终丹麦国王斯汶征服了英国，成为岛的主人。后来，

▲北欧海盗船

诺曼底大公渡过海峡，成了英国国王。

▲满载北欧海盗的海船正在四处游弋，搜寻宝物，猎取人质。

不可否认，维京人的入侵和掠夺给欧洲许多民族和地区带来严重的灾难，但同样也不可否认的是，这些入侵和掠夺对历史与文明的发展有着重大影响。有些证据表明，维京人有可能是最早踏上美洲大陆的人。

诺曼征服

在中世纪的历史上，英法两国的关系非常密切，也时常发生冲突。英国是一个岛国，法国位于欧洲大陆的西部，两国之间横隔一条英吉利海峡。英吉利海峡很窄，游泳高手可以游过去，船只更不用说了。所以英国和法国，自古以来人民就有紧密的联系。公元10世纪，欧洲大陆的法兰克王国分裂成许多公国，其中最强大的是西部的诺曼底公国（位于今法国）。1066年，发生了一件重大历史事件：诺曼底公爵威廉趁英吉利王国内讧，渡海进攻，打败了英国；不久进入伦敦，加冕为英吉利国王。这件事历史上称为诺曼征服。

诺曼征服战争是11世纪中叶法国诺曼底公爵威廉同英国大封建主哈罗德为争夺英国王位进而征服英国的一场战争。这场战争既是诺曼人对外扩张的继续，又是西欧同英国之间的又一次社会大融合。它以威廉的胜利而告终，对英国历史的发展产生了深远的影响。

觊觎英国王位

英国由不列颠群岛组成，位于欧洲大陆西北岸外的大西洋中。虽然英国处于欧洲大陆之外，但是来自大陆的一次次外力的冲击，却把它纳入了欧洲社会的历史进程。公元前后，恺撒统帅的罗马军团扬帆而至，英国由此被迫进入了西方文明进程。

此后，来自欧洲大陆的一些日耳曼部落（总称为盎格鲁－撒克逊人）定居不列颠群岛，开启了英国历史发展的新时期，即民族国家逐步形成和封建化时期。

居住在斯堪的纳维亚半岛和波罗的海沿岸的诺曼人于公元8世纪以后开始试图扩大自己的版图。787年，诺曼人首次侵入英国，800年前后侵入法国，随后又侵入爱尔兰。9世纪中叶，诺曼人侵占英国东北部地区，并建立自己的王国。10世纪初，诺曼人侵占法国部分领土，并于911年建立了诺曼底公国。

1002年，英国国王埃塞尔雷德娶诺曼底公爵的妹妹埃玛为妻。1013年，丹麦国王斯汶征服整个英国，埃塞尔雷德携妻儿仓皇逃往诺曼底。丹麦人的王国很快衰落，克努特二世死后王位空悬。英格兰贵族推举流亡在诺曼底的爱德华王子为合法继承人，并于1043年为其加冕。爱德华国王娶英格兰大贵族戈德温之女为妻，但他在朝中重用诺曼人，渐渐地诺曼人同以戈德温为代表的英国本土势力之间有了矛盾，而且矛盾愈加扩大化。

在爱德华国王的迫使下，1051年，戈德温全家出逃。爱德华国王邀请诺曼底公爵威廉访问伦敦。转年，戈德温父子纠集一支军队卷土重来，并得到英国民众的拥护。没有办法，爱德华只好恢复戈德温家族的权位。但获胜的戈德温却一病不起，长子哈罗德继承父亲的王位。英国本土贵族势力虽然打败了外来势力，把诺曼权贵从宫中逐出，但很快英国本土势力与诺曼底公爵威廉之间的龙虎斗也爆发了。

诺曼底公爵

诺曼底公爵是一个法国爵位称号。在历史上，大多数强大的诺曼底公爵都只是名义上效忠于法国国王。诺曼底公国本身是法国国王查理三世于911年为与入侵并占据加来海峡一带的诺曼人妥协而建立的，第一任公爵是诺曼人领袖罗洛。但是在理查二世公爵第一个正式自称为公爵之前，历任统治者实际上仍然是使用着北欧传统的贵族称号作为自己的头衔。1066年，诺曼底公爵吉约姆二世（即征服者威廉）征服英格兰，从此诺曼底公爵之位一直由英格兰王室成员担任。

威廉对英国王位的觊觎由来已久。1051年，他在访问伦敦时，就与表兄弟、英王爱德华讨论过王位继承问题。爱德华无子，对威廉的要求没有提出异议。哈罗德也曾许诺日后奉威廉为王。

1066年1月爱德华国王病逝，临终前却把王位的宝座让给了哈罗德，英国政治机构的核心贤人会议也决定由哈罗德继承王位。不久，哈罗德在威斯敏斯特教堂加冕称王。这对威廉来说是一次沉重的打击，他决定用武力夺取王位，让英国臣服在自己的脚下，建立起完全属于自己的王国。

威廉为了争取更多的同盟者，展开了积极的外交策略。首先，他派使节前往罗马，游说当时在欧洲最有影响的罗马教皇亚历山大二世和神圣罗马帝国皇帝亨利四世，争取他们的支持。教皇听信了威廉的话，支持威廉的行为，还赐给他一面“圣旗”。亨利四世也承诺必要时出兵帮助威廉。然后，威廉又去说服他的邻国丹麦国王，许诺和丹麦结成友好同盟。丹麦国王出于个人野心，也支持威廉。很快，威廉就组成了一个反对哈罗德的欧洲联盟军。当感觉得到足够的外援后，威廉信心满满地准备揭开攻打英国的序幕。

横渡英吉利海峡

由于要攻打英国，必须要渡过英吉利海峡。威廉为这次渡海远征，在海军方面做了充分的准备。整个1066年春天和夏天，他都在制造船只，筹集军需品。到了8月，威廉已经万事俱备，700艘帆船沿海岸一字排开，7000名士兵整装待发。只等海上风顺，便可出兵。

事情并不像威廉想象的那样发展。威廉需要南风将他的大军送过海峡，此时正是夏末秋初时分，海峡中总是东北风劲吹，浪高涌大，单凭人力划桨驾船绝对无法到达对岸。威廉大军只好静等南风的到来，整整6个星期就在这等待中过去了。

就在威廉大军静等南风到来之际，英国本土却又发生了一场王位之争。这场王位之争出乎人们的意料之外。原来，挪威国王哈德拉德也想当英国国王。9月中旬，哈德拉德率大军在英国北部登陆，一路烧杀抢掠，直向英国中部约克郡杀来。英王哈罗德立即率军北上迎敌。经过激战，英王哈罗德取得了胜利，将挪威国王杀死。

就在哈罗德获胜两天之后，英吉利海峡的风向转变了，强劲的南风终于刮了起来。

9 月 28 日，威廉率领大军起航，乘着大风顺利地渡过海峡，在对岸登陆。威廉刚刚踏上泥泞的英吉利海滩，一不小心摔了一跤。众将以为是不祥征兆，没想到威廉哈哈大笑："此为吉兆，你们看，我的双手已经抱住了英格兰。"

威廉环顾四周，却没有发现英国本土的任何一个人，他心里疑惑，不知英国人摆的什么阵。很快探子来报，伦敦以南并无英军，所有军队都随哈罗德北上与挪威人打仗去了。威廉听了，长吁了一口气，伸手向天，表示感谢上帝赐给他这次良机。

黑斯廷斯战役

黑斯廷斯战役是英国历史上的重要事件诺曼征服中最具决定性的战役。

1066 年 9 月 28 日，威廉率约 1.2 万人的军队（封建义勇军，内含骑士骑兵）在英格兰南岸顺利登陆，安营扎寨。哈罗德的军队（国王侍卫队和步兵十字义勇军）数量上和威廉一世的军队相近，但装备不如威廉的军队，很多盎格鲁—撒克逊士兵使用的是石斧和近射程弓箭。盎格鲁—撒克逊军队没有骑兵，也缺乏良好的训练。

10 月 14 日，哈罗德率军在黑斯廷斯附近的森拉克岗上占领了阵地，他将军队摆成方形，正面埋设了尖桩栅栏。威廉的军队三线配置：弩手、步兵和骑兵。诺曼底弩手首先投入战斗，从约 100 米的距离向哈罗德的前锋盎格鲁—撒克逊军队射击，然后步兵和骑兵展开进攻。盎格鲁—撒克逊士兵英勇厮杀，打退了诺曼底军队的进攻。这时，威廉命令骑兵队实施佯攻，然后撤退，诱使盎格鲁—撒克逊军队下岗。佯动奏效。岗上下来的盎格鲁—撒克逊军队遭到诺曼底步兵和骑兵的有力打击而溃败。战斗中哈罗德战死。

威廉乘胜率领大军向伦敦进发，一路上势如破竹，伦敦防卫很快失效。伦敦投降代表向威廉表示屈服，并奉他为国王。1066 年圣诞节，威廉在威斯敏斯特教堂被加冕为英国国王。

诺曼征服战争以威廉的胜利告终，从此开始了英国历史上的诺曼底王朝。诺曼征服是先进社会集团对落后社会集团的战争。这场战争的直接后果之一便是把西欧大陆的封建制度移植到英国，使英国在经济、社会、文化、军事等方面的面貌为之一新，从此，英国同西欧大陆更紧密地融为一体。

早期火器时代——中国篇

在世界史上，早期火器时代一般是指从 13、14 世纪一些国家广泛传播火药到后来发明及使用滑膛枪时期，这一阶段大约持续了五六百年。在我国，早期火器时代时间要稍早一些，早期火器时代实际上就是冷兵器和热兵器合用，冷兵器为主“热兵器”为辅的时代。有据可查，在宋代初期，就出现了用火药制造的火箭、火毬等早期火器。火器的使用自北宋经南宋、元、明到清朝第一次鸦片战争（1840 年）以前，延续约 9 个世纪。

宋灭南唐之战

宋灭南唐之战是北宋统一南方的最后一战，攻灭南唐后，迫使南方最后两个割据政权钱俶和陈洪进，先后“纳土”归附，在南方结束了唐末五代以后的分裂局面，实现了北宋对南方的彻底统一。此战的胜利为宋军集中力量对付强敌辽国，消灭北汉，创造了有利条件。因此，从战略全局上看，攻灭南唐对北宋统一战争的成功，对于铲除割据、统一中国，具有非常重要的意义。

“卧榻之侧，岂容他人鼾睡”

唐末五代以后，中国陷入分裂割据的局面。公元960年正月，赵匡胤策动兵变，在后周政权的基础上，建立起宋朝，改元建隆，史称北宋。

公元971年2月，宋朝在灭了南汉之后，从北、西、南三面对南唐形成战略包围。南唐后主李煜感到形势危急，一面派他的弟弟李从善去开封，主动向宋提出削去南唐国号，以此来表示臣服于宋朝。一面又暗中募兵备战，将兵力部署在长江中下游南岸各要地，以防宋军进攻。李煜还遣特使写信给吴越王钱俶，说明唇亡齿寒之义，希望能够一起联合抗宋。宋太祖一心要统一江南，认为“卧榻之侧，岂容他人鼾睡”，绝不允许南唐存在下去。为做好平定南唐的战争准备，赵匡胤先施离间计，使南唐后主李煜错杀了大将林仁肇，又以重新修编天下图经为由，派使者索取了南唐19州的地势图。为了避免进攻南唐时腹背受敌，宋还与辽国签订了和平条约，这就解除了攻南唐时的后顾之忧。公元974年9月，赵匡胤派遣使者让李煜前来入朝，李煜以生病为由拒绝了这一要求。于是，赵匡胤就以李煜拒命来朝为由，发兵数十万，战船数千只，联合吴越，向南唐发起进攻。

李煜的艺术才华

李煜在军事上虽庸驽无能，但其艺术才华却非凡。李煜工书法，善绘画，精音律，诗和文均有一定造诣，尤以词的成就最高。当中的杰作包括《虞美人》《浪淘沙》《乌夜啼》皆成于此时。此时期的词作大都哀婉凄绝，主要抒写了自己凭栏远望、梦里重归的情景，表达了对“故国”“往事”的无限留恋。李煜在中国词史上占有重要的地位，被称为“千古词帝”。

误以为是例行巡江

10月18日，赵匡胤任命曹彬为大将、潘美为都监，率水步军主力10万人，由江陵沿江向东进攻。南岸唐军的部队，误以为宋军是例行巡江，因此没有加以防范，这样，宋军得以顺利通过南唐屯兵10万的要地湖口。10月24日，宋军突然渡过长江，水陆并进，直取池州，后又连克芜湖、当涂、采石等沿江重镇。宋军在采石江面上用了 3 天时间架设好浮桥，以保障后续部队渡江。李煜得知此事后，认为江寒水急，架浮桥是行不通的，因此只派了水步军各 1 万迎战宋军。由于兵少力单，又互相没有协同，所以郑、杜两军先后被宋军击败。潘美率步骑从江北由浮桥过江，与曹彬会合，合力进逼金陵。

▲江西省庐山李煜读书台　五代

整天只知道诵经讲易

刚开始，李煜自以为金陵地势险要，企图坚壁固垒，这样就可以迫使宋军疲惫而放弃攻打金陵。所以李煜将兵权交给了大将皇甫继勋，自己则整天诵经讲易，不问兵事。5 月的一天，李煜偶然到城上巡视，才知道宋军已经进逼到城下，仔细一想，原来上上下下都在欺骗他，惊怒之下，就杀了皇甫继勋。他急忙调遣神卫军都虞侯朱令赟率湖口 10 万大军东下救援。朱令赟救援路上遭到宋军的阻击。朱令赟下令用火攻，宋军被迫向后撤退，不料风向突然改变，火焰反而烧向了南唐军，宋军乘机追杀回来，歼灭了南唐援军。宋军按照宋太祖提出的不用急攻，以控制为主的方针，死死包围金陵。直到 11 月 27 日，宋军见时机已到，才向金陵发起总攻，一举占领了金陵。李煜被迫投降。宋太祖下令大赦江南、解除南唐繁重赋敛，又任命杨克让主持异州政务，封李煜为右千牛卫上将军，违命侯。由此，南唐灭亡，北宋完成了统一南方的最后一战。

宋辽之战

宋辽战争历时25年余，最后以讲和而告终。在这场战争中，宋太宗低估了辽的军事实力，在辽全盛时贸然与之决战。作战中宋的决策又屡屡发生失误，进攻时又仓促出战，轻敌冒进；防御时消极专守，被动应付。最终与辽签订的屈辱的“澶渊之盟”。

乘着驴车逃跑了

公元979年6月，消灭北汉后，宋太宗赵光义企图乘胜利之威，进攻辽国。宋太宗没有等北伐大军全部抵达集结地点，便迫不及待地率军北上。战斗初期，宋军一路势如破竹，连克数郡，包围了幽州，准备与辽国决战。

辽景宗耶律贤得知宋军来攻，急忙派遣宰相耶律沙率部前出迎敌。七月初六，当辽军行至幽州时，赵光义亲自率领各路兵马进行攻击，两军在高梁河展开大战，耶律沙战败而逃。当时的宋军已对幽州城连续猛攻了二十天，士卒早已疲惫不堪，所以此战虽然战胜，但从中午到傍晚只追了十余里。更让赵光义始料未及的是，辽军统帅五院军精锐之师的耶律休哥突然率军出其不意杀了过来。辽军冲杀时，每个人都拿了一个火把，火光连成一片，宋军搞不清楚辽军的兵力数量，所以还没等到交战心里已经发怵，只好退回高梁河。

▲杨业率军于雁门关大败辽军

耶律休哥先收容耶律沙的败军，然后与耶律斜轸各自统帅精锐骑兵，乘夜夹攻宋军。战斗进行得非常激烈，耶律休哥身先士卒，多处受伤，仍然奋力拼杀。城中耶律学古得知援军已到，也大开城门，四面鸣鼓，响声震天动地。这时宋军才发觉已被包围，又无法抵抗辽军的猛攻，只能纷纷后退。慌乱之中，赵光义找了一辆驴车向南逃走了。

遗弃的武器盔甲堆积如山

高梁河之战后，辽军曾多次越界南下。公元982年，由于辽景宗去世，辽军停止了南侵行动。双方处于休战状态。休战期间，宋太宗一直在准备二度北伐，报仇雪耻。

公元986年，宋太宗兵分三路，开始第二次攻打辽国。宋太宗此次发兵的战略方针是，东路军一面扬言进攻幽州，一面持重缓行，吸引辽军主力，使其无暇西顾。等到另外两路大军东进后，再合力攻取幽州。刚开始，宋中、西二路军进展顺利，势如破竹。而东路军则在占领涿州后，由于粮草不继，退往雄州。与东路军正面抗衡的耶律休哥，当得知宋军缺少粮草，就迅速派兵追击。到了五月初三，辽军在岐沟关大败宋军，并乘胜追至拒马河，宋军溺死无数。败军到了高阳，又受到辽军骑兵的冲击，宋军遗弃的武器盔甲堆积如山。

▲雁门关战场遗址

辽军挫败宋军的进攻后，转而采取攻势，大举南下攻打瀛州。辽军围攻多日，昼夜猛攻，死了 3 万多人，仍然没有攻下瀛州，只好又去攻打澶州。辽军一面屯兵澶州城下，与宋真宗所统宋军主力对峙，一面与宋方谈和。此时，辽军虽然已经击败宋军第一线的主力，长驱直入，但辽军前有坚城大河及宋军主力，后有伺机而动的宋河北军民，全军已陷入腹背受敌的困境。因而辽非常希望通过和谈解决争端。宋国也因征战多年，已无快速击败辽军的能力，所以也想与辽议和。同年 12 月，宋辽讲和，双方约定边境界线，宋每年给辽银 10 万两，绢 20 万匹。这就是历史上所说的“澶渊之盟”。从此，宋辽二国维持了 100 余年的和平通好关系。

方腊农民起义

方腊农民起义是北宋时期规模最大的一次农民起义。农民起义军劫富济贫，抗击官军，打下了六州五十二县。虽然起义最后失败，但是沉重地打击了北宋统治者，从根本上动摇了北宋王朝的腐朽统治。北宋统治者由于自己的倒行逆施，面临着彻底灭亡的命运。

“花石纲”逼民造反

北宋末年，江浙地区灾难沉重，而“花石纲”更是把东南一带闹得昏天黑地。朱勔的应奉局常常派人到那里搜刮花石。当地有个叫方腊的人，平时靠自家漆园里的出产，日子勉强过得去。方腊看到当地农民兄弟受尽“花石纲”的苦，就决心把大家组织起来，共同反抗官府。

公元1120年的一天，方腊把几百个农民聚集自己的漆园里，激动地跟大家说：“国家好比一个家庭，如果一户人家，小辈整年劳动，好不容易挣了一点粮食布帛，却被他们的父兄胡乱花费了。小辈稍微不称他们的心，就挨他们鞭打。你们说这应该不应该？那些做父兄的浪费还不算，又拿家里财物去向敌人讨好求情，你们说该不该？现在官府赋税劳役那么重，那些大官们还要敲诈勒索。老百姓好不容易生产了些漆、纸，也被他们搜刮得精光。我们一年到头劳苦，结果一家老小受冻挨饿，连一餐饱饭都吃不上，你们看怎么办？”

大伙儿听到这里，都高声嚷起来说：“你带领大家造反吧！”方腊受到农民的拥护，就打起杀朱勔的旗号，发动了起义。方腊担任起义军的统帅，自称“圣公”。起义军则戴着各种颜色的头巾作为标志，他们杀死了当地的官吏，焚烧他们的住宅。周围地区的百姓听说了此事，都纷纷响应方腊起义军。没到十天，起义军就聚集了几万人马，初步建立起了一个农民政权。

▲石刻镇墓俑

起义军里出了奸细

当地官军将领派兵镇压，被起义军打得落花流水，两名宋将被杀死。起义军乘胜攻进青溪县，赶跑了那儿的县官。接着，又接连打下了几十座县城，很快打到了杭州。消息传到了东京，宋徽宗急忙派童贯带领十五万官军到东南去镇压起义。

童贯到了苏州，知道花石纲引起的民愤

太大，立刻用宋徽宗的名义下了一道诏书，承认错误，并且撤销了专办花石纲的“应奉局”，把朱勔撤职。东南的百姓看到朝廷取消了“花石纲”，罢免了朱勔，就放松了警惕。而此时童贯正在加紧部署镇压起义的兵力。

公元1121年，宋朝派出大批禁军陆续向江浙地区扑来，江浙地区的地主分子也纷纷组织起地方武装，配合宋军向方腊的部队发动进攻，起义军的形势急转直下。童贯率领的宋军主力过河以后立即分兵两路夹攻起义军，方腊不得不退回青溪，据守在山谷深处的帮源坚持战斗。宋军多次强攻都没能得手，转而向青溪南面的门岭发动进攻，4月24日早晨，童贯的西路军与东路军约定放火为号，包围了方腊起义军，20多万起义军在腹背受敌的不利形势下，从早晨一直战斗到深夜，血流遍地，一万多将士壮烈牺牲，帮源失陷，方腊率部分起义军转移到帮源东北方向的岩洞中，继续指挥起义军抗击官军。

花石纲

花石纲是中国历史上专运送奇花异石以满足皇帝喜好的特殊运输交通名称。在北宋徽宗时，“纲”意指一个运输团队，往往是10艘船称一“纲”；当时指挥花石纲的有杭州“造作局”，苏州“应奉局”等，奉皇上之命对东南地区的珍奇文物进行搜刮。由于花石船队所过之处，当地的百姓，要供应钱谷和民役；有的地方甚至为了让船队通过，拆毁桥梁，凿坏城郭。因此往往让江南百姓苦不堪言。花石纲成为激起方腊起义的重要原因之一。

由于官军不知道山路的位置而无法进攻，所以只能与义军在山中相持。这时，起义军中出了奸细，奸细带路将官军引了进来，方腊因为没有防备而被俘虏了。不久他被押解到东京惨遭杀害。大规模农民起义就此失败。

保卫东京之战

东京保卫战是北宋和南宋时期以李纲、宗泽等主战派将领抗击金军侵略、保卫首都东京（今开封）的一系列重要战争，虽然东京军民多次打退金军的进攻，但由于朝廷内部以宋钦宗、宋高宗为首的妥协投降派不积极抗战、打击抗战派将领，使东京饱受蹂躏，留下了中国历史上难以抚平的“靖康之难”。

准备了足够的守城器械

公元1125年，金军分东西两路正式发起攻宋战争。宋徽宗为了尽快逃命，假装得病，将皇位传给了儿子赵桓，是为宋钦宗。金军兵临城下，本来宋钦宗也准备逃跑，但兵部侍郎李纲却坚决反对。他认为，天下的城池，没有比京城更坚固的。而且，京城是国家的中心，文武百官都集中在这里，只要皇上督率抗战，一定能守住东京。宋钦宗看李纲态度坚决，就任命他为尚书右丞，留守在东京负责防守。李纲上朝的时候，看见禁军列队在皇宫两边，车马仪仗都已经准备停当，只等钦宗上车撤离。李纲厉声对禁军将士说：“你们到底是愿意守卫京城，还是想逃跑？”将士们齐声回答说：“愿意保卫京城！”李纲和禁军将领一起进宫，对宋钦宗说：“禁军将士的家属都在东京，不愿离开。如果强迫他们跟您一起撤走，万一在路上他们再散逃回来，谁来保护皇上？”宋钦宗一听逃跑也有风险，才不得不留下来。李纲立刻下令：“以后谁再提出撤离京城，一律处斩。”李纲受命之后，立即组织军民积极备战，加强城防守备，完善城防设施，修楼橹，安炮座，设弩床，运砖石，架檑木，备火油，准备了足够的守城器械。同时在京城的各个方向，各个防御要点部署了军民共同守卫。

▲李　纲

公元1126年正月初八，金军抵达东京城下。当天晚上，金军分乘几十艘船只顺汴河而下进攻西水门。李纲派出敢死队兵士2000人，在城下列队防守。敌船一到，兵士们就用挠钩钩住敌船，再把它钩到岸边砸烂。同时在水中设置杈木，阻挡船只前进。李纲还指挥宋军用石头堵住西水门的水道，以防敌船突入城内。经过一夜战斗，杀死金兵100多人。金军见宋军防守严密，只得退走。第二天，金军又猛攻通天、景阳门。当时李纲正在朝中汇报战况，闻讯后立即率领1000名神射手，赶去助战。等他们到达时，金兵已渡过护城壕沟，正在架设云梯攻打城墙，情况十分危急。李纲当即命令射手齐射，金兵纷纷被射死在城下。李纲又派几百名勇士沿着绳索吊到城下，烧毁了几十座金军攻城的云梯，杀死几十名金军将领。金兵坠落摔死的、被箭射死的、落水淹死的不计其数。金军见这个方向难以突入，就向陈桥、封丘、卫州等方向发起猛烈进攻。这时宋钦宗派人前来慰问，宋军士气大增，从早晨一直与金军激战到下午，杀死金兵数千人。金军见强攻不下，死伤又多，只好再次后撤。

▲宗　泽

在李纲组织东京军民奋勇抗击金军的同时，懦弱无能的宋钦宗却在积极进行投降活动。金东路军统帅宗望提出了割让太原、中山、河间3镇，赔偿500万两金、5000万两银、牛马万匹、衣缎100万匹的退军条件，宋钦宗立即接受了这些屈辱条款。宗望见自己的各项要求基本得到满足，就率大军撤回了燕京。金军撤走后，宋钦宗以为天下就此太平，因此下令各地救援京城的兵马停止救援，解散各回本部。主张抗金的大臣也陆续被赶出了朝廷。李纲也因解围失败而解职贬官。

金军不敢从城墙上下来

金军第一次南下虽然没有达到灭宋的预期目的，但是他们亡宋的野心并没有收敛。在靖康元年（公元1126年）八月，金太宗再次下诏，分东、西两路攻打宋国，准备在东京会师灭宋。在金军南下途中，宋廷不断派去使臣前往金营求和，而金朝一面采用议和手段以麻痹宋朝，一面迅速进兵，不断提高议和价码，诱使宋廷步步屈服。腐败透顶的宋钦宗对金朝提出的所有条件无不一一答应，从割让3镇，到以黄河为界，并尊称金太宗为伯父，甘愿对金朝俯首称臣。尽管这样，依然没能阻止金军向东京挺进的步伐，十一月二十四日，金东路军抵达东京城下。

此时宋各地的援军已被遣散，守卫京城的只有7万余人。因为东京军民十分痛恨主持割地求和的宰相唐恪，宋钦宗为平民愤，只好将他罢免，另外任命主张抗金的何栗为相，并组织调整了京城的防御部署。十一月二十七日，金军开始攻城，宋军经过几次激烈战斗，兵力损耗极大，城中可用的兵力只有3万人，加上天降大雪，气候寒冷，士兵连兵器也难以握住。东京外无援兵，内无战力，终于被金军攻破。

▲临安西北重要隘口独松关

金军攻占东京城墙后，东京军民激愤万分，抗敌情绪分外高涨，自愿请领武器和盔甲的民众多达30万人。当金军下令纵火屠城时，何栗率领无数的百姓与金兵展开巷战，以至于金军不敢从城墙上走下来。金军只能在四面的城上修筑防御工事，防止被东京军民赶下城去。面对如此形势，金国又重谈“和议”的老调，声言宋朝只要能议和就退兵回师。宋钦宗信以为真，便亲自前往金营议降。金随即将钦宗扣留在了金营。并向宋朝提出了赔偿500万两黄金、1000万两白银、绢缎各1000万匹的条件，尽管朝廷向百姓拼命搜刮，仍没有集齐金所提条件的十分之一。金军利用腐朽的宋廷君臣，经过1个多月的讹诈和掠夺，在自己的贪欲得到满足后，感到北宋朝廷已失去了利用价值，于是下令废掉宋徽宗、宋钦宗。并押解着宋徽宗、宋钦宗以及后妃、亲王、太子、宗室、朝臣等3000多人撤军北去。“凡法驾、卤簿，皇后以下车略、卤簿，冠服、礼器、法物、大乐、教坊乐器，祭器、八宝、九鼎、圭璧，浑天仪、铜人、刻漏，古器、景灵宫供器，太清楼祕阁三馆书、天下州府图及官吏、内人、内侍、技艺、工匠、娼优，府为畜积，为之一空。”这就是历史上所说的“靖康之难”。北宋王朝自公元960年建立，历经167年，至此被金灭亡了。

北宋的守城战术

北宋的守城战术原则和方法主要有三个：一是守城必须要有充分的准备。所谓准备主要是“一曰城隍修，二曰器械具，三曰人少而粟多，四曰上下相亲，五曰弄严赏重”。二是守城要采取多种战术。诸如，“或彼不来攻而我守，或彼不挑战而我击，或多方以谋彼师，或屡出以疲彼师，或彼求斗而我不出”，等等。三是针对敌情的发展变化，采取适当的战法。如“敌来逼城”，开始要“静默而待，无辄出拒，候其矢石可及，则以术破之”，等等。总之，要“见利而行，不可羁以常检也”。

专门对付骑兵进攻的“决胜战车”

金军退走之后，当时不在东京的康王赵构在南京即位，仍沿用大宋国号，改靖康二年为建炎元年，是为宋高宗，史称此后的宋朝为南宋。南宋建立以后，宋廷对北宋旧都东京的战略地位十分重视。宗泽在李纲的推荐下，被任命为东京留守，收拾残局，进行抗金部署。为了防止金兵再次进犯，宗泽对东京城重新修复和规划。并且根据城外的地理特点，在郊区建立了24个坚固壁垒。宗泽特别重视黄河沿岸的防御，他在黄河沿线的16个县设置了寨堡，这寨堡栉比鳞次，可以相互支援策应，称为“联珠寨”。宗泽又针对金军善于运用骑兵战术的特点，专门制造了1200辆对付骑兵进攻的“决胜战车”，这种战车每辆配置55个人，其中1人驭车，8人推车，2人扶轮，6人执牌，20人持长枪，18人执弓弩。在宗泽的重建下，东京逐渐成为了一个重要的战略基地。

公元1127年，金朝派兵渡过黄河，再次大举进攻南宋。宗泽坐镇东京，从容调兵遣将，多次打退金军的进攻。而宋高宗却对黄河防线失去了信心。他决定放弃长江以北的大片地区，逃往淮河以南，进而弃淮守江。尽管宗泽多次上书，请高宗返回整治一新的东京，但宋高宗仍固执己见，置之不理。终于，宗泽忧愤成疾，于公元1128年7月去世。他死之前，感念自己未完成抗金事业，长吟“出师未捷身先死，长使英雄泪满襟”的诗句。在弥留之际，宗泽没有一句话提及家事，只是大声疾呼：“过河！过河！过河！”宗泽死后，宋高宗派杜充继任东京留守，杜充的指挥无能，使宗泽招抚的抗金义军纷纷离去。东京这一抗金基地很快被断送了。

保卫顺昌之战

顺昌保卫战是历史上一次著名的以少胜多的城邑防御战争。这一战由南宋著名抗金将领刘锜指挥，通过此战沉重地打击了入侵的金军主力，震撼了金国统治者。顺昌大捷对宋军抗金的战局产生了重大影响，它策应了宋军在东、西两翼及西京地区的作战，从而全线抑制了金军的攻势，为南宋军民大举反攻金军创造了良好的条件。

准备放火焚烧自己的家人

公元1127年，金朝统治者灭亡北宋后，不断发兵向江南侵扰，南宋统治者一味逃跑，不敢抵抗。由于河南、陕西的地方官纷纷降金，所以金军进攻初期气势汹汹。公元1140年5月中旬，新任东京副留守兼节制军马的刘锜，率领军队前往东京驻防。刘锜刚由水路抵达顺昌时，就传来了金军攻陷东京的消息。3天之后，攻陷东京的金军继续向南侵扰，距东京不远的陈州也被攻占。离陈州仅150千米的顺昌成了宋金对峙的前沿阵地。

在大敌压境之际，刘锜沉着果断，亲自视察城内外的防御工事和地形，凿沉船只，加高加厚城墙，构筑防御工事。同时，他号召大家同心协力，共同保卫顺昌城。他将自己全家老少搬到一座庙里，在门口堆满干柴，嘱咐守卫的士兵，万一城被金军攻破，立即放火焚烧他的全家，以此激励士兵和百姓，誓死保卫顺昌城。根据地形和兵力，他周密部署了顺昌城各个方向的兵力，并派出侦探，不断侦察金军行动方向。

利用闪电杀敌

3万多金军从四面包围了顺昌城，发起了强攻。刘锜亲自率兵迎战，宋军以劲弓强弩还击，箭如雨下，金军损兵折将，被迫后撤。刘锜抓住战机，乘势以步兵出击，金军顿时大乱，仓皇渡水逃命。顺昌被围的第四天，金军从陈州等地增调了兵力，顺昌处于金军的铁壁合围之中。金军把主要注意力放在攻占顺昌城上，却忽略了对营寨的防守。刘锜指挥宋军利用雷雨天气，派猛将阎充选拔了五百名壮士，乘黑夜突入了敌营。等电光一闪，宋军便一跃而起，奋勇进杀；电光过后，宋军全都潜伏不动。金军不知宋军底细，满营大乱，宋军则按战前约定的暗号，时分时聚。金军惶恐之中，自相残杀，等到天明，金军已无力还击，只得退去。

在水草中施放了毒药

兀术在东京得知金军进攻顺昌失败的消息后，率兵十余万昼夜兼程，用不到7天的时间从东京到达了顺昌。兀术看到顺昌城垣简陋，竟狂妄地说："顺昌城可以用靴尖踢倒。”他当即下令，攻破顺昌城之后，女子玉帛都归金军兵将所有，而男子一律杀死。刘锜一方面加紧备战，另一方面为了麻痹兀术，派曹成等2人为间谍，随探骑行动，故意让金军俘虏。曹成等2人向金军散布刘锜喜好声色、贪图安乐、无所作为等假情报。兀术听后信以为真，下令留下攻城车和炮具，准备轻装攻城。

▲宋代三弓床弩

金兀术指挥金军向顺昌城发起总攻。金军以铁骑拐子马从左右两翼企图包围宋军，由于宋军奋勇作战，金军未能得逞。此时正是盛夏酷暑，金军的给养不足，人马饥渴，就饮食了被宋军施放了毒药的水草，大批军士中毒病倒。刘锜乘烈日当空的中午，时而由西门扰敌，时而又从南门袭击，大败了金军。金军久攻不下，士气低落，兀术只得引兵后退。刘锜乘此时机，全军出动尾随追击，金军再次大败。最后金兀术被迫率全部金军撤回东京，顺昌保卫战取得了彻底胜利。

宋金郾城之战

宋金郾城之战是南宋爱国名将岳飞，在河南郾城与金军统帅兀术之间的一次决战。宋军以少胜多，给金军以沉重打击。郾城的胜利虽然鼓舞了北方人民抗金的勇气，但宋高宗赵构和秦桧却断送了这次战争的胜利成果。他们担心岳飞的胜利会阻碍与金朝的和议，所以下令全军撤退，使收复疆土的希望彻底破灭。

准备跟岳家军拼一下

公元1140年10月，金朝又撕毁和约，发动全国精锐部队，以兀术为统帅，分四路大举进攻。不到一个月，根据和议还给南宋的土地，全被金军夺去。南宋王朝面临覆灭的危险。宋高宗连忙传令岳飞由荆襄北进，抵抗金军。

▲岳飞统领的岳家军

岳飞得到这个命令，一面派部将王贵、牛皋、杨再兴等分路出兵，一面派人到河北跟义军首领梁兴联络，要他率领义军在河东、河北包抄敌人后方。岳飞坐镇在郾城指挥，在很短的时间内，几路人马纷纷告捷，先后收复了颍昌、陈州和郑州。

中原是宋、金必争之地，谁控制了中原，就可以从中央突破对方的战线，造成对敌分割的有利战略态势。金军统帅兀术在东京听到岳飞进兵，大为恐慌，连忙召集部下将领一起商量对策。大家纷纷议论，说宋朝别的军队还容易对付，就是岳家军攻势难挡。但是既然来了，只好集中全力，跟岳家军拼一下。最后兀术决定引诱岳飞的军队，孤军突进至东京的外围，然后集中主力给宋军以致命的打击。岳飞识破了兀术的阴谋，便将计就计，每天都派人向敌人挑衅。兀术以为岳飞中计，便亲自率领龙虎大王、盖天大王及伪昭武大将军韩常等军直奔郾城，准备和岳家军决战。

上砍敌兵，下砍马腿

岳飞首先命令他的儿子岳云率领“背嵬军”，突击敌阵，给敌军一个沉重的回击。出兵前，岳飞严厉地对岳云说：“你这次必须获得胜利，然后才能回来，如果你不能完成这个任务，我首先要把你斩首！”岳云听了父亲的嘱咐，和敌人作战勇敢异常，杀得金军尸横遍野，缴获军马数万匹。

这次金军南犯，兀术亲自率领精锐的“铁浮图”和“拐子马”15000余骑，准备以此抄袭岳家军的大本营，进而消灭岳家军的主力。“铁浮图”是兀术的特种骑兵，人马都披上厚重的铠甲，以三骑为一队，作为正面冲锋队。这些特种骑兵，每前进一段距离，就用障碍物堵塞住后路，所以作战时只能进，不能退。“拐子马”指的是左、右翼骑兵，作战时，配合“铁浮图”从两面包抄。这种骑兵队伍都是由女真人组成，打起仗来，像围墙铁幕一般，很难对付。岳飞认为“铁浮图”和“拐子马”虽然厉害，但还是可以利用它的弱点，找出对付的办法来。他发现“铁浮图”的马腿安不上铁甲，只要马腿被砍断，骑在马身上的士兵就要跌下。因此，他机智地指挥将士手持马扎刀、长斧和敌人对阵。宋军上砍敌兵，下砍马腿，金兵马倒人也跟着倒，人马大乱。岳飞提枪跃马，亲临战阵。他在敌阵中左右开弓，往来冲杀，将士们见了，勇气倍增。岳飞的爱将杨再兴单骑突入敌阵，左冲右突，锐不可当，差一点把金兀术活捉。这次大战，从下午四时左右打到黄昏，金军有的被宋军杀死，有的被马踏成烂泥，死尸布满原野。兀术看到自己的精锐铁甲骑兵被宋军歼灭，十分悲痛。过了两日，又增兵于郾城北的五里店，准备再战。岳飞手下一个叫王纲的部将，带领50名骑兵去侦察敌情，勇敢地突入敌阵，斩杀了金军部将数人。岳飞乘机率轻骑出击，从左右两面攻击敌军，再一次打败兀术军。经过三天的激战，金军遭到沉重打击，岳家军取得了郾城之战的胜利。

岳家军

岳飞治军严谨，纪律严明。“冻死不拆屋，饿死不掳掠”是岳家军的口号。岳家军平时训练十分严格，作战勇猛，人称：“撼山易，撼岳家军难。”作战时岳飞经常身先士卒，与士兵同甘共苦，从不居功自傲，赢得了历代人民的崇敬和同情。在其戎马生涯中，他亲自参与指挥了一百多场战斗，未尝一败，是名副其实的常胜将军。

宋金采石之战

采石之战是宋、金两国在长期对峙局面下进行的一场大规模战争。金国的海陵王完颜亮驱使60万大军分兵四路，企图进占江南广大地区，一举灭亡南宋。南宋军民在起草诏令的文官虞允文的指挥下，奋起杀敌，在采石江面痛歼金军，取得了辉煌的胜利。采石大捷不仅使江南百姓免遭金军蹂躏，同时也使南宋政权暂时摆脱了亡国的危机。

宰杀耕牛进行战备

完颜亮18岁就参加了侵宋的战争，曾在金兀术手下做过将军。公元1149年，他组织策划了政变，刺死了当时的金国皇帝金熙宗，自立为帝。从此，金熙宗与南宋议和的局面完全破裂。完颜亮即位后，把灭亡南宋作为自己的基本国策，处心积虑地筹划南侵。他先后两次作出了迁都的重大决策，第一次是从上京迁到燕京并改称为中都，第二次由中都迁到了汴京。8年时间，两次主动迁都，历史上并不多见。完颜亮迁都的真正目的就是要向南发展。为了进攻南宋，完颜亮经常派出金兵偷入边境，搜集南宋的情报，甚至金国的使者出使南宋时，竟然公开以外交官员的身份，测量淮河的水深和河宽。

▲采石渡口遗址

在修建中都和汴京时，完颜亮征调了大批工匠和民夫，调运各地林木花石。在汴京他拆毁了原来所有的宫室，片瓦不留，全部更新。运一根大木料的费用，是两千万钱，牵引一辆装运木材的大车，要用500个人工。宫殿装饰得华丽异常。据说在涂刷五色金粉时，空中金粉飞扬，如同下雪一般。在修建都城、宫殿的同时，完颜亮大规模地征兵、征用人力和物力进行战争准备。他又下令建造战船，建立水军。并在全国范围内征调军马56万匹。完颜亮的备战，完全不管财力是否能够承受，当所征集的军马缺少饲料时，他就将马匹放到田地里吃庄稼。这种备战方式给百姓带来了巨大的灾难。当时，一支一尺长的箭翎卖到一千钱，老百姓甚至被迫杀掉耕牛，将牛皮牛筋供应军队的需要。至于人力的征调，数目更是大得惊人。凡是在20岁以上、50岁以下的男子，都在征调范围内，被迫编入军队的达60万人之多。

用笔来暗示敌情

金国企图南侵的消息，不断从各方传来。公元1159年末，金国使臣施宜生来到临安，负责接待他的是吏部尚书张焘。张焘很想从施宜生口中探听到一些金国的内部情况。施宜生原来是宋朝的官员，于是张焘就利用故国乡情来感化他。施宜生果然被打动，他趁着金国侍从不在身边，就对张焘说："今天北风刮得太厉害了。"以此来暗示北边的金国即将大举进攻南宋。同时，他又拿起桌子上的笔说道："笔来，笔来！"用"毕来，毕来！"的谐音来暗示金兵将会全部出动，倾巢来犯。事后，张焘把这些情况及时报告给了宋高宗。

公元1161年，完颜亮终于发动了大规模的侵宋战争。他把各路军队统编为神策、神威、神捷等32军，分为东路、中路、西路、水路大举攻宋。出发前，完颜亮还大宴群臣，他对众将说："过去太师梁王连年南伐，耗费了很多时间也没有取得成功，现在我们决不会像过去那样，多则一百天，少则一个月，就会灭掉南宋。"可是事情并没有完颜亮想象的那样简单。金军南下之前，宋朝就已有所察觉，特别是施宜生向宋朝透露了金兵即将南侵的消息，使宋高宗感到形势严峻。随后南宋开始作应战的军事部署。在金军大举进犯之前，南宋的防御体系基本已建立了起来。十月下旬，宋水军统帅李宝率战船120艘，水军3000人，进至密州胶西的石臼岛。这时金军水军的一部分舰船停泊在海口外的唐岛，两军相隔30余里。李宝趁金军没有察觉，突袭了唐岛金军，金水军慌忙起锚升帆，宋军火箭齐发，金水军几百艘战船被火烧毁，金兵跳入海中淹死的不计其数。侥幸逃到岸上的金兵，也都被宋军俘虏。在陈家岛的金水军统帅苏保衡见势不妙，率余部退入胶州湾。这一战，宋军俘获金兵3000多人。使金水军几乎全军覆灭。宋、金开战后，双方各有得失。金军的西路军虽然在陕西受阻，但是牵制了作战能力较强的川陕宋军；金中路军尽管受挫于襄阳，但损失并不很大，而且完成了掩护东路主力的任务。水军虽然是金军最弱的部队，直到十月下旬还未离开胶州湾，它的失败并不影响整个战局。而在两淮这个双方的主战场上，金军则一直掌握着主动权。所以从整个战局看，金军还是占有一定的优势。

▲宋代武士复原图

文官让武将无地自容

由于在主战场上取得了优势，完颜亮率军全线推进到长江边，完颜亮督责将士昼夜赶造战船，准备从杨林口渡江。金军进至长江边，宋廷惊慌失措，宋高宗和文武百官准备逃离临安。在陈康伯和李存中等人的坚决反对下，宋高宗才勉强同意作出下一步抗金的部署。并派遣中书舍人（文官官职）虞允文到前线慰问宋军将士，虞允文来到采石后，发现宋军残兵败将三五成群地坐在路边，主帅刘锜病重，身在镇江，新帅李显忠还没有到任。见此情景，虞允文立即组织部队，鼓舞士气，部署迎敌。虞允文刚完成作战部署，金军便开始发动了渡江之战。完颜亮派战船渡江攻打采石，并亲临岸边指挥作战，岸上设置了红黄两种旗帜，举红旗表示前进，举黄旗表示后退。金军各船首尾连接，从杨林口向南岸攻来。宋水军驾驶车船将金舰队拦腰截断，随后向金船队发动攻击，两军展开水战。金军使用的都是底部宽大的平底船，行动迟缓，加上不熟悉江道，所以一开始就陷入被动，首批渡船很快被宋军消灭。第二天，宋水军战船主动出击，在杨林口用火船烧毁金 180 多艘战船，再次击败了金军。完颜亮采石渡江失败，被迫退回和州。采石之战也成为了金军由胜转败的转折点。

▲宋高宗画像

十一月下旬，完颜亮率军转移到扬州，企图从瓜洲渡江，虞允文等各路宋军也进至镇江。虞允文来到镇江，首先拜会了老将刘锜。刘锜体衰多病，实际此时已不能处理繁重的军务。刘锜在病榻上紧握虞允文的手，感慨地说：“我的病不值得你亲自来探望，想不到朝廷养兵三十年，杀敌的大功反出于你这个文官之手，真是叫我们武将无地自容！”虞允文安慰了刘锜一番，连忙与其他将领研究军情，巡视防务。宋军将大小战船排布在江中，还故意驾驶 24 艘高大的车船进行演练，在江中来回快速的绕行。北岸的金军看见这种回转如飞的战船，惊愕不已，因此士气低沉，军心厌战。完颜亮不顾将士的反对，孤注一掷，命令金军三日内全部渡江南下，后渡者处死。这个命令使一些金兵暗中组织逃跑，结果被完颜亮发现，带头的人都处死。事后完颜亮又规定，凡是士兵逃跑的，要杀死他们的领队，如果有将领逃亡，则要杀死主帅。这种诛杀上下的命令，使军中人人自危。终于，金兵部尚书完颜元宜等人经过秘密策划，发动了兵变。他们攻入了完颜亮的寝帐，杀死了这个暴君。十二月初，完颜元宜带领金军向北撤退。完颜亮攻宋最后以兵败身亡告终。

蒙古灭金之战

金朝从章宗开始走向了衰落，这时漠北草原上蒙古族完成了统一和建国，并迅速发展成为一支强大的力量。经过五年的准备，蒙古出兵攻金，两国战争爆发。这场战争从公元1211年蒙古成吉思汗侵金开始，到公元1234年蒙宋联军攻占蔡州结束，前后用了23年时间。

向地上轻蔑地吐唾沫

成吉思汗即位以后，通过不断战争，使蒙古成为一个强大的汗国。但是金朝还把蒙古当作它的附属国，要成吉思汗向他们进贡。金章宗死后，太子完颜永济即位，派出使者到蒙古下诏书，要成吉思汗下拜接受。成吉思汗问使者新皇帝是谁，使者告诉他是永济。成吉思汗轻蔑地吐了一口唾沫，说："我原来以为中原主人是天人做的，像这种庸碌无能的人也配做皇帝？"说罢，就把金朝的使者丢在一边，自己上马走了。打那以后，成吉思汗就跟金朝决裂。

▲铁木真

公元1211年，成吉思汗决心大举进攻金朝。他登上高山对天祈祷："长生天啊！金狗杀害了我几位亲人，他们在九泉之下呼唤我报仇！请长生天赐我无敌的铁骑，让我亲手杀掉仇人，好让亲人们瞑目！"这样，成吉思汗竖起了为祖先报仇的大旗，向金国进军了。

冲锋在前的马群纷纷倒地

公元1211年7月，成吉思汗派木华黎率领军队以哲别为先锋，进攻金国北方的门户乌沙堡。乌沙堡不但地势险要，而且还装备了一种先进的守城武器：可用机关触发的连发床弩，以至当时有着"地上乌沙堡，地下鬼门道"的说法。从俘虏的金国工匠和士兵口中，掌握了这一情况的哲别想出了应对之策。当蒙古军抵达城下时，哲别下令用数百匹马冲锋在前，守城的连弩被触发，冲锋在前的马群纷纷倒地，金国守军不辨真伪，认为重创了蒙古兵，正当他们洋洋得意之际，紧跟在马群后的蒙古铁骑已经冲入了边门，金兵的连弩还来不及装填，蒙古人的利箭和马刀已经落到了他们头上。蒙军一举攻下乌沙堡。之后蒙军一鼓作气又攻下了金国另一边防要地乌月营。乌沙堡和乌月营的失陷，使金军仓皇后撤，金国的西北防线彻底瓦解。之后，成吉思汗将金军打得一败涂地。新即位的金宣宗不得不向成吉思汗求和，献出了大批金帛和马匹。蒙古军带着大量的战利品撤军了。金国暂时度过了危机。

▲成吉思汗陵

只能闻到烤肉的香味

公元1227年7月，成吉思汗在行军中病死，成吉思汗第三个儿子窝阔台继承了汗位。窝阔台继位后，按照成吉思汗的遗愿，继续大举侵金。他将蒙古军队分成三路，向汴京攻击。金朝的大将军完颜合达和移剌蒲阿听到消息后，急忙从邓州发兵来解救汴京。拖雷率领蒙军在金军援兵的后面紧紧追击，还专门在金军吃饭和宿营时进行挑战，弄得金军不得休息，疲倦不堪。当金军到达钧州的三峰山之时，后面拖雷的三万蒙古兵全部追上，前面也来了窝阔台的大军。两路的蒙古兵，把金军四面包围，却并不交锋，只是烧火烤肉，让金军嗅到香味。蒙古兵吃饱了便休息，休息好了又接着吃。就这样金军的心理防线被彻底击垮，已全无斗志。蒙古军又故意让出一条出路，使金军“突围”了出去，走到半途，拖雷突然率蒙古兵将金军拦腰一击，切为若干段，经过一阵厮杀，金军几乎全军覆灭。从此之后，金国日渐衰微，到了1233年，蒙古与南宋联合攻破蔡州，金哀宗见败局已定，自缢身亡，金朝就此灭亡。

蒙古西征

蒙古西征之战是公元13世纪上半期蒙古帝国征服中亚和东欧的战争。成吉思汗和他的继承者以剽悍的武功征服了欧亚地区，以蒙古为中心，建立起由钦察汗国、察合台汗国、窝阔台汗国、伊利汗国组成的横跨欧亚大陆的庞大帝国。

蒙古崛起

蒙古族是中国北方的一个古老民族，长期过着原始的游牧生活，到12世纪时，在中国长城以北、贝加尔湖以南、东到大兴安岭、西至阿尔泰山的广大地区，形成了许多蒙古部落。随着蒙古社会生产力的发展，原始公社制度逐渐解体，私有制产生。12世纪末和13世纪初，蒙古各部落面临着迫切的统一问题。铁木真在统一蒙古过程中发挥了重要作用，先后打败了塔塔儿、克烈、乃蛮、蔑儿乞诸部，统一了蒙古各部。

公元1206年，蒙古各部落首领在斡难河（今鄂嫩河）畔召开大会，推举铁木真为大汗，尊称成吉思汗，建立了蒙古国。蒙古国建立后，以成吉思汗为首的蒙古贵族不断发动掠夺战争，用兵的主要方向是南下与西征，南下攻击的主要目标是南宋和金，西征则是征服中亚东欧各国。

蒙古西征共有三次，第一次是1217年至1225年成吉思汗西征，第二次是1235年至1244年拔都西征，第三次是1253年至1260年旭烈兀西征。

第一次西征

第一次西征（1217—1225），公元1217年，成吉思汗把南下灭金的任务交给木华黎，亲自率兵直指西方。当时蒙古蔑儿乞部落首领脱脱的儿子火都和乃蛮部落太阳汗的儿子屈出律败逃楚河流域，仍在西方活动。火都结集蔑儿乞残部，图谋东山再起。公元1217年秋，成吉思汗命令速不台率军征伐火都，速不台翻越崇山峻岭，到达楚河，与蔑儿乞残部作战，杀死火都，消灭了蔑儿乞的残余势力。

消灭火都后，成吉思汗的目标就对准了屈出律。公元1218年，成吉思汗派遣大将哲别率兵2万攻打屈出律。当时屈出律正与阿力麻里的不扎儿汗相攻，听到蒙军进攻向西逃跑，哲别击溃西辽军队的阻击，攻占了西辽都城八剌沙衮。屈出律逃往喀什噶尔，喀什噶尔地区的居民纷纷起来杀死监视他们的西辽士兵，屈出律继续西逃，被蒙古军队追击。哲别把屈出律枭首示众，喀什噶尔、沙车、和田等城相继降蒙，西辽灭亡。

消灭屈出律后，成吉思汗为了肃清乃蛮部的残余势力，以及消灭西域的强国花剌子模，便借口花剌子模杀蒙古商队及使者，在公元1219年，亲率20万大军西征。他的四个儿子术赤、察合台、窝阔台、拖雷，以及大将速不台、哲别随行。蒙军长驱直入中亚后，于1220年攻占了花剌子模的都城撒马尔干，其国王西逃，成吉思汗令速不台、哲别等穷追之。因此蒙军便西越里海、黑海间的高加索，深入俄罗斯，于1223年大败钦察和俄罗斯的联军。另外成吉思汗又挥军追击花剌子模的太子札阑丁，在印度河流域打败之。1225年，成吉思汗凯旋东归，将本土及新征服所得的西域土地分封给四个儿子，后来发展为四大汗国。

第二次西征

第二次西征（1235—1244），公元1227年，成吉思汗在灭亡西夏前不久死去，窝阔台继任大汗。窝阔台于1235年派遣其兄术赤之次子拔都，率50万大军再度西征。西征军很快就彻底灭亡花剌子模，杀死札阑丁。不久又大举征服俄罗斯，攻陷莫斯科、基辅诸城，并分兵数路向欧洲腹心挺进。

1241年，北路蒙军在波兰西南部的利格尼兹，大破波兰与日耳曼的联军。拔都亲率蒙军主力由中路进入匈牙利，大获全胜，其前锋直趋意大利的威尼斯，全欧震惊，称为“黄祸”。正当西方各国惶惶不可终日之际，拔都忽接窝阔台驾崩的噩耗，于是急速班师。

蒙古所向披靡的原因

蒙古西征的胜利，主要原因是在战略上采取由近及远、相继占领的策略，以蒙古大漠为中心，向外一步步扩张。在战术上注重学习汉族人的军事技术，用汉族工匠制造大炮，提高了战术优势，西征时集中优势兵力，如拔都西征就全是长子，窝阔台认为“长子出征呵，则人马众多，威势盛大”。剽悍的蒙古骑兵适合远距离作战，战斗力相当强大。而封建社会的欧亚各国则是分裂独立，相互争斗，不能一致对外，因此，在蒙古军队进攻下相继灭亡。

第三次西征

第三次西征（1253—1260），蒙哥于1251年即大汗位后，令其弟旭烈兀率兵西征。这次西征主要方向是西南亚地区，头等目标是消灭木剌夷国（在今里海南岸的伊朗北部）。1257年，蒙军荡平木剌夷之地，并挥师继续西进，攻陷报达（今巴格达），屠杀80万人，灭亡历时500余载的黑衣大食。

1260年，旭烈兀又率兵攻陷阿拉伯的圣地麦加，攻占大马士革。这时，旭烈兀得到蒙哥死讯，决定班师，命大将怯的不花率2万蒙古军继续攻打叙利亚各地。同年，蒙古遣使至开罗，令埃及投降。埃及国王决定出兵抵抗。埃及军队与蒙古军在大马士革之南交战，蒙古军大败，怯的不花战死。埃及军乘胜占领大马士革等城，杀蒙古所置官吏，叙利亚全境成为埃及的辖地。埃及军的这次胜利，遏止了蒙古军向埃及和非洲的扩张。

忽必烈灭宋之战

忽必烈灭宋之战历时12年，由于忽必烈攻宋方略正确，善择伯颜等良将，注重发展水军和大力实行招降安抚政策，形成了军事、政治优势，致使宋军处处被动挨打，最终灭亡了南宋。忽必烈灭宋之战结束了唐末以来370多年的分裂局面，重新统一了中国。

身中四枪六箭

忽必烈夺得了大汗之位之后，开始了灭宋战争的第一步，攻取襄阳。公元1268年9月，忽必烈命刘整与蒙军主将阿术等率军围困襄阳和樊城。蒙古军在襄、樊四周修城筑围，封锁汉水，扼守住了通往襄、樊的水陆要道。同时大造战船、训练水军，屡次打败南宋的援军。襄、樊被困三年，南宋重臣贾似道一直对朝廷封锁消息，甚至有敢说蒙军攻宋的，就被贬斥，也有被借故杀掉的。

▲忽必烈

公元1272年3月，樊城外城被元军攻破，宋军只好退守内城。这时，城中虽然还有一些粮食，但缺乏盐和布帛。宋将李庭芝为了援助襄、樊，利用襄阳西北的青泥河，以轻舟百艘，装满衣甲物资，准备冒死突破元军防线，增援襄阳。宋军都使张顺和张贵率领3000名敢死队员，携带火枪、火炮、巨斧、劲弩和炭火，乘夜色掩护，冲破元军封锁线，转战120里，到达襄阳城下。张顺身中四枪六箭牺牲。张贵入城后，准备从内城突围。他派人泅水出城，与宋军前线副总指挥范文虎取得联系，约定他同时发兵，对元军内外夹击。到了约定的日子，张贵发起了攻击，但范文虎却按兵未动。张贵虽然率军冲出了重围，却在约定的地点龙尾洲被元军战舰包围，张贵与部下全军阵亡。从此，襄、樊便与外界中断了联系。公元1273年正月，元军攻破樊城，2月，襄阳宋将吕文焕向元军投降。元军终于夺取了屏蔽江汉的战略要地襄、樊。

把炮架在高台上向城内猛轰

公元1275年7月，忽必烈命伯颜率领元军直逼临安。伯颜受命后，确定了分兵三路，攻取临安的作战部署。

西路军主帅阿剌罕率军南下，直逼溧阳，宋军损失将校70余人，士卒近2万人，伤亡惨重。西路军于11月下旬逼近建康通往临安的要隘独松关，南宋守将张濡率兵北上阻击元军。宋军虽是精兵强将，但只有数千人，难以阻挡强大的蒙古骑兵，终于被击溃，主将张濡被杀，士兵死伤2000余人，元军控制了临安的北大门。

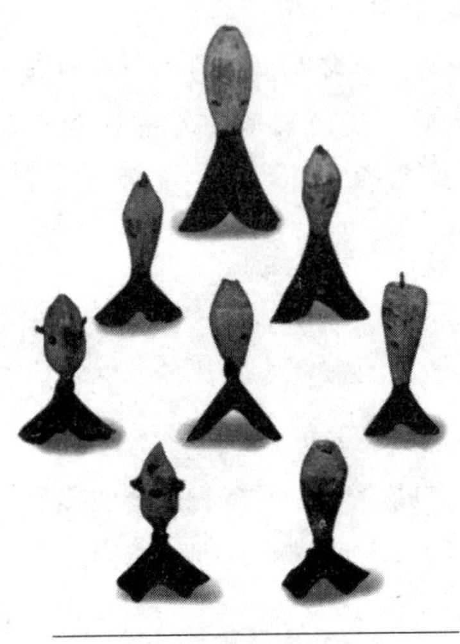

▲鸣　笛

中路军伯颜率兵进攻常州。元军在城南筑高台，把炮架在台上向城内猛轰，又用火箭射入城中，常州城内一片火海。常州守将姚岩率将士浴血奋战，终因寡不敌众，没有外援而被攻破。元军架云梯、绳桥攻城，元军攻入城内。

东路水军以范文虎为先锋，顺江东进，由于长江两岸已无宋军把守，元军进军顺利。公元1275年12月，元朝三路大军进逼临安。宋廷既没有兵力抵抗，求和又被元军拒绝，于是送上传国玉玺向伯颜请降。

生为宋民，死为宋鬼

谢太后投降后，下诏书命各地继续抵抗的宋军投降。扬州守将李庭芝杀死了来使，拒绝投降，直至最后兵败牺牲。陈宜中、张世杰、陆秀夫等拥立益王赵昰为帝，号端宗。文天祥被新朝任命为右丞相、枢密使、都督各路军马。文天祥号召各地起兵杀敌，组建了一支由原江西旧部为核心的抗元队伍。

1277年正月，文天祥率部移驻漳州龙岩，他派往江西的两军失利后，就亲自率军挺进了江西。从元军进入江西开始，江西人民就不断起来反抗。吉州泰和县针工刘士绍联络当地人民，企图夺取县城，失败被俘后，咬破手指写了一份血书："生为宋民，死为宋鬼，赤心报国，一死而已！"然后自尽自亡。文天祥的军队一到，江西各地纷纷起而响应，抗元队伍屡次击败元军。但是文天祥等人取得的胜利，是在元军主力撤离的情况下暂时取得的，当元朝调整兵力，主力南进时，这一支临时编成的，训练不精、缺乏实战经验的军队，就抵挡不住了。1278年12月20日中午，文天祥率军行至海丰北面的五坡岭时，突然遭到了元军的袭击，文天祥被俘，全军覆没。在此之后，厓山的宋军亦被元军打败，南宋彻底灭亡。

朱元璋鄱阳湖之战

鄱阳湖之战是元朝末年，朱元璋和陈友谅在鄱阳湖水域进行的一次战略决战，决战以朱元璋的全面胜利而告终。这一战时间之长、规模之大、投入兵力和舰船之多、战斗之激烈都是空前的。此战的胜利，奠定了朱元璋平定江南的基础，并为以后的北伐和攻灭元朝、统一全国创造了极为有利的条件。

吆喝“老康”为信号

陈友谅占据着现在的江西、湖南、湖北三省的全部地区，他仗着兵多将广，实力雄厚，决定沿长江东下，并且约会占据着江苏东南面的张士诚合攻应天，企图一举消灭朱元璋。

朱元璋的部将康茂才和陈友谅是老相识。朱元璋对康茂才说：“你可以写一封信派人送给陈友谅，假意向他投降，表示愿意和他里应外合，让他快来进攻。为了不致引起他的怀疑，你可以告诉他一些假的军事机密，劝他分兵三路直取应天。”康茂才建议说：“我家有一个老门房，过去跟陈友谅当过差。让他带着我的亲笔信去，陈友谅一定不会怀疑。”

▲刘 基

这个老门房搭上一只小船，偷偷地划到陈友谅军中，呈上康茂才的书信。陈友谅大喜，问康将军现在驻军何处？老门房回答驻守江东桥。陈友谅问是木桥还是石桥？回答说是木桥。陈友谅赏给老门房吃了酒饭，临走前同他约好：“我进兵江东桥，就以吆喝‘老康’为信号，请康将军出来接应。”老门房回到军中，把情况报告给了朱元璋。朱元璋根据这些情况进行了战斗部署，在陈友谅进攻路线的各个重要据点，都派出大将，埋下伏兵。朱元璋亲自在卢龙山督战，同时令人把江东桥连夜改成石桥。一切准备停当，专等陈友谅来上钩。

大船被搁浅了

陈友谅果然亲自率领水军顺流东下，先到大胜港，打算从这里登陆。他发现朱军早有准备，就急忙掉转船头，直接驶往江东桥。到了近前，一看是大石桥，不是木桥，陈友谅不禁大吃一惊，接着按照约定信号，连喊“老康！”又没人答应。陈友谅这才恍然大悟，自己受了康茂才的骗，赶紧指挥部队撤退。

这时突然战鼓雷鸣，朱元璋的伏兵一齐杀出，从水面和陆地夹击陈友谅军。陈军大乱，争相登舟溃逃，这时正是退潮的时候，陈军的大船被搁浅，所以想战不得，想跑不能，被杀死、淹死的不计其数，被俘虏的有 2 万多人。陈友谅在部将保护下，换乘一条小船溜走了。朱元璋挥军追击，夺回了太平、安庆等地。

▲朱元璋像

草人也拿着武器

1363 年，朱元璋率水军 20 万，在鄱阳湖与陈友谅 60 万水军对阵。面对强敌，朱元璋把水军分为 11 队，每队都配备火铳、长弓、大弩，作战的时候，先发火铳，再射箭，最后是白刃厮杀。朱元璋命令水军准备火炮、火铳、火箭、火蒺藜等各种火器，只等发动进攻的时候，将这些火器同时发射，焚烧敌军的大舰。又命令准备一批火攻用的小船，载上芦苇，中间装进火药，周围排列身披甲胄、手拿武器的草人，加以伪装。一切都准备妥当了，黄昏时候刮起了东北大风。朱元璋命令敢死队驾上七条火攻小船，冲向陈友谅的船队，乘风点火，发起火攻。七条小船像七条火龙，窜进敌军船队，同时，朱元璋的水军也一齐发射各种火器，把敌军的大小战船都烧着了。火借风威，风助火势，浓烟弥漫，烈焰腾空，把鄱阳湖湖水照得通红。陈友谅军被烧死、淹死的无数，被俘的、投降的人数就更多。经过一个月的鄱阳湖决战，陈友谅的主力全部被歼。

徐达北上灭元之战

元末农民战争后期，朱元璋势力日益强盛，到公元1367年，相继攻灭陈友谅和张士诚政权，占据长江中下游广大地区。朱元璋审时度势，决定北伐南征同时并举，命徐达为征虏大将军，常遇春为副将军，北取中原，进克大都。作战中，徐达采取了先剪羽翼、后捣腹心的方略，遣军北上，水陆并进，逐次击败元军，最终推翻元朝统治，建立大明王朝。

带着后妃、太子逃走了

元末农民战争后期，朱元璋势力日益强盛，相继攻灭掉了陈友谅和张士诚政权，占据长江中下游广大地区后。朱元璋审时度势，决定北伐。在攻打元大都之前，朱元璋在汴梁把徐达、常遇春等一些将领叫到一起，研究作战部署。众人对如何攻元形成了两种意见。常遇春是主张直接攻击元朝都城的主要将领，他说："现在陈友谅与张士诚已经被我们消灭了，江南已经基本归我们所有，南方剩下的几股势力也不需要动用我们过多的兵力，如果现在我们就集中精锐部队去攻打元军，必定能够大胜而归。"而以徐达为首的一方则说，"现在的北京，防卫很坚固，所以不能直接攻打。先要打下山东，河南、陕西、山西等地，那时元都可不攻自破。"朱元璋听了之后，沉思良久，最后同意了徐达的作战意见，并且派出徐为征虏大将军，常遇春为副将军，进行灭元作战。

徐达是一名严于律己，体恤士卒的将领，他与部下能同甘共苦。将士们对徐达既尊敬又感激，都愿意听从他的指挥，作战时都能奋勇杀敌，不畏牺牲。因而按照事先的计划，徐达率领大军所向披靡，一路打到元大都附近的通州。元顺帝在得知明军已进逼大都时，就带着自己的后妃、太子，从居庸关逃到了元上都开平。1368年8月，徐达率明军从东面齐化门进入大都。

▲徐　达

让人目瞪口呆的战术

逃往上都的元顺帝，为了夺回北平，便起用了王保保。王保保上任之后与徐达的第一战就赢得了胜利，他集合了十万大军，从关外向大都发起了猛攻，并一举击溃了徐达的前锋部队。在这之前，徐达还从未打过败仗。他在失利之后，迅速冷静下来，他选择了让王保保目瞪口呆的战术，他决定放弃大都，直扑向王保保的老巢太原，王保保因为后方空虚，立即撤离了对大都的包围而昼夜奔向太原，徐达和常遇春联手在深夜发动奇袭大败了王保保。

徐达继续对王保保穷追猛打，一直打到甘肃兰州，王保保准备佯攻兰州，把主力部队隐藏在了定西，等徐达救援时，将其一举歼灭。徐达洞察了王保保的意图之后，果断地将计就计，他派了一支部队在兰州迷惑王保保，而率领主力扑向了定西的王保保，由于徐达猝不及防地出现在了定西，王保保被明军彻底击溃。元朝的残余势力再也无力反扑了。

魏国公徐达

据《明史》上记载，徐达是朱元璋老乡，22 岁参加郭子兴部起义，跟随朱元璋南略定远，下和州，渡长江，拔采石，与陈友谅大战鄱阳湖。后活捉张士诚，北征元兵，为朱元璋统一中国立下赫赫战功。

徐达是明代开国第一武将，生前封公，死后封王；对朱元璋极为恭谨，在外交战，每策必报朱元璋。朱元璋以其功高谋深，命其便宜行事。对他的死，传说为徐达背部脓肿，朱元璋送去烧鹅，徐达终于知道朱元璋赐其死之心，长叹一声，自杀而亡。

朱棣亲征漠北之战

明成祖远征漠北之战指的是永乐年间，明成祖朱棣分别于公元1410年、1414年、1422年、1423年、1424年五次亲征盘踞在漠北的北元残余势力鞑靼、瓦剌和兀良哈三个部落的战争。明成祖朱棣采取攻兼施、各个击破的方略，有效地打击了蒙古贵族势力的侵扰破坏，保障了边境的安宁，促进了社会经济的恢复和发展，进一步巩固了中央政权的统治地位。

蒙古骑兵并非不堪一击

元顺帝逃往漠北后，在蒙古贵族支持下，又建立了北元。但由于内部互相残杀，很快就分裂成了鞑靼、瓦剌和兀良哈三个部落政权。三个部落之间经常互相残杀，并且还不时地侵扰大明王朝的边境，朱棣忍无可忍，决心起兵征讨。

▲紫禁城

公元1414年，明朝大军开赴边疆，于六月到达三峡口。朱棣经过严密地勘查，得知敌人就在附近，于是下令全军严阵以待。明军走到忽兰忽失温时，朱棣忽然望见前方尘土飞扬，原来答里巴和玛哈木共乘一辆战车，指挥人马杀了过来。朱棣立即让明军兵分三路冲入敌阵，然后以火炮助攻。蒙古骑兵并非不堪一击，他们骁勇善战，没让明军占到一点儿便宜。朱棣见到这个情况，就亲自带头杀进敌阵。明军将士一看皇帝亲自出马，士气大振，都奋力拼杀。玛哈木一败涂地落荒而逃，朱棣带兵穷追猛打。最后在皇孙朱瞻基的劝阻下，朱棣才停止了追赶，下令回京。玛哈木遭受了重创后，只得向明朝俯首称臣。

一举捣毁了老巢

公元1422年，朱棣再次亲征蒙古。当朱棣亲率明军到达鸡鸣山时，阿鲁台已经往北逃窜，于是众将士建议大军深入敌后，给予敌人以致命一击。朱棣深知阿鲁台诡计多端，下令军队从开平出发，经过应昌，出其不意，直捣敌人的总部。六月，明军抵达应昌，阿鲁台看见大军前来，又继续逃跑。朱棣老谋深算地说：“他逃走不假，但是为了避免他使诈，我们应该烧毁他留下的军粮，然后转攻兀良哈三卫。”兀良哈三卫是明朝在东北设立的三个自治区，分为朵颜卫、泰宁卫和福余卫。

阿鲁台到达兀良哈三卫后，三卫的首领都表示愿意助他一臂之力。这时，朱棣分析战况说：“阿鲁台此时逃之夭夭，恰好孤立了兀良哈，我们可以趁机将他一举击破。”随即明军兵分五路合围兀良哈。兀良哈带领数万人马来到屈裂儿河，结果不慎陷入了沼泽地，朱棣见势指挥骑兵杀了过去。兀良哈的部队乱了阵脚，顿时溃不成军。明军一鼓作气，一举捣毁了兀良哈的老巢，朱棣再次凯旋。

▲明成祖朱棣像

“阿鲁台实在太小看我了”

公元1423年7月，朱棣听说阿鲁台又带兵前来，于是大笑道：“阿鲁台以为我去年已经亲自出马，今年就不会亲征，他实在太小看我了。”说罢朱棣又兴师动众，开始了第三次亲征。明军走到半路，忽然遇到阿鲁台的部下前来投降，并得知阿鲁台已经被瓦剌部落打败，正四处溃逃。朱棣命令大军继续前进，明军到达上庄堡时，鞑靼王子也先土于率众前来投降。朱棣大喜，当即封也先土于为忠勇王，赐名“金忠”，随后带军南归。公元1424年7月，朱棣在第五次远征途中，病死在榆木川，漠北之战也随之结束。

于谦保卫北京之战

公元1449年，瓦剌率军南犯。于谦临危受命，亲自指挥数十万军民进行了垂范青史的北京保卫战。于谦因处危不惊、指挥若定的气度而名满天下。此战不仅加强了京师部队的战斗力，组成了一支战斗力较强的机动兵力，使瓦剌军不敢窥视京师，而且还促进了边防建设，使明王朝的统治得到了进一步的加强。

京城是国家的根本

明朝五十万大军在土木堡全线崩溃，明英宗也被俘虏。消息传到北京，太后和皇后从宫里内库拣出大量金银珍宝，偷偷派太监带着财宝去寻找瓦剌军，想把英宗赎回来。从土木堡逃出来的伤兵，陆续在北京街道出现了。京城里人心惶惶，谁也不知道皇帝下落怎样。为了安定人心，皇太后宣布由郕王朱祁钰代理皇帝的职权，并且召集大臣，商量怎么对付瓦剌。大臣们也不知怎么办才好。大臣徐有贞说："瓦剌兵强，怎么也抵挡不住。我考察天象，京城将遭遇大难，不如逃到南方去，暂时避一下再作打算。"兵部侍郎于谦神情严肃地向皇太后和郕王说："谁主张逃跑的，应该砍头。京城是国家的根本，如果朝廷一撤出，大势就完了。大家难道忘掉了南宋的教训吗？"于谦的主张得到许多大臣的支持，太后决定让于谦负责指挥军民守城。

▲于　谦

挟持皇帝做人质

在京城面临危急的时刻，于谦毅然担负起守城的重任。他一面加紧调兵遣将，加强京城和附近关口的防御兵力；一面整顿内部，逮捕了一批瓦剌军的奸细。一天，监国的郕王朱祁钰上朝时，大臣们纷纷要求宣布王振罪状。朱祁钰不敢做主。有个宦官马顺，是王振的同党，见大臣们不肯退朝，就要把大臣赶跑。这下激怒了大臣。一起把马顺打死了。朱祁钰见到朝堂大乱，想躲进内宫，于谦拦住他说："王振是这次战争失败的罪魁祸首，不惩办不能平民愤。陛下只要宣布王振罪状，大臣们就心安了。"朱祁钰听了于谦的话，下令抄了王振的家，惩办了一些王振的同党，人心渐渐安定下来。

瓦剌首领也先俘虏了明英宗，没把他杀死，却挟持着英宗当人质，不断骚扰边境。于谦等大臣请太后正式宣布让朱祁钰做皇帝，被俘虏的明英宗改称太上皇。朱祁钰这才即位称帝，这就是明代宗。

有进无退的决心

也先知道明朝决心抵抗瓦剌，就以送明英宗回朝为借口，大举进犯北京。瓦剌军很快打到北京城下，在西直门外扎下营寨。于谦立刻召集将领商量对策。大将石亨认为明军兵力弱，主张把军队撤进城里，然后把各道城门关闭起来防守，日子一久，也许瓦剌会自动退兵。

于谦说："敌人这样嚣张。如果我们向他们示弱，只会助长他们的气焰。我们一定要主动出击。"接着，他分派将领带兵出城，在城门外摆开阵势。于谦把各路人马布置好后，就亲自率领一支人马驻守在德胜门外，叫城里的守将把城门全部关闭起来，表示有进无退的决心。并且下了一道军令：将领上阵，丢了队伍带头后退的，就斩将领；兵士不听将领指挥，临阵脱逃的，由后队将士督斩。

将士们被于谦的勇敢坚定震服了，士气振奋，斗志昂扬，下决心拼死保卫北京。这时候，各地的明军接到朝廷的命令，也陆续开到北京支援。城外的明军增加到二十多万人。也先发动几次进攻，都遭到明军奋勇阻击。城外的百姓也配合明军，跳上屋顶墙头，用砖瓦投掷敌人。也先遭到严重损失，又怕退路被明军截断，不敢再战，就带着明英宗和残兵败将撤退。北京城保卫战，最终取得了辉煌的胜利。

于谦与《石灰吟》

千锤万凿出深山，
烈火焚烧若等闲。
粉身碎骨浑不怕，
要留清白在人间。

于谦为官廉洁正直，曾平反冤狱，救灾赈荒，深受百姓爱戴。明英宗时，瓦剌入侵，英宗被俘。于谦议立景帝，亲自率兵固守北京，击退瓦剌，使人民免遭蒙古贵族再次野蛮统治。但英宗复辟后却以"谋逆罪"诬杀了这位民族英雄。这首《石灰吟》可以说是于谦生平和人格的真实写照。

戚继光仙游抗倭之战

仙游之战，是明在抗倭的战争中，由福建总兵戚继光指挥明军解围仙游，击败倭寇的城邑争夺战，是继平海卫大捷之后，明军戚继光部取得的又一次重大胜利。戚继光抗倭斗争的连续胜利，沉重打击了倭寇的嚣张气焰，保护了人民生命财产的安全，使东南沿海的倭患，基本得到平息。

用祷告防止倭寇侵犯

明世宗时，有一批日本的海盗经常在我国东南沿海一带骚扰。他们和中国的土豪、奸商勾结，到处抢掠财物，杀害百姓，闹得沿海不得安宁。历史上把这种海盗叫作“倭寇”。

公元1563年10月，倭寇发动了新的攻势，不断加强对仙游的围攻。由于倭寇的侵略越来越严重，使躲在深宫里的明世宗坐立不安。他叫严嵩想办法对付。严嵩的同党赵文华想出一个主意，说要解决倭寇侵犯，只有向东海祷告，求海神爷保佑。明世宗居然相信赵文华的鬼话，叫他到浙江去祷告海神。可是这样的做法非但没有使倭寇退去，仙游城反而愈加危险了。直到这时，皇上才想到了大名鼎鼎的戚继光，于是派他前去营救仙游城，打击倭寇。

当时仙游城的守将是陈大有，在他的率领下，守城军民拼死抗击倭寇。倭寇几次强攻难以得手，于是倭寇改变了策略，企图进行诱降。守城官兵根据戚继光的要求，一面同敌谈判周旋，拖延和争取时间，一面抓紧时间，构筑土城等城防工事，改进和制造流星、飞钩等防御器械，加强防御。这样，到了12月，倭寇因无力长期围困，就开始了大规模的攻城行动。戚家军率领官兵赶到了城下，虽然人数很少，但戚家军个个争先，奋勇冲进敌阵，烧敌云梯，配合城内将士与倭寇拼杀。为了迷惑倭寇，戚继光还令手下的官兵发铳呐喊助阵，倭寇误以为援军赶到，于是停止了攻城。

> **戚继光与戚家军**
>
> 戚继光（1528—1588）是明代著名抗倭将领、民族英雄。明朝中期，日本武士、商人和海盗经常骚扰沿海地区，是为倭寇。沿海人民饱受威胁，但倭寇作风剽悍，来去如风。戚继光精选4000余名农民和矿工，训练成一支军纪严明的劲旅，史称“戚家军”。戚家军既能陆战又能海战，巡游东西，转战在东南沿海的海面上。他们作战勇猛，所向披靡，使倭寇闻风丧胆，几无立足之地。戚继光戎马生涯40多年，智勇兼备，多谋善断，练兵有方。指挥戚家军“飚发电举，屡摧大寇”，在东南沿海扫灭倭寇，廓清海疆，成为雄峙大海的不朽军魂，牢固地守卫着中国的沿海边疆。

利用大雾的掩护逼近了倭寇堡垒

12 月下旬，回浙江轮休的官兵约 6000 人返回福建，抵达仙游以东的沙园。戚继光得到援军后，认为要歼灭 1 万多人的倭寇，明军在兵力对比上并不占优势，很难向倭寇发起全面的攻势。但倭寇的四个堡垒之间有一定距离，相互之间协同并不是很容易，因此可以采取各个击破的战术，一个一个地进行攻占，这样就可以积小胜为大胜，打败倭寇。经过周密的计划，戚继光决定先以主力攻打倭寇南垒，得手后再分兵攻打东西二垒，最后解除倭寇对仙游的围困。

▲戚继光雕像

25 日，明军各部开始行动。这一天大雾弥漫，明军各路人马利用大雾的掩护向倭寇营地逼近，快到城下，才被倭寇发觉。此时倭寇正在攻城，见明军直冲倭寇南垒，倭寇攻城部队只好放弃攻城，掉过头对付戚家军。戚家军奋力拼杀，倭寇大败，逃到了南垒。戚军立即包围倭寇堡垒，拔掉木栅，放火焚烧。倭寇当时就被烧死数百人，其余倭寇只得逃奔东垒。戚军从两翼夹击东垒倭寇。与此同时，戚军向东、西二垒也发起了猛烈攻击，两垒先后被毁，杀死倭寇 1000 余人，其余倭寇逃奔北垒。戚继光亲自带领着金科等人马向北追击，攻破了北垒，粉碎了倭寇对仙游的围困。剩下的倭寇见明军连拔四垒，进入了仙游，就都逃到泉州去了。从此，东南沿海的倭患，基本得到平息。

明与后金萨尔浒之战

公元1619年发生的萨尔浒之战，是明朝与后金政权在辽东地区进行的一场具有决定意义的战略会战。这场战争从开始到结束，只有四天时间，却改变了辽东的战略态势。杨镐率领的十万明军损失过半，文武将官死了三百多人。萨尔浒之战后，不仅使辽东局势出现危机，而且动摇了明朝对辽东的统治。

"管他几路来，我就是一路去"

努尔哈赤建立后金后，又花了两年多时间整顿内部，发展生产，扩大兵力。公元1618年，努尔哈赤召集八旗首领和将士誓师，宣布跟明朝有七件事结下了冤仇，叫作"七大恨"。为了报仇雪恨，决定起兵征伐明朝。努尔哈赤亲自率领二万人马进攻抚顺。守将李永芳一看后金军来势凶猛，没有抵抗就投降了，明朝的辽东巡抚派兵救援抚顺，也被后金军在半路上打垮。努尔哈赤攻陷抚顺城后，带着大批战利品回到赫图阿拉。

▲努尔哈赤

消息传到北京，明神宗大怒，决定派杨镐为辽东经略，讨伐后金。杨镐四拼八凑，集中了十万人马。此时的后金兵力，合起来只有六万人。一些后金将士得知明军的兵力数量比自己多，不免有些害怕。努尔哈赤却胸有成竹地说："别怕，管他几路来，我就是一路去。"经过侦察，努尔哈赤得知杜松率领的中路左翼是明军主力，已经从抚顺出发打了过来，他就集中兵力，准备消灭杜松部。杜松是一员身经百战的名将。从抚顺出发的时候，天正下着大雪，杜松想争功灭敌，所以不顾气候恶劣，带兵冒雪行军。他先攻占了萨尔浒（今辽宁抚顺东）山口，接着分兵两路，把一半兵力留在萨尔浒扎营，自己带了另一部精兵攻打后金的界藩城。

努尔哈赤一看杜松分散了兵力，就集中八旗主力，攻下了萨尔浒明军大营，截断了杜松后路。接着，又急行军援救界藩。正在攻打界藩的明军，听到后路被断，军心动摇。驻守在界藩的后金军从山上居高临下地压下来，把杜松军杀得七零八落。努尔哈赤率领大军赶到，围住了明军。杜松左右冲杀想要突围，却被敌箭射死。而他带领的部下也被杀得尸横遍野，一路人马就这样先被覆灭了。

漫山遍谷都是后金伏兵

明军的另一路人马从开原出兵，刚刚到离萨尔浒四十里的地方，得到杜松兵败的消息，吓得急忙转攻为守，就地依山，扎下营垒，挖了三层壕沟，准备防守。努尔哈赤率兵从界藩马不停蹄地赶来，攻破了明军营垒。明军主帅马林仓皇逃走，回到了开原，第二路明军又被打散了。坐镇沈阳的杨镐，正在等待各路明军的捷报，哪想到一连两天接到的竟是两路人马覆灭的坏消息。他这才知道努尔哈赤很难对付，急忙派快马传令另外两路明军立刻停止进军。

▲努尔哈赤统一女真后，建立八旗制

辽东总兵李如柏本来胆小，行动也特别迟缓，接到杨镐命令，急忙撤退。山上巡逻的二十多名后金哨兵远远望见明军撤退，大声鼓噪，明军兵士以为后面有大批追兵，争先恐后地逃跑，自相践踏伤亡严重。剩下的一路明军由刘铤带领，努尔哈赤知道刘铤骁勇，不能光靠拼硬仗。他选了一个投降过来的明兵，叫他冒充杜松部下，送信给刘铤，说杜松军已经到赫图阿拉城下，只等刘铤军去会师攻城。

刘铤没接到杨镐命令，不知道杜松军已经覆灭，信以为真，他怕让杜松独得头功，下令火速进军。刘铤带兵走了一阵，忽然杀声四起，漫山遍谷的后金伏兵，向明军杀来。努尔哈赤这时又派了一支后金兵穿着明军衣甲，打着明军旗帜，装扮成杜松军前来接应。刘铤毫不怀疑，把人马带进假明军的包围圈里。后金军里应外合，四面夹击，明军阵势大乱。刘铤虽然勇猛，但是毕竟寡不敌众，战死在混战中。萨尔浒之战后，明朝大伤元气，打那以后，后金就成了明朝最大的威胁。

宁远之战

努尔哈赤征战20多年，从来都是战无不胜，攻无不克。但他却在宁远这座四面无援的孤城下败退了。在此战中，明将袁崇焕悉心备战，勇敢善战，坚定抗战，以不足2万人打退了13万的后金军，鼓舞了明军的士气，巩固了明在辽西走廊的防线，为此后与后金军争夺辽西走廊打下了良好的基础。这一战也是明军与后金军8年作战中唯一的一次大的胜利。

一条沟通关内和关外的通道

萨尔浒之战以后，辽东明军已无力再发动进攻，不得不改取守势。后金军则乘胜进攻，先后攻占了沈阳、辽阳、广宁。广宁的失陷，使明金战线已从辽河东岸转向了辽西走廊。辽西走廊，是一个阻山绝海的狭长地带，是沟通关内和关外的通道。因此，对辽西走廊是弃还是守，将直接影响明朝抗击后金的全局。

广宁失守消息传到了都城北京，明廷上下一片慌乱，究竟是在山海关外抵抗后金，还是退守关内？这两种主张在大臣们中间议而不决。明熹宗任命兵部侍郎王在晋为辽东经略，具体指挥辽西走廊地区的战事，王在晋到任后，缩短了防御战线，只把守山海关。这一放弃辽西走廊的主张，遭到了他的部下袁崇焕等人的反对。袁崇焕上疏朝廷，请朝廷改变消极防御的策略。兵部尚书孙承宗更是请求熹宗，希望亲自出关，考察实地情况。经考察孙承宗认为应该重点把守关外。回京后，孙承宗面奏皇上，认为王在晋不能担当大任。于是熹宗将王在晋免职，而让孙承宗接替了他的职务。

配置了威力巨大的西洋火炮

通过上次的实地考察，孙承宗已经确定了明军的防御部署。他坚持守关外以屏蔽关内的方针，派袁崇焕和金冠分别防守宁远城和觉华岛，形成了水陆配合屏障山海关的防御体系。经过孙承宗四年的努力，关外的防线已逐步推进到锦州一带，这使辽东的防务渐渐巩固起来。

袁崇焕深知守卫宁远城的责任重大，所以率兵进抵宁远后，倾注全力修筑守城工事。按照他的要求，宁远城墙筑成三丈二尺高，二丈四尺宽，地基用了7层基石，中间用土筑打坚实，外层用砖石包砌，缝隙灌满了灰浆。宁远城筑成以后，配置了包括威力巨大的西洋火炮等各种火器、炮石。宁远已成为关外一个相当坚固的军事重镇。

孙承宗督辽有方，却引起了以魏忠贤为首的宦官集团的忌恨和攻讦。明廷不但不支持孙承宗，相反竟听信了宦官的谗言将他罢免，而让懦弱无能的高第接任辽东经略一职。高第认为关外必不可守，下令撤掉锦州、塔山、宁远等要点守备。在袁崇焕的坚决反对下，才不得不留袁崇焕守卫宁远孤城。

谁也不敢靠近城墙

努尔哈赤攻占了辽河东西广大地区后，于公元1625年3月，迁都到了沈阳，并改沈阳为盛京。第二年，努尔哈赤听到明朝辽东前线换了主帅，又自动向关内撤军，就全力进攻宁远，企图打通辽西走廊，夺取山海关。袁崇焕得知努尔哈赤率大军西进的消息后，向守城将领申明，要“与此城共存亡”，他用佩剑刺破皮肉，以鲜血写成血书，激励全城军民，并向全体将士下拜，表示抗敌的决心。这使全城将士大受感动，都表示愿意誓死守卫宁远城。

正月二十三日，努尔哈赤大军越过宁远城5里扎下营寨，截断了宁远与山海关的联系，企图全歼宁远守军。二十四日，后金的骑兵、步兵、车牌、勾梯一拥而上。袁崇焕亲自指挥明军，张弓射箭，发射各种火器。特别是西洋大炮，只要击中敌军牌车，必定将其炸得粉碎。由于两门炮之间有一些射击死角，后金士兵在牌车的掩护下，靠近了城墙，凿出了几个二丈多的大洞，形势十分危急。这时，明军将火把、火毬一齐扔向凿城敌军，并用铁索系着浇过油的柴草，将牌车烧毁。躲在后面的后金兵全都被烧死，城下堆满了后金兵的尸体。后金军的进攻暂时被打退了。第二天，努尔哈赤再次组织攻城，这次后金军的士气已大不如前，虽然有持刀的首领在后面督战，但后金兵都不敢接近城墙。努尔哈赤只得下令退兵。宁远之战，便以明军胜利、后金军大败而告结束。

▲宁远城遗址

松锦之战

松锦之战，是清军在松山、锦州地区与明军进行的战略决战，是大清帝国与大明帝国之间的最后一次殊死会战。此役清军采取了围城打援战法，歼灭洪承畴援锦大军，夺占辽西锦州、松山、杏山、塔山四城，取得决战的胜利。此战使明军的辽东精锐损失殆尽，宁远、锦州防线彻底崩溃，清入关已成必然之势。

锦州陷入了真正的危机

皇太极以筑城义州为开端，开始实施对锦州的持久围困。他先后派和硕郑亲王济尔哈朗与多铎率兵围困锦州，随后，又加派和硕睿亲王多尔衮轮番围城，以期达到长围久困万无一失的目的。

这种围城和攻坚对于双方都不是一件轻松的事情。当时，大明方面的锦州主将是名将祖大寿，在他的指挥下，锦州城防守严密，粮饷充足，致使清军打得十分艰苦。甚至一度被包围的明军尚未动摇，围城的清军反而粮草不继，逼得清军前敌主帅多尔衮为防备城中的明军突然冲杀出来无法收拾，不得不下令全军后退三十里，以便兵就食、马有草，并命令军中将领带部下分批回沈阳休整。这就在事实上解除了对锦州的包围。皇太极知道后，极为震怒，下令严厉处置。多尔衮根据大清家法，自请死罪。最后，皇太极下令削去多尔衮的和硕睿亲王爵位，降为郡王，罚款一万两白银，夺两牛录处分。随后，皇太极的命令被迅速执行，锦州城外被清军加筑了一道围城，与杏山、松山、宁远的联系被阻隔掐断，锦州成了孤城，陷入了真正的危机之中。

八旗制度

八旗制度最初源于满族人的狩猎组织。为便于统一指挥大规模的围猎或作战，需组成一个更大的单位，以旗帜为标志作引导而不使方位错乱。旗帜在满语中称为“固山”，因而这个单位即称为固山，汉语称“旗”。

1601年，努尔哈赤整顿编制，规定300人为一牛录，5牛录为一甲喇，5甲喇为一固山，分别以牛录额真、甲喇额真、固山额真为首领。初置黄、白、红、蓝4色旗，编成四旗。1615年增设镶黄、镶白、镶红、镶蓝4旗，八旗之制确立。满族社会实行八旗制度，丁壮战时皆兵，平时皆民，使其军队具有极强的战斗力。

崇祯皇帝接到祖大寿的求援报告后，命令洪承畴前去救援，解锦州之围。洪承畴提出，若没有十五万兵马，没有足够一年的粮饷，则根本不能谈战守之事。崇祯皇帝同意洪承畴的见解，按照洪承畴的要求，为他调集军马钱粮。

公元1641年，即大明崇祯十四年、大清崇德六年，三月，洪承畴率领从全国各战区调来的八员大将、十三万人马出山海关，赴宁远，并以此地为前进基地，向松山、杏山推进，志在解锦州之围。

明军失去了粮道

洪承畴的战略指导思想是稳扎稳打、步步为营，一步步向前推进，最后与锦州连成一气，内外呼应，一举击败清军。由于战略得当，清军多次发起大规模的攻击，均告失利。然而在大好的局面下，崇祯错误地分析了形势，密令洪承畴必须在限定的时间内大举进攻，消灭清军。洪承畴不敢冒违旨抗上的风险，只能奉命而行。皇太极在得到这个消息后，大胆分兵，一路大军在松山与杏山之间，由山至海，将大路拦腰截断，致使两地之间的饷道和信息完全被阻断；另派一路部队袭击明军驻在塔山的护粮部队，致使明军的粮草基地落入清军之手。这两个部署使双方形势立即发生了逆转，明军只能收缩部队，背靠松山城列阵。

8 月 21 日深夜，没有退路的明军果然按照皇太极的设想向宁远突围。起初，各军轮番殿后，秩序井然。但由于连日战守失措，使部队心慌意乱，行军至半路时，一路大军统帅率先夺路狂奔，终于导致了全军大乱，争先奔逃。皇太极趁机起兵到处截杀，明军全线崩溃。吴三桂等大将仅仅带领着很小一部分兵力，艰难突围成功，逃进了宁远城。而洪承畴等不到一万人则被拦截在松山城中，明军阵亡五万三千余人，遗弃的枪炮火器则数以万计，四位大将下落不明。

▲孝庄太后

副将夏承德，不甘心坐以待毙，偷偷地派人潜出城外向清军投降，并约好时间与清军里应外合。28 日夜里，清军应约攻城，由南城墙登梯而入，最终攻破了松山城。第二天早晨，夏承德又带领部队生擒洪承畴及巡抚丘民仰、总兵王廷相、曹变蛟、祖大乐等明朝将领。然后进行全城大搜杀，皇太极下令把洪承畴及祖大乐等送往沈阳，将松山城夷为平地。攻破松山城后，清军集中攻打锦州。祖大寿在战守力竭的情况下，也开城投降了。至此，持续 2 年多的松锦之战以明军彻底失败而告终。

李自成朱仙镇会战

朱仙镇会战，是一场具有决定意义的战役。起义军在攻打开封之战中，临机应变，改为围城打援，运用避敌之锐、懈敌之志、乘敌之蔽的战术，一举歼灭了明军的主力，进而为夺取中原奠定了胜利的基础。朱仙镇会战后，明王朝在河南的统治，更是日暮穷途，不可终日，而起义军以高屋建瓴之势，迅速扫荡着大江以北、黄河上下大明王朝的残余势力。

筑炮台，挖深沟，宿精兵

公元1642年3月，李自成转战在豫东，与号称小袁营的二十万农民起义军会合。罗汝才起义军也加入到了李自成的队伍。自此，李自成起义军“众逾百万”，所向披靡，无往不胜。克太康，占睢州，下宁陵，破考城，28日拿下豫东重镇归德，接着，又连续夺取仪封、杞县、柘城、虞城等地。在节节胜利的基础上，李自成于4月23日，统率百万雄师，第三次攻打开封。

▲李自成像

崇祯皇帝听到李自成起义军又把开封包围起来，就接二连三地发布命令，从全国各地调兵遣将，援救开封。他任命兵部尚书侯恂亲自到河南督战，命令接替汪琴年总督陕西军务的孙传庭赶快支援，又下令在河南的兵部右侍郎丁启睿、保定总督杨文岳，还有总兵左良玉等，立即率军进援开封。在明朝政府这种精心策划下，丁启睿、杨文岳和左良玉纠集了二十万兵马和一万辆炮车，向开封急进。6月下旬，到达了朱仙镇。

朱仙镇在开封城西南，离城四十五里，地处水陆交通要冲，是开封的重要门户。李自成非常重视这个战略要地。所以，当李自成得知明军向朱仙镇聚集的时候，立刻作了相应的部置。只留下一小部分兵马，继续围困开封，牵制城内守敌，不让敌与其援兵会合。他自己亲率主力，迅速占领朱仙镇南高阜，并且在朱仙镇西南构筑炮台，台下挖深沟，各宿精兵。同时，为了拦截敌军，切断敌人的粮运，在朱仙镇东南交通线上挖掘长达百里的壕沟。李自成命令全军将士，加强防守，时刻作好战斗准备，等待时机，痛歼来犯之敌。

交战两日就没有火药了

会战开始后，保定总督杨文岳，依靠所拥有的一万辆炮车、火器等优良装备，发起了疯狂进攻。这时正当伏天，由于起义军堵截了贾鲁河上游水源，又切断了明军的粮运，所以交战两日后，明军就断水缺粮，火药也不能保证供给。他们寄希望于开封守军出城配合，哪知开封守军也处于自身难保的窘境。杨文岳得不到开封守军的救援，军心慌乱，士气越发低落。主帅丁启睿看到起义军发起猛烈反击，拼命督促诸将率军出战，诸将不听调遣，各有自己的盘算。左良玉在镇东南同起义军对打五昼夜，感到支撑不了，就下令退兵，步兵在前，骑兵继后，妄图溜掉。

左良玉兵马十余万，是明朝军队中的骨干力量，也是这次会战中明军方面的主力。只要把他打败了，其他各路明军，也就不难击破。为了歼灭左良玉的部队，李自成审时度势，运用了避敌之锐，懈敌之志，乘敌之蔽的战术，命令全军将士，对于正在撤退的左良玉暂时不予阻击，遇到退在前面的步兵只作一些有利有节的出击，造成敌军错觉，促其迅速撤退，以消耗和疲惫敌人。待左良玉主力撤退后，出敌不意地从背后发起冲击，打个措手不及。同时，派遣精锐部队绕道迅速插向逃跑敌人的前面，进行堵截。

左良玉且战且退，就在他以为可以溜之大吉，保存实力之时，李自成统率大军，从他的背后，以闪电般的速度，发起猛烈追击；前面的阻击部队，也奋起进行截杀。左良玉的军队，眼望前后尽是起义军的旌旗和战马，奋不顾身冲杀过来，顷刻之间，阵营大乱，争先逃跑。面临起义军已挖好的深沟长堑，大队人马，前后拥挤，互相践踏，狼藉的尸体填平了壕沟，各种武器辎重遍地都是。左良玉也仅仅带领着少量人马从朱仙镇逃回襄阳。紧接着，丁启睿、虎大威、杨文岳等各路明军，也相继溃退，东奔西逃。最终，这场规模巨大的朱仙镇会战，以明军的一败涂地而告结束。

山海关之战

李自成攻占北京后，没有看到关外清军日益逼近的危险，对山海关这个战略要地，也没有派得力的将领和重兵去占领，以致在吴三桂降清并联合清军进攻时，准备不足，指挥失当。山海关一战，不但未能消灭吴三桂，反而遭到清军突袭，农民起义军的士气从此开始低落，农民起义的大好形势也急转直下，最后在清军的围剿下失败。

虎视眈眈的皇太极

吴三桂是明朝驻守宁远的总兵官，当李自成农民军进入北京后，他奉命舍弃宁远，率领4万精兵入京救主。在回京的路上，吴三桂听说北京已经失陷，因为他的所有财产、父亲、爱妾都在北京，所以吴三桂不敢贸然行动，就返回到山海关，准备见机行事。李自成进京后派遣降将唐通携带重金财物，前往山海关招降吴三桂。吴三桂本来愿意接受招降，他将山海关交给了农民军把守，自己则带兵进京朝见李自成。但是，在路上他听到自己的家产被抄，家人被抓的消息后，顿时怒火冲天，立即又率部杀回了山海关，击败了守关的农民军，占领了关城。吴三桂写信给清摄政王多尔衮，企图勾结清军入关，联合镇压农民军。

▲山海关城楼

清廷实际早就在打吴三桂的主意，松锦会战后，皇太极就曾多次劝说吴三桂投降，李自成占领北京后，清廷更是虎视眈眈地注视着中原的变化。恰在此时，吴三桂请求清兵入关，多尔衮大喜。但多尔衮深知吴三桂现在的处境困难，就向他提出了要先归降才能出兵的条件。吴三桂不顾民族大义，接受了清军的条件，甘心做清军的马前卒，消灭农民军。

亲自迎接新主子

李自成获悉吴三桂袭击山海关的消息后，立刻推迟了称帝的时间，决定亲征吴三桂。公元1644年4月13日，李自成率领大军出征。为了挟制吴三桂，农民军还带上了明太子和永以及吴三桂的父亲吴襄。李自成出发后，继续调兵遣将，另外还派出了唐通的2万人马，绕出关外，准备与自己的主力从南北两个方向夹击吴三桂。农民军到达山海关后，吴三桂已在西罗城摆开阵势，双方展开激战。农民军虽英勇奋战，但是因为敌人的炮火猛烈，所以久攻不下，双方处于胶着状态。这时，清军已来到山海关外，并将唐通率领的起义军击退，解除了吴三桂的后顾之忧。吴三桂听到清军已到，急忙亲自出关迎接，他见到了新主子多尔衮，带领着清军分别从南水关、北水关、关中门进入关内。清朝几代统治者梦寐以求的进关就这样不损一兵一卒变成了现实。于是农民军抗击清吴联军的一场激战便在山海关前展开了。

突然发现了清军的骑兵主力

李自成在关内将10万农民军摆成一字长蛇阵，而多尔衮则采取了集中兵力对付农民军的办法，他命令联军按吴三桂军、清军的顺序，重点进攻农民军长蛇阵的尾端，为了保存清军的实力，他要求在后面的清军不能越过吴三桂的部队。作为先锋的吴三桂首先对农民军发起了攻击，农民军则从两侧包围了吴三桂，吴三桂数次突围均没有得逞。双方经过激战，都受到了巨大损耗。这时，多尔衮才下令埋伏在后面的清军主力突然出动，向农民军发起猛烈进攻。农民军遭此突然袭击，顿时发生混乱。正在指挥作战的李自成，突然发现清军的骑兵冲杀过来，因为没有作出预先准备，所以也措手不及。他眼看着清军就要杀到跟前，就率先撤退了。农民军因无人统领，全军溃散而败。李自成退回北京后，清军与吴三桂跟踪而至，局势十分危急。在清军和吴三桂的不断进攻下，李自成决定放弃北京，四月二十九日，李自成匆忙称帝，第二天就撤离了北京。

早期火器时代——外国篇

随着通商及蒙古西征，约在12～13世纪，火器传入了阿拉伯，再经由阿拉伯辗转传入了欧洲地区。在欧洲，火器工艺得到了飞快的发展。有证据表明，从1560年到1660年大约百年间，火器基本上取代了古老的弓矢，成为战争中主要的工具。枪械和大炮大量出现在欧洲战争中。军队出现了使用滑膛枪的步兵和使用大炮的海军。

英法百年战争

公元1337年—1453年间，英法两国之间发生了一场长期的战争——百年战争。这场战争除了断断续续、几经休战、旷日持久之外，在军事技术上也有新特点：大量使用雇佣兵作战，步兵在实战中的地位大为提高，大炮成为城堡的克星等等。战争期间，法国大地一片狼烟，饱受摧残，损失极重，英国人民也同样付出了极为沉重的代价。

战争导火索

在诺曼征服以后，英国通过联姻和继承关系，占有了大量的法国领地，这对于对欧洲同样有称霸之心的法国来说，简直无法接受。因此，法国一直寻求机会收复这些领地。14世纪初，英法的矛盾越来越尖锐，已经到了不通过武力无法解决的地步。双方还竭力争夺富庶的佛兰德地区，该地的毛纺业主要依赖英国的原料，而英国则从羊毛贸易中牟取巨利。法国于1328年占领该地，英王爱德华三世遂下令禁止羊毛出口。佛兰德方面为了保持原料来源，转而支持英国的反法政策，承认爱德华三世为法国国王和佛兰德的最高领主。这就进一步促进了英法之间的矛盾。

王位继承问题是战争的导火线。1328年，法王查理四世去世，他没有子嗣，法国贵族会议便推举他的侄子腓力为王，称腓力六世。一心想控制法国的英王爱德华三世凭借自己是法王腓力四世的外孙，借此机会向法国发难，声称自己才是法国王位的合法继承人。腓力六世对爱德华三世的无理要求表示愤慨，暗下决心寻机报复。

1337年5月24日，经过一番准备的腓力六世宣布收回英属领地基恩，爱德华国王自然不会接受。同年10月，爱德华三世不顾法国的反对，自称身兼法国国王，并率部队进攻法国。于是，法国王位继承争端终于演变为一场旷日持久的战争。

百年战争

为了争夺王位和土地，英国和法国的统治者发起的这场长达100多年的战争，不但极大地影响了欧洲的政治格局，而且给两国人民带来了沉重的灾难。一位史学家一针见血地指出："百年战争，就是一场百年的屠杀游戏。当高高在上的王公贵族为自己争得的利益开庆功宴的时候，一些失去家园和亲人的无辜的人们却在无声地痛哭。战争持续了一百年，哭声也持续了一百年。"由于战争始终是在法国境内进行的，法国人民首当其冲地饱受战争之苦。战争结束之后，法王路易十一世经过数十年的惨淡经营，粉碎了勃艮第公爵"大胆查理"为首的"公益同盟"，消除了封建割据，基本完成了国家统一大业。

战争初期较量

1337年11月，爱德华三世指挥英国军队进攻法国，法军连连败北，领土接连失陷。1340年6月，英法在斯勒伊斯发生海战，英军重创法军，夺得制海权。

1346年8月，在克雷西，英法发生陆战。英方建立了一支以自耕农为主体的新型步兵，使用长弓利箭，并有火器与轻骑兵配合作战，总兵力约为1万人，战斗力较强。法军方面，数量较英军为多，主要以意大利雇佣军为主，主力是封建主组成的重骑兵，采用老式的单骑进攻，不重视协同配合。

▲爱德华三世在克雷西战役中

8月26日傍晚，两军相遇，英军骑兵全部下马交战，两翼是使用长弓的步兵。法军以热那亚弩手当前，骑兵殿后。热那亚弩手向对方乱放箭矢，命中率不高。英军的长弓射程可达350米，杀伤力强，命中率高。法军死伤很多，战斗队形大乱，骑兵出击，但亦不能冲破英军的防线。英军连续从近距离射杀法国骑兵，法军大败，损失惨重。这样，英军又取得了陆地上的优势。

克雷西之战后，英军乘胜北上。正当爱德华三世踌躇满志地准备对法国发动更大规模的进攻时，一场突如其来的瘟疫打乱了他的如意算盘。在进入加莱城时，不少英军染上了黑死病病毒，英军为此实力大为削弱，此后双方休战近十年。

▲1356年9月，英法在普瓦捷激战

英法再次作战发生在1356年9月，地点在普瓦捷。英军由爱德华三世之子“黑太子”率领，击溃法军。法王约翰二世及许多贵族大臣被俘，英借此向法索取巨额赎金。战争的接连失利引发经济的急剧衰退，加在人们身上的负担进一步加重，引起法国人民不满和愤慨，相继爆发了巴黎市民起义和农民起义，法国陷于困境。1360年法国被迫接受了屈辱的《布勒丁尼和约》，把加莱及西南部大部领土割让给英国，英王则放弃对法国王位的要求，战争第一阶段结束。

双方的再次交锋

1364年，法国查理五世上台。他是个有抱负的人，面对现状，他在朝会上说：“现在是让可恶的英国人屈服的时候了。我发誓带领我的臣民夺回属于我们的一切。”

为了达成这个目的，查理五世征召大量雇佣步兵取代连战连败的骑士部队，并建立了野战炮兵和新的舰队。趁着英国黑死病大流行的机会，从1368年开始，查理五世开始逐步收复法国的大片失地。

法国的舰队于1372年在拉罗谢尔击败英国舰队，重新控制了西北沿海海域。到70年代末，法军已逐步迫使英军退到沿海狭窄的一隅。这样，整个战争的态势发生了有利于法国的变化。然而，就在查理五世踌躇满志准备一雪耻辱的时候，却突然离开了人世。

1380年继承王位的查理六世是个精神病人，没能力治理国家，指挥军队打仗的事更是指望不上。这给了英国人很好的喘息机会，但此时的英国仍陷入瘟疫之中，无力反扑，战争进入僵持状态。由于瘟疫一时难以控制，英国被迫与法国在1396年签订了《二十年停战协定》，英国放弃了一些既得的利益。

亨利五世的反攻

英军在战场上连遭败绩，使英国国内人心思变。1399年，兰开斯特公爵亨利乘机夺取了王位，建立了兰开斯特王朝，称亨利四世。1413年，亨利四世的儿子亨利五世上台。

亨利五世执政不久，就重新点燃了百年战争的烽火。1414年8月，亨利五世亲率大军在塞纳河口登陆，9月下旬，攻占了法国重要的港口城市勒阿弗尔。接着，亨利五世亲率一支由重骑兵和大弓手组成的为数约5000人的部队由陆路向加莱进军，引诱法军进行决战。1415年10月25日，两军在阿金库尔短兵相接，英军弓箭手在一个关隘地段奋力射杀法国骑兵。法军大败，英军完胜。亨利五世因阿金库尔一战名声大振。

亨利五世于1417年8月再次带兵进攻法国，在诺曼底登陆后迅速扩大战果，并于1419年攻陷法国的鲁昂，打开了整个法国的门户。法国已经到了生死存亡的关键时刻，可就在这生死存亡的关键时刻，法国国内两大封建主集团奥尔良派和勃艮第派却出现了严重的内讧。1419年9月，法国王太子查理会见勃艮第公爵约翰，公开指责约翰对英国的入侵不出力抵抗，实属叛逆。约翰不服，两人争吵打骂起来。查理身后一名骑士跳了出来，用利剑把约翰当场刺死。这件事后，一心复仇的勃艮第派主动与亨利五世走到了一起。在勃艮第派的援助下，英军很快就占领了法国的北部地区。法国已经无力抵抗英军的入侵，被迫与英国在1420年5月21日签订了《特鲁瓦和约》。和约宣布法国沦为英法联合王国的一部分，亨利五世担任法国摄政王。

为了实现完全统治法国的梦想，亨利五世还娶了查理六世的女儿凯瑟琳公主为妻。但命运仿佛在故意捉弄这个强硬的征服者，1422年，就在查理六世去世前两个月，亨利五世却先在战场上染病去世。英方宣布未满周岁的婴儿亨利六世兼任法国国王。

圣女贞德拯救法国

亨利六世由于年幼无法管理国家，英国国内各派政治势力再度展开权力斗争。法国原王储查理乘机在法国南部封建主的支持下自立为王，称查理七世。争夺王位的战火再度燃起。1428年10月，英军大举进攻通往南方的要塞奥尔良城。面对英国的再次入侵，法国人民为拯救国家和民族的危亡，爱国主义热情空前高涨。以农民和城市贫民为主的游击队，在英占区到处袭击敌人，掀起了广泛的抗英游击战争，迫使英军分兵应付。在抗英战争中，最有影响的是爱国女英雄贞德领导的抗英斗争。

▲贞德虽然是一个弱女子，但在战场上的英勇丝毫不逊色于任何男子。

1429 年春，贞德晋见太子查理，力主抗英卫国。同年 4 月，贞德被批准参加解救奥尔良的战斗，任军事指挥。贞德在战斗中身先士卒，奋勇杀敌，给正在抗英斗争中的法国人民以信心和力量。法军奋力作战，最终解救奥尔良之围。此后，贞德又建议乘胜北上，收复失地，并拥戴查理加冕登位。贞德的威信渐渐高涨，这使封建主感到害怕，想方设法谋害她。

1430 年贞德在一次战斗中被勃艮第党人所俘，后又被出卖给英国，昏庸的查理七世竟置之不理。她在狱中备受酷刑，但坚贞不屈，最后被诬为“女巫”，于 1431 年 5 月被活活烧死在卢昂广场上。

以贞德为代表的抗英斗争，显示了法兰西民族意识的增长，体现了百年战争的性质从两国王朝战争向法国反侵略战争转变，它具有法国人民保卫领土完整的正义斗争性质。

贞德壮烈牺牲后，抗英斗争并没有结束，在贞德精神的影响下，抗英斗争如火如荼地继续发展，英军节节败退。1435 年，勃艮第公爵腓力三世与法王查理七世缔结和约，法国内部抗英力量得到集中与加强，1436 年收复巴黎。1445 年，法国又组成一支很有战斗力的常备军。民族意识觉醒，军队士气高涨，军事力量增强，终于使法国能够击退外敌。1453 年这场旷日持久的百年战争终于以法国的胜利而宣告结束。

胡斯战争

胡斯战争是一场农民反抗封建主统治阶级的斗争，战争初期，农民军士气高涨，团结一致，越战越勇，取得了战争的主动权。由于同盟军的反叛，战争最后失败了。反抗斗争虽然失败了，但其意义仍在，沉重打击了外国的侵略势力，扭转了被人控制的地位，促进了民族经济、文化和信仰的发展。

把斗争的矛头指向教会

14~15 世纪，捷克的经济发展在欧洲的地位极高。捷克农业上普遍施行合理的三圃制、轮种制，劳动工具作了很大改进。采矿业上，捷克是当时欧洲最主要的金属开采区之一，在美洲发现以前，捷克是欧洲白银的主要供给者；手工业则以武器制造业最为发达，从 14 世纪下半期起，开始制造大型火器臼炮。生产力的提高，促进了贸易的发展和城市的兴起。

捷克有丰富的土地资源及矿藏，这吸引了德国封建主的目光并刺激了他们的野心。12 世纪，德国开始大规模向捷克移民。首先是教士和僧侣。这些教士和僧侣很快把持了捷克教会和寺院的主要职位，占有大量土地，几乎占到捷克耕地的一半。与此同时，教会为巩固和扩大势力，从德国招引大批骑士，让他们分享土地，役使捷克农民和来自德国的移民。捷克国王为了增加国库收入，也让大批德国商人和手工业者进入捷克，并许可建立各种自治城市，享有各种特权。德国人大量移民的结果，是在捷克国内形成了一个德国教俗封建主、城市贵族和矿山主组成的特殊社会集团。他们和捷克大封建地主相勾结，共同剥削捷克人民。

捷克的教会是最大的封建主，而教士上层几乎都是德国人，因此捷克人民的仇恨首先指向了教会。14 世纪后期，捷克人民为反对教会剥削，掀起了一场浩大的反德意志教会的斗争。在这场运动中，出现了由捷克教士组成的革新派，他们用捷克语讲道，揭露教会的罪恶。15 世纪初，反教会运动的规模越来越大。其领导者是捷克伟大的爱国志士、神学家、布拉格大学教授兼伯利恒教堂的传教士约翰·胡斯。1412 年，教皇派人到捷克兜售赎罪券，胡斯公开抨击，主张改革教会，否认教皇有最高权力。胡斯的言行，引起了德国教士以及罗马教廷的痛恨。

1415 年，在参加康斯坦茨举行的宗教会议时胡斯被捕，康斯坦茨宗教会议遂以“异端”罪名将胡斯处以火刑，罗马皇帝西吉斯孟德在胡斯赴会时曾答应保证其安全，但此时竟却坐视不管。胡斯的殉道激起了捷克人民极大的反抗情绪。1415 年 9 月，布拉格举行多次集会，抗议教皇与罗马皇帝的背信弃义，并开始驱逐德国教士。1418 年，教皇马丁五世颁布了反对胡斯派的诏书，使反抗更加激烈。

越战越勇的胡斯军队

1419年7月22日，数万名捷克爱国者于南部塔波尔山集会，标志着“胡斯战争”的开始。

1419年7月30日，在布拉格，胡斯的门徒杨·杰士卡手持圣杯鼓动群众起义，当他领着队伍路过市政厅时，从市政厅内扔出的一块石头打碎了他手中的圣杯。群众愤怒了，他们惩罚了天主教的拥护者，起义者接管了市政机关，将德意志贵族和教士扔出窗外，没收其财产，夺取了布拉格新城区的政权。在这次起义的影响下，捷克东南部的一些城市也纷纷起义。起义者在斗争中不断扩大队伍，逐步建立起自己的武装部队。这个部队先在杰士卡，后在普罗科普的领导下，发展成了纪律严明、训练有素、兵种齐全的新型军队，其规模最大时达到6万多人。

同年8月，捷克国王瓦茨劳四世死后，神圣罗马帝国皇帝西吉斯孟德要求继承王位，但捷克人民强烈反对诱杀胡斯的罗马皇帝做国王，于是罗马皇帝纠集国外天主教势力和国内一些大贵族进攻捷克。

在斗争过程中，分散的胡斯派力量逐渐汇合，形成了以圣杯派为主导力量的布拉格同盟和以塔波尔派为主的塔波尔同盟。圣杯派由中产阶级、贵族和富裕农民组成，主张捷克独立，没收教产，用捷克语来祈祷，自由传教，禁止外国人担任官职和拥有土地，用胡斯教会代替正宗教会，俗人可以用酒杯领圣餐等等。塔波尔派以农民、手工业者、矿工、城市贫民为基本群众，主张政权必须交给人民，一切压迫者都应被打倒。在战争刚刚开始的时候，外部压力迫使两派联合抗敌，但由于内在的矛盾，后来在战争中圣杯派出现了动摇。

在战争的第一阶段，优秀的军事统帅杨·杰士卡领导以塔波尔为同盟主要力量的胡斯军取得了战略防御的多次胜利。12月，皇帝西吉斯孟德利用布拉格上层中产阶级的动摇不定，在布拉格召集了捷克国会，下令拆毁布拉格的防御工事，支持天主教大贵族和他们的拥护者回到布拉格。

杰士卡及其拥护者放弃布拉格，转移到比尔森城。就在比尔森城郊区，起义者和罗马皇帝的军队展开了一次又一次的殊死搏斗。战争最初，大贵族波古斯拉夫率军在距比尔森几英里的地方围困了一支起义军，阻碍了起义者向城市的撤退。杰士卡为了保护步兵免受骑兵袭击，把部队藏到由大车围成的围栅后，成功地击退了敌人的猛攻，退入比尔森城。

1420年3月，杰士卡率军从比尔森城出发，向农民军建的塔波尔城开进，但途中被天主教大贵族军队包围。通过彻夜的激战，贵族军队遭受重大损失，在越战越勇的胡斯军面前没有了半点斗志，最后只得狼狈溃退。

击退十字军的五次进攻

胡斯军不断壮大，使罗马教廷极为恐慌。1420年1月到3月，神圣罗马帝国皇帝在伏罗茨拉夫召开神圣罗马帝国会议，会议上宣读了教皇马丁五世发动十字军讨伐胡斯分子的诏书。西吉斯孟德皇帝立即组成了以德国封建主为核心的十字军。

1420 年 4 月，10 万大军侵入捷克。大军以德国封建主为核心，还有一些匈牙利人、捷克天主教大贵族和想在战争中大捞一把的欧洲各地骑士和雇佣军。敌军一路烧杀抢掠，扑向布拉格。在民族危亡的紧要关头，布拉格中等阶级再次举起反抗的旗帜，广泛地动员全城人民投入防御工作，农民队伍也从各地开到首都，控制了局面。7 月 14 日，罗马皇帝的军队对布拉格发动总攻，但防守维特科夫山的部队有力地阻挡了十字军。该山位于布拉格城东，早在十字军到来之前，胡斯军就周密地构筑了防御工事。在罗马皇帝军队到来的时候，军民同心协力，击退了敌人的疯狂进攻，杰士卡更是在危急关头出现在前线，敌人在胡斯军反击下，大败而逃，取得了第一次反十字军的胜利。

1422 年 1 月，在库特纳戈拉和涅梅茨卡布罗德附近，第二次十字军远征部队遭到了决定性的失败；1422 年 11 月，塔波尔派 2.5 万人在乌斯提附近，击败了第三次十字军远征部队的主力。

在前期战争中，杨·杰士卡制订了军事法规，革新了作战方法，为战争的胜利做出了重大贡献。晚年，他虽然已双目失明，但仍然活跃在战场上，直到 1424 年 10 月 11 日，病死于鼠疫。杰士卡去世后，大普洛科普继任胡斯军军事指挥。他继承和发扬了杰士卡的军事思想和战略战术。他的基本战略思想是转防守为进攻。

三年之后，罗马教廷与罗马皇帝西吉斯孟不甘心失败，于是又分别在 1426 年、1431 年发动了第四次和第五次十字军东征。在反击第四次十字军东征的过程中，1426 年 8 月底，大普洛科普第一次率军围攻境外奥地利的茨威特尔城，歼敌数千名，这表明了胡斯军的战略转变，转防守为反攻，把战争推向敌人的统治区。在大普洛科普率领下，胡斯军于 1427、1428 年先后进军匈牙利和西里西亚，并远征德国的萨克森和法兰克尼亚等地，攻抵波兰和波罗的海沿岸。这一反攻战略，不仅彻底打退了第四、五次十字军远征，而且大大增强了胡斯运动的影响。

圣杯派的背信弃义

罗马教廷与皇帝见干涉不仅没有阻止捷克的反压迫运动，还使捷克各阶层更加团结，越战越勇，他们绞尽脑汁削弱捷克军的力量，但都无济于事，最后他们只好利用和谈来分化瓦解胡斯军。圣杯派在长期斗争中，已掌握了捷克经济，基本实现了他们的主张，他们不能容忍塔波尔派的继续发展而威胁到自身的利益，就转而投向敌人来反对塔波尔派。

15 世纪 30 年代初，捷克社会发生了重大变革，胡斯党人分裂为圣杯派与塔波尔派。经济和政治上较稳固的圣杯派开始与封建天主教阵营勾结。贫民革命军成了圣杯派前进道路上的障碍，市民阶级和贵族公开背叛人民。1432 年 12 月，在巴塞尔宗教会议上，天主教与圣杯派秘密谈判，圣杯派在基本要求得到保证后，背叛了塔波尔派。

1432年5月，天主教会和皇帝圣支持圣杯派在利帕尼与塔波尔派进行决战。圣杯派出动了2.5万步兵，数千骑兵，600辆战车，而塔波尔派只以步兵1万，800骑兵和战车360辆迎敌。圣杯派以优势兵力佯作强攻，继而退却，大普洛科普判断失误，把敌人伪装的撤退当作真正的溃逃，就向敌人猛烈地扑去，从而削弱和破坏了战车防御工事的防守。此时，敌军骑兵突然攻击塔波尔军的侧翼，并袭击了几乎毫无防御的营地，塔波尔骑兵将领恰克率领骑兵临阵脱逃，导致了全军的溃败，大普洛科普等阵亡。利帕尼之战标志着胡斯战争的基本结束。

胡斯战争的历史意义是深远的。它作为一场农民反抗封建主统治阶级的斗争是失败了，但作为一次争取民族独立的运动还是取得了相当大的成功。胡斯战争打击了德国的侵略势力，使捷克在此后一百多年里摆脱了神圣罗马帝国的控制，争得独立地位，从而促进了捷克民族经济、文化和信仰的发展。同时胡斯战争还动摇了几百年来天主教会在欧洲的权威地位，当塔波尔派的思想传到捷克境外后，对以后德国的农民战争及欧洲日益开展的宗教改革运动都产生了很大的影响。

奥斯曼帝国的扩张

曾骄横一世的许多帝国，随着斗转星移早已烟消云散，但是人们不会忘记土耳其的前身——辉煌的奥斯曼，一个持续了6个世纪之久的大帝国。15—16世纪它的荣光笼罩着欧、亚、非三大洲。那时候，黑海、红海成为奥斯曼帝国的内陆湖，从尼罗河到多瑙河，到处弥漫着奥斯曼帝国骑兵的血腥气息，他们甚至还兵临维也纳城下，使整个欧洲都得了“恐土耳其症”。

奥斯曼的崛起

古代土耳其人在小亚细亚（现今土耳其境内）建立了奥斯曼国家。古代土耳其人在我国历史上又称突厥人，自汉代始世世代代居于我国北方，遂与我中原地区汉民族往来日趋密切。公元583年，东西突厥分立，古代土耳其人划归西突厥的一支，他们以“畜牧为事，随逐水草”。

古代土耳其人在公元13世纪初迁居小亚细亚，附属于鲁姆苏丹国，在萨卡利亚河畔得到一块封地。1293年，酋长奥斯曼一世乘鲁姆苏丹国瓦解之际，打败了附近的部落和东罗马帝国，自称埃米尔，独立建国。

1324年，这支土耳其人攻占了东罗马帝国的布鲁萨，并定都于此。从此被称为奥斯曼帝国，这支土耳其人也由此被称为奥斯曼土耳其人。

帝国的大举扩张

▲攻陷君士坦丁堡

奥斯曼一世的儿子乌尔汗统治时期，奥斯曼帝国开始了大举扩张。乌尔汗为了进一步扩张，建立了正规的常备军。他的常备军分为两种，一种是由得到采邑的封建主提供的军队，另一种是新建立的军队，这种军队的规模初期并不大，但是装备精良，训练严格，是奥斯曼帝国的主要战斗力。这种军队与众不同的地方在于士兵要终身服役，不得建立家庭，待遇优厚，享有特权。在奥斯曼帝国，几乎仍然采用中亚的战斗体制，男孩自小就要接受军事训练，社会以战争掠夺为荣，因此，士兵打起仗来十分勇猛。

当时，奥斯曼帝国有着良好的扩张条件，拜占庭已经衰落，鲁姆苏丹国也已经分裂。奥斯曼帝国首先占据了原来鲁姆苏丹国的大片地区，并以此为基础，开始大规模地向欧洲扩张。

步入黄金时代

乌尔汗的儿子穆拉德一世统治时期，整个色雷斯东部都被奥斯曼帝国占领了。1389 年，欧洲联军开始进攻奥斯曼军队，但由于奥斯曼军队在数量上占有优势，联军以失败而告终。这一胜利震动了欧洲各国的统治者，欧洲各国为了拯救拜占庭帝国，派出了援军。

1396 年，在多瑙河畔的尼科堡战役中，奥斯曼军队一举打败了匈牙利、法兰西、德意志等国的联军。这样，欧洲人没有办法只能看着奥斯曼帝国扩张。于是，巴尔干半岛逐渐落入了奥斯曼帝国的版图，拜占庭帝国危在旦夕。

就在万分火急之际，中亚的帖木儿帝国强大起来，并开始向小亚细亚扩张，奥斯曼帝国的地方割据势力也趁机抬头，苏丹的四个儿子之间开始了争夺王位的战争，新征服地区的人民也趁机掀起反抗运动，奥斯曼帝国处于严重的危机之中，不得不推迟了向欧洲的扩张。

> **攻克君士坦丁堡**
>
> 穆罕默德二世即位（1451 年）后，奥斯曼中兴。他做了两年的准备后，于 1453 年开始围攻君士坦丁堡。君士坦丁堡三面临海，一面有坚固城墙，易守难攻，城墙、“希腊火”和金角湾口大铁链是其护城三大法宝。54 天的围攻由于金角湾方面未能合围而失败。4 月 21 日夜，奥斯曼人买通热那亚人（守城部队一部分）并沿其控制的加拉塔区边界铺设一条 15 千米长的木板滑道，把 70 艘小船从陆路拖入金角湾，终于完成了对君士坦丁堡的海陆合围。经过激烈的战斗，奥斯曼军队终于在 5 月 29 日攻下君士坦丁堡。

15 世纪初期，奥斯曼帝国的实力曾衰落下去。到穆罕默德二世时期，国力又重新增强，帝国步入强盛时期。1453 年，穆罕默德二世率 30 万大军进攻君士坦丁堡。经过激烈的战斗，奥斯曼军终于在 5 月 29 日攻下君士坦丁堡，千年的帝国灭亡了。土耳其人攻陷该城之后，进行了 3 天的大肆劫掠，许多居民被杀或被掠为奴隶。穆罕默德二世将君士坦丁堡作为新的首都，改名为伊斯坦布尔。拜占庭帝国的灭亡，对于东欧来说，不啻于失去了绝好的屏障。奥斯曼帝国继续扩张，占领了中亚地区大片的领土。

▲苏莱曼一世

帝国的鼎盛

奥斯曼帝国在苏莱曼一世统治时期达到了鼎盛。苏莱曼一世被尊为“大帝”。苏莱曼是个非常有作为的苏丹。他把全部精力放在进攻欧洲上，继位不久就开始向欧洲全面进攻。他东征西讨，6 次出征匈牙利，围攻奥地利首都维也纳，数次远征伊朗，夺取巴格达。但在欧洲碰到了德意志神圣罗马帝国的全力抵抗，进攻的势头得到了遏制。

轮到谢利姆二世统治时，期间曾征服塞浦路斯，击败西班牙、威尼斯和教皇的联合舰队。海军称霸于地中海东部，疆域扩大到匈牙利、美索不达米亚以及北非的的黎波里。奥斯曼帝国极盛时，俨然是一个地跨欧、亚、非三洲的大帝国，你看它领土北面从奥地利边界直至俄国境内，西界非洲摩洛哥，东迄亚洲高加索和波斯湾，南境一直伸入非洲内地，囊括今欧、亚、非近 40 个国家和地区的土地，领土面积约 600 万平方千米。

红白玫瑰战争

英国历史上曾经有过一场极其残酷、激烈的战争，却冠以一个十分温情而美丽的名字——红白玫瑰战争。其实，这只是人们以战争双方的徽记来命名的。战争双方，一方是芬兰加斯特家族，他们以红玫瑰为族徽；另一方是约克家族，以白玫瑰为族徽。他们都是英国的封建贵族。这两个封建集团之间为争夺王位继承权进行了长达30多年的自相残杀。

继承权之争

英国和法国在1337年至1453年间进行了长达百年的战争。在这百年战争中，英国的各封建贵族都建立有自己的武装。这种武装力量同外敌作战可能会起到作用，但对于维护内部政权来说却是一种祸患。在这百年战争之后，英国内部各封建贵族利用自己手中握有的武装蠢蠢欲动，企图掌握国家的最高统治权。

英法之间的百年战争最终以英国的彻底失败终结。这场战争使英国封建贵族之间的矛盾更加激化，商人也因失去在法国的重要通商据点而不满，新贵族和市民不满当权的兰加斯特王朝的政策，希望通过改朝换代改善他们的政治经济地位，因此，他们积极支持约克家族掌控政权。

1327－1377年是英国历史上金雀花王朝爱德华三世在位时期，爱德华死后，王位几经更替，传位于亨利六世。亨利六世一直被视为无能昏庸的国王。此外，亨利六世还受到间歇性精神疾病的困扰。到1450年，很多人认为亨利六世不适合他的角色。兰开斯特王朝的合法性已经受到质疑，而约克家族相信他们对王位有更合法的继承权。

1453年，当国王亨利六世开始遭受第一轮精神疾病侵扰时，摄政理事会建立了，由强大和受欢迎的约克家族的首领约克公爵理查·金雀花任摄政王。理查很快更大胆地开始加强了他对王位的要求，但亨利六世在1455年的痊愈使理查篡夺王位的梦想落空，约克公爵很快被亨利六世的王后玛格丽特赶出朝廷。因为亨利六世是个无用的领袖，玛格丽特皇后成了兰开斯特派系的实际领袖。玛格丽特王后建立了针对理查的一个同盟并和其他贵族密谋削弱他的影响力。遭受一连串打击的理查决定用武力解决这个问题，在1455年挑起争端，红白玫瑰战争爆发。

▲两朵玫瑰之间的选择

调解法案

1455年5月，亨利六世下令在莱斯特召开咨议会。约克公爵拒绝单身赴会，理由是自己的安全无法得到保障。他率领他的内侄、骁勇善战的沃里克伯爵及数千名军队随同前往。亨利六世在王后玛格丽特和执掌朝廷大权的萨姆塞特公爵的支持下，也率领一小股武装赴会。5月22日，双方在圣阿尔朋斯镇附近相遇。约克公爵于上午10时下令向抢先占据小镇的亨利六世军队发起进攻。经数次冲锋，亨利六世的军队有些吃不消，节节败退，死伤约100人，亨利六世中箭负伤，藏在一个皮匠家中，战斗结束后被搜出抓获。

1460年7月10日，在北安普顿双方又发生了第二次战斗。战斗中又是沃里克伯爵率军打败了兰开斯特军队，随军的亨利六世再次被抓住。

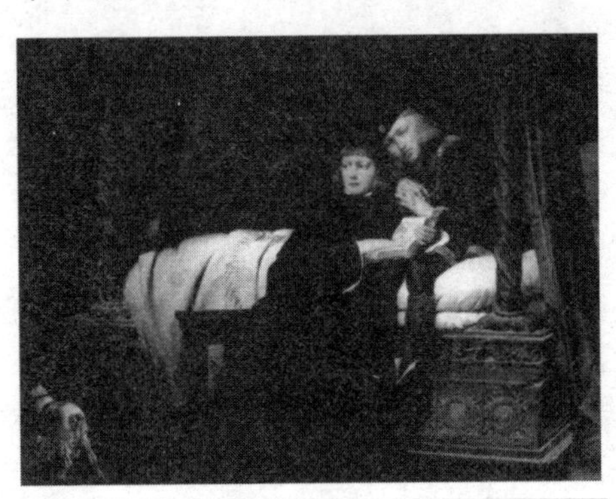

▲玫瑰战争中的一幕

在军事上取得优势之后，约克公爵提出了对王位的要求。在北威尔士登陆后，他和妻子以君王独有的仪式进入伦敦。国会召开了，当约克公爵进入时直接走向王座，他认为贵族会鼓励自己占据王位。但是，人们却沉默了。第二天，约克公爵拿出了详细的家谱来寻求帮助，基于他是安特卫普的莱昂纳尔的后裔，并获得了更多的谅解。国会同意给予考虑并同意约克公爵的继承权更强。但是，在投票中他们以5票的多数决定亨利六世继续为国王。而1460年10月的调解法案达成妥协，它认定约克公爵为亨利六世的王位继任者，剥夺了亨利六世六岁的儿子爱德华王子的继承权。约克公爵没有办法只能选择接受，实际上，这也不错了。它给了他所想要的大部分，特别是他被任命为王国摄政王，可以以亨利之名统治。玛格丽特和爱德华王子被逐出伦敦。

兰开斯特家族的反击

被逐后的王后玛格丽特十分生气，1460年圣诞节，她从苏格兰借到一支人马，集合了追随兰开斯特家族的军队，在约克公爵的领地骚乱。约克公爵匆忙凑起一支几百人的队伍前去征剿，由于轻敌冒进，被包围在威克菲尔德城。

12月30日，在内外夹攻下的约克军兵败如山倒，约克公爵及其次子爱德蒙被杀死，约克公爵的首级还被悬挂在约克城上示众，并扣上纸糊的王冠，用以讥讽。约克公爵19岁的长子爱德华于1461年2月26日进入伦敦。3月4日，他在沃里克伯爵和伦敦上层市民的支持下自立为王，称爱德华四世。他知道玛格丽特王后一定不会就此了事，遂在一些大城市召集到一支部队，向北进发，先下手为强攻打玛格丽特。

约克家族的胜利

双方的军队于1461年3月29日在约克城附近展开决战。兰开斯特军队远远超过了约克军。当时兰开斯特军队处于逆风之中，扑面的风雪打得他们睁不开眼睛，射出的箭也发挥不出威力。而约克军队则借强劲的风力增加了发射弓箭的射程，并蜂拥冲上山坡，兰开斯特军队因此遭到了惨败。

为扭转被动的防守局面，兰开斯特军队决定向山下的敌人发动反攻，双方一直激战到傍晚，仍然难分胜负。这时，约克军队的后续部队赶到，这支部队向兰开斯特军队未设屏障的一侧发动进攻。兰开斯特军队无力抵挡，被迫溃退。约克军队一直追杀到深夜。玛格丽特带着亨利六世和少数随从仓皇逃亡苏格兰。

1465年，亨利六世再次被俘，被囚禁在伦敦塔中，王后玛格丽特只好携幼子逃往法国。玫瑰战争中这几次大战役，都使用当时特有的战法，即双方骑士乘马或徒步进行单个分散的搏斗。通过交战，双方损失惨重，半数贵族和几乎全部封建诸侯都死掉了。

▲1471年4月，约克家族的爱德华四世在巴尼特彻底打败沃里克伯爵

约克家族内讧

战争第二阶段是由约克家族内讧开始的。在建立约克王朝的斗争中，沃里克伯爵可谓是立了很大的功劳，他大权在握，企图控制国王爱德华四世。但国王坐稳王位后则开始抑制大贵族，提高王权。双方矛盾由此渐渐加深。

1469年，沃里克伯爵煽动叛乱，他指挥军队打败了国王军队。国王暂时屈从沃里克派贵族。不久，国王发动反击，沃里克伯爵兵败逃亡法国，与宿敌玛格丽特王后结盟，于1470年9月打回英国，废黜爱德华四世，恢复亨利六世王位。爱德华逃亡佛兰德。

1471年3月爱德华率德国和佛兰德雇佣军返英，4月在巴尼特彻底打败沃里克伯爵，继而乘胜追击，于5月4日在蒂克斯伯里歼灭兰开斯特军余部，并将王后玛格丽特俘虏了，爱德华下令处死亨利六世。至此，兰开斯特家族被诛杀殆尽，只有远亲里士满伯爵亨利·都铎流亡法国，他声称自己是兰开斯特家族事业的继承人。此后，约克王朝进入12年和平昌盛时期。

兰开斯特家族的最终胜利

1471－1483年，英国国内恢复了和平，爱德华四世严厉地惩治了不顺从的大贵族。

1483 年 4 月爱德华四世死后，继位的是他的弟弟理查，他也同样使用残酷和恐怖的手段处决不驯服的大贵族，没收其领地。他的所作所为，反而促使兰开斯特和约克家族都联合在兰开斯特家族的亨利·都铎周围来反对他。1485 年 8 月，理查同亨利·都铎的 5000 人军队在英格兰中部的博斯沃尔特展开了一次对决。战争的紧要关头，理查军中的斯坦利爵士率部 3000 人公开倒戈，约克军遂告瓦解，理查三世战死，从而结束了约克家族的统治。出身于族徽为红玫瑰的兰开斯特家族的亨利·都铎结束了玫瑰战争，登上了英国王位，称亨利七世。然后亨利通过娶爱德华四世的女儿，约克家族最佳的继承人伊丽莎白为妻来巩固他的统治。这样，他重新统一了两个王族，把红玫瑰和白玫瑰这两个对立的符号合并到都铎红白玫瑰的徽章中。亨利通过一有机会就处决其他可能的王位继承人来确保自己的地位，他的儿子亨利八世也将这个传统继承下去。很多时候，战争的最终结局是和平美好的，但战争本身的残酷和激烈却令人不寒而栗。交战双方的每一次胜负，都伴随着大批的贵族被屠戮，有资格继承王位的大贵族几乎都被杀死了。30 年的反复争斗和自相残杀，使英国封建贵族的力量被极为严重地削弱。旧的封建诸侯在红白玫瑰战争中自相残杀殆尽。就是在这样的背景下，新兴的资产阶级和新贵族登上了历史舞台，它的出现和登上政治舞台对英国政治和社会的发展有着非常重要的意义。

战争影响

战争的最终结局是和平美好的，但战争本身的残酷和激烈却令人触目惊心。交战双方的每一次胜负，都伴随着大批的贵族被屠戮，有资格继承王位的大贵族几乎都被杀死了。30 年的反复争斗和自相残杀，使英国封建贵族的力量被极为严重地削弱。旧的封建诸侯在红白玫瑰战争中自相残杀殆尽。这样，新兴的资产阶级和新贵族代之而起，所以，它对英国政治和社会的发展，又是具有重要意义的。

意大利战争

意大利战争是中世纪欧洲强国法国和西班牙为争夺对亚平宁半岛的霸权而在意大利领土上进行的长达半个多世纪的战争。它以法国对意大利的入侵开始，以西班牙获得对意的控制权而告终。通过这场战争，法国向南扩张的美梦破灭了，但却加强了法国的封建中央集权。意大利受到战争的沉重创伤，加速了自身的衰落。

战争背景

意大利地理位置优越，它地处欧洲大陆南端，三面为地中海所环绕，有着极好的交通优势，意大利的商业和贸易十分兴旺。十字军东侵以后，意大利几乎垄断了东西方贸易，威尼斯、热那亚和佛罗伦萨等城市最先出现了资本主义萌芽。意大利的富饶和繁荣，美丽和文明，引起了欧洲强国的觊觎之心，特别是法国和西班牙作为意大利的近邻，更是对意大利这块肥肉垂涎三尺。

意大利各地情况千差万别，本身的发展很不平衡，北部城市经济比较发达，南部经济落后，封建土地关系仍占主导地位，还存在农奴制。各城市之间竞争激烈，政体形式多样，政治上四分五裂。米兰、威尼斯、佛罗伦萨、那不勒斯和教皇国实力较强。它们各自为政，各有各的同盟关系，相互之间矛盾重重，时有冲突。各国君主为巩固自身权力，不惜勾结外国势力，这样就给法国和西班牙的入侵制造了一个良机。

威尼斯同盟

那不勒斯国王斐迪南一世在1494年1月去世后，法国国王查理八世宣称：自己是安茹王朝（属法兰西王朝的旁系）的继承人，有资格拥有斐迪南一世的领地。法王查理八世为扩充领土，让其在地中海的贸易地位更加牢固，8月，率兵越过阿尔卑斯山脉向那不勒斯开进，标志着意大利战争的开始。

▲1494年8月，法王查理八世率兵越过阿尔卑斯山脉向那不勒斯开进。

面对查理八世的入侵，意大利北部和中部各国都没有认真抵抗，使其得以穿过罗马全境。1495年1月，查理八世接受罗马教皇任命他为那不勒斯国王的授职书（委任和批准神职人员的职位和教职的诏书）后，于2月23日进占那不勒斯。

那不勒斯人对法军的掠夺暴行和征收新的捐税充满了愤慨。意大利各国首脑也害怕法国势力的加强和发生全面起义。1495 年 3 月，西班牙与神圣罗马帝国、教皇、威尼斯共和国和米兰公国结成“威尼斯同盟”反法，迫使法国军队撤出意大利。

查理八世率军不断深入意大利内部，突然意识到自己孤军深入，缺乏后援，于是在 5 月决定撤离那不勒斯北上。教皇、威尼斯、米兰、马克西米利安、阿拉贡和卡斯蒂利亚的国王们率军集于亚平宁山，切断法军的退路。7 月 6 日，双方军队在靠近弗尔诺沃的塔霍河谷相遇，进行激战，互有伤亡。1496 年 12 月，法国撤出那不勒斯王国。

查理八世未及报仇便在 1498 年去世，其堂兄和继承人奥尔良公爵路易娶了他的遗孀，称路易十二世。

1498 年，路易十二派兵侵入米兰公国。法军占领米兰后，路易十二在 1500 年和西班牙国王费迪南二世订约，商定将那不勒斯王国的阿拉贡王朝推翻，并瓜分这个国家。1501 年，那不勒斯王国由法、西两国军队共同占领。1503 年春，法、西两国因一些有争议地区的问题而爆发战争。1503 年 12 月 29 日加里利亚诺河畔一战，西军获胜，法国被迫放弃那不勒斯王国，使其沦为西班牙领地。

《努瓦永和约》

由于威尼斯共和国借驱逐法国的机会大肆扩张领土，所有反威尼斯的势力于 1508 年 12 月联合起来建立了“康布雷同盟”，共同对威尼斯作战。1509 年 4 月，罗马教皇禁止威尼斯做礼拜和举行宗教仪式。同年春，法国的路易十二出兵威尼斯，占领它在伦巴第的领地。5 月 14 日，双方在米兰附近的阿尼亚代洛决战，威尼斯军队被击败，法军取得重大胜利，占领意大利北部大部分国土。

教皇、西班牙、威尼斯、英国、神圣罗马帝国等于 1511 年又结成新的反法联盟，路易十二遭到比查理八世更大的失败，法国对那不勒斯的主权要求被正式放弃了。

法兰西斯一世登上王位宝座后，又着手准备进攻意大利。他与西班牙王查理五世为争夺意大利领土征战不已。他于 1515 年 9 月在距米兰 17 千米处的马里尼亚诺击溃米兰公爵的瑞士雇佣军，又夺走米兰公国。1516 年 8 月，法西两国签订《努瓦永和约》，把米兰和那不勒斯分别划归法国和西班牙。

▲法兰西斯一世

法国彻底失败

西班牙的查理五世于 1521 年将法国军队赶出米兰，又在 1525 年的帕维亚战役中打败并俘虏法兰西斯一世。1526 年，双方签订和约，法国放弃对意大利的领土要求。但法兰西斯不信守承诺，在重获自由后，他马上宣布毁约。1527－1529 年、1536－1538 年及 1542－1544 年，法国和西班牙又连续进行三次战争，三次战争的结果都是西班牙胜，法国败。

法国国王亨利即位后与查理五世及其继承者腓力二世间进行了两国之间的最后一次战争，法国遭到彻底失败。1559 年 4 月法国和西班牙缔结《卡托·堪布来齐和约》，法国被迫放弃在意大利侵占的土地，米兰、那不勒斯和撒丁尼亚划归西班牙。除了威尼斯和萨伏依维持独立外，意大利领土的大部分被西班牙吞并。至此，持续达 65 年的意大利战争结束。

中世纪欧洲封建王朝战争的特点在意大利战争中集中体现出来：为领土和财富而随时发动战争；战争各方利益关系复杂，敌友关系变幻莫测；只以对方军队为攻击目标，只求征服对方，不打歼灭战，等等。

在战争中，经过改进的火器（火枪和轮式炮架青铜火炮）首次得到广泛使用，炮兵首次参加野战和堡垒、设防城镇的攻防战斗；对要塞经常采用围而不攻的战术；野战部队用于为受敌围困的据点解围；攻击要塞时首先构筑围攻线，围攻线必须设在要塞防御工事炮火射程之外，之后构筑土木工事，形成阻援线，此后才逐步展开攻击。

另外，意大利战争还表明，雇佣军是靠不住的，其战斗力取决于交战国的政治和经济状况、取决于雇佣兵的民族特点和是否及时发放薪饷。政治形势决定战略形势，而军事行动不能对战争结局产生本质的影响。这就是意大利战争在军事方面给人的启迪。

德意志农民战争

16世纪初的德国仍旧处于封建割据的状态，但名义上全国是统一的，被称作“德意志民族神圣罗马帝国”，由皇帝管辖，皇帝拥有最高权力。但其实皇帝不过是傀儡，基本没有权利过问地方的事务。整个德国由许多大小封建主分封割据，他们称霸一方，依仗个人的权势横行霸道，并且他们之间也互相争斗，这样给农民带来了极大的负担，终于一场不可遏止的战争爆发了。

此起彼伏的农民斗争

德意志的农民除受皇帝及封建贵族的压榨，还遭受天主教会的剥削及压迫。在当时，天主教会占据全国1/3的土地。德意志的几乎每个庄园或城镇都设有教堂，各个地区都设有修道院、宗教法庭及异端裁判所，教会的势力更是深入全国各个角落，渗透于人民生活的方方面面。当时的天主教会利用特权，与封建政权相互勾结，搜刮德意志人民。在这种社会环境下，德意志农民暴动时有发生，而大规模的农民起义和战争便可能一触即发。

从1476到1514年之间，德国的农民和平民曾爆发了一系列的起义，以反抗天主教会封建主的统治。这些农民起义虽然都遭到镇压，但预示着革命风暴即将到来。

15世纪末，德意志阿尔萨斯的农民组成秘密同盟，取名“鞋会”。鞋会提出了取消债务，取消封建赋税及取消教会法庭等要求。但当密谋起义时组织内出现了叛徒，事情败露。一部分成员被逮捕，被断手或砍头，而大部分人则逃往毗邻的巴登、士瓦本、瑞士等地，继续发动起义。

1502年，“鞋会”成员在巴登北部又组织起义，大约7000人参加。他们发展了斗争纲领，提出了取消一切捐税、废除农奴制、没收教会财产分给人民的要求，并且不承认除皇帝外的任何君主。然而当他们计划攻打布鲁赫萨市时，一个起义者因做秘密忏悔将计划告诉了牧师，该牧师立即向政府揭发，导致起义的失败。在巴登北部起义失败后，“鞋会”中出现了一个名叫“穷康拉德”（康拉德是农民常用的名字）的秘密组织，他们的根据地在霍亨施陶芬山下的雷姆斯河谷。当地的农民纷纷参加这个组织。1514年春天，“穷康拉德”举行起义，包围了当地的公爵，迫使其答应召开省

德意志农民军战歌

“嗨！我是贫穷的康拉德（即指农民）！

皮鞭不住抽，即便被剥成肉泥又能向谁诉？

活剥我们的皮，还把我们的妻子侮辱。

嗨！贫穷的康拉德！举起手中的长矛，

用战斧把贵族老爷对付。”

议会，满足农民要求。然而公爵等到援兵赶到后便将起义镇压了。这些地方性的农民起义，虽然失败，但是它们点燃了农民革命的风暴。

声势浩大的士瓦本南部农民起义

1524 年夏，德意志士瓦本南部的农民拒绝为贵族服劳役，随即发动起义，揭开了德意志大规模农民战争的序幕。当时大约有 2/3 的农民参与了这场起义，组织成几支声势浩大的农民军队。他们捣毁城堡，杀死恶霸领主，攻占了许多中小城镇。

闵采尔作为起义的主要领导者，除了在士瓦本、阿尔萨斯等地宣传、组织起义以外，还亲自领导了图林根和萨克逊地区的农民起义。

1525 年 2 月，闵采尔到达图林根，3 月在缪尔豪森城发动了人民起义，推翻了城市贵族的统治，建立起了一个“永久议会”，闵采尔被推举为主席。自此缪尔豪森成为德意志中部的起义中心，起义的烽火燃向各地。人民纷纷占领城市、庄园、城堡和修道院，没收贵族的土地及财物。

农民信赖闵采尔的领导，纷纷向他请求对斗争的指示。闵采尔向人民宣传斗争的远大目标。由于害怕闵采尔的宣传和影响，当地政府把他驱逐出境，使他被迫到处流浪。但他的革命思想已经在人们心中扎下了根，各地起义风起云涌，特别是士瓦本地区的农民起义发展得最快。

此时候，贵族的士瓦本联盟，委派特鲁赫泽斯公爵负责镇压起义。特鲁赫泽斯是个老奸巨猾的家伙，他假意同农民军协议停战，商定在 1525 年 4 月 2 日谈判解决农民的要求。为了准备谈判，3 月 6 日至 7 日，士瓦本六支农民军的领导人在梅明根集会，草拟农民的要求《十二条款》，作为斗争纲领。《十二条款》带有温和性质，但它部分地反映了农民的利益要求。

正当农民军严格遵守停战协议，等待 4 月 2 日的谈判时，刚拼凑起一支军队的贵族，立刻摘下了假面具。反动头子特鲁赫泽斯率领一万雇佣军向农民军进攻。消息传来，人民气愤万分，一些地区敲起警钟，农民群集，能够作战的男人都投身农民军。原定谈判缔约的日子——4 月 2 日，变成了总起义的日期。但是，各地起义的农民，各有自己的要求，各以本地区的安危、本地区农民的利益为转移，相互之间缺乏联系，孤军奋战。狡猾的特鲁赫泽斯利用农民军的这些弱点，于 3 月末集中兵力进攻斗争最坚决的巴尔特林根农民军。巴尔特林根农民军绕过沼泽，进入森林山地，使得那些用骑兵和大炮做主力的特鲁赫泽斯军束手无策。狠毒的特鲁赫泽斯立即转攻来普海姆的农民军，并于 4 月 4 日进攻农民军的主力，农民军的领导人雪思和韦埃被俘。

▲农民战争画像

特鲁赫泽斯在4月11日和12日又一次集中全力进攻巴尔特林根农民军。但是，休整后的巴尔特林根农民军联合波登湖农民军，一致对敌。4月15日在加斯伯伦一役，打败了特鲁赫泽斯，开始转败为胜。当时，士瓦本北部法兰克尼亚地区的农民起义蓬勃高涨。各地贵族向士瓦本贵族求援的信件，雪片似的飞来。自身难保的特鲁赫泽斯狼狈不堪，难于应付。特鲁赫泽斯被迫同波登湖农民军以及巴尔特林根农民军谈判，首先答应农民的部分要求，并声称愿意签订协定。农民以为自己参加起义的目的已达到，又害怕战争持久下去，希望回乡重整家业，因此农民为了狭隘的利益竟然同意特鲁赫泽斯的要求，在4月17日签订了协定。结果，轻易地让特鲁赫泽斯逃出农民军的重围。

特鲁赫泽斯逃脱后，立即向北进军，去镇压力量较弱的法兰科尼亚地区起义。3月底，法兰科尼亚地区农民起义爆发，农民起义队伍不断扩大。起义军摧毁了数百座城堡和修道院，惩治了封建贵族恶势力。许多骑士也加入起义队伍，甚至有许多城市也倒向起义军一边。城市平民积极配合农民斗争，但是他们只是利用起义来达到自己的目的，其态度摇摆不定，不少人虽参加了起义，但不久就被吓倒而投向敌人，造成起义队伍涣散，力量被削弱。

德国农民战争的伟大意义

闵采尔在士瓦本和法兰科尼亚农民起义正盛时，回到了图林根，在此他亲自组织和领导这个地区的起义。1525年5月，闵采尔率领的部队与前来围攻的贵族部队，在弗兰肯豪森进行决战。当时闵采尔手下只有8000人，而敌军则有几万人。农民们个个奋勇杀敌，但终因装备不足，寡不敌众而惨遭失败。闵采尔被俘获，敌人对其施用了各种酷刑，但闵采尔宁死不屈，最终壮烈就义，年仅35岁。

德国农民战争是一次具有资产阶级革命性质的农民战争。革命的主要动力是农民和平民，斗争的目标是建立统一的德国并且消灭封建制度。由于战争的失败，两大任务都没有实现。新、旧教贵族及皇帝之间的斗争，更加深了德国的分裂。

德国农民战争虽然失败了，但它是德国历史上最伟大的一次农民起义，也是震动欧洲的一个重大历史事件，它对德意志的历史发展具有很大影响，是中世纪西欧规模最大的一次反封建的农民起义。农民战争从根本上动摇了天主教的势力，也打击了封建贵族的统治。农民和平民的革命传统、英雄气概和理想，永远鼓舞着德国人民的斗志。农民战争还证明了德国的农民要获得解放，只有在无产阶级的领导下才能实现。

尼德兰革命

尼德兰是个地名，意思是低洼的地方，泛指莱茵河、马斯河、斯海尔德河下游及北海沿岸一带，相当于今天的荷兰、比利时、卢森堡和法国东北部地区。16世纪初，这里是西班牙哈布斯堡王朝的领地。1566年，尼德兰爆发了反对西班牙统治的人民起义，历史上称作尼德兰革命。尼德兰革命是人类历史上第一次成功的资产阶级革命，建立了第一个资产阶级共和国，为后来欧洲风起云涌的资产阶级革命运动提供了榜样。

主要社会矛盾

“尼德兰”一词意为低地，相当于今之荷兰、比利时，卢森堡和法国东北的一部分。16世纪初，尼德兰是西班牙哈布斯堡王室的领地。尼德兰是西欧经济发达的地区之一。16世纪上半期，它拥有300万人口，分为17个省，有300多个城市，南方大城市安特卫普是国际贸易的中心，与西班牙有密切的经济联系。北方的经济中心则是阿姆斯特丹，同英国、波罗的海沿岸各国和俄国有频繁的贸易往来。南北两大城市存在着激烈的竞争。

西班牙国王斐迪南1516年死后，他的外孙查理一世接替他成为西班牙国王。查理已经在1506年从他父亲（神圣罗马帝国皇帝之子）手中继承了尼德兰，这时又以西班牙国王的身份拥有这片土地。这样，西班牙就将尼德兰完全置于自己的管辖之内。

资本主义与封建统治之间的矛盾是尼德兰革命最主要的矛盾。尼德兰资本主义在当时的欧洲属于最发达的，一方面，手工业和商业都很兴旺，农村中也出现了资本主义性质的农场；另一方面，阶级关系发生了重大的变化，市民阶级转化为资产阶级，一部分贵族也资产阶级化，成为新贵族。但本质上，西班牙仍然属于一个封建国家，封建专制统治成为资本主义发展的严重障碍。其次，民族矛盾也很突出。尼德兰人民希望摆脱西班牙的民族压迫。另外，天主教和新教也有矛盾。尼德兰人民中的很大一部分信奉加尔文教派，而西班牙则是一个天主教国家。可以说，资本主义和封建主义矛盾的一个反映体现在教派矛盾上。教派矛盾成为尼德兰革命的导火线，尼德兰革命在一定程度上表现为教派斗争。

革命之前尼德兰的经济

尼德兰的手工业和商业发展很快，外国商人纷纷来到这里经商。新航路开辟以后，欧洲商业中心从地中海转移到大西洋，尼德兰的经济又有进一步的增长。16世纪前半期，尼德兰已经有了300多个城市。南部城市安特卫普是欧洲贸易的一个中心。在这里，每日往来的外商有五、六千人，港口同时可以停泊大小船只两千多艘。商人们运来美洲的金银、东方的香料等奢侈品，运走西欧、北欧的纺织品、金属制品、船舶用具，等等。

西班牙在尼德兰的专制统治

路德、卡尔文等教派先后在宗教改革的各个浪潮中传入了尼德兰。卡尔文教派的影响最为广泛，接受者有资产阶级和新贵族，也有劳动人民，它成了反对西班牙统治的强大力量。旧贵族力图保持封建土地所有制和各种既得利益。为了扩大他们的势力，他们仿效德意志路德派贵族的做法，没收教会的土地财产。

查理是经济发达、城市富庶、资本主义因素正在迅速增长的尼德兰的专制统治者。他往尼德兰派驻总督，设立财政、行政机构和宗教裁判所，在政治、经济和宗教问题上推行专制政策。在这之前，尼德兰的各个省和城市都享有一定的自治权和传统权利。查理为了维持神圣罗马帝国庞大的行政、军队、战争开支，到处征税。尼德兰最富庶，查理在这里的勒索也最疯狂。查理还利用天主教会作为统治工具。1550 年的敕令（被称为“血腥敕令”）规定，禁止传抄、保藏、散发、买卖路德或卡尔文等改革者的文集。凡散布“异端”学说者，男的杀头，女的活埋。在这血腥的宗教迫害下，大约有 5 万到 10 万尼德兰人悲惨死去。

揭开革命序幕

腓力二世于 1556 年继承了查理的西班牙王位，同时也承担了他的债务，对尼德兰的高压政策变本加厉。他排挤尼德兰贵族的势力，废除商人直接与西班牙殖民地通商的特权，拒绝偿付国债，使尼德兰的银行家蒙受巨大损失，接着他又提高在西班牙收购羊毛的税额。尼德兰的资产阶级由此受到的打击很大，许多手工工场倒闭，工人失业。腓力二世无情地迫害新教徒，推行耶稣会的活动。他企图改组尼德兰教会，增设 14 个主教区，由国王直接任命主教，从而加紧控制人民。腓力二世的一系列政策遭到了教俗各阶层一致反对。

数以千计的武装队伍在尼德兰各城市由卡尔文教派组织起来，他们以传道集会的形式宣传反对西班牙的统治，并且举行暴动。与资产阶级利益有联系的大贵族组成以奥伦治亲王威廉为首的“贵族同盟”。1565 年，他们派代表到西班牙去面见腓力二世，要求改变专制政策。第二年，在威廉的赞许下，由大约 200 名中小贵族组成的代表团（其中包括威廉的弟弟路易）到布鲁塞尔去向西班牙总督请愿，反对西班牙的政治压迫和宗教迫害，同时表示效忠国王。但是这些要求却石沉大海，杳无音信。当贵族企图用温和方式取得和解的时候，群众却采用了更直接的方式。

尼德兰的安特卫普、海牙、乌特勒支等城市从 1566 年 8 月起连续爆发大规模的破坏圣像运动。群众手持斧头、铁锤、木棍，涌向天主教堂和修道院，砸毁圣像和十字架，没收教会财产，焚烧教会债券和地契，捣毁教堂和修道院 5500 多所。17 个省中的 12 个省都遭到了起义者的冲击，参加者几万人。反对天主教会的群众性破坏圣像运动点燃了尼德兰资产阶级革命的火焰，反对西班牙统治的独立斗争开始了。

北方各省起义

面对声势越来越大的破坏行动，西班牙当局不得不暂时停止宗教裁判所的活动，允许卡尔文派教徒在城外指定地点做礼拜。同时腓力二世拨款在尼德兰增加军队，决定派他的老将阿尔发公爵到尼德兰镇压革命。1567 年，阿尔发率领军队约 1.8 万人到达，立即设立“除暴委员会”，用血腥的恐怖手段以叛国罪大肆搜捕残杀革命群众。在严酷的打击下，一万多人被杀害。一时间尼德兰被白色恐怖笼罩着。

阿尔发到来之前，威廉就流亡到了德意志。1568 年，他带着雇佣军回到尼德兰抗击西班牙的军队，遭到失败。这时候，劳动人民的游击队却在沉重打击敌军。大批工人、手工业者、农民进入密林深处，时时出击小股敌军，惩办反动神甫和官吏。西班牙的船只和沿海据点也不时地被水手、渔夫、码头工人等袭击。

1572 年 4 月 1 日，海上游击队占领了莱茵河口岛上的布里尔港埠，在城头飘起威廉的旗帜。这个新的胜利带来了革命的新高潮。海上游击队进一步袭击其他城市。在革命浪潮一浪高过一浪的情形下，许多城市不断地加入进来，起义者驱赶西班牙人。荷兰、西兰两省几乎全部解放。流亡者纷纷回到尼德兰，资产阶级组织革命军队，掌握城市政权，镇压亲西班牙的神甫和间谍。农民捣毁教堂、庄园，拒绝履行封建义务，停止交纳什一税。

▲盲人的寓言

1572 年 7 月，威廉被荷兰省议会推选为总督。到 1573 年底，北部各省已经先后宣布独立。阿尔发被撤换了。在北方，威廉的影响日益加强，知道他的名字和事迹的人越来越多。

成立联省共和国

南方也逐渐地受到了革命的影响，1576 年，布鲁塞尔人民推翻西班牙政权。南方人民纷纷投入抵抗运动。形势发展要求南北双方联合起来，同年，北部和南部的代表在根特举行会议。会议期间，西班牙士兵冲进安特卫普，狂杀滥抢，男女老幼被杀者达七、八千人。三天之后，这个富庶城市一片荒凉。尼德兰人民的反抗怒火被这次暴行再次激发出来。17 个省中有 16 个省宣布反抗西班牙的统治。11 月，会议发布《根特协定》，提出撤走西班牙军队，废除阿尔发的一切法令，重申各城市原有的权利，但是仍旧承认腓力二世的君主权力。

南部许多城市加入到革命中来，他们不断起义，建立革命政权，农民运动风起云涌，引起反动贵族和天主教会的恐惧。1579 年 1 月初，反动贵族和天主教会成立“阿拉斯联盟”，宣布效忠腓力二世。十几天之后，北部各省组成“乌特勒支同盟”，宣布永不分裂，制定共同的军事和外交政策；不久南部的根特、布鲁日、安特卫普等城市也参加进去。1581 年，联盟宣布成立联省共和国，废黜腓力二世。

荷兰独立

在这之后，尼德兰与西班牙之间进行了长期的战争。腓力二世派刺客将威廉杀害，南部城市先后被西班牙占领。1588 年，西班牙的“无敌舰队”在海上被英国击溃，国力从此一蹶不振，已经没有力量同尼德兰作战。

1609 年，国王腓力三世只好同联省共和国缔结《十二年休战协定》，承认了共和国的独立。西班牙仍然统治着尼德兰的南部。荷兰省最发达，联省共和国由此也称为荷兰共和国。

英国与西班牙争夺海上霸权

16世纪，是老牌西欧国家黄金时代的开始。但这并不是说这些国家内部发展加快，而是它们较早地走向了世界，通过掠夺世界财富来繁荣自己。一山容不得二虎，当两个强盗把手伸向同一个地方的时候，争夺和战争就在所难免了。英西战争是指英国与西班牙为争夺海上霸权和殖民地所进行的多次战争。

两个帝国的矛盾

封建军事殖民帝国西班牙16世纪时在西半球有着不可撼动的霸主位置，垄断了许多地区的贸易，其殖民势力范围遍及欧、美、非、亚四大洲。据统计，公元1545－1560年间，西班牙海军从海外运回的黄金即达5500千克，白银达24．6万千克。到16世纪末，世界贵重金属开采中的83%为西班牙所得。西班牙有着强大的海上舰队，舰队拥有100多艘战舰，3000余门大炮，数以万计的士兵，目的是保障其海上交通线和其在海外的利益。

▲1588年，西班牙的“无敌舰队”离开港口驶向英吉利海峡。

也是在16世纪，英国通过圈地运动、血腥立法、海外掠夺，特别是把海外贸易与赤裸裸的海盗行为结合在一起，并得到国王支持，也获得了迅速的发展。英国同时也有着强烈的向外扩张愿望。这样，英国和西班牙两个殖民国家开始了海上霸权的争夺战。

由于西班牙舰队实力强大，英国起初不敢正面交锋，遂采取海盗手段掠夺财富，打击西班牙力量。这期间英国招募和支持的大量海盗在大洋上对西班牙商船甚至军舰大肆劫掠，作战得力还被封官进爵，此外，英国皇家海军还招募了大批有着海上作战经验的海盗，给他们以高官厚禄，让其为己服务。

德雷克就是对西班牙大搞海盗袭击的著名人物。他曾经指挥一只战船对西班牙舰队进行了全球性的袭击：从大西洋打到太平洋，多次劫夺西班牙运载金银财宝的船只，西班牙为此遭受到了巨大损失。西班牙政府正式要求英国女王逮捕德雷克。女王伊丽莎白不仅没有答应，反而亲自到德雷克的战船上慰问，封他为贵族，甚至把德雷克掠夺来的宝石装饰在王冠上。这样，西班牙政府恼火异常，西班牙和英国的矛盾已经日甚一日了。

为了报复英国政府，西班牙组织暗杀英国女王伊丽莎白，扶植前苏格兰女王上台，但阴谋被伊丽莎白破获，1587 年前苏格兰女王被处死，同年英国海盗公然袭击了西班牙本土港口，抢劫了西班牙国王的私人财宝船，这一下更使西班牙决心攻打英国。

信奉天主教的前苏格兰女王被处死后，罗马教皇颁布诏书，号召对英国进行圣战。西班牙又乘着这个机会加强了舰队，扩编后的舰队被称为“最幸运的无敌舰队”。

加莱海战

当时的西班牙海军在世界上来说也堪称实力最强，它有 134 艘舰船、3000 多门大炮、8000 多名水手、2 万多名士兵。而英国海军则是由海盗小船拼凑成的，实力比无敌舰队差远了。因而西班牙海军司令命令自己的舰队一字排开，耀武扬威地向英国开去。

虽然实力大逊于西班牙，但英国方面还是积极做好了战争准备。霍华德勋爵担任海军统帅，他的副手是海盗德雷克和豪金斯。这两人可是身经百战的海盗头子，跟西班牙人多次交手，很了解对方的弱点。

英国的舰船体积比较小，但速度很快，机动性强。火炮的威力虽然没有西班牙的厉害，但射程较远。豪金斯对英国海军战术进行了改进，建立了纵队战术，充分发挥自己的优势。“无敌舰队”一出发，就被英国海军盯上了。

面对气焰嚣张的西班牙舰队，德雷克决定给它一个迎面痛击。当无敌舰队停在加莱港的时候，趁夜深人静，海面上刮起东风的时机，他点燃了 6 艘涂满了柏油的旧船。六条火龙冲向了无敌舰队，西班牙人一片混乱，舰队仓皇砍断锚索，四处逃窜。舰船失去锚，只能随风漂流，英国舰队乘胜追击，毫不留情，西班牙舰队遭受了重大打击。

事情并没有到此了事，英国决定彻底打败无敌舰队。两天以后，双方在加莱附近海面上展开了决战。英国海军充分发挥自己灵活迅速的优势，他们先在远处向西班牙海军开火，西班牙的大炮虽然威力强大，但射程很近，打不着英国舰队。这时，高大的舰船成了累赘，躲闪不方便，一字排开的队形更是不利于战斗，而且，舰船之间还不能及时接应，只能沦落到被动挨打的地步了。

激烈的海战持续了整整一天，双方弹药都打光了。西班牙舰队被打得七零八落，好不容易有一些舰船逃出英国海军的炮火攻击。但在他们逃跑的途中又遇到了风暴，经受了又一次重大的打击。威风凛凛的无敌舰队如今只剩下 43 艘残破不堪的船了，腓力二世见到自己的“无敌舰队”时，流下了眼泪。

击垮海上霸主的数次战争

英荷联合分舰队 1596 年攻占了加的斯，这支分舰队由 17 艘英舰、24 艘荷舰、150 艘运输船只（载有 7360 名士兵）组成。1597 年，西班牙曾试图支援爱尔兰起义，并派兵在爱尔兰登陆，但以失败告终（部分舰只为狂风吹散）。4 年后，即 1601 年，西班牙陆军一个支队在爱尔兰登陆成功，但因孤军无援而被迫投降。1604 年缔结和约。西班牙虽仍保持原有的殖民地，但其海上贸易的垄断权却大不如前了。

1625－1630 年战争中，英国得到了荷兰和法国的支持。这次战争以双方不分胜负告终。英荷舰队（共计25艘舰艇、90艘运输船及船上兵力）试图重新夺取加的斯，但未成功。1630年11月宣告战争结束，在马德里缔结了和平同盟条约。

1655－1659年战争中，英国又获得了法国的支持。1655年5月，英国舰队攻占牙买加岛。1657年4月，英军在法军的援助下于加那利群岛附近击败西班牙舰队，1659年6月攻占敦刻尔克。战争于1659年年底结束。

西班牙王位继承战争（1701－1714）中，英军于1704年8月4日攻占战略要地直布罗陀，并在那里建立了海军基地。撒丁岛、西西里岛、米兰和那不勒斯相继从西班牙的统治下“解放”出来。此外，英国还获得了在西班牙各殖民地贩卖黑奴的垄断权。

1718－1720年战争中，西班牙企图收复其地中海的领地。但是英国分舰队击溃了西班牙的地中海舰队。英军的基本战略方针是：既靠本国的兵力，又借助法国、荷兰、奥地利等盟国的兵力来消灭对方的舰队。依靠这样的战略，英国最终战胜了西班牙。

1726－1728年战争中，西班牙再次试图收回直布罗陀又未成功。英国舰队封锁了西印度群岛，使西班牙政府无法继续进行战争。

无敌舰队覆灭的原因

“无敌舰队”覆灭的原因，主要归纳出以下三种论点。第一种论点，是从西班牙和英国当时国力强弱的角度进行阐述的。持该观点的学者认为，16世纪的西班牙势力虽然盛极一时，其殖民和海外贸易遍及亚、非、欧和美洲大陆，但这种繁荣仅仅是暂时的表面现象。第二种观点认为，西班牙“无敌舰队”的覆灭，是因为西班牙国王腓力二世用人不当造成的。第三种观点认为，天灾才是“无敌舰队”覆灭的主要原因。舰队起航的时间选择不当。“无敌舰队”在5月起航，当时的大西洋风涛险恶，在进入柯鲁拉避风时，他们发现补给品腐烂了很多，淡水也漏掉了许多，船只普遍需要修补，很多人生病。

1739－1748年战争，是奥地利王位继承战争的一个组成部分。英国力图夺取西班牙在巴拿马海峡的殖民地，但最终没有成功。为此英国曾建立了两支分舰队，一支从墨西哥湾进攻，另一支从太平洋进攻，结果都未能完成既定任务。

1762－1763年战争是七年战争（1756－1763）的一个组成部分。在这次战争中，西班牙被英国彻底地打败了。英国舰队凭借其在西印度洋海域的巨大优势，夺得了古巴的哈瓦那。与此同时，东印度公司占领了菲律宾的马尼拉。此时，西班牙实际上已丧失了整个舰队。

英西战争的结果是，西班牙丧失了许多殖民地和海上威力。英国当时正处在资本主义发展的上升时期，在这几次战争中取胜是符合规律的。

经历了诸多的海战，英国人总结了海盗战术的经验，创造了以火炮和快速帆船为主的侧舷炮战，击溃了战术呆板陈旧的“无敌舰队”，使侧舷炮战取代了舰体冲撞和步兵跳舷格斗成为之后几个世纪中的主要海战样式。同时英国人逐渐也发展了一套依靠海权获得殖民地，依靠陆上基地保持海军战斗力获得海权的战略体系，对后来世界海军发展的影响可谓深远。

日本侵略朝鲜

日本统一后，把侵略的矛头对准了邻国朝鲜。公元1592年—公元1597年，在历时六年的朝鲜壬辰卫国战争结束时，无论在陆地上，还是海洋上，日本侵略军都遭到彻底的失败。壬辰战争的胜利，使日本统治集团数百年不敢入侵朝鲜。那一系列威武雄壮的海战，在朝、中海军史上留下了光辉的篇章。历史证明谁妄想奴役一个民族，就必然遭到应有的惩罚。

狂妄的侵略计划

为15世纪中叶到16世纪中叶，日本处于封建割据的“战国时代”。那时各大名（即诸侯）之间不断发动内战，日本的经济、文化也停滞不前。

16世纪后期，本州中部封建主织田信长崛起。他在部将丰臣秀吉和德川家康的辅佐下，用西洋枪炮武装了一支精锐部队，历时30年，扫平诸侯，统一了大半日本领土。

织田信长于1582年被刺死。丰臣秀吉继承他的统一政策，征服了日本西南部地区。日本统一后，丰臣秀吉侵略野心更加膨胀，他部下的武士们叫嚣：“把琉球、吕宋、朝鲜都变成日本属国，然后利用朝鲜做跳板，侵略富庶的中国大陆。”其后三个半世纪，日本统治阶级的传统国策就是这一狂妄的口号。

海军将领李舜臣

日寇的烧杀淫掠，激起朝鲜人民愤怒反抗。朝鲜义兵纷纷而起，倭寇陷入人民抵抗运动的燎原烈火中。在朝鲜民族抗战中，涌现出最杰出的海军将领李舜臣。他自幼熟读兵书，深通韬略，颇有志向。李舜臣根据日本水师已广泛使用火枪和小口径火炮的现状，精心设计了龟船加以对付。龟船是原始的装甲炮舰。长10余丈，宽丈余，干舷低。甲板上有坚固外壳，木壳上覆有鳞状铁叶，因酷似龟背而得其名。龟船在近海作战机动灵活，火力很强。李舜臣刻苦操演水军，激励将士爱国杀敌。

入侵朝鲜

1592年，丰田秀吉组成九路远征大军，气势汹汹地渡过朝鲜海峡，在朝鲜半岛釜山、庆州一线登陆 。那个时候，朝鲜的李氏王朝统治无力，宫廷内政变迭起，朋党矛盾十分尖锐。王朝以征税代替服兵役，朝鲜军队只有纸面上的数字，边防要塞和海防设施年久失修，破败不堪。丰臣秀吉威胁李氏王朝：“借道朝鲜，攻打中国。”遭到朝鲜政府断然拒绝。日本武士见威胁失效，挥动军队大举进犯。壬辰年（朝鲜历宣祖二十五年）朝鲜卫国战争爆发了。

朝鲜政府的国防力量已经不堪一击，在日寇一击之下，顿时倾覆。不出三个月，京都汉城、开城、平壤相继沦陷。朝鲜国王李昖逃到鸭绿江边的义州，接连派遣使者向明朝政府告急。

朝中抗日

明朝知道丰臣秀吉的目标不仅仅在于征服朝鲜，而在进一步侵略中国，遂决定援朝抗倭。同年秋，派遣以李如松为东征提督的 5 万余大军赴朝抗倭。翌年 1 月，朝鲜爱国官兵在明军的支援协同下，一举收复西京、开城，直指京城。用游击战术切断敌人供应线，同时展开海陆两路反攻。

朝鲜水军龟船队在朝鲜名将李舜臣指挥下，在玉浦、唐项浦、泗川、闲山岛、釜山等海域连创倭军，掌握了制海权。广大民众竞相奋起，打击敌人，迫使侵略军官兵疲惫，溃不成军。日将小西行长率残部南逃至釜山沿海一带。朝鲜人民在“灭倭救国”的旗帜下，很快形成强大的义兵运动，对抗倭救国作出了重大贡献。日本侵略军处境十分狼狈，遂于 1593 年 8 月被迫接受“议和”，但实际上并没有真正认识错误，而仍然找机会准备再犯，谈判拖延 3 年，未能达成协议。

丰臣秀吉于 1597 年 2 月，又出兵 14 万人入侵朝鲜，东西两路并进，连占要塞。明朝再次出兵援朝。同年 9 月，朝中联军在稷山、青山等地重创日军，迫其退守蔚山、泗川、顺天。1598 年初，明军分道向釜山进兵，展开了援朝逐倭决战。朝中联军全力进攻，连战连捷，朝中军民取得了决定性胜利，促使日军内部矛盾加剧，士气消沉，军力大衰，不得已，日本再一次要求停止战争议和，并撤离朝鲜。

▲李舜臣发明的龟船战阵

1597 年 8 月，丰臣秀吉因侵朝战争失败积郁而死。其部将德川家康遵其遗命于 10 月下令撤军。在战争的末期，影响最大的是露梁海战。露梁海战是整个朝鲜壬辰卫国战争中最大、最壮烈的海战，在世界海战史上也是很有名的大海战。

1597 年 11 月 19 日，日本侵略军万余官兵乘 500 余艘舰船撤退。日本水兵紧张地搬运武器，上万名陆军也陆续登船。日本舰队急急赶路，走到庆尚南道南海郡露梁海面时，日本观测兵惊叫起来：“强大的朝中联合舰队把我们包围啦!”李舜臣统率的水军在露梁津湾截住了 500 多艘企图从朝鲜运走残余部队的日本军舰，朝中水军与侵略者展开激战。

这次海战异常激烈，海战中，朝中海军共击沉日舰 450 艘，歼灭日军 1 万多人，日军彻底战败。在这次海战中，李舜臣击毙日军大将，打退多艘包围明军的日舰。明军 70 岁的老将邓子龙战舰起火，李舜臣在前往援救时身中流弹。李、邓两位名将都在这次海战中壮烈殉职，他们的事迹为中朝人民的战斗友谊增添了光彩。

欧洲历史上第一次全欧大战

1618—1648 年，欧洲爆发了哈布斯堡王朝同盟和反哈布斯堡王朝同盟两个庞大的强国集团为争夺欧洲霸权而进行的第一次全欧性战争，史称三十年战争。这场战争是欧洲各国争夺利益、树立霸权以及宗教纠纷尖锐化的产物，战争以波希米亚人民反抗哈布斯堡皇室统治为肇始，最后以哈布斯堡皇室战败并签订《威斯特伐利亚和约》而告结束。

战云密布

哈布斯堡王朝统治下的罗马帝国皇权在 13 世纪以后逐渐衰微，各邦诸侯割据称雄。17 世纪初，德意志仍处于诸侯割据状态。已形成统一集权国家的英、法、西班牙等欧洲大国正在谋求对外扩张，遂把地处欧洲中心、具有重要战略位置但又四分五裂、日趋衰落的德意志作为角逐目标。

▲三十年战争中双方交战的一个场景

法国一心想建立自己的欧洲霸主地位，它力图使德意志保持分裂状态，支持新教诸侯反抗皇权；丹麦、瑞典早已觊觎北海和波罗的海的德意志领土和港湾；荷兰和英国则不愿帝国势力在北欧扩张，英国还企图削弱西班牙的势力。这些国家都支持新教联盟。哈布斯堡王朝极力限制新教活动，争取天主教诸侯重振帝国皇权，罗马教皇、西班牙和波兰贵族都支持这个行为。

战前，欧洲各国形成两大对立集团：哈布斯堡集团由奥地利、西班牙、德意志天主教联盟组成，罗马教皇和波兰是他们的支持者；反哈布斯堡集团由法国、丹麦、瑞典、荷兰、德意志新教联盟组成，英国、俄国是他们的支持者。

布拉格的窗口抛出事件

自 1526 年起，波希米亚（即今捷克）国王即由哈布斯堡王朝所兼领，波希米亚人民多数已改信新教教义，又因为波希米亚为斯拉夫国家，并有渊源久远的反罗马传统，所以是民族与宗教双重意识促成他们起义。

1618 年，神圣罗马皇帝及波希米亚国王两个职位空着，需要合适的人选，最合格的哈布斯堡家族候选人斐迪南二世是日耳曼极端派公教领袖，笃信天主教义，深受耶稣会和反宗教改革派势力的影响，公开表示想把波希米亚重新转变为天主教国家。波希米亚在接受斐迪南二世为国王后，唯一的希望是他能遵守鲁道夫二世所做之诺言（1609 年曾被迫承认维持波希米亚包括信教自由在内的传统权利）。但斐迪南二世无意遵守，他所指派的官员在波境完全以无法容忍的专横态度处理公务，布拉格新教徒的宗教活动全部被禁止，教堂也被拆毁，参加新教集会者被宣布为暴民，因而引起波人反感。

起义骤起，起义的人群于 1618 年 5 月 23 日冲进王宫，把皇帝的钦差从窗口抛入壕沟，坠落在粪堆之上，人虽未死，尊严大受损伤，史称“布拉格的窗口抛出事件”，这就是三十年战争的导火线。

捷克时期

“布拉格的窗口抛出事件”之后，捷克组成了临时政府并宣布独立。1619 年，捷克国会又推选“新教同盟”领袖巴拉丁选侯腓特烈为国王同斐迪南作战。6 月间捷军推进到了维也纳，德皇于是以把巴拉丁选侯资格转让给巴伐利亚公爵为条件向“天主教同盟”求援，天主教同盟出兵、出钱支援德皇，西班牙政府也派出军队攻打巴拉丁。

这时，捷克贵族不敢依靠群众，寄望于新教同盟救援，但新教同盟不但拒绝支援，而且和天主教同盟缔结互不侵犯条约。

天主教同盟军队于 1620 年 11 月 8 日在布拉格近郊的白山一带打败捷克军队，腓特烈逃走，随后巴拉丁被占领，选侯资格也转让给了巴伐利亚公爵，捷克成为了奥地利的一个行省。

▲1618 年 5 月 23 日，武装群众冲进王宫，把皇帝的钦差从窗口抛入壕沟，坠落在粪堆之上，人虽未死，尊严大受损伤。

丹麦时期

天主教同盟的胜利导致了皇权的加强，这既不符合割据一方的新旧教诸侯的利益，也不符合法国等外国势力要求。1625 年，法国促成英国、荷兰、丹麦三国签订反哈布斯堡同盟，并资助丹麦出兵德国，一些新教诸侯也支持丹麦的行动，由此，德国内战终于演化成了一场国际战争。

1626 年，德皇在天主教同盟的支持下利用捷克贵族瓦伦斯坦的雇佣兵，打败丹麦和新教诸侯的联军。作为德意志帝国著名的军事家，瓦伦斯坦主张消灭诸侯割据，驱逐外国势力，在德国建立类似法国和西班牙那样的中央集权制，他本人拥有地产 12 万公顷，雇佣兵 10 万人，都拿出来替皇帝服务。丹麦被打败后，1628 年，皇帝封他为麦克伦堡公爵、波罗的海和大泽的统帅。

1629 年，丹麦被迫签订和约，保证以后不再干涉德国内政。同时，皇帝颁布“复原敕令”，规定 1552 年以后被新教诸侯侵占的教产全部物归原主。

瑞典时期

在丹麦阶段战争后，德皇势力得到了快速发展，达到了波罗的海沿岸，瓦伦斯坦也计划在波罗的海建造一支强大的德国舰队。皇帝和瓦伦斯坦的政策引起了新、旧教诸侯的不满。1630 年，在累根斯堡召开的选侯会议上决定免去瓦伦斯坦的职务，把他的军队也减小了编制。瑞典国王古斯塔夫·阿道夫是个激进的新教徒，他在占据波罗的海沿岸后还想扩张霸权，坚决反对德皇权力的加强。

瑞典在法国支持下于 1630 年 7 月占领了波美拉尼亚，并同勃兰登堡、萨克森选侯联合打败了天主教同盟的军队。1632 年 4 月，瑞典军长驱直入巴伐利亚，维也纳危在旦夕，皇帝只好重新起用瓦伦斯坦。1632 年 11 月，双方在萨克森的吕岑会战，天主教同盟的军队损伤重大，瑞典也失去了古斯塔夫国王。为保存实力，1633 年，瓦伦斯坦决定同瑞典和谈，这被皇帝看作是别有用心，1634 年初瓦伦斯坦再次被撤职，不久被人刺杀。

总的来说，天主教同盟占据着战争的优势，1634 年 9 月讷德林根战役中大败瑞典军队，瑞典向北退却，一些新教诸侯也纷纷退出战争。1635 年 5 月，萨克森首先和皇帝签订和约，表示服从皇帝，不再反抗。

▲这名德意志骑兵是三十年战争期间交战双方骑兵的典型形象

全欧混战时期

由于丹麦、瑞典的一败再败，一直在幕后操纵的法国不得不亲自出马。1635 年 5 月，法国对西班牙宣战，荷兰、威尼斯、匈牙利等支持法国，主要战场仍在德国，同时也在西班牙、意大利、尼德兰等地进行。参战初期法国不断受挫，西班牙从南北两路夹击法国，双方拉锯战不断，互有胜负，直到 40 年代后，瑞典、法国才相继取胜。

瑞典军队于 1642 年 11 月在莱比锡打败德皇军队，1643 年春，法军在洛可瓦会战中大败西班牙。此后，法、瑞乘胜追击，攻入了士瓦本和巴伐利亚，皇帝和天主教诸侯无力再战，被迫求和，这时瑞典军中疾病流行，士气低落，法国也对刚爆发的英国资产阶级革命深感不安，这种情况下也只得同意停战，由此，这场战争宣告结束。

《威斯特伐利亚和约》

参战各方代表于 1648 年 10 月 24 日齐集明斯特市市政厅签署《奥斯纳布吕克条约》和《明斯特和约》。奥斯纳布吕克和明斯特两个城市都在威斯特伐利亚境内，故两个和约统称《威斯特伐利亚和约》。和约规定：法国得到洛林的 3 个主教区（梅林、图尔、凡尔登）和整个阿尔萨斯（斯特拉斯堡除外）。瑞典获取西波美拉尼亚及东波美拉尼亚的一部分、维斯马城和不来梅、维尔登两个主教区，从而得到了波罗的海和北海沿岸的重要港口；正式承认荷兰和瑞士独立；帝国境内勃兰登堡、萨克森、巴伐利亚等邦诸侯的领地大体恢复到战前的状况，诸侯在领地内享有内政、外交上的自主权。关于教派问题，和约重申 1555 年的奥格斯堡宗教和约继续有效，并宣告德意志境内新旧教地位平等。

三十年战争是第一次对立集团间爆发的欧洲大战，反哈布斯堡集团取得胜利，法国取得欧洲霸权，瑞典取得波罗的海霸权，荷兰和瑞士彻底独立；德意志遭到严重破坏，神圣罗马帝国名存实亡，西班牙进一步衰落，葡萄牙获得独立。

三十年战争的军事变化

三十年战争初期各国军队的主力都是雇佣军，战争中盲目扩军，财力无法负担，导致了大规模抢劫和巨大的破坏，战争中一些新兴国家逐渐实行征兵制，建立了有后勤体系的常备军，提高了军队持续作战的能力，各国后来都相继颁布了不得侵犯个人财产的条令。军队编制逐渐精干和武器的发展也逐渐轻型化，适应了机动作战的要求。古斯塔夫对军队和战术进行了改革，火枪手的数量首次超过了长矛兵，采用了集中使用炮兵进行火力准备，继而用骑兵突击，最后由步兵扩大战果击败敌军的三段式战法，成为滑膛枪时代的标准战法。

近代战争——中国篇

我国的近代史通常是指从 1840 年鸦片战争开始到中华人民共和国成立前这一历史时期，这是我国半封建半殖民地社会的历史时期，这一时期的战争多具有反封建反殖民的性质。从世界来看，近代发生的战争，多具有侵略性质，往往是强国之间为了争夺殖民地而发起的非正义战争，同时一些民族解放独立战争也此起彼伏，构成了波澜壮阔的近代战争画卷。

清军进军大西南之战

爆发于公元1657年至公元1659年的清军进军大西南之战，是清朝初期，清廷、南明政权及农民起义军三大军事政治势力斗争的决定性作战。此战，清军在全面掌握了南明政权及农民起义军情况的基础上，采取了多路并进的战法，取得了胜利。清廷的最后胜利，标志着清廷彻底夺取了全国政权，建立起了稳定的满汉蒙地主阶级的统治地位。

把抗清重任抛于脑后

清军入关后，清朝统治者实行圈地、剃发、掠人为奴等制度，使汉族人民深受其害，民族矛盾上升为主要矛盾，各地人民坚决反抗，抗清斗争此起彼伏。

公元1851年，在清军的大举反攻下，明永历政权，大顺、大西军余部退守云、贵、川、黔、桂等地区。迫于抗清形势的需要，三大势力形成统一阵线，联合抗清。在各地农民军的强有力支持下，东征、北伐进展十分顺利，收复了大片土地，一度出现了复明希望。但是，永历小朝廷同明朝后期政权一样昏庸、腐败无能，无宏大志向，只苟安偷生。朝廷内部，除少数坚决抗清，谋图复明大业外，多数以抗清作资本，为个人或小集体谋利。

大西军领袖张献忠牺牲后，余部十几万人由李定国、孙可望、刘文秀、艾能奇“四将军”领导。西南抗清联合阵线成立后，李定国战功显赫，颇得重用。孙可望顾忌李定国功高于己，在南明部分军官的挑拨下，把抗清重任抛于脑后，不择手段地阻挠和破坏李定国的抗清斗争。

▲火药囊　清

▲隆武纪略（此书记载了南明隆武政权从建立到灭亡的全过程）

公元1653年春，以“议事”为名，企图趁机除掉李定国的阴谋破产后，孙可望变本加厉，多次率兵攻打李定国，均以失败告终。公元1657年9月，孙可望在湖南宝庆向清军投降。

灭明的时机到了

孙可望降清后，抗清联合阵线和清朝双方的战略态势均产生了重大影响。抗清联合阵线由于孙可望的降清，失去了一定数量的军队和与清军周旋的战略地幅，直接三面临敌。

清军方面，孙可望降清之前，对待抗清联合阵线的作战方略是，守势为主，伺机反击的守势战略；孙可望降清后，使得清朝掌握了抗清联合阵线的兵力及部署情况，掌握了云贵地区的作战地形，特别是了解到内讧的情况后，认为“统兵进讨”，灭明的时机到了。

公元1657年12月15日，清廷开始部署向抗清联合阵线的进攻方案。以固山额真罗托为宁南靖寇大将军，率兵由湖南西进；以平西王吴三桂为平西大将军，率兵由四川南进；以固山额真赵布泰为征南将军，率兵由广西北进，三路人马先合攻贵州，然后向云南发展。公元1658年正月初九，又命多罗信郡王多尼为安远靖寇大将军，率兵进攻云南。企图多路进攻、三面合围，一举消灭南明政权及农民起义军。

抗清联合阵线岌岌可危

永历小朝廷建立后，既无收复大明江山社稷的大志，又无治国安邦的雄才，只沉醉于奢侈淫逸、贪婪腐朽的生活。李定国虽掌握兵权，坚决抗清，但是受到党派争权的左右支配，也不能一心治军，导致武备不整，防御松弛。特别是在清军进攻态势面前，出现了作战指导上的错误，只派出了部分兵力守关防御，主力却忙于讨伐孙可望旧部。叛军虽除，但失去了贵州大部地区和广西部分地区，抗清联合阵线形势岌岌可危。

十月份，清军各路统帅会集贵州平越的杨老堡，研究制定出分兵三路进攻云南的计划，北路由吴三桂率兵从遵义向云南进攻，中路由多尼率兵从贵阳向云南进攻，南路由赵布泰率兵从都匀向云南进攻，由信郡王多尼担任总指挥。李定国闻讯后，急忙全力迎敌，但为时已晚，回天乏术。12月15日，永历帝朱由榔在李定国的护卫下仓皇南逃。公元1659年1月21日，在清军的穷追猛打下，永历帝朱由榔逃往缅甸。后来，缅甸迫于清军的强大压力，向清廷交出永历帝朱由榔。公元1662年4月，永历帝朱由榔在昆明被处死。同年6月，李定国悲愤交加，死于缅甸勐腊。

至此，南明政权坚持了近20年的抗清斗争基本结束。全国的抗清斗争，除了东南沿海方向的郑成功外，基本被镇压下去。

郑成功收复台湾之战

公元1624年，荷兰殖民主义者侵占台湾。郑成功亲率大军对盘踞在台湾的侵略军发起强攻，最终迫使侵略军投降。至此，郑成功从荷兰侵略者手里收复了沦陷38年的我国神圣领土台湾。郑成功收复台湾的军事斗争，是中华民族反对外来侵略的成功尝试，通过这一斗争，驱逐了荷兰殖民者，维护了中华民族的利益，捍卫了中国主权和领土完整，因而具有极其重大的历史意义。

提水端茶，迎接亲人

荷兰殖民者于公元1624年侵占了我国的台湾，对台湾人民进行残酷的剥削和压迫，并不断骚扰福建、广东沿海地区，激起中国人民的无比愤慨。为了打击荷兰殖民者的嚣张气焰，郑成功决定收复台湾。

公元1661年阴历四月一日早晨，郑成功率领部队冒着暴风雨横渡台湾海峡，陆续到达澎湖列岛鹿耳门港外。郑成功先换乘小船，由鹿耳门登上北线尾，查看地形，并派出精良的潜水健儿进入台江内海，侦察荷军情况。等到鹿耳门海潮大涨之时，郑成功命令众将士乘坐大小战舰顺利地通过鹿耳门后，立即兵分两路：一路登上北线尾，一路驶入台江，准备在禾寮港登陆。

台湾城上的荷军原以为中国船队必从南航道驶入，却未料到郑成功却躲开了戒备，从鹿耳门驶入台江。荷兰侵略者面对浩浩荡荡的郑军船队，以为是神兵天降，顿时束手无策。郑军船队沿着预先测度好的港路鱼贯而入，切断了台湾城与赤嵌城荷军的联系，迅速于禾寮港登陆，并立即在台江沿岸建立起滩头阵地，准备从侧背进攻赤嵌城。

台湾人民听到郑军来到，成群结队推着小车，提水端茶，迎接亲人，并用货车和其他工具帮助他们登陆。正是由于台湾人民的大力支援，郑军不但顺利登陆，而且为分隔包围盘踞台湾的荷军创造了有利的条件。

六十多只战船一齐发炮

当时，坐镇赤嵌城的荷军兵力大约有400人，荷军兵力虽弱，但气焰十分嚣张，侵略者狂妄叫嚣：“二十五个中国人合在一起还比不上一个荷兰兵，只要放一阵排枪，打中其中几个人，他们便会吓得四散逃跑，全部瓦解。”同时，为了对抗郑军，侵略军又调动了一艘巨大的军舰“赫克托”号，企图阻止郑军的船只继续登岸。

郑成功沉着镇定，指挥他的六十艘战船把赫克托号围住。郑军的战船小，行动灵活。郑成功号令一下，六十多只战船一齐发炮，把赫克托号打中起了火。大火熊熊燃烧，把海面照得通红。赫克托号渐渐沉没下去，其余三艘荷兰船一看形势不妙，吓得掉头就逃。

荷兰侵略军遭到惨败，龟缩在两座城里不敢应战。他们一面偷偷派人到巴达维亚去搬救兵，一面派使者到郑军大营求和，说只要郑军肯退出台湾，他们宁愿献上十万两白银慰劳。

郑成功扬起眉毛，威严地说："台湾本来就是我国的领土，我们收回这个地方，是理所当然的事，你们如果赖着不走，就把你们赶出去！"郑成功喝退荷兰使者，派兵猛攻赤嵌，结果，不出三天，赤嵌的荷兰人就乖乖地投降了。

荷兰侵略军扯起白旗投降

郑成功迫降赤嵌城后，立即分兵从水陆两个方面进攻台湾城。鉴于台湾城城池坚固，强攻一时难以得手，为了减少伤亡，进一步做好准备，郑成功决定采取长期围困的办法，迫使荷兰侵略军投降。他一方面派兵围困荷军，一方面到高山族人民聚居的四大社进行巡视，帮助他们开荒种地，这样的做法，受到当地人民的热烈欢迎。赢得了台湾同胞的拥护和支持。

台湾城的荷军被围数月，军粮得不到补给，因而士气低落，不愿再战。但是盘踞台湾城的侵略军头目却企图顽抗，等待救兵，进行最后一搏。在围困八个月之后，郑成功于公元1662年农历一月二十五日清晨下令向台湾城发起强攻。郑军居高临下，向台湾城猛烈轰击。荷兰侵略军走投无路，只好扯起白旗投降。公元1662年初，侵略军头目被迫到郑成功大营，在投降书上签了字后，灰溜溜地离开了台湾。至此，荷兰侵略者在台湾38年的殖民统治宣告结束，宝岛台湾又回到了祖国的怀抱。

▲荷兰殖民者投降图

平定三藩之战

三藩指的是云南的平西王吴三桂，福建的靖南王耿精忠（耿仲明之孙），广东的平南王尚可喜。他们拥兵自重、割据一方、恣意妄为，已严重威胁清王朝的统治。平定三藩之战是康熙为消除三藩割据势力而进行的一场国家统一战争。这场战争历时八年，地域波及十几个省，规模巨大，最终康熙取得了平叛的胜利。

撤藩要反，不撤藩也要反

清王朝基本统一中国后，各支八旗劲旅陆续返回京城。而吴三桂、尚可喜、耿精忠三人留在了各自的领地，镇守一方。他们的势力越来越大，已逐步摆脱了清廷的控制，成为称霸一方的独立王国。康熙一直把三藩视为心腹大患，总想利用时机限制他们的兵权，削弱他们的势力。终于康熙等来了一个大好时机。公元1673年3月，尚可喜请求告老还乡，返回辽东。康熙答应了这个请求，并要求他撤销藩兵返回祖籍。康熙帝同意尚可喜撤藩的诏令，牵动了吴三桂和耿精忠，迫使他们不得不考虑自己的问题。两人也请求了撤藩。实际上，他们只是在试探朝廷的态度。当时朝廷大臣意见不一，索额图等人认为下诏撤藩，势必会引起反叛，所以提出了反对撤藩的意见。只有户部尚书米思翰、兵部尚书明珠、刑部尚书莫洛等少数人主张撤藩。康熙经过慎重思考，认为藩镇久握重兵，现在撤也反，不撤也会反。不如先发制之。于是康熙帝顺水推舟，将计就计，同意将二藩撤离，要求吴三桂所属的官兵家人全部撤移。这下使吴三桂大失所望。本来吴三桂认为自己功高位尊，与尚可喜情况不同，皇上不会夺其王爵，没想到反被康熙借机削权。但他不甘心就此罢休，所以一面假装服从安排，一面积极准备叛乱。十一月二十一日，吴三桂串通心腹，杀死云南巡抚朱国治，发布反清檄文，自称“天下都招讨兵马大元帅”，公开发动了叛乱。吴三桂为了扩大势力和影响，打出了“复明”的旗号，欺骗人民。实际上，正是吴三桂勾结清兵入关，才使明朝灭亡，所以反清复明的幌子，反而成为当时天下有识之士的笑柄。在吴三桂的煽动下，慑于他的威势，不少明朝降清的文臣武将蚁附到他的旗下，一时间，分裂割据势力非常嚣张。

从水路运米运粮

康熙为了控制局势，平定叛乱，连下数道谕令，采取了一系列措施。为了稳住福建、广东的局势，集中精力打击吴三桂，还停撤了耿精忠和尚可喜二藩。从平叛战争的一开始，康熙就认为三藩之中吴三桂是主要的敌人，而把夺取他的战略基地云南，视为关系全局成败的关键。经过三年的作战，吴三桂兵败陕、甘、闽、浙等省，左、右两翼已被剪除，湖南主战场的侧后受到了严重威胁。清军对湖南形成包围之势，已把握了战略主动权。公元1678年8月，吴三桂突然病发而死，他的孙子吴世璠被拥立为帝。吴三桂的死，对叛军影响极大，康熙更是借此来加强对叛军的心理瓦解。康熙要求各路将军大臣，罪魁祸首吴三桂已经死了，对待他部下要从宽处理，要尽量进行招降。果然叛军纷纷投降，清军夺下了岳州城。岳州的失守使叛军在湖南的根基彻底动摇了。湖南的叛军个个成了惊弓之鸟，不战自溃。

兵部

▲吴三桂颁布的兵部票　清

康熙二十年四月，赵良栋奉命到云南与先前到达的清军会师。这时清军已围困昆明半年之久。尽管叛军不少将领率部投诚，但由于清军在离城40里处安营，一面临昆明湖，一面靠山，湖中没有部署兵力切断叛军的水路，所以叛军依旧可以从水路运米运粮。所以清军的围困是围而不死，难以造成致命的打击。赵良栋到达昆明后，主张将围困范围缩小，并在昆明湖内设置封锁线，截断叛军的补给线。这一招果然奏效，很快城中的粮草就接济不上了。吴世璠被迫派兵出城，在归化寺一带与清军展开激战，最终被清军击败。清军乘势从四面向昆明城发起猛攻。此时，城内军心动摇，内部矛盾重重，吴国柱等将领迫于清军声威浩大，准备将吴世璠擒拿交给清军，吴世璠走投无路，自杀而死。历时8年的平叛战争，宣告胜利结束。

雅克萨自卫还击之战

雅克萨自卫还击之战，是康熙朝时期我国军民被迫进行的一次驱逐沙俄侵略者，收复被占领土的战争。由于清政府采取了以武力驱逐的正确方针，派出正规清军进驻黑龙江地区，并以军事斗争、政治斗争和外交斗争有机地结合，终于取得了抗俄战争的胜利。特别是两次雅克萨之战的胜利，还促成了中俄尼布楚会议的召开，并签订了合理划分中俄边境的《尼布楚条约》。

2000多斤的重型大炮

17世纪60年代，沙俄侵略者盘踞我国领土雅克萨，并四处扰掠，严重威胁我国边境的安全。清廷在平定三藩之乱以后，收复雅克萨便成为清政府面临的一个刻不容缓的任务。公元1685年2月25日，康熙下达了进军雅克萨的命令。由彭春率领的清军分水陆两路从瑷珲出发，进抵雅克萨城下。攻城中清军的红衣大炮发挥了巨大的威力。红衣大炮是中国自制的重型火炮，其中有一种型号是康熙帝亲自命名的，叫作“神威无敌大将军”，这种火炮重2000多斤，炮弹重6—8斤，装火药3—4斤，射程远，威力大。一发发的炮弹射向城堡，俄军难以抵抗。万般无奈下只好向清军乞降。彭春等人接受了俄军的投降，并遵照康熙帝“勿杀一人，俾还故土”的谕旨，给予投降俄军宽大待遇。700多名俄国人携带着除大炮以外的武器和个人财物离开了雅克萨。巴什里等45名俄国士兵不愿回俄国，还被获准留居在中国。第一次雅克萨之战胜利结束。清廷收复雅克萨的战略目标完全达到。但沙俄的侵略本性不改，不久之后他们又卷土重来，重新占领了雅克萨。

▲《玄烨戎装图》

俄军中暴发了坏死病

1686年初，康熙再次下令出兵讨伐。这一次清军由于火器不足和缺乏有效的攻城器械，所以无法攻下坚城。但清军将领改变了攻城策略，改强攻为围困。清军从四面把雅克萨团团围住，俄军困守孤城，处境越来越艰难。早在围城之初，正在塔楼观察战况的托尔布津便被清军炮弹击中右腿，四天之后因伤势过重不治而亡。别伊顿继任为俄军统领。在清军严密包围下，雅克萨城内的俄军几乎断绝了与外界的联系。尼布楚督军费拉索夫曾经派隆沙科夫率70名俄军到雅克萨，企图侦察该城情况，捕捉中国俘虏，以确切了解中方意图，但他们根本进入不了城堡，也捉不到俘虏。别伊顿派出的救援人员死里逃生，历时一个月才到达尼布楚，但尼布楚的俄军兵力很少，根本无法给予支援。这时雅克萨城内开始流行致命的坏死病，死亡的人数大量增加。到1686年年底，城堡中原来的826名侵略军大部分战死、病死，只剩下150人。而这些人也大都是坏血病患者和伤员，能值勤的只有30多士兵和15名少年，死神随时都在向他们招手。雅克萨城内的俄军已完全绝望了。

▲神威无敌大将军炮　清

即便在这种情况下，清政府仍一如既往地寻求和平解决争端的途径。清政府抱着寻求和平的愿望，提出中俄双方各派出官员前往雅克萨，命令各自部队就地停止军事对抗。这个合理的建议竟遭到沙俄先遣信使的拒绝，维纽科夫用种种借口，拒绝派人到雅克萨宣布停战命令，却要求清军既解除对雅克萨的围困，又要撤离该地区，而让俄军继续留驻在雅克萨。清政府为了促成中俄两国政府间的正式谈判，实现两国间的和平，决定作出让步，实行单方面撤兵。维纽科夫再也找不到借口，只得同意派人前往雅克萨。1687年8月19日，当康熙接到俄国谈判使者已到达边境的奏报时，为了促使谈判能够早日举行，立即下令清军全部撤离雅克萨。至此，历时一年多的第二次雅克萨之战，由于中国主动地单方面撤军而宣告结束。雅克萨之战的胜利，沉重地打击了沙俄侵略者，遏止了沙俄对我国东北地区的进一步侵略。

清平定准噶尔叛乱之战

清平定准噶尔叛乱之战是清政府为了保卫边疆的安宁，反击沙俄的侵略，对准噶尔部封建主噶尔丹所进行的一场战争。清政府平定准噶尔贵族叛乱，消除了西部边疆的分裂割据状况，加强了对西部边疆地区的管理，进一步促进了全国的统一。平叛之后，清政府废除了准噶尔游牧封建贵族所实行的农奴制统治，促进了西部边疆地区社会经济的发展。清政府平定准噶尔贵族叛乱的胜利，对侵略成性的沙俄也是一个沉重打击，客观上起到了维护国家统一和领土完整的积极作用。

上万只骆驼躺在地上

准噶尔部是中国蒙古族的一支。噶尔丹取得准噶尔的统治权后，一反其父兄抗击外来侵略、捍卫民族主权的立场，而逐渐走上与沙俄相勾结的道路。公元 1690 年 6 月，噶尔丹在俄国的支持下，以追击漠北蒙古为名，大举进犯漠南。

▲乌兰布通古战场

康熙帝召集大臣宣布他决定亲征噶尔丹。他认为噶尔丹气势汹汹，野心不小，既然打进来，非反击不可。公元 1690 年，康熙帝分兵两路：左路由抚远大将军福全率领，出古北口；右路由安北大将军常宁率领，出喜峰口，康熙帝亲自带兵在后面指挥。

右路清军先接触噶尔丹军，打了败仗。噶尔丹长驱直入，一直打到离北京只有七百里的乌兰布通。噶尔丹得意洋洋，还派使者向清军要求交出他们的仇人。康熙帝命令福全反击。噶尔丹把几万骑兵集中在大红山下，后面有树林掩护，前面又有河流阻挡。他把上万只骆驼，缚住四脚躺在地上，驼背上加上箱子，用湿毡毯裹住，摆成长长的一个驼城。叛军就在那箱垛中间射箭放枪，阻止清军进攻。清军用火炮火枪对准驼城的一段集中轰击，炮声隆隆，响得震天动地。驼城被打开了缺口。清军的步兵骑兵一起冲杀过去，福全又派兵绕到山后夹击，把叛军杀

▲北征督运图

得七零八落，纷纷丢了营寨逃走。

噶尔丹一看形势不利，赶快派个喇嘛到清营求和。福全一面停止追击，一面派人向康熙帝请示。康熙帝下令说：“快进军追击！别中了贼人的诡计。”果然，噶尔丹求和只是缓兵之计，等清军奉命追击的时候，噶尔丹已经带了残兵逃到漠北去了。

> **清王朝前期的民族关系与民族政策**
>
> 清朝灭明后，一方面在北方军事要冲地区，凭借明长城或设置柳条边加强防守；另一方面鉴于明亡国的教训，决定不再兴筑长城。因此，他便改变统治的政策，采取以重视德化及人心向背的“怀柔”政策，以拉拢蒙、藏各族的上层王公贵族，利用宗教信仰，用思想统治的办法代替浩大的长城工程。这项政策包括优给廪禄、减免徭赋，封以爵位官职，保证他们的世袭权利。规定他们轮流到北京或承德觐见皇帝，观光赐宴，待遇优渥。特别重视蒙古族上层，强调“满蒙一体”，以皇室子女和他们通婚联姻等。

走投无路，服毒自杀

噶尔丹回到漠北，表面向清朝政府表示顺服，暗地里却重新招兵买马。还扬言他们已经向沙俄政府借到鸟枪兵六万，将大举进攻。在此情况下，康熙帝决定第二次亲征。

康熙帝的中路军到了科图，遇到了敌军前锋，但东西两路还没有到达，这时候，有人传说沙俄将要出兵帮助噶尔丹。随行的一些大臣就有点害怕起来，劝康熙帝班师回北京。康熙帝气愤地说：“我这次出征，没有见到叛贼就退兵，怎么向天下人交代；再说，我中路一退，叛军全力对付西路，西路不是危险了吗?”

康熙帝决定继续进兵克鲁伦河，并且派使者去见噶尔丹，告诉他康熙帝亲征的消息。噶尔丹在山头一望，见到康熙帝皇旗飘扬，军容整齐，连夜拔营撤退了。噶尔丹带兵奔走了五天五夜，到了昭莫多正好遇到费扬古军。昭莫多原是一座大树林，前面有一个开阔地带，历来是漠北的战场。费扬古按照康熙帝的部署，在小山树林茂密的地方设下埋伏，先派先锋四百人诱战，边战边退，把叛军引到预先埋伏的地方，清军先是下马步战，听到号角声起，就一跃上马，占据了山顶。叛军向山顶进攻，清军从山顶放箭发枪，展开了一场激战。费扬古又派出一支人马在山下袭击叛军辎重，前后夹击。叛军死的死，降的降。最后，噶尔丹只带了几十名骑兵脱逃。

隔了一年，康熙帝又带兵渡过黄河亲征。这时候，噶尔丹原来的根据地伊犁已经被他侄儿策妄阿那布坦占领，他的左右亲信听说清军来到，也纷纷投降，愿意做清军的向导。噶尔丹走投无路，就服毒自杀了。清政府又重新控制了阿尔泰山以东的漠北蒙古。

镇南关之战

镇南关大捷是公元 1884 年中法战争中，清军在广西镇南关大败法国侵略者的战役。年近古稀的老将冯子材亲自上阵，手持长矛与敌白刃格斗，重伤法军指挥官尼格里，将法军逐至郎甲以南。镇南关大捷使清军在中法战争中转败为胜，振奋了民族精神。

“用法国人的头颅，重建我们的门户”

1883 年，法国向越南侵略，并以越南为跳板，向中国发动了侵略战争。1885 年，广西前线的清军在清政府投降路线的影响下，军心涣散，全线瓦解，镇南关为法国侵略军占领。法军统帅尼格里派人在废墟上插块牌子，狂妄地写道：“广西的门户已不再存在了!”镇南关周围的我国群众针锋相对，在关上奋笔直书：“我们将用法国人的头颅，重建我们的门户!”在人民群众反侵略热潮的激励下，以冯子材为首的爱国清军积极展开了抗法斗争。

冯子材是广西钦州人，早年曾参加农民起义，后投降清朝，被任为广西提督，1882 年因年老多病还乡。法国的猖狂侵略，激发了他的民族情感，主动重返前线，奋起抗法。冯子材到达前线，一面收集溃兵，稳定军心；一面招募民间丁勇，积极团结其它边防部队，鼓励军民保卫国家，并在距镇南关内十里的关前隘沿着山麓修筑一道三里多的长墙，挖掘长壕，以备攻守。

运输队被打了回去

一天早晨，下起了大雾。冯子材得到报告说：“尼格里趁着大雾来攻城了。”冯子材立刻找来了苏元春、王德榜和王孝祺等将领。他讲了一下自己的作战计划，然后命令各位将领马上分头行动。

尼格里从文渊城出来后，把队伍分成了两路。一路攻打东岭，一路攻打长墙。他们在大炮的掩护下，依靠先进的武器，很快就登上了东岭。洋鬼子们一冲进炮台，便把炮口转向长墙开起火来。炮弹雨点一样落在长墙上，炸得石头砖块乱飞。正面的敌人也端着枪，“哇哇”怪叫着冲了上来。冯子材一面指挥清兵奋勇还击，一面大声鼓励说：“弟兄们，为国报效的时候到了。千万不能让洋鬼子冲过长墙。不然我们还有什么脸去见两广的父老!”这时候，王孝祺领人绕到法军后面发动了猛攻。苏元春冒着猛烈的炮火，冲上了东岭。双方用大炮展开对攻，东岭上炮声隆隆，喊杀声响成了一片。可是，凶猛的洋鬼子并没有被打退。就在这时，法国兵突然乱了起来。原来是有人向尼格里报告，说王德榜率兵袭击了文渊城。往前线送食品弹药的运输队几次都被王德榜打了回去。

70 多岁的老将军冲了上去

冯子材看机会来了，就第一个跳出了长墙，挥舞着大刀朝洋鬼子冲了过去。战士们一见 70 多岁的老将军带头往上冲，也都奋不顾身地杀向敌人。洋鬼子在大刀长矛面前，吓得四散奔逃，尼格里也跟着往后逃跑。打退长墙前的敌人后，冯子材又指挥士兵向东岭冲去。正在东岭上与敌人进行炮击的清军见到这种情况后更加英勇顽强了。在苏元春的带领下，一个个像小老虎似地扑向敌人。法军前后都挨打，只好从东岭上逃了下来。

尼格里把两路败兵集中在一起，还想进行疯狂的反击。忽然，山谷四周传来了一片呐喊声，这声音震得尼格里和法国兵心惊肉跳。他们抬眼一看，只见无数人像湖水一样从四面八方涌了过来。原来是周围中越两国的老百姓，支援冯子材来了。他们手里拿着各种武器，有刀枪，有棍棒，还有干农活用的锄头和铁耙子。尽管武器落后，但他们没有一个怕死的，都不顾一切朝洋鬼子冲去。老百姓像汹涌的大海，把敌人淹没了。冯子材不给敌人喘息的机会，率领清军穷追猛打。接连收复了文渊、谅山、北宁等地，并在激战中把尼格里击成重伤。法军士气沮丧又疲惫不堪，代理尼格里指挥的爱尔明加下令毁坏各种军用物资后，弃城而逃。清军和黑旗军继续追击，又在谷松、威坡、长庆重创法军，缴获各种枪炮弹药不计其数，法军第二旅团精锐悉数被歼。镇南关大捷，扭转了中法战争整个战局。法国茹费理内阁因此倒台。

不败而败的战争

中法战争促使法国茹费理内阁倒台。公元 1885 年 6 月 9 日，李鸿章与巴德诺签订了《中法新约》，结束了战争。李鸿章认为以往战争失败后讲和，对方会盛气凌人，谈判中漫天要价，提出苛刻的条件，如今战争胜利后谈和，对方不敢提出过高要求，于是李鸿章竟然采取胜利后不是“乘胜前进”，而是“乘胜即收”，屈辱求和，与法国订立《中法新约》，使法国在战争失利的情况下，仍然达到了侵略目的。

中日黄海海战

甲午战争爆发后，日本海军按原定作战计划，准备在黄海寻歼中国北洋海军。1894年9月17日，中日海军在黄海北部海域相遇，遂爆发了近代世界海战史上所罕见的一次海战。这场海战对整个甲午战争的进程产生了重大影响。由于北洋舰队在此后不敢再战，使日军基本上掌握了黄海制海权，为下一步登陆辽东半岛创造了条件。北洋舰队虽然在海战中失利，但海军官兵奋勇拼杀的精神仍值得后人称颂。

陷入了消极自保的被动局面

丰岛海战以后，日本海军增强了战胜中国海军的信心。联合舰队接到日军大本营关于击破中国舰队的命令后，便加紧海上搜索，随时准备与北洋舰队进行决战。而北洋舰队由于受李鸿章“保全坚船为要”的束缚，始终不敢寻敌决战，因而陷入了消极自保的被动局面。

9月17日上午10时30分，北洋舰队正准备起锚回航旅顺时，发现日本舰队自西南驶来，丁汝昌随即命令舰队起锚迎战。北洋舰队开始成“并列纵阵”以每小时5海里的速度向西南方向航进。日舰则以第一游击队“吉野”“高千穗”“秋津洲”“浪速”4艘速度最高的巡洋舰为先锋，伊东祐亨则乘旗舰“松岛”，率领本队“千代田”“严岛”等舰跟进。本来北洋舰队采取的是交错配置的“夹缝雁行阵”出战，但由于旗舰“定远”航行速度过快，“济远”“广甲”等舰未能及时跟上，阵形因此成为半月形。

开足马力撞击日军旗舰

激战开始后，北洋舰队重创日本比叡、赤城、西京丸诸舰。但北洋舰队中致远舰亦受重伤。日舰随即调整作战队形，第一游击队掠过北洋舰队右翼以后，又向左作了180度的回航，企图利用其航速快、便于机动的优点，与本队互相配合。但本队旗舰“松岛”发出信号令其归队，它只好调头回航。于是，北洋舰队主力舰只对准第一游击队右侧后方，猛烈炮击。第一游击队刚刚追上本队，又见“西京丸”发出救援“比睿”“赤城”的信号，只得再次向左作180度回航。继而驶向北洋舰队的西侧。与此同时，本队已绕至北洋舰队的背后，与第一游击队形成夹击之势。这样，北洋舰队便陷入了腹背受敌的不利境地，队形更加混乱。

战斗过程中，丁汝昌身负重伤，由右翼总兵“定远”舰管带刘步蟾代替指挥。北洋舰队大部分官兵都能英勇战斗，奋不顾身。在混战中，“致远”舰多处受创，船身倾斜，弹药将尽。管带邓世昌见“吉野”十分猖狂，毅然下令开足马力，准备用冲角撞击“吉野”，与敌同归于尽。“吉野”慌忙躲避，并发射鱼雷。“致远”不幸被鱼雷击沉中，锅炉爆炸。邓世昌等250名官兵壮烈牺牲。

“吉野”只剩下一具躯壳

北洋舰队的“靖远”“来远”因中弹过多，力不能支，退出了战斗，在大鹿岛附近紧急修补损坏的机器，抢修完毕后，又重新投入战斗。“靖远”帮带大副刘冠雄见“定远”号旗桅杆断裂，不能升旗指挥，建议管带叶祖珪代悬信旗集队，指挥各舰绕击日舰。并调出停泊在港内的“镇南”“镇中”等舰前来助战。于是“平远”“广丙”及鱼雷艇也都返回。这时，日旗舰“松岛”已经瘫痪，“吉野”也只剩下一具躯壳，丧失了战斗力，其余日舰也都伤亡惨重，不能再战。又见北洋舰队重新集队，伊东祐亨便于17时40分左右下令撤出战场。北洋舰队稍事追击，于是收队返回了旅顺。

北洋海军的覆灭

光绪二十一年正月初八，威海卫陷落，诸舰相继沉没，十二艘鱼雷艇全部被掳。正月十三日，北洋海军副提督英国人马格禄和顾问美国人浩威勾结部分将领，煽动兵勇水手哗变，逼丁汝昌降敌。丁汝昌宁死不从，并下令沉舰毁台，部属拒不从命。十八日，丁汝昌与将领刘步蟾、张文宣等自杀殉国。威海卫内所剩舰艇和其他军械都落入敌手。至此，李鸿章经营约二十年、耗资几千万两白银的北洋舰队全军覆没。

这次海战，历时5个多小时，其规模之大，时间之长，为近代世界海战史上所罕见。战斗中，日海军“松岛”“吉野”“比睿”“赤城”“西京丸”5舰受重伤，死伤600余人。而北洋舰队的“致远”“经远”“超勇”“扬威”被击沉，“广甲”逃离战场后触礁，几天后被自毁，共伤亡近千人。北洋舰队的损失虽然大于日军，但亦给日舰以重创。

抗击八国联军的天津之战

抗击八国联军天津之战，是以义和团为主体的反抗外来侵略的战争，从1900年6月15日开始到7月14日结束，历时1个月。期间，发生了老龙头火车站争夺战、紫竹林租界攻坚战和八里台保卫战等一系列战斗，最后虽然八国联军攻破了天津，但义和团勇敢顽强的战斗精神，充分显示了中国人民反抗外来侵略的决心和勇气。

火牛踏响了地雷

1899年前后，在山东、河南等地，民间有一个秘密组织，就是义和拳。他们练习拳棒，传授武艺，并以散布传单等形式，进行反清活动。因外国传教士的活动越来越猖狂，义和拳开始转向打击教会侵略势力。之后，义和拳改名为义和团，并提出了“扶清灭洋”的口号。由于形势的逼迫，慈禧太后要利用义和团抵抗外来侵略者，所以，清政府承认了义和团的合法性。

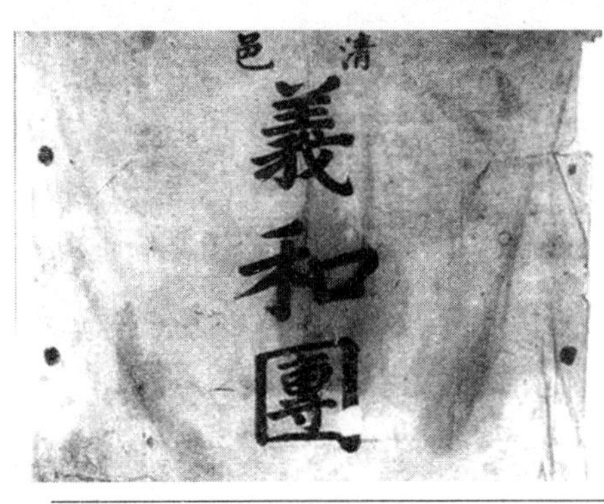

▲义和团团旗

八国联军攻占大沽之后，大规模地向北京的门户天津进犯，联军的战略意图是夺取天津，保证紫竹林租界的安全，并以天津为根据地，进而占领北京。为了阻止联军入侵，清军与义和团首领商议，决定向租界的北面、西面、西南面发起攻击。义和团首领张德成率领的“天下第一团”从西面发起猛攻。当时，八国联军从大沽登陆后，陆续向这个租界集结。联军在通往租界的路上边走边埋设地雷，想阻止义和团的追击。张德成就找来几十头黄牛，在牛尾上系好浸透煤油的棉絮，然后点燃，驱牛上阵。火牛踏响了地雷，吼叫着冲向租界。这样，不仅打通了道路，还引燃了租界里的多幢建筑物。八国联军被吓得惊慌失措，到处乱窜。义和团跟随火牛冲进租界，向乱窜的敌人猛杀猛砍，侵略军死伤累累，损失惨重。

“主战”变成了“主和”

义和团及清军实施的“三面进攻之计”，取得了一定的战果，使联军进一步陷入“欲进不能、欲退不得、疲惫已极”的境地。但腐败的清政府不但不激励军民继续奋勇杀敌，扩大战果，反而急于求和。7月8日，清政府任命了两广总督李鸿章为直隶总督兼北洋大臣，宋庆为帮办北洋军务大臣，为求和作准备。害怕财产和商务毁于战争的天津富商们，趁机奔走相告，一时和议之声传遍前线，这样就大大影响了军民的抗敌意志。武器简陋的义和团，在连日进攻作战中，被清军胁迫“充先锋当前敌”，伤亡很大。宋庆率部到达天津后，见慈禧已由“主战”变为“主和”，就借故下令屠杀义和团，使抗击联军的力量大大削弱。联军则由于大沽援军不断到达，开始由防御转入进攻，于是战争形势急转直下。

▲义和团在街头宣传

用炸药炸破了城门

7月12日，租界内的联军已有1.7万人，大炮40门。他们见清军的进攻已经停止，便准备进攻天津城。联军决定由俄国海军总司令阿列克谢也夫任攻城总指挥。分两路攻打天津城。当时清军没有坚守防御的准备，大部分驻守在城外各地，城内驻军很少。而且清军的建制杂乱无章，既没有统一的指挥，又没有协同的部署。12日夜里，白河东岸和西岸的俄、英、美、日、法各军，向天津城发起进攻。法军炮击了城东北壕墙外的火药库，引起爆炸，俄军乘机强攻清军北侧阵地。军心已经涣散的清军纷纷向北郊溃退。驻扎在城外的2万多清军不但不迎击敌军，反而也临阵脱逃。而天津前线的最高指挥官裕禄，在城破前和宋庆一起到了天津的远郊。14日，日军派工兵用炸药炸破南城门，攻进城内，义和团及民众同侵略军展开巷战，终因装备简陋，火力悬殊，被迫后撤。当天下午，联军占领了天津，他们洗劫了全城，奸淫烧杀，无恶不作。在城内抗击联军的义和团大部分惨遭杀害。天津之战，八国联军死伤900多人，是联军发动侵华战争以来伤亡最多的一次。联军攻占天津后，使津沽之间完全连成一片，摆脱了被动局面。

近代战争——外国篇

从世界史来看，近代是指从1640年英国资产革命到1917年俄国十月社会主义革命前这一历史时期。英国工业革命后，人类在战争中开始使用线膛枪炮，这标志着人类近代战争的开始，这时的军队形成了步兵、骑兵、炮兵等多兵种组成的合成军，此阶段持续了二三百年。

英国内战

在英国资产阶级革命期间，发生了两次国内战争。它是以新兴资产阶级为首的广大社会阶层反对君主专制和封建制度的武装斗争，是17世纪英国资产阶级革命即欧洲范围内的第一次革命的主要的、也是最高的斗争形式。在内战中，以克伦威尔为代表的革命领导人创建了新型军队，并在实践中创造了一套新的战略战术，在欧洲军事史上写下了光辉的一页。英国内战的结果是把封建专制的代表查理一世处以死刑，成立了资产阶级共和国，宣告资本主义制度的诞生。

内战背景

17世纪中期，英格兰处于通过资本主义生产方式迅速改革经济的时期。然而，先进的资本主义生产力与封建主义生产关系之间产生了不可调和的矛盾。到17世纪40年代初。这种根本的矛盾导致革命形势在英格兰迅速发展，并最终为斯图亚特王朝国王查理一世的反动政策所激化。

查理一世为英格兰前国王詹姆士一世的儿子，于1625年继位。他目光短浅，甚至对本国内十分复杂的政治形势一无所知，但却固执地继续执行詹姆士一世的专制主义政策，导致议会与国王之间的彻底决裂。

随着英格兰资本主义经济的迅速发展，新贵族和资产阶级的实力不断增强，于是他们要求废除封建专制，获得政治权利。新贵族与资产阶级在国会中逐渐形成与专制王权抗衡的反对派，国会与国王之间的矛盾继续恶化。1628年，国会通过了限制王权的议案，并且重申未经国会批准不可任意征收税款，无法律依据或法院判决不得随意逮捕任何人。此时的国王查理一世为了获得国会的拨款，不得不批准这一议案。然而，当国会抗议国王随意征税时，查理一世便于1629年下令解散国会。此后十几年中，王权与国会尤其是与广大群众之间的矛盾日益尖锐。1640年11月查理一世被迫重新召开国会，这也标志着英国革命的开始。

1642年1月，查理一世避开革命形势高涨的伦敦，北上约克城组织自己的保王军，准备通过武力镇压国会与广大群众的“叛逆”行为。8月22日，查理一世在诺丁汉树起了王军旗帜，公开宣布讨伐国会的叛乱分子，英国内战爆发。

内战爆发

1642年1月3日，王室检察官提出以叛国罪逮捕包括皮姆在内的数名议员，议会拒绝引渡。次日，国王亲自带兵去议会逮捕议员，议员们闻讯后及时躲藏起来。查理一世在途中遇到了许多准备用武力捍卫议会的人民群众。

此时的英格兰，分为两个阵营：国王阵营和议会阵营。两个阵营都在分别集结力量。国王决定，收回过去违心所做的种种让步，而议会则因为日益高涨的人民运动要求采取坚决的行动，已经无法和国王做任何妥协了。1642 年 8 月，国王正式对议会宣战。9 月，议会便成立了一支 2. 4 万人的军队，还有沃里克和费尔法克斯指挥的 2 万多人。

▲英国内战时的轻骑兵

英国内战初期，议会军占据很大优势，几乎所有比较重要的海港都掌握在议会手中，因而能够控制海上交通；由于占据着伦敦，所以人力资源及物质资源都比国王要充足得多。但是，国王的部队十分强悍。

内战的第一阶段从 1642 年开始至 1646 年结束，可分为两个部分：第一部分从 1642 年至 1644 年夏，军事主动权主要掌握在国王军队手中，而议会军队则处于防御地位；第二部分从 1644 年夏至 1646 年，军事主动权完全转移到议会军队一方。

1642 年 10 月 23 日，国王军队与议会军队在埃吉山进行了第一次大规模的交战。此次交战双方都没有取得决定性胜利，但已经可以明显看出国王军队的骑兵部队占有很大优势，同时，也暴露出议会军队战斗力太差。

第二年 9 月，王军兵分三路进攻伦敦，首都再次告急。伦敦民兵组织 4 个团同议会军一起挫败王军的进攻，伦敦再次转危为安。但王军控制了五分之三的国土，议会军处于被动。

克伦威尔组织起“东部联盟”军队 1.2 万人，在 1643 年的东部几场战斗中连战连胜。

1644 年夏，第一阶段内战已经发展到第二部分。7 月 2 日，两军在约克附近的马斯顿交战，由于议会军队将领克伦威尔的卓越军事指挥才能和他所率领的“铁骑军”的英勇顽强，议会军队再次获得了辉煌的胜利，俘获了国王军队大批战俘和战争物资。

英国内战时期的军服

内战时期议会军以滑膛枪手和长矛兵混合组成的步兵连队为主要战斗力。由于双方军队的军服极为相似，为区分敌我，议会军与国王军分别用黄、红醒目的饰带作标识。长矛兵的主要作用是掩护没有护甲装束的滑膛枪手能安全、迅速地装填弹药，其战衣是在红上衣外穿厚铁板制成的胸甲和用铁板条钉成的甲裙，头戴鸡冠状高顶铁盔。议会军的军曹一般手持犁枪。滑膛枪手的军服基本上保留了当时市民的日常服饰，即带帽檐的软帽、红色军上装、中长裤和亚麻布长筒袜，脚蹬褐色皮鞋。

查理一世被送上断头台

马斯顿荒原之战是英国内战的转折点，它扭转了议会军连连失利的局面，从此掌握了战争主动权；同时，这次会战也是克伦威尔一生的转折点，他对取得会战的胜利起了决定性作用，他的部队从此也以“铁骑军”闻名全国。

议会军总司令埃塞克斯等人消极怠战，引起了以克伦威尔为首的独立派的极大不满，12月，议会下院通过《自抑法》，规定议员不得担任军职；第二年1月又通过《新模范军法案》，决定建立一支由议会拨款、骑兵占三分之一的2．2万人的新模范军，任命托马斯·费尔法克斯为总司令，统一指挥全部军队。

国会议员克伦威尔被任命为议会军的副总司令和骑兵司令。此后，克伦威尔身兼两职，在军队中代表议会，在议会中代表军队。

6月13日晨，议会军召开作战会议，克伦威尔率“铁骑”600名前来会师。当天黄昏，查理一世得到军情通报：鲁普特的部分兵力被议会军队逐出了纳斯比。国王立即召集紧急作战会议，决定立即应战。14日，国王将所有兵力在哈尔波罗以南展开。

纳斯比距哈尔波罗以南约10多英里，其四周开阔，中间是丘陵，其中有一个丘陵位于东法恩登村与阿克生登马格拉村之间，由阿斯特里爵士指挥的国王军队的步兵就部署在此。上午8时，鲁普特亲自策马来到克里普斯特村南的高地上，发现议会军队正在全线后撤。他马上命令阿斯特里率兵前往灰山待命。阿斯特里放弃了预先构筑好的防御阵地，率兵前往灰山。

费尔法克斯命令全军取道克里普斯特，直接向哈尔波罗挺进。但出发后不久，便发现国王军队并没有继续撤退，反而向哈尔波罗以南开进。克伦威尔立即向费尔法克斯建议全军向磨山开进，占领磨山这个较好的阵地。费尔法克斯采纳了这个建议，命令全军向相反方向运动。当先头部队正由将领斯基朋负责集结时，克伦威尔奉命由山地的北坡向南坡移动，目的是想迷惑对方，使其意料不到议会军队的企图以及将取何种部署。所以，鲁普特以为议会军队是在全面撤退，因而放弃了良好的防御阵地，匆匆忙忙开进。

早上10时，国王军率先进入开阔的荒地，并开始向对面的山脊方向开进。与此同时，议会军已攀上了顶峰。两军激战随即展开。突然，议会军队左翼的将领依里特被枪弹击中，受了重伤，左翼失去指挥，立即发生了混乱。鲁普特看到议会军队左翼乱作一团，立即指挥部队冲锋，将依里特的骑兵逐出了战场。并一直追到纳斯比村，但遭到掩护部队强大、密集的火枪攻击，鲁普特被迫后撤。

在中央方面，双方步兵前进到短兵相接的距离开始进行肉搏战。在拼死格斗中，议会军队中央方面的将领斯基朋受了重伤，部队随之混乱，并开始后撤。在这关键时刻，克伦威尔亲自率领3600名骑兵冲下山坡，迎头拦住对面而来的南格达里指挥的骑兵并与其厮杀起来。国王军队一时间军心大乱，溃不成军。

克伦威尔并未穷追不放，而是命令3个骑兵团去继续追歼后退的敌人骑兵，而他本人则将战旗一挥，调集其余兵力向中央靠拢，像一把利剑，迅速楔入敌军中央阿斯特里所部暴露的左翼。

国王军队彻底被击败，而议会军队获得了纳斯比战役的绝对胜利。国王军队损失惨重，死伤1000多人，被俘5000多人，8000套兵器、120面军旗、40桶火药、12门大炮以及全部辎重也都被议会军所缴获，甚至连国王的私人文件以及国王给王后的信件草稿和剧本也都被议会军收缴。

第一阶段的内战取得胜利后，议会阵营内部长老派与独立派之间的斗争不断出现。两者之间的矛盾也日益尖锐。议会长老派早在1647年2月就迫使国会通过解散军队法案，引起广大军官和士兵、群众的强烈不满。

▲克伦威尔像

8月6日，以克伦威尔为代表的独立派与小资产阶级激进“平等派”联合，在伦敦群众的支持下，率军开进首都，许多长老派议员仓皇出逃，于是独立派掌控了国会的实权。

正在这时，国王查理一世逃出了国会军大本营，并与长老派和苏格兰人勾结到一起，于1648年2月在西南部起兵叛乱，第二阶段内战爆发。

议会军先后在威尔士和东部平息了王党叛乱，并在1648年8月17日同支持国王的苏格兰军队进行了著名的普雷斯顿会战。克伦威尔首先向苏格兰军左侧的国王军兰代尔部发起猛攻，兰代尔率领两部依托有利地形进行顽抗，同时请求汉密尔顿增援。但汉密尔顿的援军迟迟未到。两军经过4小时的激战，最终议会军击败王军。

克伦威尔率军乘胜追击苏格兰军，先击溃了里布尔河右岸的敌军，随后继续渡河追击。18日晨，议会军在距普雷斯顿15英里处的威根追上苏格兰军，并立即率部插入敌阵，将敌后卫部队切割成数段，分而歼之。19日，国会军继续追歼苏格兰军。克伦威尔同汉密尔顿在沃林顿附近进行了自苏格兰军入侵以来最激烈的战斗。克伦威尔夺取了山隘和默西河上的一座桥梁，苏格兰军退路已断，大部分被迫投降。8月25日，汉密尔顿走投无路，于是向议会军将领兰伯特投降。至此，第二次阶段的内战以英国议会军粉碎苏格兰军和王军的进攻宣告结束。1649年1月30日，查理一世被处死刑，5月成立英格兰共和国。

英国内战是一次英国资产阶级新贵族与封建专制王权之间的战争。通过此次战争，英国的封建腐朽势力受到沉重的打击，专制王权被推翻，新贵族与资产阶级在国家政治生活中确立了统治地位。

英国内战在英国军事史上占有重要的地位，主要的表现在：战争中创立的新模范军是新型的资产阶级军队，是英国历史上第一支正规陆军；克伦威尔以骑兵实施远途奔袭和成功地使用骑兵横队战术作战，则是骑兵战术上的创新. 对后来的战争产生了重要影响。

英荷战争

英荷战争是17世纪50～70年代，英国为了打败日益发展的商业竞争对手荷兰，并力求保住刚刚建立的海上优势和争夺殖民地，曾三次挑起对荷兰的战争。通过三次战争，英国进一步建立了海上优势，维护了海上利益，而荷兰的经济和海军实力却都受到了削弱。

荷英之间不可调和的矛盾

16世纪后期到17世纪前期，荷兰经过了长达80年的战争，击败了西班牙，最终赢得了民族的独立，并且进行了资产阶级革命，走上了资本主义的发展道路。

17世纪上半叶，荷兰人创建了世界上一流的商船队伍，荷兰商人的足迹遍及五大洲每个角落，荷兰也因此被称为“海上马车夫”。与此同时，荷兰人还大力推行海外殖民扩张政策，获取了广大的海外殖民地，这使得其他资本主义列强产生忧虑和不满，尤其是英国。在16世纪晚期推翻了西班牙的海上霸权后，英国打破了西班牙与葡萄牙的殖民垄断局面，逐渐发展成为非常强大的殖民主义国家。如此一来，英国与荷兰殖民两大强国的斗争就不可避免。

激烈的海上争斗

1652年5月29日，布莱克率英国舰队正在多佛尔海峡巡逻，突然与荷兰舰队相遇。布莱克坚持让荷兰人下降军旗并向英国国旗致敬。面对这种无理要求，荷兰人断然拒绝。英国舰队恼羞成怒，开炮轰击，击沉了荷兰军舰2艘，英荷大战爆发。

英荷战争的初期，双方交战的主要地区为多佛尔海峡战区（包括北海）和地中海战区，其中更多的是在多佛尔海峡交战。英舰队司令布莱克针对荷兰对外的咽喉多佛尔海峡制定了战略：即控制多佛尔海峡和北海，切断荷兰与外界的一切联系，迫使荷兰人投降。为此，他采取了集中强大舰队、拦截通过海峡的一切荷兰船只的战术。他还派出舰队到苏格兰北部袭击荷兰东印度公司的运输船，到北海捕获和击沉荷兰的捕鱼船，甚至深入到波罗的海，破坏荷兰与东欧之间的海上贸易。这种战略战术对荷兰经济是致命的打击。荷兰军由海军上将德·赖特指挥。他制定的战略就是以强大的舰队为商船护航，强行通过海峡，确保与外界的联系。

1652年8月26日，赖特率领荷兰舰队保护通过英吉利海峡的荷兰商船。英国派出40艘军舰及5艘纵火船对其进行阻击。双方在普利茅斯港外展开了战斗，赖特奋勇作战，终于将英舰队击败，使荷兰商船队成功地通过了海峡。10月8日，英国舰队在布莱克指挥下，在北海给荷兰捕鱼船以沉重打击，使之损失惨重。荷兰舰队司令德·赖特不顾兵力和火力都弱于英国的现实，向布莱克发起攻击。10月8日，双方在泰晤士河口外的肯梯斯诺克相遇。双方混战了2天2夜，最终英国舰队大获全胜。

1653年2月28日，在波特兰以西海面，荷兰舰队同英国舰队再度相遇，双方进行了一场惊心动魄的海战。战争整整进行了3天，荷兰方面有11艘战舰被击沉或被俘获，30艘商船也被击毁或缴获，阵亡近2000人，而英国方面仅损失1艘船，伤亡1000人。英国海军重新获得了对海峡和北海水域的控制。

1653年6月12日，荷兰舰队动用104艘军舰，从荷兰本土的基地出动，企图打破英国海军的包围封锁。英国方面，由蒙克和迪思率领115艘战舰应战，双方力量基本相当。战斗开始时，双方陷入混战，相持不下。8月10日，为了打破英军封锁，荷兰孤注一掷出击。双方在希赫维宁根又展开激战，荷兰损失15艘战舰，伤亡4000人，仓皇撤退。此战以后，在北海和海峡地区，荷兰舰队元气大伤，再也无力出击了。

▲英、荷两军战船在海域上发生激战

与此同时，荷兰在地中海战区集中了强大的兵力，拥有数量众多的军舰，明显处于有利地位。1652年8月28日，厄尔巴岛的英国分舰队与优势的荷舰队交战，结果被荷兰舰队击溃。1653年3月13日，荷兰把英国分舰队诱出了基地，英舰除1艘外，全被击沉或俘获，荷兰海军控制了地中海。尽管荷兰海军在地中海控制了制海权，但荷兰无力再战，被迫向英国求和。荷兰被迫支付约27万英镑赔款，同意在英国水域向英船只敬礼，英国可以与远东通商。荷兰还割让了圣赫勒拿岛。

荷兰屡次战败后，一直在寻找时机报复。10年后，机会终于到来。1663年8月，德·赖特率8艘战舰收复了西非被英国占领的据点。1665年2月22日，荷兰正式向英国宣战。双方宣战后，由于冬季气候条件不利于海战，因此直到次年初才正式交战。1665年6月13日，英荷两国舰队在英格兰东海岸外的洛斯托夫特进行了海战。洛斯托夫特海战后，荷兰舰队一时元气大伤。

英荷战争中的海战

英荷战争是在海上进行的。海战对海军的技术装备和海军学术的发展曾起了很大的促进作用。在战争进程中，已经制订了舰队的体制：舰队下辖分舰队，分舰队又辖有若干纵队；确定了战列舰、巡洋舰等军舰为新的舰种。海战的战术也有很大的变化：战争初期实际上还没有战斗队形，战斗只不过是单舰格斗（炮击和接舷战），到了战争后期，双方都已广泛地使用一路纵队，舰只成一路纵队进行炮战，这已成为海战的主要方法，从而促进了海军炮兵日臻完善和不断发展。

英国成为最终的胜利者

1661年1月，法国、丹麦先后与荷兰结成反英同盟，并向荷兰提供了各种援助。英国的战略优势逐渐丧失。经过冬季休战后，春夏之交双方又恢复了战斗。在短短的几个月内，双方连续展开了五次大小海战，双方互有胜负。从1665年秋起，英国境内鼠疫大流行，国内死亡人数剧增，陷入混乱。1666年6月1～14日，德·赖特率领荷兰舰队，再次与英国舰队进行了激战。这一仗，是英荷战争中最大的一场海战。英国有17艘战舰被击沉，官兵阵亡8000人，被俘3000人，其中有2名将军和12名舰长阵亡。而荷兰海军仅损失6艘战舰，伤亡2500人。7月1日，双方再次展开激战，英国10艘军舰被击沉，其余大部分军舰丧失了战斗力，死伤1700人，被俘2000人。荷兰的损失较轻。

▲一艘英国战船（悬挂白旗）向获胜的荷兰人投降

8月4日，德·赖特准备率荷兰舰队沿着泰晤士河逆流而上进攻英国首都伦敦，英国舰队出海与荷兰舰队决战。这一仗，英军获胜。

8月8日，英国霍尔姆斯率一支小型分舰队攻打荷兰弗利兰岛，意外发现此处隐藏着大量的荷兰商船。英国舰队经短暂的战斗烧毁了两艘出来迎战的小型荷兰军舰，随后放火焚烧了150多艘荷兰商船，这就是著名的“霍尔姆斯篝火”。荷兰此次遭受的损失超过了整个战争期间荷兰损失的总和。

1666年9月10日，罕见的大火在伦敦烧起，整整烧了4天4夜，伦敦繁华的商业中心、无数的楼房、教堂、宫殿、工场等都被大火烧成灰烬。火灾给英国经济以沉重打击。英国已无力再战，从1667年1月开始，与荷兰就恢复和平举行谈判。

1667年6月19日，荷兰舰队乘涨潮之际冲入泰晤士河，沿途的英国船只不是被击中起火，便是相撞沉没。荷兰战舰直闯英国腹地，是战争史上的奇迹。

1667年，英荷两国签订《布雷达和约》，英国对《航海条例》进行了修改，使之有利于荷兰，在海上贸易权方面做了让步，把南美的苏里南归还给荷兰，荷兰则放弃了在北美的殖民地。

▲路易十四战胜荷兰军队的情景

1667年，荷法战争正在进行，根据英王查理二世与法王路易十四之间的密约，英国介入。于是，英荷战争又起，但它实际上是荷法战争的一个组成部分。1673年8月，廖特尔指挥的荷兰舰队在特克塞尔附近击溃英法联合舰队。但是，随着战争的进程，法国凭借海战的胜利加上陆地上的优势，取得了战争的胜利，荷兰无力再战。同时，由于法国国内财政困难以及害怕英国再度参战瓜分胜利果实，便与交战各方谈判，双方于1679年2月5日签订了《奈梅亨和约》，规定1667年签订的《布雷达条约》继续有效，法国得到德国和荷兰的阿尔萨斯、洛林、弗莱堡等地的领土。一场持续20年的战争终于结束。

英荷战争是一场海上的争霸战争，前后持续长达20多年。在战争中，尽管荷兰在军事上并未输给英国，但是纵观整体，英荷战争却极大地削弱了荷兰的实力，导致荷兰在经济、贸易、海运等方面的实力大降。荷兰这个“海上马车夫”将海上的霸权输给了英国，此后，英国充当海上霸主长达两个世纪，并为其缔造“日不落帝国”的辉煌奠定了基础。

俄国和瑞典的北方战争

1700 年—1721 年，俄国为夺取波罗的海出海口而发动了对瑞典的战争，史称北方战争。战争的结果是俄国从此称霸波罗的海，而瑞典则从此衰退，从欧洲列强的名单上消失。

战争准备

留里克王朝在 17 世纪初灭亡，俄罗斯历史上的“混乱时期”由此开始了。王位的觊觎者之一舒伊斯基与瑞典人结盟。瑞典人利用混乱局面将军队开进了诺夫哥罗德，并占领了俄罗斯西北部。新的罗曼诺夫王朝在莫斯科登基后，俄罗斯与瑞典签订了合约，根据和约，涅瓦河沿岸成为瑞典的一部分。因为瑞典在涅瓦河的领土阻断了俄罗斯通往波罗的海的商道，使得俄罗斯与欧洲分割开了。

彼得大帝统治开始后，由于他所受的欧洲式教育，渴望恢复与欧洲的联系，最近的道路就是通过涅瓦河进入波罗的海。因此对瑞典控制的波罗的海虎视眈眈，两国之间的冲突日益加剧，战事一触即发。1699 年彼得大帝借着波罗的海沿岸各国与瑞典发生冲突，与萨克森、丹麦结成了“北方同盟”，对瑞典的战争也提到了日程。

纳尔瓦战役

战争初始阶段，彼得一世的作战计划是夺取波罗的海出海口，预定攻击的第一个目标是瑞典要塞纳尔瓦。1700 年 9 月 2 日，彼得一世率部从莫斯科向纳尔瓦开进，俄军在纳尔瓦外围集结，并构筑平行壕。双方兵力火力对比，俄军都占优势，然而，俄军不敢贸然出战，迟迟按兵不动。瑞军率先攻击，双方交战，俄军军官率先投降，俄军惨败，退守诺夫哥罗德。纳尔瓦失利后，彼得一世从这次战争中受到启迪，他加紧建立正规陆、海军，发展军事工业，准备再战。查理十二世认为俄军已经失去了再战的实力，就率军进入波兰。

▲1700 年纳尔瓦战役场景

建新都圣彼得堡

查理十二世亲率主力攻进波兰，华沙、克拉科夫等城镇很快被攻陷，并迫使波兰国王奥古斯特二世退位，另立波兰国王。

1701 年，彼得一世趁着瑞军攻击波兰的时候，再次对波罗的海沿岸发动进攻。1702 年，俄军相继夺占许多地区，并在涅瓦河上大兴土木，建立新都圣彼得堡。圣彼得堡位于波罗的海出海口，是战略要地，俄国从此获得了通往西方的海上通道。

1703 年瑞典国王查理十二世最初听说彼得在涅瓦河口建设防御设施时并未引起重视，他甚至说："让沙皇为建设城市而操劳吧，我们只保留占领这个城市的荣誉。"瑞典由此失去了反攻的大好机会。

▲1709 年，瑞典军进攻波尔塔瓦，该年 7 月 6 日，两军进行大决战。

波尔塔瓦会战

1704 年俄国再与波兰签署《纳尔瓦条约》，诱使波兰出兵参战。查理十二世已经察觉到俄国的意向，决定抢先进攻俄国，以防俄国壮大。他首先制服波兰，以防其与俄国左右夹击瑞典，再与哥萨克人缔结同盟，在准备妥当后，他于 1708 年 1 月亲率瑞典军从波兰进逼俄国。

虽然，查理十二世所率领的瑞典军人数众多，但由于俄军采取坚壁清野的策略，而且瑞典军因长途行军已呈现疲态，因此只得待在乌克兰等待援军，但彼得大帝却亲自统率俄军的精锐部队拦截瑞典援军。

1709 年，在乌克兰，瑞典军没有办法立足，只有进攻波尔塔瓦，以求出路，却被彼得大帝亲率俄军驰援所阻。该年 7 月 6 日，两军进行大决战。波尔塔瓦会战是北方战争的转折点，从此瑞典不再有能力与俄国争霸。

> **波尔塔瓦会战**
>
> 瑞军摆开战斗队形，开始出击，俄军首先以骑兵迎击。双方在前沿阵地展开激战，俄军依托工事，牵制杀伤敌人，为俄军主力出击争取了时间。瑞军进攻受阻，一部向波尔塔瓦森林逃窜，被俄缅希科夫部追歼；另一部撤至俄军阵地右前方森林地带。双方经重新部署后的短促交战，立即投入白刃格斗。瑞军右翼部曾一度突破俄军中部，俄军实施有力的反突击，堵住缺口。俄军骑兵包抄瑞军两翼，对其后方造成威胁；瑞军动摇，从退却变为溃逃。瑞军伤亡近万，数千被俘。7 月 11 日，瑞军残部约 1.6 万人在佩列沃洛奇纳不战而降，查理十二世带少数随从逃入土耳其。

俄土战争爆发

波尔塔瓦会战后，俄国和土耳其之间的关系紧张起来。查理十二世战败后逃至土耳其，并说服了苏丹向俄国进攻，俄土战争爆发。

俄军被逼暂停进攻瑞典，但与土耳其作战的俄军仍因兵力薄弱被土军包围。1713 年，彼得大帝迫于无奈，对土耳其作出妥协，与其签订和约。因土耳其已与俄国议和，查理十二世被迫退却。

1714 年，俄国的波罗的海舰队大败瑞典舰队，迫使瑞典军撤出芬兰，查理十二世招架不住，万般无奈之下，只得向俄国求和。

俄国称霸

1718 年，俄、瑞开始议和，但查理十二世在挪威前线中弹身亡，瑞典新女王在英国影响下拒绝和谈。这样，俄国和瑞典之间的战争重新开始。

1720 年，俄海军在格雷厄姆岛附近大胜瑞典舰队，多次在瑞典沿海登陆，直逼首都斯德哥尔摩。1721 年夏，俄海军再败瑞典舰队。9 月，瑞典已经没有了和俄国再战的实力。俄、瑞双方在芬兰签订和约，结束战争。从此，俄国人得以自由地进入波罗的海。战后，俄国枢密院奉彼得一世以“大帝”尊号，沙皇俄国正式称“俄罗斯帝国”，成为欧洲列强之一。

争夺西班牙王位继承权

1701 年—1714 年，英、法、荷、奥等国围绕西班牙王位继承问题展开了激烈的斗争，史称西班牙王位继承战争。这是因为西班牙哈布斯堡王朝绝嗣，法国的波旁王室与奥地利的哈布斯堡王室为争夺西班牙王位，而引发的一场欧洲大部分国家参与的大战。然而这只是表面现象，深层的或最主要的原因则是诸列强借王位继承问题进行了一场空前规模的殖民地大掠夺，并且主要斗争矛头指向的是法国。

王位继承权的瓜葛

15 至 16 世纪时，西班牙曾经称霸欧洲，其后在三十年战争后渐渐没落，而欧洲新兴的列强，如英国、法国、荷兰等均对西班牙的领土存有觊觎之心。

1700 年 11 月 1 日，西班牙国王查理二世去世，没有子嗣承继王位。按照亲属关系，既可由哈布斯堡王朝的人继承，也可以由波旁王朝的人继承（因查理二世属于哈布斯堡王朝旁系，但他又是路易十四的内弟）。由于法国积极的外交活动，查理二世的遗嘱要把王位传给路易十四的一个孙子安茹·腓力普。路易十四为此十分高兴，因为，当时的西班牙除其本土外，还拥有意大利的大部分、西属尼德兰（今比利时），以及遍布美洲、亚洲、非洲的辽阔土地。这就是说，法国得到西班牙王位继承权，也就意味着将有更多的殖民利益将被法国攫取。

▲奥地利的欧根亲王，他是西班牙王位争夺战中最杰出的指挥家。

这引起了奥地利哈布斯堡王室的不满，他们认为西班牙的王位应该由同是哈布斯堡王室的奥地利大公查理（即后来的皇帝查理六世）继承，因此他们积极寻找同盟，以期对法宣战，并夺回西班牙的王位。最后，英国、荷兰、奥地利以及德意志境内的普鲁士结成同盟，他们决定联合攻打法国。从 1701 年起，西班牙王位继承战争爆发。

战争经过

奥地利军队同法国军队于 1701 年 8 月在未宣战时已于意大利的亚平宁半岛上部署。1702 年 5 月反法同盟正式对法国宣战后，双方部队正式开战。1702 年－1704 年，双方在意大利、西班牙和海面上不断发生战事。战争初期，法军在欧陆的进展颇为顺利，尼德兰、意大利、西班牙和德意志境内部分地区在法军的猛烈攻击下相继陷落。

1704 年 7 月，英军攻占直布罗陀。8 月，英国马尔伯勒公爵统率大陆军进军巴伐利亚，在那里与奥地利欧根亲王的部队会合，随后取得布仑汉会战的胜利，挫败法军进军奥地利的企图，扭转了战局。1706 年 5 月，英军在拉米伊再败法军。同时，英国盟军也在其他战线取得了胜利。9 月，欧根率军大败包围都灵的法军，使盟军收复了整个意大利北部地区。

在西班牙，盟军则成功地抵御了法军对巴塞罗那的进攻，并趁法军混乱之机，从葡萄牙出击的高尔韦军于 6 月底占领了西班牙首都马德里。1707 年，英、奥海军一度围困土伦港。

此后，英、奥陆军继续配合作战，在 1708 年的奥德纳尔德会战和 1709 年 9 月的马尔普拉凯会战中，先后击败法国军队。

战事结束

战争进行了几年，至 1710 年，反法盟军虽然有着兵力上的优势（盟军共有 16 万人，法军只有 7.5 万人），但却不再主动进攻法国。这是因为欧洲国际局势发生了新的变化：1709 年俄国军队大破瑞典军队。英国害怕俄国强大会破坏欧洲均势，因而在反法战争中变得消极起来，背着他的盟友首先向法国伸出了和平之手。从 1711 年起，英国政府的秘密代表便来到了法国，建议签订没有荷兰人参加的单独和约。接着，便进一步举行谈判，谈判是在秘密的情况下进行的，英国正式外交官员对谈判的情况也不知晓。

1711 年 4 月，神圣罗马皇帝约瑟夫去世，他没有后裔，于是，查理大公即皇帝位，为查理六世。这样一来，如果反法盟军击败法国，神圣罗马皇帝必然要继承西班牙王位，欧洲均势面临破坏的危险。英国为了保持欧洲均势，下决心结束这一旷日持久的战争。

战争对法国的影响

西班牙王位继承权争夺战，结束了法国在西欧的霸权地位。根据和约，法国将早先侵占的西班牙在北美的部分领地划归英国，法国还割让一些地方给奥地利和荷兰，撤回驻洛林的军队。根据和约，法国的腓力普虽保有西班牙王位，但以他和他的后代永不能继承法国的王位为条件，并规定法、西两国不能合并。同时由于在战争中法国屡遭失败，国民经济受到严重破坏，国力大为削弱，盛极一时的法国开始走下坡路了。在路易十五于 1715 年继承王位之后，国力进一步衰竭，年年入不敷出，专制统治最后不得不走向崩溃。

这次战争是以掠夺殖民地为根本目的，具有空前规模的大冲突，其基本特点是：时间长、范围广、规模大；多数交战在夏季进行；注重机动作战，进攻行动的地位更加突出等。这些特点，特别是攻势作战、机动作战对世界军事产生了重大影响。

欧洲两大军事集团争夺殖民地和霸权

1756—1763 年，欧洲两大军事集团即英国 - 普鲁士同盟与法国 - 奥地利 - 俄国同盟之间，为争夺殖民地和霸权而进行的一场大规模战争，史称“七年战争”，战场遍及欧洲大陆、地中海、北美、古巴、印度和菲律宾等地。这次战争对于 18 世纪后半期国际战略格局的形成和军事学术的发展均产生了深远影响。

两大军事集团的形成

七年战争前夕，欧洲各大国之间的关系正酝酿着新的大变动，各种矛盾错综复杂。其中对全局起决定作用的首先是英法矛盾。英国从 16 世纪末叶到 17 世纪 70 年代先后打败西班牙和荷兰，它同剩下的唯一强大对手法国的矛盾迅速上升，两强决战势所难免。其次是普奥矛盾。自从神圣罗马帝国分裂为一系列独立的诸侯国，普鲁士和奥地利最为强大，它们都想成为德意志诸侯国中的霸主，同时由于奥地利哈布斯堡皇室领地西里西亚在两次“西里西亚战争”中被普鲁士占领，两国的斗争日益尖锐化。再次是俄普矛盾。沙皇俄国在 18 世纪初叶打败瑞典而成为欧洲强国之后，继续推行西进和南下扩张政策，并把目标首先指向东普鲁士。普鲁士的日益强大和对外扩张，构成了俄国西进的阻力，两国关系急剧恶化。

在上述背景下，各国都积极争取盟国，孤立对手，纵横捭阖，朝秦暮楚，展开尖锐而复杂的外交斗争。1756 年 1 月 16 日，英、普首先缔结《白厅条约》，规定双方负责在德意志境内维持和平，并以武力“对付侵犯德意志领土完整的任何国家”，矛头直指奥、俄、法三国。鉴于此，俄国决心放弃原先签订的《俄英条约》，于 1756 年 3 月 25 日转向同奥地利结成攻守同盟。稍后，法王路易十五政府于 5 月 1 日毅然与宿敌奥地利签订相互保证的第一次《凡尔赛条约》，双方保证各自提供军队，援助另一方反击任何敌人。

▲普鲁士国王腓特烈

随着两大军事集团的形成，双方都进一步争取同盟者。结果，部分德意志诸侯国以及葡萄牙先后参加英普同盟；瑞典、萨克森和神圣罗马帝国的大多数德意志诸侯国以及西班牙则先后参加法奥俄同盟。

普奥交锋

在欧洲各派力量的分化组合行将完成之际，普鲁士国王腓特烈判断战争已不可避免，从普鲁士所处战略地位考虑，与其等待敌人进攻，不如趁敌人尚未完全准备就绪之机，先发制人，于1756年8月底对萨克森发动突然袭击，七年战争由此爆发。

▲奥军在柯林打败了腓特烈

战争初期，普鲁士一度陷入极其危险的境地。腓特烈在战争中表现出行动迅速而果断，能及时在各条边界各个击破敌人的统帅才能。腓特烈侵入撒克逊，使欧洲各国大为震怒，同盟国决定击败侵略者。奥军在柯林打败了腓特烈，普鲁士被迫撤出了占领布拉格的军队，并撤出了萨克森。同盟国的胜利，大大兴奋了各国的中枢神经，俄国、奥地利、瑞典等国同盟集中了差不多39万人，集中对付腓特烈。

1757年5月，法王路易十五与奥地利又签订了第二次凡尔赛条约，允诺每年给奥地利以300万里弗兰作为支援的代价。7月，法军在取得对普鲁士一场意外的胜利后，开始洗劫普鲁士的城堡。与此同时，俄国已经进入普鲁士，挫败了腓特烈的进攻，打开了通往柏林之路，腓特烈到了极其危险的程度。

腓特烈“愈是在危急的时候，就愈显得他的伟大”（拿破仑语），腓特烈在战场上，纵横捭阖，不断地审时度势，寻找战机。在罗斯巴赫会战中，腓特烈在判明敌人的意图后，果决地下达了他的攻击命令。普鲁士军队抓住敌方暴露出来的前进纵队头部这个侧翼，发动猛烈的攻击。炮兵在会战中发挥了至关重要的作用。当战斗还在进行的时候，炮兵便向溃逃中的联军步兵开火。在炮兵的掩护下，普鲁士军队的7个步兵营，快步前进，支援骑兵，向领先的敌军发动了具有决定性的攻击。当联军步兵被逐回之后，前后挤成了一团，炮火又再度打击在他们的背上，使他们落荒而逃。在罗斯巴赫会战中，普军以微小代价，使联军损失惨重。这次会战，使欧洲各国突然认清法国陆军已是腐烂透底了，它昔日的常胜荣光，已经成为遥远的神话。接着，在鲁腾会战中，普鲁士军队以所向披靡、摧枯拉朽之势，给奥军以毁灭性的打击。普鲁士也变成了欧洲最强大的军事力量。

▲战役结束后，普军押着俘虏，挥舞着缴获的军旗，接受腓特烈的检阅。

法俄参战

1758年，反普同盟诸国总兵力进一步增加，但由于战略指导上缺乏全局观念，作战行动不协调的情况严重存在，普军仍然占据上风。但由于解冻期已过，俄军又重新西进。

普军不得不北上迎战俄军。普俄两军展开血战，打成平手。普军在休整期间，于10月间遭到奥军突然袭击，伤亡惨重，与战争初期相比，实力已明显下降。

1759年的战争又以俄军的西进为前奏。由于俄军已占领东普鲁士，因而在战略上作出调整，准备同奥军会合，攻克柏林。普军亦以俄军为主要目标，7月间在法兰克福东南截住俄军，但战败。8月，俄奥两军在法兰克福会师。为防俄奥联军进攻柏林，普军集结兵力再次前往阻截，双方展开了著名的库纳斯多夫会战，结果普军失败。这场会战使1759年成了七年战争的转折年，普军统帅腓特烈对战争前途产生了悲观情绪。只是由于冬天的来临，俄奥联军才未对普军采取进一步行动。

战争的军事影响

七年战争对军事学术的重大影响主要在于，它暴露了当时欧洲军队盛行的分兵把口式的“警戒线战略”和以威胁敌军补给线为主要目标的“机动战略”，以及呆板的线式战术的缺点。随着各国经济承受能力的提高，军队人数增大，火力加强，后勤补给制度也不单靠补给线，这些新的历史条件，呼唤着集中兵力，以歼灭敌军有生力量为主要目标的决战战略和便于利用地形地物发挥火力，保存自己的比较灵活的战斗队形和战术。从七年战争的某些会战胜负原因中，可以看出几十年后法国革命战争和拿破仑战争中日臻完善的决战战略和疏开队形的端倪。

1760年，俄奥联军在战略上产生分歧。俄军主张攻打柏林，而奥军则急欲夺取西里西亚，于是两军又各自为战。10月间，俄军乘奥军与普军周旋之机，曾一度偷袭柏林得手，后在普军主力回救时放弃。普军在解除柏林危急后，调头迎战奥军，双方在萨克森境内举行托尔高会战，普军勉强取胜，从而度过了艰难的1760年。

1761年，普军依然面临三面受敌的困境：法军威胁汉诺威，俄军伺机进攻，而奥军则占领了西里西亚。下半年，俄军主力南下同奥军会合，帮助奥军在西里西亚取得一系列胜利，使普军在全线的防御岌岌可危。

由于南北两线的相继失利，普军在战略全局上几乎陷入绝境。但这时发生了一个偶然的但对战争全局产生重大影响的事件，这就是俄国女皇病死，其外甥彼得三世继位。此人有一半普鲁士血统，从小在普鲁士长大，是俄国统治集团中亲普势力的总代表。他继位后，俄国立即退出战争，将所占土地归还普鲁士，并转向同普鲁士结盟。普鲁士由此免于彻底覆灭的厄运，有的历史学家称此为“勃兰登堡王室的奇迹”。

▲七年战争中的普鲁士士兵

海上争夺

在海上和殖民地，英法两国进行了激烈的争夺。1756年4月，法国海军击败英国舰队占领北美的梅卡诺岛。1758 年，英军攻占布雷顿角，包围路易斯堡，7 月路易斯堡投降。第二年 9 月英军攻占魁北克。

▲一名普鲁士军官正在率领自己的手下袭击奥地利部队。

1759 年，法国舰队在拉古什和基伯龙被英舰队消灭，1760 年英国占领整个法属加拿大；1761 年，英国占领法国在印度的殖民地。

至 1761 年，英国在海上完全取代法国，处于绝对优势。法国只保留几个贸易据点。在西非，英军占领塞内加尔的戈雷岛。在西印度群岛，英军击溃法西联军，占领马提尼克、格林纳达和圣卢西亚诸岛。法国被迫媾和，1763 年 2 月 10 日英法签订《巴黎条约》，欧洲以外战事结束。

叶卡捷琳娜女皇扩大俄国版图

在俄国历史上，叶卡捷琳娜女皇与彼得大帝齐名，她建立了人类历史上空前绝后的庞大帝国。1762年，彼得三世被杀，叶卡捷琳娜迅速登上俄国沙皇的宝座，从此大刀阔斧，实行革新，掌控与操纵这个以男性为主的世界达30多年之久。因治国有方、功绩显赫，其才干与名气闻名海内外，成为俄国人心目中仅次于彼得大帝的一代英主。被尊称为“叶卡捷琳娜女皇”。叶卡捷琳娜女皇最大的成就在俄国的领土扩张上，这也是她对历史的主要影响。她曾豪情万丈地说：“假如我能够活到200岁，全欧洲都将匍匐在我的脚下！”她发动了三次瓜分波兰，两次对土耳其的战争和一次对瑞典的战争。1789年法国资产阶级革命爆发后，力图组织反法联盟，积极参与欧洲君主国镇压法国革命的行动，在俄国历史上开创了干涉欧洲革命的先例，使俄国成为欧洲宪兵。

三次瓜分波兰

在波兰问题上，叶卡捷琳娜女皇采用循序渐进、步步为营的策略，首先在1763年操纵波兰选王会议，将她的情夫扶上波兰王位。面对严重的民族危机，部分波兰贵族掀起爱国革新运动，以便加强中央政权，维护国家独立，这些行为最终引起了外国的干涉。

为反对波兰和土耳其，俄国 、普鲁士于1764年4月结成同盟。1767年6月，俄军入侵波兰。第二年2月 ，波兰部分贵族领导抗俄武装斗争 。10月为防止俄国向巴尔干扩张 ，土耳其对俄发动战争 。奥地利与土耳其于1771年7月订立军事同盟。普鲁士也拒不履行《俄普同盟条约》。为摆脱外交上的困境，俄国放弃独霸波兰的计划，同意普鲁士国王腓特烈二世提出的瓜分波兰的主张。1772年8月，俄、普、奥三国在圣彼得堡签订瓜分波兰的条约。白俄罗斯和拉脱维亚的一部分被俄国占领了。

▲豪情万丈的叶卡捷琳娜二世

波兰中小贵族和新兴的资产阶级代表于18世纪80年代再次掀起爱国革新运动，1791年，通过《五三宪法》，宣布废除自由选王制和自由否决权。1792年，俄军长驱直入波兰，占领华沙，波兰战败。俄、普两国在圣彼得堡签订瓜分协议。俄国得到西乌克兰、白俄罗斯和立陶宛的一部分。

经两次瓜分后，波兰面临着最后灭亡的危险。1794年3月，波兰举行民族起义，屡胜俄军。叶卡捷琳娜本来想为她的情夫保留一个傀儡王国，但波兰救亡起义风起云涌，在联合普奥两国镇压了波兰起义后，为免夜长梦多，决定第三次瓜分波兰，使这个国家彻底从地图上消失。三次瓜分波兰后，俄国共分得46万多平方千米的土地。

叶卡捷琳娜对俄国版图的贡献

叶卡捷琳娜时代可以说是俄罗斯帝国的第二个强盛期，帝国在南方和西方得到相当大的新版图。通过与奥斯曼帝国之间的俄土战争，俄国取得了黑海的出海口，并将其势力伸入巴尔干半岛；虽然奥斯曼帝国没有被俄国完全赶出欧洲，但已不再是俄国的严重威胁了。在西方，俄国则趁着波兰国势日虚之际，与普鲁士、奥地利瓜分了波兰。

俄土战争

彼得大帝统治时期，没有实现打通黑海出海口的愿望，土耳其始终是沙俄的头号假想敌。但叶卡捷琳娜时代对土耳其的战争进行得超乎想象的顺利。

1768年，在俄国挑唆下，土耳其主动对俄国展开攻击，本来被认为是一场势均力敌的较量，却呈现出俄国一边倒的优势，在多瑙河、克里木、高加索和爱琴海四条战线大获全胜，在1774年的和约中，土耳其除了割地赔款之外，还被迫承认克里木汗国独立（后为俄国吞并），并承诺黑海的出海口任由俄国商船自由出入。

土耳其自然不肯善罢甘休，双方都在备战。俄国与奥地利结盟，土耳其与瑞典结盟。1787年，土耳其舰队偷袭了巡逻的俄舰，俄军歼灭了土军。

奥地利于1788年对土耳其宣战，土耳其舰队被俄海军击败。同年瑞典对俄宣战，双方在达霍格兰岛海域交战，双方不分胜负。同时，瑞典陆军进攻圣彼得堡，但很快由于军队发生哗变导致计划破产，没有对俄国造成威胁。

▲1770年，在切斯马海战中，俄罗斯舰队击败了土耳其的一支舰队。

1789年，俄奥联军击败土军夺取福克尼沙，土军主力企图夺回福克尼沙，苏沃洛夫指挥俄奥联军在雷姆尼克击溃土军，俄军乘胜攻占宾杰拉，夺取摩尔多瓦。

俄国和瑞典两国于1790年再度议和。俄国集中进攻土军，土军大败。1792年，俄土签定和约，土耳其承认俄国兼并克里木和格鲁吉亚。这次战争俄国作了充分准备，实现了称霸黑海的野心，获得了黑海不冻的出海口。曾经不可一世的奥斯曼土耳其帝国沦为了任人宰割的羔羊，其中叶卡捷琳娜起了巨大的作用。

美国独立战争

美国独立战争是英属北美13个殖民地（美国独立后称州）反对宗主国压迫、争取民族解放的革命战争，是小国战胜大国、弱国战胜强国的典型战例，是一个伟大的历史事件。这场战争从1775年至1783年，持续8年之久，最终以英国在北美殖民统治的破产和北美殖民地的独立而告终。

美英战争爆发

1756～1763年英法两国争夺殖民地的“七年战争”结束后，英国不但成了海上霸主，同时还拥有北美及印度等幅员广大的殖民地。然而，这个最强盛的殖民帝国面临着长年征战造成的债务问题。为此，英国政府大幅度提高了国内税收，并决定向殖民地征税，以减轻自己的负担。为了继续与美洲印第安人的战争以及防范法国卷土重来，英国决定在北美建立一支1万人的军队，所需经费由北美殖民地承担。1765年到1774年，英国又先后颁布了“印花税法”、“唐森德关税法”、“茶叶税法”和“强制法”，加强了对北美13州殖民地的剥削和压迫。

形成于北美殖民地的美利坚民族不愿再接受英国的殖民统治，奋起反抗，与英国殖民军发生了武装冲突，走上了与英国殖民当局决裂、争取民族解放和独立的道路。1774年9月，第一次殖民地大陆会议在费城召开。在来自弗吉尼亚州的代表华盛顿等的极力主张下，大陆会议决定对英国实行“三断”：断绝输入、输出和消费关系。英国国会获悉后，当即宣布美洲殖民地“叛变”，派兵前往镇压。

1775年4月19日，英军袭击波士顿附近的列克星敦和康科德的军火库时，遭到了殖民地民团的伏击，美国独立战争至此掀开序幕。

▲波士顿民兵与英军展开正面交锋

华盛顿率军迎战强敌

1775年5月10日，第二次大陆会议在费城召开。会议决定成立大陆军，并任命乔治·华盛顿为总司令。6月，华盛顿指挥新建的大陆军，在波士顿附近的班克山沉重地打击了英国殖民军。

1776年3月，华盛顿率军围攻波士顿，迫使英军撤离，取得了大陆军成立后的第一次重大胜利。英军不甘失败，拟定了攻打纽约及费城的计划，企图切断大陆军的南北联络线。7 月 4 日，大陆会议发表了《独立宣言》，宣布北美殖民地脱离英国，成立美利坚合众国（简称美国）。新生的美国同时向法国发出了请求援助的呼吁。

> **独立宣言**
>
> 独立宣言是一份于 1776 年 7 月 4 日由托玛斯·杰斐逊起草，并由其它 13 个殖民地代表签署的最初声明北美十三个殖民地摆脱英国殖民统治的文件。独立宣言包括三个部分：第一部分阐明政治哲学——民主与自由的哲学，内容深刻动人；第二部分列举若干具体的不平等事例，以证明乔治三世破坏了美国的自由；第三部分郑重宣布独立，并宣誓支持该项宣言。

1776 年 7 月，英国将军豪乌在英国海军的配合下，率兵 3. 5 万人从哈利法克斯港出发，经海路进攻纽约城。华盛顿率军抵抗，当时他统率的大陆军仅有 1.8 万人，而且武器很差，军需供应不足，没有重炮和海军。纽约城三面临水，难以守卫，于是华盛顿在纽约城近郊和英军对峙几个月，经过几次激战，豪乌以包围行动和强攻相结合，使得华盛顿的军队损失惨重。华盛顿被迫率军撤离纽约，退往新泽西州。

12 月 8 日，华盛顿向西撤退时，部队仅剩 3000 人。后来，华盛顿从被俘的查尔斯·李将军部队的散兵中得到一些兵员作为补充，使其队伍增加到 6000 人。英国将军豪乌击败华盛顿的部队后并没有乘胜追击，为防敌反击，他们从特拉华河到哈肯萨克河之间修筑了一条前哨掩护线，派拉尔上校率领 1300 名士兵守卫这条防线，防线的大本营设在特伦顿，而豪乌回到了纽约。在此情形下，华盛顿决定乘机袭击。12 月 25 日夜，华盛顿率部渡过特拉华河，突袭新泽西州的重要城市特伦顿，一举击毙和俘获拉尔率领的守军 1000 人。接着，在 1777 年 1 月 2 日，华盛顿夜袭普林斯顿，打败了由纽约前来援助的英军。战斗的胜利，鼓舞了殖民地人民的信心，而华盛顿也因这两次胜利扬名。

艰苦作战迎来胜利曙光

▲1776 年 7 月 4 日，在北美的各殖民地代表召开的第二届大陆会议上，代表们通过了《独立宣言》

英国国王大为紧张，与总司令及驻北美指挥官共同制订战略计划，决定以加拿大为作战基地，水陆两路一同出击，兵分三路，包围北部。

1777 年 5 月 6 日，伯戈因率领 7000 人由海上到达魁北克，然后准备进军蒙特利尔，之后再沿哈得孙河向南与南线英军会合。但由于援兵不足，交通运输困难，豪乌决定改变计划，经海上将部队运往费城。伯戈因因此没有得到豪乌的任何回应，于 6 月初在蒙特利尔一带集中了 7200 名士兵，66 门大炮，沿哈得孙河向南进军。

此时，华盛顿增强了哈得孙河上游的兵力，并在善普伦湖以南地区各个城堡派兵布防，还派遣圣克来上校和夏勒尔将军担任指挥。但由于采取分兵把守城堡要塞，造成兵力分散。伯戈因率军在善普伦湖以南登陆，7 月 3 日，突然袭击占据在希望山一带圣克来的一股部队，迫使其向南退却，英军乘胜追击，攻克三座堡垒。7 日，驻扎在这一带的美军奉夏勒尔将军命令全部兵力集中到萨拉托加城进行防御。

伯戈因节节胜利后非常得意，于是决定继续追击，以占领奥尔尼亚。但由于补给不足，运输困难，伯戈因被迫暂时停止前进。29 日，英军继续前进，次日到达爱德华堡，但是运输和补给问题仍然未能解决。伯戈因听说爱德华堡南面约 45 千米的布林顿有一个大牧场，便派 600 名步、骑兵和炮兵去偷袭，以夺取牲畜和马匹。8 月 14 日，他们到达牧场时，得知那一带驻有一支强大的美军，于是立即派人向伯戈因求援。但由于时值大雨而且装备沉重，援军行动缓慢。此时，驻在布林顿的美军发现了英国部队，8 月 16 日，斯塔克率领的1500 名美军，分成三路，一路从中央做正面攻击，另外两路从左右两翼迂回到英军后方。经两个小时战斗结束，英军全营大乱慌忙逃走。美军乘胜追击达 2 千米远。不久，英援兵赶到，马上挥兵向前，企图挽回损失。美军见近 400 名骑兵冲杀过来，纷纷退却，而在附近的另一支美军部队急忙上前迎战。英军受到强大火力的还击，被迫撤退。

在两次战斗中，英军损失 600 人左右。这次胜利影响和后果是巨大的，由此北美人民踊跃参战，美军的实力日益增强，兵力不断增多。为了加强指挥，格提斯将军取代了夏勒尔的职务。

伯戈因率领部队沿哈得孙河两岸的小径向南进发，但处处受到民兵阻击和围追堵截，在弗里曼农庄和贝米斯高地接连受挫后，伯戈因被迫退守萨拉托加。此时，北美洲北部各地民兵和大陆军不断汇集而来，约有 3．6 万余人，于 10 月 10 日下午赶上英军，迅速将其包围。萨拉托加大捷大大改善了美国的战略态势和国际地位，是美国革命战争的重要转折点。伯戈因被迫率领部队 5000 余人投降。

独立战争取得辉煌胜利

1778 年 2 月，美法签订军事同盟条约，法国正式承认美国。法国、西班牙、荷兰先后对英宣战。形势的变化，迫使英军于 1778 年 6 月放弃费城，决心退守纽约。从此，英军陷入困境。不久，法英开战，西班牙也于 1779 年 6 月对英作战。1780 年，俄国、普鲁士、荷兰、丹麦、瑞典等国组成“武装中立同盟”，打破英国的海上封锁，12 月荷兰加入法国方面对英作战。北美独立战争扩大成遍及欧、亚、美三大洲的国际性反英战争，英国陷入空前孤立的境地。在南部战场上，美国大陆军和民兵以游击战和游击性质的运动战与敌周旋，日趋主动。在 1781 年的吉尔福德之战中，英军伤亡惨重，而在大陆军和民兵的持久消耗下，英军渐感力量不支。

1781 年 10 月，大陆军在法军的援助下。从水陆两路将英军包围在约克郡。在美法联军强大炮火的攻击下，8000 英军在负隅顽抗了一星期以后，终于被迫放下了武器。经历了6年半的战争，不可一世的英帝国不得不承认美洲殖民地的独立。

▲华盛顿率军进入纽约城

1783年，英美在巴黎签订和约。英国承认北美13州独立，撤出全部英国军队，并且将密西西比河以东的广大领地割让给新生的美利坚合众国。

美国的独立战争，对整个世界形势产生了极大的影响。从此以后，各殖民地国家的人民为争取民族解放和独立，纷纷开始向殖民统治当局展开不屈不挠的斗争。北美《独立宣言》所宣传的“人民主权”思想，最早推动了18世纪的欧洲资产阶级革命，在当时具有重大的进步意义。

法国大革命

18世纪末，法国大革命是世界历史上一次彻底的资产阶级革命。这场革命从根本上动摇了欧洲封建专制制度的基础，有力地推动了人类历史发展和文明进步。而由法国资产阶级领导的，为推翻封建统治和反对外来干涉所进行的革命战争，则是法国大革命的重要组成部分，它为法兰西共和国的诞生鸣响了礼炮。

革命前夕的法国

18世纪资本主义在法国部分地区已相当发达，金融资本雄厚。资产阶级成为经济上最富有的阶级，但在政治上仍处于无权地位。农村绝大部分地区保留着封建土地所有制，并实行严格的封建等级制度。由天主教教士组成的第一等级和贵族组成的第二等级，是居于统治地位的特权阶级。资产阶级、农民和城市平民组成第三等级，处于被统治地位。特权阶级的最高代表是国王路易十六。特权阶级顽固维护其特权地位。18世纪末第三等级同特权阶级的矛盾日益加剧。在第三等级中，农民和城市平民是基本群众，是后来革命中的主力。资产阶级则凭借其经济实力、政治才能和文化知识处于领导地位。

▲国王路易十六

革命的爆发

1789年5月5日，路易十六在凡尔赛宫召开三级会议，企图对第三等级增税，以解救政府财政危机。第三等级代表则要求制定宪法，限制王权，实行有利于资本主义的改革。6月17日第三等级代表宣布成立国民议会，7月9日改称制宪议会。路易十六调集军队企图解散议会，激起巴黎人民的武装起义。

7月14日群众攻克象征封建统治的巴士底狱。资产阶级代表在起义中夺取巴黎市府政权，建立了国民自卫军。制宪议会此时实际上成为革命领导机关和国家立法机关。在议会中君主立宪派起主要作用。在农民起义的影响下，制宪议会于8月通过法令，宣布废除封建制度，取消教会和贵族的特权，规定以赎买方式废除封建贡赋。8月26日通过《人权与公民权宣言》，确立人权、法制、公民自由和私有财产权等资本主义的基本原则。议会还颁布法令废除贵族制度，取消行会制度，没收并拍卖教会财产。10月巴黎人民进军凡尔赛，迫使王室迁到巴黎，制宪议会也随之迁来。巴黎出现一批革命团体，其中雅各宾俱乐部、科德利埃俱乐部在革命中发挥巨大作用。

1791 年 6 月 20 日路易十六乔装出逃，企图勾结外国力量扑灭革命，中途被识破，押回巴黎。广大群众要求废除王政，实行共和，但君主立宪派则主张维持现状，保留王政。

7 月 16 日君主立宪派从雅各宾派中分裂出去，另组斐扬俱乐部。7 月 17 日他们枪杀在马尔斯校场集会的群众，同时迫使路易十六批准制宪议会的宪法，即实行君主立宪制的 1791 年宪法。制宪议会于 9 月 30 日解散，10 月 1 日立法议会召开。

法国大革命爆发后，欧洲各国君主们视其为洪水猛兽，为置之于死地，结成了反法同盟，宣布支持法国路易十六的君主政体，并在法国周围边境地区集结兵力，做好了战争准备。1792 年 4 月法国向奥、普宣战。

战争开始后，法国人民热情很高，但在新招募的军队组建之前，作战的主力仍是原法军。部署在敦刻尔克至巴塞尔的法军有三个军团，约 15 万人，计划分三路进攻比利时，企图趁奥军尚未充分动员和展开之机，主动出击，先发制人。但由于法军战备水平低，机动能力差，指挥欠协调等原因，4 月 28 日法军北方军团刚越过法比边界与敌军遭遇，就惊慌失措，溃不成军。前线的失败激起了法国人民对国王和君主立宪派的强烈不满。

1792 年 4 月，法国抗击外来武装干涉的战争开始，路易十六的反革命面目充分暴露。立宪派的保守妥协态度愈加不得人心。7 月 11 日立法议会宣布祖国处于危急中，巴黎人民再次掀起共和运动的高潮。1792 年 8 月 10 日巴黎人民第二次武装起义打倒波旁王朝，推翻立宪派的统治。

共和国的建立

8 月 10 日巴黎人民起义后，吉伦特派取得政权。9 月 20 日法国军队在瓦尔米打败外国干涉军。由普选产生的国民公会于 9 月 21 日开幕，9 月 22 日成立了法兰西第一共和国。

▲1792 年 9 月 20 日法国军队在瓦尔米打败外国干涉军，图为瓦尔米激战情景。

吉伦特派执政期间颁布法令，强迫贵族退还非法占有的公有土地，将没收的教会土地分小块出租或出售给农民，严厉打击拒绝对宪法宣誓的教士和逃亡贵族。1793 年 1 月 21 日，国民公会经过审判以叛国罪处死路易十六。

吉伦特派把主要力量用于反对以罗伯斯庇尔为首的雅各宾派、巴黎公社。从 1792 年秋季起，要求打击投机商人和限制物价的群众运动高涨起来。以忿激派为代表的平民革命家要求严惩投机商，全面限定生活必需品价格，以恐怖手段打击敌人。吉伦特派却颁布法令镇压运动。

革命的法国人民把路易十六送上了断头台，这一消息传出，使欧洲各国君主如做了一场噩梦，而法军占领比利时并威胁荷兰。更引起其惴惴不安。原来还在犹豫或保持中立的国家都纷纷参加普奥联盟。1793 年 2 月，以英国为首的欧洲各国结成了第一次反法同盟。3 月，反法同盟军再次入侵法国。共和国四面都受到外敌的威胁。国内也发生大规模王党叛乱。4 月，前线的主要指挥、吉伦特派将领叛变投敌。在革命处于危急的时刻，巴黎人民于 5 月 31 日发动第三次起义，推翻吉伦特派的统治，建立起雅各宾派专政。

雅各宾派专政

新政权面临严峻局面，被推翻的吉伦特派趁机在许多地区煽动武装叛乱。雅各宾派政权联合广大人民群众，采取激烈的革命措施，6 月颁布 3 个土地法令，废除农村中的封建特权，以有利于农民的方式拍卖没收的封建地产，大批农民得到土地。6 月 24 日公布的宪法即 1793 年宪法是法国第一部共和制的民主宪法（由于战争未能实施）。7 月，改组并加强作为临时政府机关的救国委员会。严禁囤积垄断，对投机商人判处死刑；号召人民武装起来保卫祖国。

▲大革命时期奔赴前线的义勇军战士

9 月，国民公会把“恐怖”提上议事日程。革命军下乡征粮打击投机商。国民公会先后颁布嫌疑犯法令和对生活必需品和工资实行限价的法令。10 月底，一批吉伦特派被处决。由于实行这些措施，革命力量加强，形势迅速好转。1793 年底至 1794 年初外国干涉军全部被赶出国土，国内的叛乱基本平息。

随着胜利的取得，“平民方式”的革命完成了使命。以丹东为首的一部分雅各宾派要求停止实行“恐怖”。以巴黎公社副检察长埃贝尔为首的一派则坚持继续加强“恐怖”统治，进一步限制和打击资产阶级。受到两面夹攻的以罗伯斯庇尔为首的执政派，于 1794 年 3 月先后逮捕并处死两派领导人，继续扩大执行“恐怖”政策。

国内反对“恐怖”统治的势力加强，国民公会中占多数的平原派同原丹东派、埃贝尔派以及一切反罗伯斯庇尔的势力联合在一起，于 1794 年 7 月 27 日发动热月政变，推翻雅各宾派专政；7 月 28 日处死罗伯斯庇尔等 90 人。

热月党的统治和督政府

热月党人原是反罗伯斯庇尔的各派人物的暂时结合，并无统一纲领。他们代表在革命中形成的资产阶级暴发户的利益，执政后实行的主要是原丹东派的主张。热月党的主要代表人物废除雅各宾派限制和打击资产阶级的政策，封闭雅各宾俱乐部，使资产阶级解脱恐怖时期的束缚。根据1795年制定的宪法，解散国民公会，成立新的政府机构督政府。

督政府由5个督政组成，其主要领导人是发动热月政变的巴拉斯。督政府一建立就宣布要稳定秩序，但收效不大。1796年，督政府派拿破仑·波拿巴远征意大利，取得重大胜利，军人势力开始抬头。政府通过发行强制公债、增加税收、举办工业博览会等方式，在经济上取得一些成就。

1797年立法机构选举时，许多王党分子当选。督政府为打击王党势力，宣布选举无效。1798年立法机构选举时雅各宾派的残余势力大批当选，督政府再次宣布选举无效，并趁机镇压雅各宾派。这种忽而打击王党，忽而打击民主派的政策，历史上称为秋千政策，反映出政局不稳。

雾月政变

1799年11月9日，拿破仑派军队控制了督政府，接管了革命政府的一切事务。这一天是法国共和历雾月18日，所以，历史上称拿破仑在这天发动的政变为“雾月政变”。第二天，拿破仑把法国议会——元老院和500人院全部解散，夺取了议会大权，并宣布成立执政府。在执政府中，他自任第一执政，大权独揽，开始了为期15年的独裁统治。雾月政变使拿破仑掌握了法国军政大权。

1799年，英国再次组织第二次反法同盟，向法国新占领的地区发动围攻，法国国内反对势力企图发动政变，拿破仑秘密潜回法国，发动雾月政变，建立临时执政府，法国进入拿破仑时代。

拿破仑战争

一个世界性的重要历史人物——拿破仑，从1784年15岁入军校到1799年发动政变，建立以拿破仑为皇帝的法兰西第一帝国，再到他1815年退位，被放逐到圣赫勒拿岛，其整个一生几乎都是在战争中度过的。因打仗有出色的才能而崛起，因打仗失败而跌落。

处于18世纪末和19世纪初一个充满血雨腥风的历史时期，拿破仑似乎命里注定一生要与打仗为伍，他曾率法军先后7次反击以英国、奥地利、普鲁士等国组成的反法同盟，组织指挥过一系列战斗，仅大的战役就达60次左右。拿破仑在上台后同反法同盟进行了一系列战争，称为拿破仑战争。

第二次反法联盟解体

土伦战役后，拿破仑的名声开始为人所知，这次战役为拿破仑一生军事生涯奠定了重要基础。1798年5月，拿破仑率法军远征埃及。同年12月，英国联合俄、奥、葡萄牙、那不勒斯和土耳其等国，结成第二次反法同盟，企图推翻法国督政府，夺回被法国占去的领土。

拿破仑于1799年11月建立军事独裁以后，法国同第二次反法同盟处于战争状态，处境十分困难：当时，拿破仑·波拿巴将军的法国远征军正在对埃及进行远征，苏沃洛夫对意大利和瑞士的远征结束了法国在意大利的统治，在上莱茵河的奥军大有入侵法国之势；英国对法各港口实施封锁。

拿破仑决心击败在北意大利的15万奥军，迫使奥地利退出战争，以扭转局势。另外，可以使英国丧失在大陆上的立足点，迫使其同盟国和谈。秘密集结在瑞士边境上的仑促编成的法国后备军越过阿尔卑斯山进入波河河谷，出现在奥军后方。

1800年6月14日，在拿破仑战争期间的法国同第二次反法同盟国家的战争中，拿破仑·波拿巴指挥的军队与奥地利军队在马伦戈进行了一次交战，奥军在这次战争中遭到惨败，被迫退出意大利。

法奥于1801年2月签订和约。同年10月，法国又分别同土耳其和俄国签订了和约。英国因丧失同盟国，被迫同法国签订亚眠和

拿破仑战争对军事的影响

拿破仑战争对于武装力量建设和军事学术的发展影响深远。随着战争规模扩大，交战双方军队员额猛增，人力和物力消耗空前。拿破仑继承法国革命战争期间所创立的军队和战法，强调以歼灭敌军为作战目标，坚持在决定性时间与地点集中优势兵力，以急行军和快速运动达成突然性，力图通过一两次决战决定胜负。法军摒弃传统的线式战术，创造了纵队与散兵相结合的战斗队形，从而加强了军队的突击力，多次以积极进攻取得以少胜多的战绩。

约。第二次反法同盟解体。

粉碎第三次反法同盟

英法之间的矛盾并没有因亚眠和约而得到缓解。1803 年 5 月英国对法宣战，封锁法国海上贸易。1804 年 12 月，拿破仑称帝，称拿破仑一世。拿破仑企图击败英国，便在布伦地区开始集结法国海军和远征军的兵力。为了建立新的反法同盟，英国展开积极的外交活动。

法国在欧洲的扩张使俄国感到担心，尽管同英国存在严重的意见分歧，俄国还是接受了英国的结盟建议。1805 年 4 月，俄英缔结了圣彼得堡盟约，从而为第三次反法同盟奠定了基础。瑞典、丹麦、西西里王国和奥地利参加了同盟。

1805 年 9 月底，拿破仑将法军 22 万人在莱茵河一线展开，法军乘同盟军分散之机，在乌尔姆战役中将其击溃。抵达战区的俄军陷入困境。俄军司令官巧妙地实施机动，才使其军队免遭合围。但是在奥斯特里茨战役中，俄奥联军又一次受到沉重打击。奥地利遂退出战争，并同法国缔结和约。拿破仑军队的坚决行动导致第三次反法同盟解体，并使法国稳固了在欧洲的地位。

▲1804 年 12 月，拿破仑在登基成为法国皇帝的加冕仪式上的装束。

瓦解第四次反法同盟

俄军在法奥签订和约后撤回本国。但俄国拒绝同拿破仑议和，普鲁士也不愿看到拿破仑在德意志扩张。1806 年 9 月，英、俄、普、瑞典等国结成第四次反法同盟，企图将法军赶出其占领区。

普军骄傲轻敌，没有等与俄军会合就独自冒进，最终遭到惨败。法军乘胜追击，几乎占领整个普鲁士，在普属波兰和东普鲁士与俄军相遇。

两军激战，战争的结果各有损失，未分出胜负。6 月，双方进行弗里德兰会战，俄军失败。法军乘胜进军，俄国求和。7 月，法俄、法普分别签订和约，俄国承认法国在欧洲侵占的土地，法国则承认俄国有权入侵芬兰和奥斯曼帝国，并结盟共同反对英国；普鲁士只保留易北河和涅曼河之间的一些土地。第四次反法同盟随着和约的签订而宣告瓦解。

战胜第五次反法同盟

拿破仑于 1806 年 11 月颁布“大陆封锁令”，封锁英国和欧洲大陆的贸易，但西班牙和葡萄牙拒不执行。1807 年 10 月，法国对葡萄牙宣战，与西班牙签定密约瓜分葡萄牙。11 月法西联军入侵葡萄牙，随后法军占领了西班牙的战略要地。1808 年 3 月占领马德里，随后拿破仑封自己的哥哥为西班牙国王。西班牙军民保家卫国，奋起反抗，7 月 22 日，2 万法国占领军向西班牙投降。

10 月 30 日，拿破仑攻入西班牙，12 月重新占领马德里。西班牙抵抗力量转入游击战，牵制了大量法军。1809 年 1 月，拿破仑把相当庞大的兵力留在西班牙，自己返回法国，因为在中欧正孕育着一场新的战争。英国政府已将奥地利拉入第五次反法同盟。

▲奥地利的指挥官和他们的参谋人员视察阿斯佩恩－艾斯林之战

英奥于 1809 年 1 月结成第五次反法同盟。4 月 9 日奥军不宣而战，结果奥军被打败，维也纳被法军占领。奥军撤退到多瑙河以东摧毁了河上桥梁。法军求胜心切，5 月 21 日渡河时遭到奥军袭击，拿破仑首次战败，损失惨重。7 月 6 日，法奥两军在瓦格拉姆决战，法军击败了奥军，但自身也付出了极大的代价。10 月 14 日，双方签订申布伦和约，第五次反法同盟瓦解。

远征俄国

第五次反法同盟瓦解后，欧洲大陆的大部地区被法国直接或间接统治了。拿破仑帝国从原来 88 个省扩展到 130 个省，人口达 7500 万。欧洲大陆主要国家奥地利、普鲁士臣服于法国，俄国也委屈奉迎以求自保。

拿破仑连年征战给人民带来沉重负担，导致国内阶级矛盾激化。同时，拿破仑的侵略扩张激起欧洲各国人民反抗，唤起了民族意识的觉醒。反法同盟各国乘机发动反拿破仑战争。

法俄两国表面上结盟，但实际上却存在着很大的矛盾，两国在奥斯曼、波兰和中欧地区的争夺十分激烈。为称霸欧陆，拿破仑以俄国破坏“大陆封锁”为由，集结大军于 1812 年 6 月 24 日入侵俄国。

战争刚开始，法军占有很大的优势，俄军被迫退却。9 月 7 日博罗季诺之战后，法军进入莫斯科。俄军总司令库图佐夫率部转移至莫斯科西南，威胁法军后方交通线。俄国军民坚壁清野，开展游击战。拿破仑的处境每况愈下，被迫向沙皇求和，但沙皇决绝和谈。10 月，法军冒着严寒撤退，俄军乘胜追击，法军后卫遭俄军袭击，又遭遇暴风雪，法军损失惨重。11 月 9 日，法军在斯摩棱斯克渡河中遭俄军攻击，损失大量人员、火炮和辎重，12 月 12 日，不足 3 万残兵返回法国，拿破仑的军队主力损失殆尽。这期间，在西班牙，法军同样遭到了惨败，被迫撤出马德里。

对抗第六次反法同盟失利

拿破仑军队在俄国的失败，成为欧洲爆发反拿破仑民族起义的信号。1813 年 2

月，俄、普结盟。英、西、葡、瑞、奥相继加入，结成第六次反法同盟。

1813 年 5 月，拿破仑率新军在吕岑打退俄普联军。8 月，双方进行德累斯顿会战，法军击退联军。10 月，莱比锡会战中，拿破仑被击败。

▲放逐中的拿破仑

1814 年 1 月，联军侵入法国本土。虽然拿破仑连续对联军发起攻击，联军损失惨重，但此时拿破仑已无力进行歼灭战。2 月底，联军进攻巴黎。3 月，联军攻陷巴黎，拿破仑同反法同盟签订条约。4 月 20 日，拿破仑被流放，波旁王朝复辟。

折戟滑铁卢

拿破仑于 1815 年 3 月由厄尔巴岛逃回法国，迅速聚集原来的部队，进军巴黎，重新称帝，并立即组建军队。英、俄、普、奥、荷等国立即成立第七次反法同盟。拿破仑先发制人，向比利时的英普联军发动进攻。反法同盟调集大军，分路进攻法国。

6 月 18 日，威灵顿公爵率英、荷、比利时和汉诺威联军在滑铁卢附近占领阵地，阻击法军。拿破仑以优势兵力率先发起进攻。普军赶到战场参战，法军难以抵挡联军的合攻，开始全面溃退，拿破仑逃离战场。法军战败后，“百日”王朝覆灭。拿破仑于 6 月 22 日宣布退位，被流放到大西洋圣赫勒拿岛，直到病逝。

拿破仑战争延续 15 年之久，其直接后果是反法同盟取得了胜利，封建王朝复辟，但战争动摇了欧洲封建制度的基础，唤起了欧洲民族觉醒，促进了欧洲资本主义发展，欧洲的历史进程由此得到了提速。

拉丁美洲独立革命

在北美独立战争与法国资产阶级革命的革命思想强有力的推动下，拉丁美洲殖民地于18世纪末到19世纪初爆发了规模空前巨大的民族独立运动。其中著名的有杜桑·卢维杜尔所领导的法属海地的革命（1791—1803年），米格尔·伊达尔哥领导的西属墨西哥的民族独立战争（1810—1824年），圣马丁领导的阿根廷、智利和秘鲁的独立战争（1810—1826年）、西蒙·玻利瓦尔领导的委内瑞拉民族解放战争（1813—1819年）、以及葡属巴西人民争取独立的斗争（1789—1824年）等等。

揭开独立序幕

在欧洲大国争霸日趋激烈的大背景下，西班牙和葡萄牙的国力每况愈下，美洲人民风起云涌的斗争像巨浪一样冲击着腐朽的殖民统治。最早起来反对欧洲殖民统治并取得成功的是海地人民。

1791年10月，在加勒比海的圣多明哥岛西部的法属殖民地海地，黑人奴隶首先点燃了拉丁美洲民族独立运动的战斗烈火。在杜桑等的带领下，海地起义军1000余人烧毁了殖民者种植园。1795年杜桑实际上已控制了整个海地，经过10年征战，统一了整个圣多明哥岛。

杜桑1801年颁布了海地第一部宪法，杜桑本人担任终身总统，宣布永远废除奴隶制度，在法律面前人人平等。1803年11月黑人起义军攻陷法军最后一个堡垒，法国侵略军被迫投降。1803年11月29日签署了独立宣言，正式宣布独立，并用印第安语原名“海地”（意为多山的地方）作为自己的国名。

海地是拉丁美洲第一个摆脱殖民统治获得独立的新国家，海地独立战争揭开了19世纪拉丁美洲殖民地民族独立战争的序幕。

多洛雷斯呼声

1810年开始，独立的大旗到处竖起，北起墨西哥，南到阿根廷，独立斗争此起彼伏。拉丁美洲大陆的独立战争如火如荼地开展起来。战争有三个中心，即墨西哥、委内瑞拉和智利。拉美独立运动大致可分为两个阶段。伊达尔哥发动的墨西哥独立战争在第一阶段中规模最大，影响最深。

在墨西哥，殖民统治力量较强，阶级矛盾尖锐。长期被奴役的印第安人和混血种人对西班牙统治者怀有无比的仇恨。19世纪初，拿破仑率军侵入西班牙，西属美洲殖民地人民趁着这个机会宣布起义。

1810年9月16日，在墨西哥北部的一个偏远村落多洛雷斯，几千名印第安人揭竿

而起，发出了“独立万岁！美洲万岁！打倒坏政府”的怒吼。这就是历史上著名的“多洛雷斯呼声”，领导这次起义的是47岁的神父伊达尔哥。

西蒙·玻利瓦尔

西蒙·玻利瓦尔是19世纪初拉美独立运动最杰出的领袖之一。他领导了1810年至1826年期间委内瑞拉、哥伦比亚、厄瓜多尔、秘鲁和玻利维亚等地的独立战争，建立了联合今天委内瑞拉、哥伦比亚和厄瓜多尔的大哥伦比亚共和国及秘鲁、玻利维亚等国家，是南美共和制度的奠基者。委内瑞拉人民尊称他为“解放者”、“民族英雄”。

以“多洛雷斯呼声”为标志的墨西哥独立战争开始了。起义军与西班牙殖民军展开了战斗。起义的领导者伊达尔哥1811年被敌人俘虏，壮丽牺牲了，但他得到了人民对他的尊敬。人民把他发出“多洛雷斯呼声”的日子——9月16日定为墨西哥独立日，尊他为“墨西哥独立之父”，永远怀念他的伟大功勋。1822年成立墨西哥联邦共和国。

独立运动的第二阶段

西属拉美独立战争从1816年进入一个新的阶段，南美成为斗争的重心。南美北部的独立运动是以委内瑞拉为中心的。这个地区的革命运动以及整个南美的解放战争都是和玻利瓦尔的名字分不开的。

西蒙·玻利瓦尔出生在加拉加斯一个克利奥尔人大地主家庭，他从小就受到了启蒙主义的熏陶和影响。后来他又漫游欧洲，足迹遍及西班牙、意大利和法国。百折不挠的玻利瓦尔辗转来到委内瑞拉，经过他领导的一系列战斗，委内瑞拉第二共和国终于诞生了。

在南美大陆的北半部，西蒙·玻利瓦尔领导的独立运动，是19世纪初拉丁美洲独立运动中规模最大的。独立运动使委内瑞拉、哥伦比亚、厄瓜多尔、秘鲁和玻利维亚相继独立。

就在玻利瓦尔在各地频频发动独立战争的时候，圣马丁在南美洲南部接连获胜的捷报也频频传来。对西班牙殖民军实行南北夹攻，最后一击的时刻终于来到了。1818年智利宣告独立。1821年7月，秘鲁独立，圣马丁被授予共和国“保护者”的称号。

中美洲其他一些地区在墨西哥革命的影响下，也相继宣布独立，并在1823年成立“中美联合省”。1822年，巴西脱离葡萄牙而独立。

西班牙国旗于1826年1月23日这天在秘鲁的卡亚俄港黯然下降，这标志着300多年的黑暗统治结束了，西属美洲大陆殖民地取得独立，在历史上谱写了崭新的一页。

巴西独立

作为拉丁美洲最大的一个国家，巴西的独立意义非同凡响，它的独立是在革命力量微弱，资产阶级无力单独承担起革命领导责任时，由大地主、大种植园主和大商人领导完成的。虽然广大人民在独立初期没有摆脱被奴役的地位，但毕竟摆脱了被外国奴役的殖民地位，其意义和性质有了根本的不同。

反抗斗争此起彼伏

巴西是拉丁美洲最大的一个国家。十六世纪初起，葡萄牙殖民者交替使用野蛮的武装侵略和狡猾的分化政策，在印第安人的鲜血和枯骨上，建立了一个庞大的殖民帝国。葡萄牙王室通过设在巴西的总督，对巴西保持政治上的殖民统治，经济上的掠夺剥削。

“巴西”国名就是由于在殖民征服时期，主要出口一种可以从中提取染料被称为“巴西”的贵重红木而得名。巴西盛行大种植园制度和奴隶劳动制度。一小部分富有跋扈的大封建领主和大种植园主严密地控制着巴西社会。

十八世纪下半叶，巴西的社会经济有了一定发展，出现了铸造、家具制造、皮革和造船等最初的手工工场。同英国的贸易迅速增长，进入巴西口岸的英国船只已是葡船的十倍。随着殖民地社会经济实力的增强，巴西土生白人种植园主、商人和手工工场主对宗主国阻挠殖民地发展经济的政策日益不满，要求独立的意识越来越浓。

从葡萄牙殖民者踏上巴西领土的那一天起，巴西的土著居民，移居的劳动人民就没有停止过反抗殖民统治的斗争。十八、十九世纪先后爆发的北美十三州殖民地独立战争、法国资产阶级革命、海地革命和西班牙美洲殖民地的独立战争，都给予争取独立的巴西人民以巨大鼓舞，也为他们的斗争创造了极为有利的国际环境。

1789－1792年，在米内斯吉拉斯省出现了由牙医希尔瓦·哈维尼（“拔牙者”）领导的青年知识分子密谋组织的反抗活动。1806年，圣保罗、巴依亚等地区的黑人也曾举行过多次起义。

“巴西的永久守护者”

1807年底，拿破仑军队大举攻入葡萄牙。葡萄牙摄政王若奥带领王室，在英国舰队的护送下，仓惶逃到巴西。巴西事实上成为葡萄牙王国的中心。若奥为了安抚渴望自由贸易的种植园主和一部分中小资产阶级，缓和巴西人民日益增长的民族情绪，同时也为了争取英国的支持，宣布开放巴西所有港口，取消王室的垄断专营政策，降低进出口货的关税，并在1815年底宣布成立“葡萄牙—巴西—阿尔加尔弗联合王国”，自任国王，称若奥六世，形式上巴西与葡萄牙具有同等地位。

但是，这一切并没有缓解巴西人民与葡萄牙统治者的矛盾。王室及随其而来的大批官僚、贵族生活耗费巨大，而且占用里约热内卢全部最好的住宅，垄断了政府一切高级职位，加上1816年与阿根廷争夺乌拉圭战争的失败，大大增加了巴西人民的负担，这一切进一步激化了巴西各阶层人民的不满，1817年3月6日，伯南布哥的土生白人掀起大规模起义，宣布成立共和国，起义坚持七十六天，最后被镇压下去。

巴西人民连绵不断的起义斗争沉重打击了殖民当局统治。但是，由于当时土著印第安人、黑人和其他劳动群众限于历史条件，尚不能提出明确的斗争纲领，巴西的资产阶级又很软弱，无力执掌革命领导权，致使所有这些斗争都未能达到推翻葡萄牙殖民统治的目的，倒给葡萄牙王室成员、大地主、大种植园主以可乘之机。

1820年，葡萄牙本国发生了资产阶级革命，建立了新议会。消息传来，巴西受到很大震动，独立情绪弥漫全国，甚至保守分子、教会及殖民地官吏也不愿受葡萄牙议会的统治。1821年，若奥六世回国，留下王子佩德罗任巴西摄政。

佩德罗自幼长在宫廷，受过系统教育，具有浓厚的封建专制思想。同时，他也受到欧洲资产阶级启蒙思想影响，看到欧美蓬勃开展的人民反封建、反殖民主义斗争运动，这些在他身上打上了自由主义倾向烙印。当葡萄牙议会蔑视巴西的利益时，他开始同情巴西独立运动，而且，他不想听任事态发展，决心控制独立运动，使它在不摆脱王朝和保留君主制的原则下走向独立。他的这些主张同巴西大地主、大种植园主害怕革命冲击他们的封建特权愿望相一致，佩德罗因此成了巴西独立运动的代表人物。

1822年1月9日，佩德罗在巴西大地主、大种植园主和大商人的支持下，拒绝了葡萄牙议会请他回去的要求，宣称：“为了大家的利益和民族的利益，我将留在巴西。”这便是巴西历史上有名的“我留日”。5月13日，佩德罗自称为“巴西的永久守护者”，并于7月份召集制宪会议，开始起草独立宪法。

巴西历史崭新的开始

▲巴西独立纪念碑

葡萄牙议会坚持无视巴西人民的民族意愿和斗争。他们宣布取消摄政王佩德罗任命大臣的权力，对拥护巴西独立的人追究法律责任，彻底否决了巴西独立自主的权利，激起巴西人民更大不满，要求独立的呼声遍及全国。许多地区在酝酿独立，资产阶级共和派提出建立共和国口号，巴西面临一场革命。

正是在这种情况下，8月1日，佩德罗发表了独立宣言。9月7日，佩德罗与一群军官旅行至圣保罗附近的一条小溪边，接到他妻子从里约热内卢寄来的一封信。信中说：

“苹果已经熟了，目前正是收获的时候，否则它就要腐烂了。”同时，又传来葡萄牙议会再度要他返葡的消息，他当即抽出宝剑，拔去制服上的葡萄牙徽章，高呼“葡萄牙议会想把巴西置于奴役的地位，我们必须立即宣告独立。不独立，毋宁死！我们现在跟葡萄牙分离了。”12 月 1 日，佩德罗在里约热内卢举行加冕典礼，称巴西皇帝佩德罗一世。

巴西的独立是在革命力量微弱，资产阶级无力单独承担起革命领导责任时，由大地主、大种植园主和大商人领导完成的。独立后，在很长一个时期内葡萄牙王室仍在巴西维持着王位。大地主和大种植园主控制了全部统治权，广大劳动人民仍遭受奴隶制度和专制制度的剥削压迫，对他们来说，独立只意味着换了一个统治者。但独立毕竟使巴西摆脱了葡萄牙三百年来的殖民统治，揭开了巴西历史新的一页。

祖鲁战争

祖鲁战争是英国人和布尔人矛盾的间接产物，是布尔人在大迁徙中对南非土著居民的掠夺性远征，同时也是土著祖鲁人反抗布尔人殖民主义者入侵的战争。

布尔人对祖鲁王国的侵略

荷兰东印度公司于1652年在南非建立起第一个白人定居点。随着荷兰移民逐渐增加，定居点发展成为了一个城市——开普敦，又以开普敦为中心扩大为开普敦殖民地。荷兰移民掠夺土著人的土地，建起了农场和牧场，驱使黑人劳动，自己则成为奴隶主。

荷兰移民的后裔被称为布尔人，意思是“农民”。1785和1806年，英国两次占领开普敦殖民地，1815年正式占领南非。英国人在开普敦殖民地建起自己的统治机构，剥夺了布尔人的行政权和司法权，规定英语为官方语言，废除荷兰货币改用英镑，并开始了丈量土地、按地征租、废除奴隶制等一系列举措，这些强加的措施令布尔人十分苦恼和生气。

▲祖鲁人

南非土著南班图人的一支为祖鲁人，他们定居于南非的纳塔尔、斯威士兰和莫桑比克的一些地区。18世纪末和19世纪初，南班图人处于原始社会瓦解、部落联盟兴起和国家产生的社会发展阶段。南班图人部落联盟的酋长丁吉斯瓦约1817年在战争中死去，祖鲁人恰卡成为首领。他在军事上继承和发展了丁吉斯瓦约的改革，建立了一支约10万人的军队，以长矛和盾牌为武器，采用方阵、两面包抄等战术；在政治上把3000多个分散的部落约50万人统一起来。这样，恰卡建立了祖鲁王国，英国人称其为祖鲁帝国或祖鲁兰。

1828年，丁干上台掌握了大权，他继承了恰卡的事业，恢复和发展了生产，保持祖鲁国家的统一。在他的领导下，祖鲁人进行了反对布尔殖民主义者的战争。英国人同布尔人之间矛盾的发展，导致了布尔人的一次大迁徙。从1836年开始，布尔人赶着大车，浩浩荡荡向北和东北方向寻找新的居住地。布尔人的大迁徙一方面是对英国人压迫的逃亡，另一方面却是对南非土著居民的一次掠夺性远征。祖鲁王国是布尔人这次远征的重要目标，布尔人要从祖鲁人手里夺得土地，从而发生了祖鲁人反抗布尔人殖民主义者入侵的“祖鲁战争”。

祖鲁人奋起反击

为了惩罚布尔人通过欺骗手段夺取祖鲁人土地，1838 年 2 月 6 日，丁干下令将 70 多名布尔人逮捕处死。随后，祖鲁军队四处搜索、袭击已居住在纳塔尔西部的布尔人，在这次袭击中，大约杀死了 300 多名布尔人。

海边纳塔尔港的英国殖民者 3 月份派兵支援布尔人。很快，丁干的弟弟姆潘达率军打败了英国援军。与此同时，布尔人的两支援军也先后被祖鲁人打败。布尔人遭到殖民远征以来最严重的损失，实力大不如前，领导层出现了严重的分歧，布尔人面临分崩离析。

在取得对布尔人的初战胜利后，丁干没有乘胜追击，而是过早地马放南山，以为天下太平了，这就为布尔人卷土重来提供了机会。1838 年 11 月，比勒陀利乌斯率领一支由 464 人、57 辆牛车、2 门火炮组成的援军从开普敦殖民地赶来援助。12 月 15 日，这支队伍在恩康姆河套上摆下了作战阵式——牛车阵。丁干面对强敌瞻前顾后，错过了布尔人最害怕的夜袭时机，直到 16 日凌晨才开始对布尔人的牛车阵发起攻击。这是 19 世纪 30 年代祖鲁战争中最激烈的一场战斗：布尔人依托有利的环形牛车阵，用先进的火枪射击，而祖鲁人则手持长矛和盾牌，排成密集队形，冒着炮火和弹雨，前仆后继，一次又一次地冲锋。这场战争令祖鲁人遭到了极为严重的损失，共伤亡 3000 多人。恩康姆河都被鲜血染红了。

▲祖鲁战争

此后，双方进行了一系列大大小小的战斗，祖鲁人连遭失败。1839 年 1 月双方签订“和平协议”，丁干被迫将图格拉河以南的大片土地割让给布尔人，并交付数千头牲畜和若干吨象牙作为战争“赔款”。然而，布尔殖民者贪婪的心并没有得到满足。他们勾结、收买丁干的弟弟姆潘达，答应帮助他夺取王位并承认他为祖鲁国王，姆潘达则要在称王后臣服于布尔人。1840 年 1 月，在 700 名布尔人的支援下，姆潘达率军 1000 人征讨丁干军队，并在姆库齐河以北击败丁干。2 月，姆潘达成为祖鲁国王，把从图格拉河以北直到黑乌姆福齐河之间的大片土地割让给布尔殖民者，祖鲁王国只剩下纳塔尔最北部的土地。布尔人在占领的祖鲁人土地上建立了“纳塔尔共和国”。可是，令布尔人没有想到的是，1843 年，布尔人的“纳塔尔共和国”被英国殖民者吞并了。

19 世纪 50 年代，祖鲁王国经历了一场内战。姆潘达之子克特奇瓦约反对卑躬屈膝的卖国政策，立志维护国家的独立和尊严，获得祖鲁人的拥戴和支持。克特奇瓦约击败投降派，执掌国政。

虽败犹荣的祖鲁战争

作为19世纪下半叶南非祖鲁人的杰出领袖克特奇瓦约，在内忧外患中度过了青年时代，亲眼目睹了殖民者的侵略扩张和南班图各族人民的悲惨命运，他决心使祖鲁王国重新振作起来，恢复恰卡和丁干时代的辉煌。

克特奇瓦约实行严格的军事制度，千方百计想尽办法取得枪支弹药，并聘请英国人约翰·丹恩训练祖鲁军队，建立自己的骑兵。不久，他建立起一支40万人、装备几百条枪，善于骑射的强大军队。

1878年12月，英国驻南非最高全权代表弗里尔向克特奇瓦约发出最后通牒，要求他解散军队，准许英国总督进驻南非并有权监督祖鲁人的行动。与此同时，还在边界上部署6个营的精锐部队。遭到克特奇瓦约断然拒绝后，英国殖民者于1879年1月发动了蓄谋已久的战争。

一支13000人的英国殖民军在切尔姆斯福德勋爵率领下渡过图格拉河，向祖鲁王国大举进攻。1月，双方在伊桑德尔瓦纳山展开激战。克特奇瓦约趁夜色昏暗包围一路英军，并突然发起攻击。祖鲁战士冒着猛烈的炮火冲向敌营，同敌人展开了近身搏斗，终于取得了战争的胜利，大片失地被收复回来。

克特奇瓦约在胜利后，错误地想通过谈判来取得和平。但英国拒绝任何谈判，将军队增至2万人，配备火炮36门，决心为自己的失败进行更大的报复行动。在6月的战斗中，英军的进攻被祖鲁人挫败了。7月的乌隆迪村一战决定了战争的结局。开阔地上，5000支火枪和数十门火炮的射击使祖鲁军无法接近敌军阵地，更不能进行擅长的白刃战，一批一批的战士倒在血泊之中，祖鲁军队当场战死3000人。之后，英军又派出了全部的骑兵袭击祖鲁军队，祖鲁军队招架不住，遭遇惨败。

这次决战失败后，祖鲁王国一蹶不振。英国占领后把它划分为13个小酋长国“分而治之”，最后于1887年正式并入纳塔尔殖民地。

祖鲁人为反抗两个殖民主义者的侵略进行了半个世纪的英勇斗争，但最终还是失败了，虽然没有取得胜利，但是他们英勇的斗争却给殖民军以沉重打击。英军损兵折将数千人，耗资500万英镑，而且导致国内政局动荡。

祖鲁人民反抗殖民者的英勇斗争，在非洲近代历史上、在世界人民反对殖民主义的斗争中，谱写了光辉的篇章。战争结果虽然是祖鲁王国灭亡，英国确立了对南非的殖民统治，但祖鲁人所表现出来的前仆后继、英勇顽强的民族精神赢得了世界人民的称赞，在南非人民反抗殖民侵略的斗争史上谱写了可歌可泣的篇章。

普鲁士要求统一的革命

1848 年欧洲爆发了一场革命运动。这场革命遍及许多国家，是世界近代历史上规模最大、范围最广的一场革命，历史上称为“1848 年欧洲革命”。这场革命涉及范围广，影响大，对欧洲乃至全世界的资产阶级革命都有促进作用。

愤怒的人群

1848 年革命首先是从法国开始的。当时法国的七月王朝越来越不得人心，资产阶级要求改革选举制度，以求加强自己的地位；工人和劳动人民则不断罢工，反对暴政，也反对资本家降低工资。而国王路易·菲力普拒绝一切变革，终于使各种矛盾激化。1848 年 2 月，群众游行示威转变成武装起义，路易·菲力普逃往英国，七月王朝被推翻。不久，法兰西第二共和国成立，拿破仑的侄子路易·波拿巴当选总统。

法国革命很快就波及欧洲各国。8 月初，德国普鲁士邦的首府柏林，笼罩着异常热烈而又紧张的气氛。工人和手工业者们，城市居民和学生们，都自发地聚集起来，议论着从法国和德国各地传来的消息。

大家议论着，不约而同地开始了游行。一支支队伍、一处处集会吸引了越来越多的人。8 月 13 日以后，从邻近的奥地利（当时是属于德国的一个帝国）传来了振奋人心的消息：那里的人民举行起义，把反动政府推翻了。这使得柏林的群众情绪达到了高潮，整个城市都沸腾起来。参加集会的人向普鲁士国王提出请愿，要求废除封建等级和特权，一切公民在政治上平等，召开由人民代表组成的全德议会，商讨统一德国的问题。

这些要求不只是柏林人民的愿望，也是全体普鲁士和全体德意志人民的愿望。从中世纪以来，德国一直处于分裂状态，到 19 世纪 40 年代，全国总共有 30 多个邦国。各个邦国各自为政，大大小小的君主对人民进行残酷的剥削压迫。人民没有起码的自由，各种进步思想都要遭到镇压，每一本书、每一份报，甚至每一首诗都要经过检查才能出版。这种情况妨碍了德国社会和经济的发展。包括工人、农民和资产阶级在内的德国人都不满意，他们要求实行民主，统一德国。

革命没有成功但意义重大

普鲁士的国王威廉四世非常留恋君主专制制度，根本不想作任何改革。普鲁士是德国最大最强的邦，所以威廉四世的态度在大小君主里有着决定性的影响。这次柏林人民的请愿，自然使威廉四世很恼火。他决定动用武力，给群众一个下马威。

16 日这天，一队政府军气势汹汹地开进了柏林。他们见到游行和集会的群众，就开枪射击起来。群众被激怒了。大家赤手空拳地冲上前去，和反动军队展开了搏斗。很多人被当场打死打伤。和威廉四世的愿望相反，血腥的镇压没有把群众吓倒，反而激起了他们更大的愤怒。示威游行的规模更大了。眼看着一场革命就要开始。

威廉四世这才发了慌。他连忙假惺惺地向群众表示，要废除新闻检查制度，也准备召开议会，制定宪法。资产阶级对国王的这些保证感到满足，他们认为革命已经完成了。然而，工人和广大群众不满意，因为国王没有答应提高人民的政治地位和改善他们的生活，也不准备把镇压群众的军队撤出柏林。于是，他们仍然坚持着斗争。

8 月 18 日，王宫周围人山人海。群众把威廉四世包围在王宫里，要求立即撤退军队。威廉四世恼羞成怒，命令军队再次开枪。柏林群众忍无可忍，立刻举行了大规模的武装起义。

愤怒的群众拿起了各种武器，工人们修筑了街垒，起义军从四面八方向市中心进攻。威廉四世慌忙调来 1 万多名士兵和几十门大炮，攻打工人的街垒，可是都失败了。柏林的大街小巷，楼房院落，到处是起义者的喊声，全市人民都支持起义的工人们。

激战了一天一夜，起义群众取得了胜利。政府军被打得狼狈不堪。威廉四世这才不得不宣布，只要群众退出街垒，就把军队撤出柏林。然而群众没有受骗，继续进行战斗，并且准备向王宫发起进攻。

威廉四世在王宫里坐立不安。正在这时候，他得到报告说，有一些士兵正在准备掉转枪口，支持革命。他更着急了。在人民的革命面前，这个顽固的专制君主，不得不认输了。他当众发表了告市民书，表示愿意停战，撤走军队，并立即召开议会，改组政府。

群众当场命令威廉四世向被他杀害的烈士致哀。当一副副躺着死难者遗体的担架在他面前高高举起的时候，群众就愤怒地高喊：“脱下你的帽子，敬礼!”面色苍白的威廉四世只得照办，他的手脚一直在不停地颤抖着。

柏林 8 月起义的胜利鼓舞了全德国的人民，从此，轰轰烈烈的德国革命展开了。虽然后来由于封建势力的阴谋勾结和资产阶级的叛变，它没有取得成功，但是仍然给了反动统治沉重的打击。

在这前后的时间里，奥地利、意大利、匈牙利、捷克等国都发生了反对封建专制的革命。它是资产阶级性质的革命，有利于资本主义在欧洲的进一步发展。

意大利民族独立运动

根据维也纳会议决议，意大利被肢解。伦巴第－威尼斯地区、帕尔马公国、托斯卡纳公国、摩地那公国、卢加公国都直接或间接处于奥地利哈布斯堡王朝统治之下，西班牙波旁王朝恢复对两西西里王国的统治。教皇则恢复了对罗马及其领地的统治，只有皮蒙特王国（撒丁王国）保持一定的独立性，民族压迫和封建割据严重阻碍了意大利社会的发展，意大利人迫切要求摆脱异族统治，消除封建割据，实现民族独立和国家统一。到19世纪中叶，席卷意大利全境的民族解放战争即将来临。

第一次独立战争

西西里1848年1月爆发了起义，第一次独立战争开始。这次战争是1848年欧洲资产阶级革命的重要组成部分。西西里起义者驱逐了那不勒斯军，成立了临时政府。3月米兰人民起义，击败奥地利占领军，解放了米兰。萨丁王国3月23日对奥宣战，国王查理·阿尔伯特率军开赴伦巴底。4月意大利各邦相继加入对奥战争。

▲加里波第

6月，奥军主力进入意大利，转入了反攻阶段，占领了威尼斯，7月，奥军在库斯托查击败萨军，8月9日，双方签订停战协定，奥地利恢复对伦巴底和威尼斯的统治。

8月威尼斯和托斯卡纳建立共和国。11月15日，罗马爆发起义。1849年2月成立共和国，3月萨丁重新对奥宣战。3月23日，拉德斯基率奥军将萨丁军主力成功合围，查理·阿尔伯特退位，萨丁与奥地利议和。

4月，法、奥、那不勒斯联军进攻罗马，加里波第率军英勇抵抗。4月至6月连续击败联军进攻，但最终寡不敌众，7月3日，法军占领罗马，教皇复辟。8月22日，奥军攻占威尼斯，第一次独立战争结束。

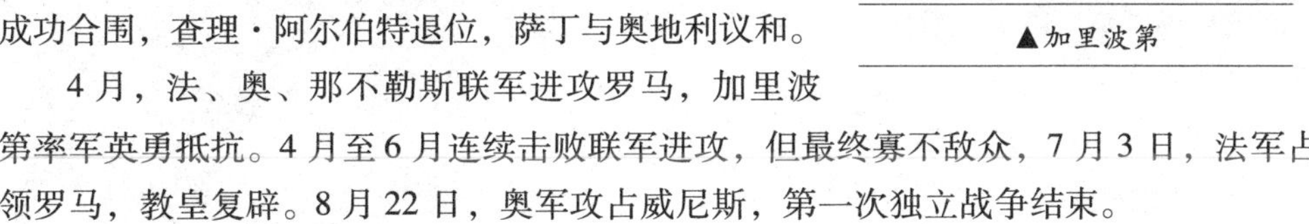

第二次独立战争

资产阶级民主派在第一次独立战争中受到沉重打击。50年代，民主派不断分化、瓦解，资产阶级自由派应运而生。1859年4月初，撒丁军队开始动员，月底，奥军开始出击，战争爆发。

5月底，双方第一次交战开始了，联军获胜，加里波第率志愿军深入敌后，连战连捷，解放大片地区，广大群众揭竿而起，纷纷加入志愿军，加里波第力量不断壮大，有力地牵制奥军作战行动。

6月，联军受到严重挫败，奥军被起义队伍赶出伦巴底。对奥战争的胜利，推动意大利民族解放运动的高涨，人民起义席卷意大利北部和中部。7月，加里波第解放西西里岛全部，为进军意大利本土做了准备。8月初，加里波第开始进军那不勒斯，9月，进入那不勒斯城，王国守军不战而降；10月，加里波第与西西里岛守军展开激战，由于敌军兵力占绝对优势，加里波第付出重大伤亡后重创守军，守军退却，死守阵地；11月初，南部地区宣布并入撒丁省。战至1861年3月，意大利基本实现统一。

▲1860年5月6日，加里波第等人从意大利北部的热那亚港口登船前往西西里。

第三次独立战争

意大利王国成立后，一心想通过王朝战争将威尼斯夺回来。1866年4月，期间普鲁士和奥地利为争夺德意志统一的领导权而发生尖锐矛盾。1866年4月，普意结成反奥军事同盟，6月，普奥战争爆发，意大利乘机对奥宣战，第三次独立战争爆发。

这个时候，奥军主力已经回到本土，意军因此没有遭到打击。加里波第协助政府军作战，深入敌后，连战皆捷。但意大利政府迫于普鲁士首相俾斯麦的压力，强令加里波第撤出奥军战略据点南提罗尔，致使该地重归奥军之手。同时，奥意海军在亚得里亚海附近海域进行了一场殊死海战，意军损失惨重，3艘装甲舰沉没，其余舰只撤出战斗。奥军损失甚微。奥意战争结束后，加里波第为解放罗马奔走呼号。法国拿破仑三世为阻止加里波第进攻罗马，派远征军进驻罗马。加里波第率部进至门塔纳，遭法军和教皇军队阻击。当时法军已经装备了新式步枪，火力密集，使加里波第部队遭到了沉重的打击，进军罗马的行动又一次搁浅。

▲意大利国王维克多·伊曼纽尔二世。

普法战争于1870年7月爆发，拿破仑三世被迫撤回驻罗马法军。9月2日，法军在色当之战中大败，拿破仑三世成为阶下囚。意大利王国政府不再担心法国的干涉，遂派军日夜兼程，赶在加里波第部之前夺占罗马。9月20日，政府军和加里波第部同时开进罗马城。至此，意大利终于实现了统一大业。意大利王国首都1871年1月由佛罗伦萨迁至罗马。

克里木战争

克里木战争是1853年至1856年间在欧洲爆发的一场战争，作战的一方是俄罗斯，另一方是奥斯曼帝国、法国、英国，后来撒丁王国也加入了这一方。一开始它被称为第七次俄土战争，但因为其最长和最重要的战役在克里木半岛上爆发后来被称为克里木战争。

争夺昔日帝国“遗产”

宗教问题是这场战争的表面起因。俄罗斯向奥斯曼土耳其帝国提出为保护奥斯曼帝国境内的东正教徒在“圣地”建立俄罗斯保护地的要求，君士坦丁堡的苏丹拒绝了这个要求。法国的天主教徒和英国的新教徒也反对俄罗斯在巴勒斯坦建立据点的企图。俄罗斯在苏丹拒绝后决定以此作为采取军事行动的理由。1853年俄罗斯与奥斯曼土耳其帝国断交。俄罗斯武力占领了多瑙河流域的土耳其附属国。

▲在克里木战争中，铁甲船和现代的爆炸性炮弹第一次使用

随着奥斯曼土耳其帝国内部的逐渐瓦解，俄罗斯认为它在欧洲的势力不断扩大的好机会来到了，尤其是它获得了一个通向地中海和占领巴尔干半岛的好机会。奥斯曼土耳其帝国在巴尔干半岛上的统治此时显然摇摇欲坠，而俄罗斯则极力争取获得对博斯普鲁斯和达达尼尔海峡的控制。英国和法国反对俄罗斯的扩张，他们不希望俄罗斯获得这些战略要地以维持它们自己在东南欧的势力和利益。

对俄国宣战

俄沙皇尼古拉一世1853年2月派遣他的特使前往伊斯坦布尔，要求土耳其政府承认俄皇对苏丹统治下的东正教臣民有特别保护权。土耳其自恃有同盟国撑腰，拒绝了俄国的最后通牒，并允许英法联合分舰队进入达达尼尔海峡，俄国遂与土耳其断交。俄国1853年7月派兵进驻摩尔达维亚和瓦拉几亚这两个多瑙河公国。

土耳其苏丹1853年10月在大不列颠和法国的支持下要求俄国归还这两个公国，并对俄国宣战。揭开战争序幕的是锡诺普海战。

锡诺普海战

俄国舰队实力要大大强于土耳其舰队，不仅可以利用它来对付土耳其的海上力量，而且还可以利用它来协助陆军的行动。

▲1854 年 9 月 20 日，英军纵队向俄军逼近。苦战后，俄军被迫撤退。

双方陆上作战均无成效，但从战争一开始，俄国黑海舰队就卓有成效地活动在敌海上交通线上，将土耳其舰队封锁于各港口之内。1853 年 11 月 30 日，在锡诺普港湾全歼土分舰队并俘虏其指挥官。

锡诺普海战的胜利，是俄国在战略上取得的一次重大胜利。俄国的胜利对英国和法国来说就等于宣告他们在地中海地区利益的损失，因此两国很快参战。1854 年 1 月，英法联合舰队进入黑海，负责护卫土耳其交通线。俄国政府遂于 1854 年 2 月宣布与英国和法国处于战争状态。

塞瓦斯托波尔保卫战

俄国无奈之下，只好与同盟国进行战争。俄国在军事技术装备方面远远落后于西欧诸国。战斗在几个战区同时展开。

盟国舰队 1854 年 9 月以强大的兵力支援和掩护一支远征部队在克里木半岛实施登陆，与防守的缅施科夫军遭遇，两军激战的后果是俄军遭到惨败，被迫向塞瓦斯托波尔退却。

联军采取了迂回机动的方法，从南面抵近塞瓦斯托波尔城。1854 年 9 月 25 日，塞瓦斯托波尔城内宣布戒严，由此开始了历时 349 天的塞瓦斯托波尔保卫战。

联军本来计划以海陆两面的猛烈炮火摧毁要塞的陆上工事，然后全力攻打塞瓦斯托波尔。但是，俄军海岸炮台的还击使联军围城火炮和舰只受到较大损失，缅施科夫也曾组织兵力进行反击，战争一时间僵持不下。

战争的军事影响

这次战争对军队武器装备的演变和军事学术的发展，有着重要的影响。战后，以线膛枪炮代替滑膛枪炮，装甲蒸汽舰队取代木制风帆舰队，成了各国军备发展的普遍趋势。由于枪炮性能的改进，拿破仑时期以来欧洲多数国家军队采用的纵队突击战术，为这次战争的实践所逐渐淘汰。

交战双方在奥地利的调停下开始进行停战谈判。同盟国的条件令俄国感到难以接受，和谈于 1855 年 4 月中断。1855 年，战事在所有战区持续未断，但克里木战区仍然是主要战区。在波罗的海交战的双方舰队均未取得实际成效。

在高加索战区，联军采取一系列积极行

动，最后于 9 月 8 日对塞瓦斯托波尔发起总攻，结果夺取了塞瓦斯托波尔防御体系中的关键阵地马拉霍夫岗。俄军放弃了城市，撤到塞瓦斯托波尔港湾北岸，带不走的舰船全部炸沉水中。

双方于 1855 年底在维也纳恢复谈判，处于劣势的俄国政府无奈之下在谈判上做出让步。1856 年 3 月，战争双方签订《巴黎和约》。和约规定：交战双方交还各自占领的地区；俄国和土耳其均不得在黑海保有舰队和海军基地；俄国必须将黑海沿岸的要塞拆除掉，放弃它对奥斯曼帝国境内东正教臣民的“保护权”，承认多瑙河在国际监督下的通航自由，并退出比萨拉比亚南部。

法国侵越战争

自19世纪开始，西方的资本主义列强为加快本国资本主义的发展，竞相瓜分世界市场，远东地区这一广阔的市场，早就引起了西方资本主义的关注。法国殖民者把目光对准了战略地位十分重要的越南，并伺机挑起侵略战争。

法国侵略者开始了对越南的入侵

法国对越南的侵略图谋已久，因此发动侵略战争完全是有准备、有计划、分阶段逐步进行的。从17世纪起，许多资本主义国家都已经开始了对越南的侵略。早在17世纪初，法国的传教士就到达越南，并在法国政府及军队的协助之下，实施为武装侵略扫清道路的行动。他们还在越南大搞间谍活动，搜集重要军事情报。1817年，法国正式向越南顺化朝廷提出要求，要求把昆仑岛割让给法国，但遭到越南拒绝，法国殖民者便决定以武力达到自己的侵略目的。

1686年，法国商人韦利到越南的昆仑岛开设商行，此时他意识到越南的重要性。在信中，他建议法国资本家集团设法夺取从欧洲到中国海的海上要道昆仑岛。1749年，法国商船又驶抵会安要求通商。1784年法国资本主义干涉了越南的内战。这个时候，英国殖民者掠夺了印度和加拿大，使法国在北美和印度的殖民势力受到了排挤，这样，法国被迫加快了对越南的侵略，企图以越南为基地，开辟一条通向中国西南和中部的侵略道路。当时，法王路易十六曾根据在越南等地传教的百多禄主教的建议，专门制定了“法兰西东方帝国”的庞大计划，并开始采取侵占越南的实际步骤。1843年和1845年，法国军舰两次驶入岘港示威。1847年，法国借口本国传教士被越南人杀害，于是再次炮轰岘港，击沉了顺化朝廷的5艘船只。

1856年，法国两艘军舰闯入岘港，并击沉越南战船，挑起侵越战争。1857年7月，法国政府通过了侵略越南的决议，计划首先占领越南，尔后以此为跳板，向远东各国扩张，蓄谋已久的侵略战争终于开始了。1858年6月27日，法国海军上将戈·德热努伊率领法国远征军和西班牙联军，炮轰并占领了越南不设防的土伦港（岘港旧称），揭开了法越战争的序幕。

越南政府的媾和政策

法军占领土伦后，并未立刻北进占领越南的首都顺化，而是于1859年2月沿海南下占领了越南南部重镇西贡。法军认为，越南南部土地肥沃，物产丰富，海上交通发达，占领这一地区，就可控制越南南方经济命脉，为尔后控制整个越南奠定基础。法军占领西贡后，除留下1000人驻守外，大部兵力返回土伦。1860年3月，法军奉命退出土伦。同年夏，法国因参加侵华战争，其远征军主力被调往中国战场，在越南南部仅留下一支不足1000人的守备部队。

1861年1月，法国与西班牙新的远征军8000多人进入西贡，在其守军配合下重新发动进攻。至1862年夏，先后占领了嘉定、定祥、边和、永隆等四省及越南南方一些城市。越南正规军无力抗击殖民军入侵，但在被占领的地区广泛开展了游击战，袭击远征军的行军纵队和据点，击沉在湄公河上活动的法国战舰，使侵略军不断遭到打击。

▲越南顺化皇城

法国远征军占领越南南方诸地过程中，殖民军因对气候不适应而大量减员。法军为了增强力量，便决定采取“用越南人打越南人”的策略。1858年，当法军进攻土伦港时，德热努伊海军上将招募了2个连的越籍伪军，法军转战西贡时，随他们同来的这支伪军也参加了作战。1861年3月，法军在嘉定和美狄组建了4个连的伪军。1862年2月，伪军兵力扩大到3个营。法军通常每攻占一个地方，就强迫各村纳丁，并且招募志愿兵，每个省都设1个伪军营。这无疑对法军巩固和扩大占领区起了一定的作用。

在法军不断扩大占领区的同时，越南北方爆发了农民武装起义，越南统治者担心起义会酿成社会革命，于是力图尽快缔结条约。而法国拿破仑三世此时决定进行墨西哥远征，因此也无心在印度支那继续扩大侵略范围，也希望同越南进行和谈。在这种情况下，越南统治者于1862年6月5日在西贡签署了《同法国和西班牙的友好条约》。根据这一条约，法国获得嘉定、定祥、边和3省和昆仑岛（又称昆仑山岛）。越南承诺：未经法国同意不得将其领土割让给其他国家；开放土伦、巴劝和广安3个海港和湄公河及其支流供法国通商；允许基督教传教士在越南境内自由传教。此外，越南需向法国和西班牙赔款2000万法郎。

法入侵者向越南北方扩张

法国殖民者并不满足既得利益，决定进一步推行侵略扩张政策，在加强了对越南南部东三省控制的基础上，又先后占领了西三省。越南投降派代表潘清简不战而降，把整个交趾支那割让给法国后，自认罪责难逃服毒自杀。法国人侵略扩张野心日益膨胀，并且开始寻求一条从中国西南部进入中国的更为便捷的贸易通道。为了打开中国西南大门，法殖民者于1873年开始向越南北方扩张。

此次，法远征军吸取了在南部作战的经验教训，试图先利用政治手段而不是军事手段达到入侵越南北部的目的。第一个给法军开辟通向越南北方道路的先锋是法国商人让·杜布依。驻守越南南方的法国海军将领杜白蕾借口调解北方当地官员与被抓获的法国商人之间的争执，选派弗朗西斯·加尼尔将军率兵攻打河内。加尼尔到河内后，立即按计划联络人员，很快就组织起一支1.4万人的伪军，并迅速攻占了河内城堡，随后又在红河三角洲一带攻城略地，控制了越南北方的大部分重要城镇。

此时的越南正规军无力抗衡法国远征军，然而，在被占领区游击运动却开展得十分成功。在1873年末的一次战斗中，法军加尼尔将军毙命，弗拉斯特接任阵亡的加尼尔一职，继续执行其侵略扩张任务。在越南北部边境地区活动的中国农民起义军黑旗军，与越南人民休戚与共，对法国侵略者十分痛恨，受越南政府邀请，由刘永福率领千余人，配合越南军民抗战。1873年12月21日，黑旗军在河内近郊击毙法国侵略军头目安邺，大获全胜。

但面对法军的侵略扩张，越南统治集团急于求和。1874年3月，越法两国代表在河内经谈判签订了第二次《西贡条约》，条约中，越南承认法国人对交趾支那享有无可争辩的控制权；保证基督教传教士与信徒不受迫害，允许法国人利用红河作为与中国西南的经商通道。

19世纪80年代，法国金融资产阶级的经济利益和贪得无厌的财欲，促使他们大力推行殖民掠夺政策。

▲英勇战死的黑旗军战士

1882年初，在3艘战舰的支援下，一支600人法军部队不宣而战，攻占河内。至1883年5月底，法军接连占领了红河三角洲的许多重要战略据点和鸿基煤矿地区。同年5月19日，中国黑旗军再次接受越南政府邀请，在越南军民配合下，于河内城西的纸桥伏击法军的一个分队，歼敌100余人，击毙李威利等军官30多人，迫使法军残部龟缩河内。法军即以此为借口，再次宣战。

1883年8月，法国远征军一支4000人的队伍开进到越南北方海岸，分兵两路：一路沿红河进攻黑旗军，一路由海上进攻越南首都顺化。进攻黑旗军的法军屡遭黑旗军和越南军民痛击，损失惨重。19日，法军攻占了位于红河三角洲的海阳。从海上进攻越南首都顺化的一支分舰队，于20日占领了保护首都的屏障顺安要塞。此时越南统治集团内部战和两派意见产生分歧。越王阮福时病死后，各派争夺王位，局势更加恶化，最后投降派获胜，于8月25日与法军签订了《顺化条约》，法国取得了对整个越南的保护权。

条约签订后，越南反对法国殖民者的斗争并未停止，在许多地区相继爆发新的游击战争。为了镇压越南人民的武装斗争，法国远征军被迫增军，1884年6月，法越在顺化签订了保护条约。从此，越南南圻各省沦为法国殖民地，中圻各省成为空有王权的保护国，北圻虽在主权形式上仍归越王，但由法国官员管辖。

法国殖民者通过侵越战争，阻止了英国向远东地区的势力扩张，并为实现独占远东（主要是中国）的利益奠定了基础。

印度民族大起义

1857—1859年，印度爆发了一场声势浩大的民族大起义。起义席卷了印度中心地区的许多地方，许多封建王公也参加了起义，成为起义军领袖。

英国在印度的殖民统治

印度在19世纪上半期完全沦为英国的殖民地。英国极力把印度变成商品销售市场和原料产地，用各种形式的土地税残酷地剥削农民，用英国工业品摧毁印度手工业，这种行为使农民和手工业者产生了极大的怨恨。英国在印度实行兼并封建主领地的政策，引起许多王公的不满。1849年英国吞并旁遮普以后，取消20万印度雇佣兵的特权，使印度雇佣兵十分气愤。印度雇佣兵是穿上军服的手工业者、农民和被剥夺土地与特权的小地主，这种情况下，他们同印度社会广大阶层反抗殖民统治的要求达到了空前的一致。

印度土著雇佣兵是英印军队中印度唯一有组织的力量。这些给英国殖民者当兵的印度士兵，在大起义前已达25万人，他们大部分来自破产农民和手工业者，多数是为生活所迫才受雇于英殖民者的。英殖民者为加强对士兵的控制，干涉他们的信仰，触犯他们的种姓，削减他们的薪饷，激起了广大士兵的强烈不满，激愤的士兵多次举行武装反抗，他们是印度人民反抗英殖民统治的最坚强的力量。

▲印度社会各阶层对英国的残酷剥削、压榨表示强烈不满

米鲁特起义

1857年初，军队哗变事件不断发生。3月29日，第34团一名士兵怀着对殖民者的满腔怒火，开枪打死3名英国军官，被处绞刑。这一事件令印度民族起义的爆发提前到来了。

驻德里附近米鲁特的印度士兵于5月10日首先起事，点燃了印度民族大起义的烈火。他们放弃宗教偏见，用曾经拒绝使用的涂油子弹打击英殖民者。起义士兵焚烧军营、袭击教堂、封锁铁路、释放囚犯。当晚，米鲁特起义军乘胜向德里进发。德里城内军民积极响应起义军，他们严惩英国军官，烧毁殖民者住宅，打开城门迎接起义军。

起义者很快就占领了古都德里，成立了起义政权，对英国统治者心怀不满的贵族和僧侣也参加了起义队伍，初步形成了一个包括各阶级、各种族力量的反英战线。英殖民者慌忙地调集军队来围攻德里，4万起义军英勇战斗，不断出击，使围攻的英军无法前进一步。

烽火四起

德里起义的重大胜利使英殖民者受到了沉重的打击，有力地推动了各地反英斗争，起义烽火很快遍及印度的北部、中部和南部。北方奥德省的勒克瑙、坎普尔起义在全境取得胜利，对从东南方向进攻德里的英军造成很大威胁；中印度的詹西起义军由女王率领，攻占了市区，恢复了女王王位；印度南部的海德拉巴和孟买起义最终也成功了。

在迅猛的起义发展的过程中，逐渐形成了以德里、勒克瑙、詹西等大城市为中心的起义据点。德里成为英军进攻的首要目标。德里起义军在挫败英军进攻后，没有趁着机会追击敌人，在战略上采取守势。随着斗争的日趋严峻，混进起义队伍的封建王公贵族阴谋叛变，地主富商哄抬物价，他们还私通英军，内外勾结，严重地削弱了起义队伍的力量。9 月 14 日，英军向德里发起总攻，在猛烈炮火的支援下攻进城里。起义军同敌人展开巷战，但遭到挫败，最后只好退出了德里。

德里陷落后，奥德省的首府勒克瑙成为起义军的中心。1858 年 3 月初，英军进攻勒克瑙。起义军不畏强敌，英勇作战，坚持了两个多星期后，撤离勒克瑙。

在这之后，起义的中心转到詹西。双方展开激烈的炮战，詹西女王亲临前线指挥，带领士兵冲锋陷阵。由于内奸出卖，敌人从南门攻进城里，女王带领战士冲向敌人，与敌人展开了近身战，但最终还是失去了詹西。

詹西女王

詹西女王是印度北部詹西土邦的女王，名叫拉克希米·巴依，是 1857 至 1859 年中的印度人民大起义的领导者之一，拉克希米·巴依生于贝拿勒斯，1842 年年仅 8 岁的她嫁给了詹西土王，成为詹西皇后。1853 年她以詹西女王的身份开始执政，英国殖民当局以詹西女王绝了男嗣为由，兼并了詹西的领土，还抢走了詹西王留下的大部分财产，1857 年，印度人民大起义后詹西女王在詹西发动起义，1858 年，她当上了起义军的总指挥，组织反击。在瓜寥尔根据地，战斗到最后一刻，壮烈牺牲。

起义失败

德里、勒克瑙、詹西等起义中心相继被攻占后，各地起义军分散，只好转入游击战。6 月 1 日，起义军解放瓜廖尔，建立了临时政权。英国对此十分恐慌，从各个方向调兵遣将进攻瓜廖尔。在城东南郊双方又一次激烈开战，詹西女王始终和起义士兵一起奋战。起义军作战非常勇敢，由于遭到敌人炮火的猛烈轰击，起义军伤亡越来越大，但詹西女王仍不断地向前线聚集部队，英勇抗击敌人的进攻，坚守最后的防线。战斗中，詹西女王壮烈牺牲，她非凡的勇气和英雄气概鼓舞了每一个战斗中的战士。到 1859 年底，各地游击战规模逐渐减小最后都停止了。

美国南北战争

美国内战是1861年4月至1865年4月美国南方与北方之间进行的战争，又称南北战争。北方领导战争的是资产阶级。在南方，坚持战争的只是种植场奴隶主，他们进行战争的目的是把奴隶制度扩大到全国，而北方资产阶级的目的在于打败南方，以便恢复全国的统一。这场战争具有现代总体战争的许多特点，因此这场战争在军事史上占有显著地位，被称为“第一次现代战争”。

要还黑人一个自由之身

美国独立以后，在19世纪前半期，通过购买土地、发动战争等手段，使领土迅速扩张。19世纪中期，美国领土已从大西洋沿岸扩展到太平洋沿岸。

随着领土的扩张，美国经济实力也不断增强。1810—1860年，美国的工业总产值增长近9倍，成为仅次于英、法、德的世界第四工业强国。而在美国南方，种植园主仍使用黑人奴隶为主要劳动力，生产棉花、烟草等作物。这些黑人奴隶是十六、十七世纪被贩奴者们从非洲大陆贩运到美洲的黑奴的后代，他们没有任何人身自由，每天被迫从事繁重的劳动达18至20个小时，生活非常悲惨。这种野蛮的奴隶制度，引起了黑人的强烈反抗。在南方的蓄奴州里，不时有黑奴逃出种植园，逃往北方的自由州。

19世纪上半叶，美国北方一些向往全国自由的白人和黑人联合起来，呼吁在全国废除奴隶制，解救黑奴，南北方的矛盾日益尖锐。在1860年的总统选举中。成立不久的代表北方资产阶级的共和党击败了代表南方种植园主利益的民主党，获得大选的胜利，一贯主张废奴的共和党总统候选人林肯当选为美国第十六届总统。

林肯当选总统以后，南方的南卡罗来纳州首先宣布退出联邦。为了防止国家的分裂，林肯提出一项缓和的计划：奴隶将由国家采取措施予以解放，而原拥有奴隶的种植园主将得到补偿，由联邦政府负担这笔开支；解放奴隶的过程将是逐步的、有条不紊的；解放了的奴隶将移居国外。虽然国会通过了这项计划所需的资金，但没有一个蓄奴州愿意接受这个计划。

▲林　肯

北军由劣势转为优势

1861年2月，南部各州宣布脱离联邦，另外自行组织了一个“南方联盟政府”，并由大种植园主戴维斯出任“总统”。这一年4月，他们不宣而战，进攻并且占领了政府军把守的萨姆特要塞。这使林肯在刚上任的时候，就不得不宣布对南方作战。美国南北战争爆发了。

当时北方拥有23个州，而南方仅有11个。从人数上看，北方各州有2200万人，南方仅有900万人，其中还有不少是黑人奴隶；北方的工业生产总值占全国的92%，南方仅占8%。从双方的力量对比和人心向背来看，形势显然有利于北方。但是，林肯政府为了维护国家的统一和稳定，没有采取强硬的政策，带有被迫作战的意味。这就给了南军可乘之机。南军仗着充分的准备和训练有素的部队，在战争初期占了上风。北军则毫无准备，又缺乏作战经验和坚定的方针，结果接连败退。特别是7月16日的布尔伦河一战，麦克道尔率领的北方军遭到南军两路夹击，全军溃败。

这是美国内战爆发以来第一次大规模的战斗，因此影响很大，谣言四起，传说南军追兵马上就到，国会大厦即将放弃。形势十分严峻，连首都华盛顿也受到威胁。同时，由于原联邦军陆军总司令麦克米伦耽于幻想，缺乏判断力，在作战中过于谨小慎微，迟迟不肯向南方进军，结果坐失战机，一连好几个月毫无作为。

在东线的弗雷德里克斯堡战役中，联邦军连续主动16次正面进攻，均遭惨败。在西线，南军接连攻占了耳力伯克基和桑特。除了格兰特将军指挥的联邦军在肯塔基州和田纳西州打了一些胜仗外，在其他战场上，几乎处处都是南军占了上风。这种软弱无能的状况，引起了北方人民的不满。他们愤怒地走上街头，呼吁“清除反革命分子!”“立即解放黑奴!”“把土地分给农民!”在华盛顿，在纽约，在北方各地，都响起了工人、农民和知识分子的呼声。

▲南军指挥官托马斯·杰克逊

人民群众的呼声使林肯极为震惊。为了摆脱困境，扭转战局，自1862年起，林肯政府采取了一系列顺应民意的措施。首先是颁布了《宅地法》，允许那些连续5年在西部无主土地上耕种的农民，只要缴纳少数手续费就可获得一定的土地。随后又在1862年9月22日正式颁布了《解放黑人奴隶宣言》，规定从1863年1月1日起．所有南方联盟各州的黑人奴隶，都被认为是自由人。他们有在陆军和舰队里服兵役的权利，可以参加联邦军队。这些措施虽遭到一些保守的政客反对，但是得到了广大人民的热烈支持，并迅速产生了效果，南北战争转变成了一场盛大的革命。美国工人参战了，获得了土地的农民参战了，解放了的黑奴参战了。北方参战的工人几乎占了工人总数的二分之一，直接参加战斗的黑人达到了18．6万人。在这种形势下，南北战争的局面终于扭转了。

废奴运动迎来最终的胜利

1863年6月28日，在葛底斯堡进行了南北战争以来最大的一场战役。在这场至关重要的战斗中，联邦军击溃了南方军队，开始掌握了战争的主动权。同时，在西线，格兰特将军也攻下了南军的坚固要塞维克斯堡，将西部的南军分割为南北两段。1864年3月9日，林肯召见格兰特，任命他为美国联邦军陆军总司令，负责指挥全军。

▲格兰特在前线视察战况

1864年5月4日，格兰特指挥10万大军，在弗吉尼亚州北部拉皮丹河一带向南军统帅罗伯特·李率领的南军主力发动了攻击。两军在这里苦战了近一个月，最后，在联邦军战士不惧牺牲的顽强攻击下，南军阵线被打开缺口，被迫撤退。格兰特乘胜进军，在6月中旬，把罗伯特·李率领的5万南军主力包围在通往里士满的要塞彼得斯堡之中。与此同时，联邦军西线司令官、格兰特的得力助手谢尔曼指挥西路联邦军以大迂回之势横扫南军后方，沿途攻克了多处南军驻守的要地。罗伯特·李经过9个月的顽抗，终因军力疲惫不支，于1865年4月2日被迫撤出彼得斯堡。彼得斯堡一失，南方联盟的首都里士满无险可守，很快也被格兰特大军攻克。4月9日，罗伯特·李被迫向格兰特投降。美国南北战争结束。

美国南北战争是美国成立之后的第一次也是最后一次国内战争，也被称为继独立战争以后美国的第二次革命。战争的胜利使林肯成为美国人民心中废除奴隶制的英难，与华盛顿、杰佛逊并称的圣贤，也引起了南方奴隶主对他的刻骨仇恨。战争的胜利使美国在全国范围内彻底废除了罪恶的奴隶制度，也维护了国家的统一，进一步完善了宪法，扫除了资本主义经济发展的障碍。

林肯的幽默

林肯当过律师。有一次出庭，对方律师把一个简单的论据翻来覆去地陈述了两个多小时，讲得听众都不耐烦了。好不容易才轮到林肯上台替被告辩护，只见林肯走上讲台，先把外衣脱下放在桌上，然后拿起玻璃杯喝了两口水，接着重新穿上外衣，然后再脱下外衣放在桌上，又再喝水，再穿衣，这样反反复复了五六次，法庭上的听众笑得前俯后仰，林肯却一言不发，林肯以行动巧妙讽刺了对方的辩护律师。

普奥战争

德意志内战（又名七周战争或普奥战争）发生于1866年，基于奥地利帝国与普鲁士争夺统一德意志的领导权而引发。普鲁士的胜利令它称霸德意志，最后完成统一大业。在德国和奥地利，此战称为德意志之战或兄弟之战。在意大利统一运动中，此战是第三次独立战争。

俾斯麦尽其所能大耍外交手腕

维也纳会议后，德意志分成34个邦国和4个自由市，名义上组成德意志邦联，实际上各自为政。其中最大的两个邦国是奥地利和普鲁士。19世纪50～60年代，德意志的工业有了较大的发展，其中普鲁士的军火工业和钢铁工业发展得特别快。但是，德意志的分裂割据状态仍然是德意志资本主义经济发展的严重阻碍。德意志经济要进一步发展、德意志国家要强大，德意志就必须统一。

> **必须用铁和血来解决**
>
> 1815年4月1日出生于普鲁士雪恩豪森一家大容克贵族家庭，他的童年是在他父亲的庄园里度过的。大学期间，他曾与同学作过27次决斗。1835年于柏林大学毕业后，俾斯麦回到老家管理自己的两处领地。强壮的体格，粗野的个性，对待农民的残忍，追求目标的毅力和不择手段以及现实主义的态度，构成俾斯麦鲜明的性格特点。人们称俾斯麦为“铁血宰相”，是因为他当上宰相的第一周，在邦议会上发表首次演说时说道：“当代的重大政治问题不是用说空话和多数派决议所能决定的，而必须用铁和血来解决。”

1861年，“炮弹亲王”威廉登上普鲁士王位，称威廉一世。1862年，奥托·冯·俾斯麦出任普鲁士宰相兼外交大臣。他们决心由普鲁士来统一德意志。俾斯麦主张普鲁士必须用“铁和血”来实现德意志的统一，即用武力打败阻碍德意志统一的一切势力。这一政策被称为“铁血政策”，俾斯麦也被称为“铁血宰相”。

1864年2月，俾斯麦联合奥地利打败丹麦，史称“丹麦战争”。丹麦战争结束后，普奥双方因瓜分战利品矛盾迅速激化。经过外交谈判，在1864年8月签订加斯泰因条约，商定什列斯维希、霍尔施坦两公国主权归普奥共有，什列斯维希归普鲁士管辖，霍尔施坦由奥地利管辖。

俾斯麦清醒地意识到，由于奥地利在德意志联邦中具有传统的影响和广泛的基础，只有通过武力战争打败奥地利，并把它从联邦中排挤出去，才能使普鲁士成为统一德意志的唯一主宰。此后，“铁血宰相”俾斯麦开始着手准备统一德国的关键性一步。即对奥地利的战争。

俾斯麦为争取英、法、俄在战时保持中立，大耍外交手腕。他首先拉拢意大利，与之缔结了对奥军事同盟，尔后又对拿破仑三世假意暗示，战后将在欧洲给予法国领土“补偿”，以换取法国的中立。同时又用甜言蜜语和诡诈伎俩稳住了俄国，从而取得他们不干涉德意志内部事务的保证。此外，俾斯麦积极进行财力准备，以筹集足够的军费，并且大力加强军事改革工作，积极改善武器装备，改组军队并加强训练，始终不懈地为战争进行着周密的准备。当俾斯麦完成了这一切准备之后，开始对奥地利挑衅。

普奥展开激烈角逐，普先弱后强

1866 年 6 月 7 日，普鲁士破坏加斯泰因条约。俾斯麦以普奥有权共同占领什列斯维希、霍尔施坦两公国为借口，进军奥地利管辖的霍尔施坦。同时普鲁士提出改革德意志邦联的法案，以排除奥地利的势力和影响。奥地利则联合德意志各邦要对普鲁士进行“制裁”，且声言要出兵什列斯维希。

1866 年 6 月 17 日，奥地利首先发布宣战书，巴伐利亚、汉诺威、萨克森、符登堡、黑森等德意志诸邦支持奥地利对普鲁士作战。次日普鲁士对奥地利宣战，意大利为收复被奥地利占领的威尼斯，同普鲁士一起对奥地利开战，另外北德的一些中小邦国也站在普鲁士一边。1866 年 6 月，普鲁士悍然出兵霍尔施坦，普奥战争终于在俾斯麦的精心策划之中揭开了序幕。对于双方而言，战争的爆发并不意外。

普奥战争共有南、西、北三个战场。在南线意大利战场，与奥意军队交锋。战事开始时，形势对奥地利有利。在 6 月 24 日的库斯托查会战，意军被打得惨败，以致无力再战。俾斯麦对此大为恼火。但随后奥军由于北战场进展不利，调兵向多瑙河行进。在西线的德意志战场，普军于 6 月 27 日在朗根萨尔察打败了汉诺威军队，进而围困了汉诺威城，汉诺威王宣布投降。

普鲁士完成统一德国第一步

北战场即波希米亚战场，是战争的主战场。普军作战统帅毛奇将军成功地进行了战略部署。首先，普军构成钳形攻势，消灭了贝奈德克将军统率的奥军主力，然后直取维也纳。普军前进时，由于对敌人的位置不清楚，加之翻山越岭，所以行军十分缓慢。如果此时奥军能利用普军行军困难之机，扼守各关口，是完全有把握将普军各个击破的。可惜的是，贝奈德克将军并不高明，错过了大好机会。结果普军顺利通过了山地，进入山南地区。尔后，奥军主力与普军相遇，结果竟然被行军疲惫的普军打败，贝奈德克率军南撤。

7 月 3 日，29 万普军与 23 万奥军在捷克斯洛伐克境内的萨多瓦附近展开会战，这是欧洲近代历史上一次史无前例的大决战。毛奇将军作为杰出的军事家，制定了正确的战略计划。用第一军团作正面攻击，以此吸引牵制奥军的主力，而用易北河军团和第二军团迅速前进至奥军翼侧，勇猛攻击敌军的两侧和后方，实行南北夹击，并很快突入奥军防御阵地，使奥军措手不及，整个阵线崩溃。萨多瓦决战，奥军惨败，普军大获全胜。这一役决定了普奥战争的命运，至此奥地利军队无力再战。

此后，普军逼近维也纳，奥地利被迫请求法国调停。7 月 22 日，普奥双方代表在尼科尔斯堡签订停战协定。8 月 23 日，普奥双方正式在布拉格缔结和约，签订《布拉格和约》，规定奥地利退出德意志邦联，同时把什列斯维希、霍尔施坦及汉诺威和法兰克福等地区划归普鲁士，双方同意不干涉巴伐利亚、巴登－符登堡、黑森－达姆斯塔德等南方诸邦的独立自治，至此战争结束。

▲萨多瓦会战的激烈场景

这场战争的胜利是普鲁士实现德国统一的重要步骤。普奥战争巩固和加强了普鲁士在德意志的统治地位，但德意志的统一还没有最后完成，南德四邦仍然保持着独立的地位。法国不愿德国强大，竭力阻碍德国统一，这是统一德国在国际方面最大的、也是最后的障碍，因此对法国作战就成了最后完成统一的关键。1866 年普奥战争结束，普鲁士和法国都加紧战争准备。

普法战争

1870 年—1871 年的普法战争是普鲁士为了统一德国并与法国争夺欧洲大陆霸权而爆发的战争。战争是由法国发动，最后以普鲁士大获全胜，建立德意志帝国告终。在德法两国，此战役称为德法战争。

宿怨已久的战争终于爆发

普鲁士著名的铁血宰相俾斯麦 1866 年联合意大利发动了对奥地利的战争。战争的结果是奥地利失败，被迫向普鲁士求和。普鲁士和奥地利于 8 月 23 日在布拉格签订了停战合约。奥地利退出了德意志邦联。俾斯麦趁着这个机会吞并了支持奥地利作战的 4 个邦国，并于第二年组建了以普鲁士为首的北德意志联邦。

普奥战争虽确立了普鲁士在德意志的统治地位，但德国的统一还未完成。巴伐利亚、巴登、维尔腾堡和黑森达姆斯塔德等西南四邦仍保持独立。这四国紧邻法国，拿破仑三世不愿看到德国强大，极力施加影响。这促使俾斯麦下决心借助武力解决同法国的纷争。

19 世纪中期，法国资本主义经济持续发展，工业革命濒于完成，生产能力仅次于英国，居资本主义世界第二位。帝国皇帝拿破仑三世，为了维护大资本家的利益和巩固自己的统治地位，对内采取了反革命的军事独裁，并把国家的军事、警察、官僚机构扩展到前所未有的规模，人民对帝国政权极端不满。拿破仑三世对外采取扩张主义政策，频频发动侵略战争。

法国对毗连的德国莱茵河地区丰富的天然资源早已垂涎三尺，但苦于机会不到。1866 年的普奥战争结束后，普法之间的关系很快便进入一个空前紧张时期。普法两国都在有意识地为赢得一场预想中的大规模厮杀而积极创造条件。

19 世纪 60 年代末，法国无产阶级十分活跃。1864 年第一国际成立，巴黎及其他城市先后成立国际支部，领导工人群众频繁进行政治罢工，鼓动推翻拿破仑三世的反动统治。拿破仑三世面对国内动荡的局势，为摆脱国内的政治危机和满足资产阶级掠夺欲望，急于发动一场对外战争。此时，普王威廉一世的亲属霍亨索伦家族的利奥波德亲王，应西班牙政府之邀同意继承西王位。法国因担心普西联合反法而极力反对。俾斯麦制造了有辱法国的“埃姆斯电报”事件，使法国于 7 月 19 日向普鲁士宣战，普法战争爆发。

色当城升起白旗

1870 年 7 月 19 日法国向普鲁士宣战。法国计划争取先机，集中兵力迅速越过国界，向法兰克福方向突进，切断南北德意志的联系，迫使南德意志诸邦保持中立，合力击败普鲁士。但实际上法军动员和集结缓慢，到7月底才集结于边境8个军约22万人，8月初编为两个军团，分别由M. 麦克．马洪元帅和A. F. 巴赞元帅率领，且后勤供应极差，部队缺少帐篷、水壶、行军锅和其他装具，肉食是腐烂的，面包常常是发霉的。

▲一个普军长矛轻骑兵与一个法军骑兵在战场上厮杀

相反，普鲁士计划集中优势兵力，进攻阿尔萨斯和洛林，力图将法军主力歼灭于普法边境地区或将其赶至法国北方，继而进攻巴黎。普军动员计划周密，采用铁路运输部队。至7月底，已于边境集结了3个军团，约47万人，且装备齐全。

8月2日法军在萨尔布吕肯地区首先向普军发动进攻，但并无有力的作战行动。普军于8月4日转入反攻，越过国境。法军在边境地区不利的阵地上迎击普军的进攻，在维桑堡会战（8月4日）、沃尔特会战（8月6日）和斯比克伦会战（8月6日）中一再失利。巴赞犹豫不决，时而决心退向沙隆与M. 麦克·马洪会合，时而决心在梅斯防御。当最后决定向沙隆撤退时，已丧失时机，普军已逼近。

经8月14日的马尔斯拉图尔会战和8月18日的格拉沃洛特—圣普里瓦会战，巴赞军团被普军第1、第2军团合围于梅斯。麦克·马洪率军退往沙隆。他原准备诱敌深入，在巴黎城下与普军决战。但是，帝国政府担心继续退却会在国内引起动荡或革命，令其前往解救巴赞。于是麦克·马洪于8月22日率军从兰斯出发前往梅斯。此时从柏林传来一则假消息，说除围攻梅斯的部队外，普军决心全部向巴黎挺进。实际上普军第3军团仍在继续追击麦克·马洪的部队，它向右实施了一次大胆的迂回，协同新编成的第4军团将麦克·马洪率领的法军连同当时随军的拿破仑三世一起围困于色当。

▲普法战争中的法国骑兵

色当城四周地势陡高，小山环绕，法军驻扎在色当，如瓮中之鳖。原来麦克马洪并不想在这里组织防御，只是准备在这里休息几天，然后回军西南，向兰斯方向撤退。普军抓住这个有利时机，直逼色当城。此时，第3军团渡过马斯河后，控制了色当城以西一线及西北、西南和南面的有利地形，缪斯军团接着进至色当以东和东南一线。普军从四面包围了法军。9月1日凌晨，法军迅速占领阵地，准备作最后的抵抗。普军15万人已占领了周围所有高地，俾斯麦和国王威廉一世站在离色当只有3千米的小山上，用望远镜注视着色当，踌躇满志。晨雾刚一消失，700门大炮便一齐向法军阵地轰击，雨点般的炮弹落在阵地上。法军争相逃命，溃不成军。麦克·马洪被一块弹片击中，负了重伤，杜克罗特接任总司令。他来到前沿阵地，只见普军强大的纵队正纷纷向西北行动，迂回包围其左翼。他立即命令反包围，抢占高地，夺取退路，可是没有成功。将近11点钟，9万法军全被包围。普军采取联合火力，集中有效炮火进行压倒性射击。下午1时半，色当城里的法皇路易·波拿巴面临绝望的处境，感到决一死战倒不如以屈求和。于是下午3时，法军在塔楼上升起了白旗。

巴黎公社的重大历史意义

9月2日，法皇拿破仑三世、麦克·马洪元帅及39名将军率8．6万余名法军在色当向普军投降。9月4日，巴黎爆发革命，推翻法兰西第二帝国，成立法兰西第三共和国，组成以特罗胥将军为首的“国防政府”。至此，德国民族统一的障碍已消除，但普鲁士当局决心将战争继续下去，于是派兵向巴黎进军。从此，普鲁士所进行的战争已从防御性战争转变为侵略性掠夺战争。

9月19日，普军包围巴黎。巴黎的工人阶级奋起抗敌，国防政府则阴谋策划投降。10月27日，巴赞元帅交出麦茨要塞和17万法军，法国处境更加困难。

法国人民在各地展开游击活动。新成立的北方军团和卢瓦尔军团在法国北部和南部继续抵抗；意大利民族英雄G. 加里波第带领志愿部队同法国人民一起抗击普军。但资产阶级政府继续执行卖国政策，于1871年1月28日同德意志帝国签订全面停战协定。5月10日正式签订《法兰克福和约》。

普法战争以法兰西帝国的崩溃和法国资产阶级政府的投降而告终。根据和约，法国必须缴付50亿法郎赔款，割让阿尔萨斯全省和洛林一部分给德国。1871年1月18日，普王在凡尔赛即位为德意志帝国皇帝，德国实现了统一，欧洲大陆的局势随之发生巨大变化，德法两国的矛盾进一步加剧。

1871年3月18日，巴黎工人在继一系列反普鲁士入侵和卖国政府斗争的基础上宣布起义，并获得胜利。巴黎人民以武装的革命粉碎了武装的反革命分子的进攻，资产阶级的反动政权被推翻了，国民自卫军中央委员会成立了革命的临时政府。3月26日，公社进行选举。3月28日，巴黎公社举行了成立大会，人类历史上第一个无产阶级政权诞生了。

巴黎公社是无产阶级革命实践的产物，是

普法战争对法国的影响

19世纪60年代，法国的工业生产总值还居世界第二位。但战后，由法国丧失了重要的自然资源；对德国的巨额赔款加深了政府和人民的负担，经济发展失去了动力；法国金融业的畸形发展，使法国工业发展受到了阻碍。到了十九世纪后半期，尽管法国经济也有所发展，但是已经落在美国、德国之后，居世界第四位。在政治上，普法战争以后，法国废除了君主制，法国国内政局动荡，形势混乱，这对法国经济发展造成了相当影响。

无产阶级专政的机构，是完全新型的国家。它从无产阶级和劳动人民的根本利益出发，公布和实施了大量的政治、军事、经济和文教方面的措施，为世界无产阶级革命树立了光辉的旗帜。巴黎公社革命标志着无产阶级不仅以暴力打碎了旧的国家机器，而且以掌权阶级的身份创造了新的组织形式。巴黎公社虽然失败了，但巴黎公社的历史经验给全世界无产者指明了解放的道路。正是在巴黎公社原则的指导下，国际无产阶级的解放运动才进入了一个崭新的历史阶段。

美西战争

1898 年的美西战争是列强重新瓜分殖民地的第一次帝国主义战争，标志着美国作为一个主要军事力量的崛起。这场历时仅 100 余天、致使 3000 美国人丧生的短暂的海上冲突使美国陷入了远东的复杂问题，也使敢于与美国军事力量抗衡的欧洲列强得到了警告。对美国人自己来说，这场战争则标志着它要更多地参与世界事务。

武力侵占古巴和菲律宾

美国内战结束后，资本主义迅速发展。到了 19 世纪末期，美国的工业生产已从世界的四位跃居第一位，产品占全世界的三分之一。可是，当它凭借着极其膨胀的经济实力来到瓜分世界的筵席的时候，已经迟了一步。于是，它急不可待地要按照资本和军事实力重新瓜分殖民地和争夺世界霸权。

美国在其对外侵略的过程中，首先向腐朽、没落的西班牙殖民帝国开刀，企图夺取它在拉丁美洲和亚洲的殖民地古巴、波多黎各和菲律宾。菲律宾是西班牙在亚洲最富饶的殖民地，素称“东方海洋中的珍珠”，又是向亚洲特别是向中国进行侵略扩张的跳板。美国把古巴和菲律宾作为首先吞食的目标。

19 世纪末期，古巴和菲律宾人民先后爆发了反抗西班牙殖民统治的民族解放运动。在古巴人民和菲律宾人民经过长期流血战斗，即将取得决定性胜利的关键时刻。美帝国主义玩弄狡猾的两手策略，企图假古巴、菲律宾人民之手，取西班牙的殖民统治而代之。它一面打起“盟友”和“援助”的旗号，虚伪地宣称：承认“菲律宾的独立”，又说什么“我合众国领土广大，岁收富饶，不必求殖民地于国外”，并诡称“古巴人民是自由和独立的，美国绝无在该岛行使主权、管辖权或干预古巴政府的任何意图或野心。”另一方面却乘机派军队对古巴和菲律宾实行武装占领。

美舰队有备而来首战告捷

1898 年初，美国以保护侨民的安全为名，派巡洋舰“缅因”号开赴哈瓦那港。“缅因”号停泊在哈瓦那后，就千方百计地想挑起事端。1898 年 2 月 15 日，“缅因”号在哈瓦那港突然爆炸沉没，美国借口该舰是被西班牙人用水雷炸沉的，并大喊大叫“要为缅因号复仇”，向西班牙施加强大压力。4 月 20 日，美国发出最后通牒，逼迫西班牙撤出古巴。西班牙表示拒绝。4 月 25 日，美国正式向西班牙宣战，向古巴和菲律宾派遣了分舰队。

战争前夕，美太平洋分舰队司令、海军准将乔治・杜威收到密令：战端一开就突然袭击马尼拉湾的西班牙舰队。4 月 25 日，杜威在香港接到开战密电后，立即率舰队前往菲律宾。4 月 30 日深夜，杜威的 6 艘巡洋舰在旗舰“奥林匹亚”号指挥下，偷偷潜入马尼拉湾。杜威舰队成纵列全部开入马尼拉湾时，西班牙要塞炮兵开炮轰击，均未命中。

▲马尼拉湾战役中美军乔治·杜威准将站在旗舰上向远处眺望

1898 年 5 月 1 日晨，一艘艘西班牙军舰静静地停泊在马尼拉湾军港，缺乏战争准备。美舰队毫不留情地向他们开炮轰击，这就是马尼拉海战。美军突袭成功，西班牙军舰还来不及起锚，就连吃了许多炮弹。

西班牙军舰克服了最初的慌乱后，零星还击，发射鱼雷，但给美舰杀伤很小。海战中，美舰占绝对优势，以 53 门炮对付西班牙的 31 门炮。结果，杜威舰队大获全胜，西班牙的 7 艘巡洋舰全被轰沉，3 艘炮舰遭焚毁，水兵死伤 381 人，美方仅一舰受伤。接着，美军远征军在海湾沿岸登陆，与菲律宾起义者联合击溃西班牙军队。8 月 13 日，英军和起义者攻占了首府马尼拉。

与此同时，加勒比海地区的战斗也在展开，该海区成为美西战争的主要战场。西班牙在古巴驻有 20 万军队和一支分舰队。开战之后，美国海军主力舰队立即开赴加勒比海，封锁古巴各港口。

老牌殖民国家败于新帝国主义之手

马尼拉湾惨败使西班牙痛心疾首，马上派遣海军上将 P. 塞维拉率舰队驰援古巴。1898 年 5 月 19 日，西班牙舰队偷越美海军封锁线，开入古巴岛东南部的圣地亚哥港。在这之前，古巴的西部已被古巴解放军占领。美封锁舰队经过苦心搜索，终于在圣地亚哥找到了西班牙舰队，随即封锁了圣地亚哥港。

圣地亚哥位于古巴和海地之间向风海峡的关塔那摩湾中。要塞上炮台密布，中间航道很窄，遍布水雷。美舰不敢冒险入港，只能白天巡逻，夜间在航道抛锚，足足熬了 1 个多月。6 月 22 日，美国 1．8 万名远征军在古巴登陆，上岸点距圣地亚哥仅 16 英里。7 月 2 日，美远征军已打到距港门 1 英里半的地方，西班牙舰队失去了回旋的余地。

▲美军以强大的海军力量在马尼拉湾重创西班牙舰队

7 月 3 日，塞维拉率舰队突围，4 艘西班牙装甲巡洋舰和 2 艘驱逐舰向西冲出关塔那摩湾。担任警戒的美舰发现逃敌，美海军上将桑普森立刻下令转舵追击。由于美舰队封锁线拉得很长，桑普森命令所有舰船，一遇敌舰立即开火，不必等待编队。

上午 9 时 35 分，美舰队和敌人遭遇，一艘艘美舰陆续投入战斗。领头追击的美快速装甲舰“布鲁克林”号最先开炮，它集中炮火猛轰西旗舰“玛丽亚”号。接着，战列舰“得克萨斯”号投入战斗。美舰“代洛比”号因锅炉故障，一时无法赶上。美舰“尼安”号只能用 5 节航速赶到战场。

美海军与西班牙人抵近开炮。由于美战列舰的大炮数量和口径都较西班牙巡洋舰的多和大，所以炮战中一直占先。西军舰被连连击中起火。当它们躲入海岸附近浅水处时，岸上的美国陆军又用野战炮射击西班牙舰船。在美海军压倒优势下，西班牙海军舰艇陆续被击毁，仅有 1 艘“克里斯持瓦尔·科洛恩”号负伤逃掉。圣地亚哥湾内的其他西舰再次试图突围，结果失败。逃走的“克里斯特瓦尔·科洛恩”号最后也被“俄勒冈”号大炮打中，无法开航，自行凿沉。加勒比海战，美国取得了一边倒的胜利，西班牙舰队全军覆没。

随后，美军炮击圣地亚哥要塞。7 月 16 日，美国远征军和起义者协同作战，占领了这座要塞，2. 4 万名西班牙守军全部投降。8 月初，西班牙军在古巴被彻底击溃。8 月 12 日，西班牙与美方签订停战协定，承认失败。

1898 年 4 月至 8 月的美西战争，是后起的美帝国主义和老牌的封建殖民国家西班牙为重新分割殖民地而爆发的第一次帝国主义战争。这次战争不仅完全改变了美国的国际地位，也更加促进了国内生产的集中和垄断。美国历史上第一次企业兼并高潮正是从 1898 年开始的。美西战争历时很短、规模有限，却是美国从自由资本主义发展为垄断资本主义的分水岭，是美帝国主义正式形成的标志，标志着资本主义已发展到一个新的阶段。

英布战争

1899—1902 年，在非洲大陆的南部，爆发了一场大规模的战争。参战的一方是英国人，另一方是荷兰人的后裔布尔人。这次战争是因英布双方为争夺南非领土和地下资源而进行的一场战争。最后，以布尔人的失败而告终，历史上称之为英布战争，也称南非战争或布尔战争。

英布关系恶化

“布尔”系荷兰语，意为农民。布尔人是指到南部非洲殖民的“海上马车夫”荷兰人的后裔。1652 年，第一批荷兰人来到南非的开普敦，建立了殖民地。经过百余年的殖民活动，布尔人已成为当地的主要民族。

但是，布尔人并没有在南非造成独霸局面。1795 年，英国舰队在南非登陆，开始了和布尔人在南非长达百年的争夺战。经过多年的冲突，在英国的强大实力面前，布尔人被迫向北面迁徙，于 1852 年和 1854 年分别建立了德兰士瓦和奥兰治两个布尔人共和国。

1867 年，奥兰治河地区发现钻石。奥兰治政府立即声明，这一地区归自己管辖。英国的殖民者极力反对，并阴谋策划吞并两个布尔人共和国的计划。1877 年，英国人出兵武力吞并德兰士瓦共和国，这一行为激起了布尔人的武力反抗。1881 年 2 月，布尔军在马祖巴山附近击败了 1000 多名英军，迫使英国在保留部分权力的名义下，承认德兰士瓦的独立，并相互签订和约。

1886 年，在南非中部的约翰内斯堡地区，一位叫乔治·哈里森的澳大利亚青年在一次偶然机会中发现了世界上最大的黄金矿区。矿区以约翰内斯堡城为中心，向东南和西南两翼扩展，形成了长约 500 千米的金弧带，占世界黄金储藏量的 1/4 左右。这一重大发现鼓动成千上万的欧洲殖民者潮水般地涌来。在接下来的四年中，殖民者组织了 141 家矿业公司，疯狂地开采矿区的钻石和黄金，获得高额利润。见此巨利，英国人和布尔人的矛盾进一步尖锐。

▲1881 年第一次英布战争中，布尔农民坚守阵地。

1895 年，英国政府秘密指示罗得斯吞并德兰士瓦。于是，罗得斯派遣一支装备精良的 800 人军队，偷袭德兰士瓦首府，同时事先策划城内的英国侨民暴动作为内应。但是，这一机密被想与英国争夺世界霸权的德国政府获悉，并转告德兰士瓦政府提前做好准备。1896 年 1 月，英军偷袭失败。布尔人欢呼他们的胜利，他们的自信心也开始不断膨胀。

胜利后的布尔人鼓吹“布尔非洲”计划，计划把整个南非地区联合起来，夺回 100 多年来英国从布尔人手中夺去的土地，并与德国联盟，以此抗衡英国。这显然与英国的计划，即打通非洲南部的开普敦和非洲北部的开罗，形成贯穿非洲南北的殖民大帝国相矛盾。为此，英国政府一方面用外交手段拆散德国与布尔国家的军事同盟；另一方面加紧运兵到开普敦，对布尔人施加压力。大战一触即发。

战争特点

在英布战争中，英国投入的总兵力达 44.8 万余人，用了两年多的时间才打败由民团组成的总兵力仅 8 万人的布尔军队。英布战争是真实意义上的现代战争起点，最早的游击战和阵地防御战，世界上真正战斗力最强的英军第一次改穿暗色军服、大量构筑铁丝网，都在后来的战争中被广泛采用。为了突破敌人阵地，英军跳出呆头呆脑不知灵活变化的局限，开始试验可以移动的钢铁堡垒，就是后来闻名天下的坦克。战争中英军最先使用了达姆弹。布尔军队的骑兵战术，在战斗中善于利用地形构筑野战工事，使用机枪、火炮组织火力，以及实施游击战等经验，引起西欧国家的广泛注意，也使英国认识到对武装力量进行重大改革的必要。

第二次英布战争

1899 年秋，英国开始在两个布尔族共和国边境附近集结军队。为防止英国入侵，布尔人于 1899 年 10 月 11 日对英宣战，并展开军事行动。

布尔军队采用民兵制补充兵员，凡年界 16 至 60 岁的男子均须携带马匹、步枪、备用子弹和粮食到集合地点报到；经济困难的，由国家发给武器装备。布尔军队士气高昂，纪律严明。到战争开始时，英军约有 3 万人，它采用募兵制补充兵员，武器陈旧，训练很差，纪律松弛，因此在战争初期多次被布尔军队打败。

布尔军队在进攻时采用了散开队形，射击准确，善于利用地形构筑野战工事。而英国军队则采用密集队形，作战时既不会实施机动，也不进行伪装，以致伤亡惨重。但是，布尔军队由于围攻城堡而占用了大部兵力，大大削弱了进攻能力，使英军得以聚集兵力。

1900 年，英军先后占领奥兰治共和国首都和德兰士瓦首都。从此，这两个共和国均沦为英国的殖民地。但战争并未就此结束。

此后，布尔军队化成小股突击队，展开了顽强的游击战争。然而，布尔军队所作的努力，由于他们本身也是以殖民者的态度对待当地黑人而受到削弱。因此，他们的反英斗争没有取得土著居民的同情和支持。英军指挥部为了摧毁游击队的抵抗，采取了“焦土”战术，广泛建立了筑垒发射点（碉堡）体系。1902 年 5 月 31 日，布尔人被迫签订和约，承认德兰士瓦、奥兰治两个共和国并入英国。

巴尔干战争

巴尔干地区位于欧亚两洲的接壤处，是欧洲的下腹部，扼黑海、地中海的咽喉，战略位置十分重要。同时，这里民族成分复杂，宗教多样。自古以来，这里就是欧洲的火药桶。从1912年10月至1913年8月，在不满一年的时间里，连续爆发了两次巴尔干战争。这两次战争在世界近代史末期占有重要地位，史学家往往称其为第一次世界大战的序幕。

第一次巴尔干战争

巴尔干半岛在20世纪初成为欧洲列强争夺的焦点，矛盾错综复杂。1912年8月，阿尔巴尼亚和马其顿爆发反抗奥斯曼土耳其帝国统治的起义，得到巴尔干各国人民的同情和支持。至9月，保加利亚、希腊、塞尔维亚和黑山逐步结成巴尔干同盟，企图乘机对土耳其发动战争，瓜分其欧洲地区的领土。黑山首先于10月9日对土采取军事行动，紧接着，保、塞、希也对土耳其宣战，战争全面爆发。

▲这幅画表现了巴尔干青年告别亲人奔赴前线的情景。

战前，土耳其军事统帅部大意傲慢，认识不足，动员仓促。相反，巴尔干同盟战备充分，军队训练和装备水平较高，且士气高昂。

战争开始后，保军首先进攻色雷斯，然后向土首都伊斯坦布尔（君士坦丁堡）推进，塞、希、黑三国军队分别向马其顿、阿尔巴尼亚发起进攻；希腊舰队控制爱琴海航道，阻止土军由海路增调援军，从而对土军形成包围态势。

土军统帅部把保加利亚列为自己的主要对手，因而部署重兵集团对付保军。保军于10月击败土军，并向东推进。

巴尔干联军在马其顿、阿尔巴尼亚和伊庇鲁斯地区占有军事方面的优势。驻马其顿土军被粉碎，残部撤至约阿尼纳要塞后被希军包围。塞军向亚得里亚海岸推进，先后占领都拉斯、地拉那等地，并在黑山军配合下包围斯库台。11月28日，阿尔巴尼亚宣布独立。

欧洲列强对巴尔干同盟的胜利忧心忡忡。俄国担心保军占领伊斯坦布尔，影响其实现对黑海海峡的控制；德国和奥匈帝国则因利益所在，不愿看到土耳其覆灭。为此，奥匈帝国调动军队，企图阻止塞军向亚得里亚海岸进军。

土耳其与保加利亚、塞尔维亚在欧洲列强的压力下于1912年12月签订停战协定，并在伦敦就媾和条件进行谈判。1913年1月23日，土耳其发生政变，新政府拒绝接受停战条件。2月3日，战事再起。3月3日，希军占领约阿尼纳，歼土军3万人。26日，保塞联军突破土军防线，攻占埃迪尔内，歼土军近7万人。4月22日，塞黑联军经数月围攻后，迫使斯库台守军投降。土耳其被迫于1913年5月30日与巴尔干同盟签订《伦敦和约》，几乎丧失其欧洲地区全部领土。

战术发展

在巴尔干战争中，作战方法上发生了一些变化。这种变化是由于战斗技术装备的发展而引起的，首先是火炮射击威力、射程和射速的提高；也由于机枪数量增加，以及新式武器与军事技术装备的使用。所有这一切促使陆军改用疏开战斗队形，为了隐蔽而利用地褶和壕沟，同时还必须保护部队免遭空袭。军队在前线数百千米地段上展开。巴尔干战争证明了机动作战和向向心方向实施突击（向心突击），以及进行迂回和包围的优越性。军队射击能力的提高加强了防守，因此，建立对敌巨大火力优势是实施有效冲击的重要条件。

第二次巴尔干战争

第一次巴尔干战争结束后，因胜利果实分配问题，巴尔干同盟之间矛盾激化。保加利亚企图独占马其顿；塞尔维亚没有得到亚得里亚海出海口，要求在马其顿得到补偿；希腊企图扩大在马其顿的占领区；罗马尼亚要求从保加利亚获得南多布罗加。

欧洲列强利用巴尔干各国矛盾，加紧对该地区的争夺。俄、法支持塞、希，奥匈支持保加利亚。保加利亚于1913年6月29日突然向驻马其顿的塞、希军队发起攻击。7月初，塞、希军队发起反攻，迫使保军撤退。10日，罗马尼亚对保宣战，占领多布罗加，并向索菲亚进军。21日，土耳其军乘机攻占埃迪尔内。保加利亚军队全线溃退，于7月29日宣布投降。

8月10日，双方签订《布加勒斯特和约》。9月29日，保、土签订《君士坦丁堡和约》。根据条约，保加利亚丧失在第一次巴尔干战争中获得的大部土地。

第一次巴尔干战争造成的客观后果之一是使巴尔干各国人民摆脱了土耳其的长期封建统治，具有进步的民族解放的性质。第二次巴尔干战争的结果，使巴尔干各国重新分化，罗马尼亚与英、法、俄协约国靠近，保加利亚则加入德奥同盟。战争中，由于新式武器和军事技术装备（飞机、装甲车、无线电）的使用，作战方法也有新的变化：战斗队形更加疏开；军队行动更注意隐蔽；进攻多采取机动作战和迂回包围；防御多采取阵地作战。欧洲列强因为巴尔干战争矛盾进一步升级，第一次世界大战的爆发由此提前到来。

第一次世界大战

第一次世界大战，是1914—1918年帝国主义国家两大集团——同盟国与协约国之间为瓜分世界、争夺殖民地和霸权而进行的首次世界规模的战争。第一次世界大战，究其根源首先是帝国主义时期资本主义发展不平衡性的加剧，导致后起的帝国主义国家强烈要求重新瓜分世界。

第一次世界大战全面爆发

19世纪末20世纪初，资本主义由自由竞争阶段发展到以垄断为特征的帝国主义阶段，各国政府代表本国垄断资本集团为获得最大限度的垄断利益，积极推行对外扩张和侵略政策，在世界各地以武力争夺殖民地。老牌殖民帝国英、俄、法占据了世界绝大部分殖民地，而经济发展迅速、国家实力急剧膨胀的德、日、美等新兴的帝国主义国家所拥有的殖民地却相对很少，这种经济发展和殖民地分配的不均衡导致帝国主义国家之间的矛盾尖锐起来，新兴的帝国主义国家强烈要求瓜分老牌的帝国主义国家的殖民地。其次，资本主义国家周期性的经济危机和国内阶级矛盾的尖锐化也使帝国主义各国统治不稳，各国纷纷扩军备战、寻找同盟，企图通过对外发动侵略战争来缓和国内阶级矛盾。

1882年5月，德国、奥匈帝国及意大利在维也纳签订同盟条约，形成了具有侵略性的军事政治集团——同盟国。1892～1907年，俄、法、英三国先后签订协约，逐步形成了与同盟国相对峙的协约国。

▲1914年6月28日，奥匈帝国皇储弗兰茨·斐迪南到波斯尼亚检阅部队，在萨拉热窝遇刺。

1914年6月28日，奥匈帝国皇储弗兰茨·斐迪南为向塞尔维亚炫耀武力到波斯尼亚检阅部队，在萨拉热窝遇刺。这一事件成为一战的导火线。7月28日，奥匈帝国对塞尔维亚宣战。俄国根据有关条约，为支持塞尔维亚，于7月30日宣布军事总动员。8月1日，德国对俄宣战。8月3日德国对法宣战。8月4日英国对德国宣战。第一次世界大战全面爆发。

难以打破的战争对峙局面

战争开始后，欧洲大陆出现了3条战线，即英、法、比对德作战的西线，俄国对德、奥作战的东线和奥匈帝国对塞尔维亚作战的巴尔干战线。

德军早在战前就制定了对付法军的“施里芬计划”，即进占中立国比利时，从不设防的法比边境南下，包围袭击集结在德法战线上的法军，在4到6周内迫使法国投降，然后调兵进攻俄国，在三四个月里结束战争。8月4日，德军进入比利时，不料在列日要塞遭到比利时军民顽强抵抗。德军动用了大口径重炮，以4000名德军的性命和3天的时间攻陷列日。8月20日，德军占领比利时首都布鲁塞尔，随即分兵5路向法国北部挺进，一直攻到距法国首都巴黎15千米的地方。法国政府被迫迁往波尔多。然而，法军虽暂时失利，却保存了实力。9月初，法军成功地实现了主力师团的战略转移，不但加强了首都巴黎的保卫，而且对德军形成两面夹击的威胁。9月5日到10日，德法双方投入了150余万军队，在玛恩河展开了一场空前规模的激战。德军战败，被迫退居艾纳河，形成了两军对峙的胶着状态。

▲1914年8月，大战刚刚爆发时，德国军队正在向比利时挺进。

在东线战场，俄军和德、奥两国军队在漫长的战线上展开了激战，双方互有胜负。为了配合西线英法联军牵制德军，俄国在8月中旬派出两个军团，从西北提前进攻东普鲁士。德军利用俄军内部的不协调，并截获俄军兵力调动的电报，迅速开始反击。到11月，德军重创俄军，并侵入俄国国土。但在西南方向，俄军占领了奥匈帝国的东加里西亚和布柯维纳，进抵喀尔巴阡山麓。德奥军队虽几次反攻，都未能奏效。到年底，东线也进入了胶着状态。

在巴尔干战场，奥军和塞尔维亚军一直在进行拉锯战。从8月到12月，奥军两度占领贝尔格莱德，但都被击退。到12月，奥军被全部逐出塞尔维亚领土。

除了欧洲战场，西亚、非洲、远东也发生了战事。土耳其加入同盟国参战后，英国趁机宣布埃及脱离土耳其，成为英国的保护国。接着，英国又攻入美索不达米亚，占领巴格达，进兵巴勒斯坦、叙利亚和阿拉伯。在非洲，英军相继占领了多哥、喀麦隆、德属西南非和德属东非等德国殖民地。日本对德宣战后，迅速侵占德国在中国的“租借地”青岛，并占领马绍尔、加罗森和马利亚纳等群岛。

1915年，德奥集结了重兵，从5月2日开始全线进攻。俄军节节后退，放弃了波兰、立陶宛及波罗的海沿岸各省，直到9月才挡住

施里芬计划

施里芬计划为第一次世界大战时德国参谋总部制定的一套作战计划。其主要目标为应对来自德国东西两面的两个敌对盟国——俄国与法国的夹攻。此作战计划利用了两国总动员速度之差异：由于俄国疆域辽阔，士兵众多，但其铁路系统极不完善，故其总动员之速度大约需时一个月；而法国则只需要一个星期左右则可完成总动员。故此德国希望在日后战争爆发后先以精兵在西线强攻法国，在攻克法国后才将军队调至东线以应对俄国之进犯。

德军的攻势。乘德军主攻东线之机，英、法联军在西线向德军展开了多次进攻。双方各有胜负，对峙局面始终未能改观。

▲这是一幅描绘凡尔登惨烈场面的油画

反战罢工和浪潮此起彼伏

由于同盟国在东线的胜利，保加利亚于1915年7月同德、奥、土签订军事协定，参加了对塞尔维亚的作战。10月，同盟国开始总攻，将塞尔维亚军队和政府赶到了亚得里亚海上的科孚岛。

1916年，德军重新把主力转向西线，企图一举消灭法国军队。2月下旬，德军以前所未有的火力向凡尔登进攻。法国当即增调兵力和军火，展开了凡尔登保卫战。几经激烈交锋，双方损失兵力均在30万以上，德军始终未能攻下凡尔登。为了牵制德军，英、法联军从7月起在索姆河畔发起进攻，双方损失兵力各近60万。在凡尔登和索姆河两大战役后，西线再度转入阵地战。

1916年5月，奥军突破意大利战线。意军大败，向俄国求援。俄军出兵西南战线，遏制了奥军的攻势，并吸引了罗马尼亚参加协约国作战。

连年战争给各交战国带来了极大的灾难，在沙皇统治下的俄国，列宁领导的布尔什维克党教育和领导工人、士兵、农民不断发起反对沙皇政府及其战争政策的示威游行和罢工运动。1917年2月中旬，圣彼得堡的工人开始政治大罢工。在圣彼得堡起义胜利的鼓舞下，其他城市和前线士兵也纷纷起义，推翻了统治俄国300年之久的罗曼诺夫王朝。二月革命的胜利，促进了各国反战革命运动的高涨。德国、奥匈帝国、法国、英国等国的工人和士兵以俄国革命为榜样，掀起了反战罢工和起义的浪潮。

沸腾的二月革命

食物短缺，骇人听闻的伤亡人数，加上沙皇顽固地拒绝对他的政府实行自由化，导致了1917年头几个月不断增长的示威游行和罢工。俄国首都沸腾了。最后于3月12日杜马不服从沙皇要它解散的命令。一个警卫团杀死了团队的军官。街道发生大火。监狱打开了，紧接着是巷战。叛乱蔓延到莫斯科。3月15日下午3点钟，沙皇在普斯科夫的陆军总部退位，“愿上帝保佑俄国”是他的祈祷词和墓志铭。一天后，沙皇兄弟大公爵拒绝继承皇位。几天之内，沙皇及其家族成员即被逮捕。

第一次世界大战结束

然而，各交战国政府出于扩张领土和争夺霸权的目的，并不甘心结束战争。1917年4月，英、法联军以闪电战方式突破德军阵线，企图改变两军对峙的僵持局面。当月，完成战争准备的美国，放弃了“中立”立场，参加协约国对德作战。在东线，窃取二月革命成果的俄国资产阶级临时政府也在下半年向奥匈军队展开进攻。当年夏天，希腊也参加了协约国方面的作战。8 月，中国被拖入协约国。面对协约国方面的进攻，德奥帝国主义不甘失败，决心作最后的挣扎。在西线持守势的德军，在意奥战线上却展开了攻势。1917 年 10 月，德军在卡彼莱多一役全歼意军。在东线，德奥军粉碎了俄军的进攻，于 7 月中旬开始反攻，并长驱直入俄国境内。

面对俄国资产阶级临时政府继续战争的行径，列宁领导的布尔什维克把革命推进到第二阶段，1917 年 11 月 7 日，布尔什维克领导了圣彼得堡的武装起义，推翻了克伦斯基临时政府，建立了世界上第一个社会主义国家。第二年 3 月，为了巩固革命政权，苏维埃政权接受了德国的苛刻条件，签订了布列斯特——立托夫斯克和约，从而退出了帝国主义战争。

1918 年，德国决心利用俄国退出战争之机，一举打败英法军队。西线再度爆发了异常激烈的战事。德军先后 4 次发动进攻，但并没达到歼灭英法军队的目的，反而损失了大量兵力，并使战争的主动权转到协约国方面。美国参战后，协约国于 9 月发起了全线反攻，并首先在巴尔干战线上取得决定性胜利。9 月底，保加利亚接受停战。10 月底，土耳其宣布投降，11 月初，奥匈帝国投降。德国陷入绝境，企图通过签订停战协定挽救帝国，但遭到了协约国的拒绝。11 月 11 日，德军被迫投降，接受了康边停战协定，第一次世界大战宣告结束。

第一次世界大战，使帝国主义各国的力量对比发生了变化。德国战败，割地赔款；奥匈帝国彻底瓦解；英法虽取得了胜利，但在战争中元气大伤，受到削弱；美国在战争中牟取暴利，一跃成为经济强国。战后帝国主义奴役掠夺战败国和宰割弱小国家的《凡尔赛和约》等分赃条约，虽暂时调整了帝国主义战胜国之间的关系，但没有消除它们之间的根本矛盾，为第二次世界大战的爆发埋下了祸根。战争并没有解决帝国主义之间的矛盾，却引起了革命。1917 年，俄国爆发了十月革命，建立起第一个社会主义国家，开创了世界历史的新纪元。

第一次世界大战的军事意义

第一次世界大战的经验，对两次大战之间 20 年各国军事学术的发展产生了重大影响：战后，资本主义国家总体战、闪击战、坦克制胜论、空中制胜论、大战略理论，以及依托坚固防线组织防御等各种军事理论的形成和发展，都是从不同角度总结大战经验的结果，并在第二次世界大战中得到了应用和检验。

现代战争

现代是指1917年俄国十月革命以来的历史时期，20世纪，随着科学技术的飞速发展，特别是核能技术、计算机技术、微电子技术、激光技术以及航天技术的高速发展，使武器系统、军队结构、战争方法、指挥手段及战争样式等各个方面发生了革命性变化，战争由纯军事性向政治性、经济性、技术性发展。

现代战争最鲜明的特征之一便是在核武器的威慑下进行的常规战争，“核武器制胜论”和“核威慑战略”曾在相当长的一段时间内成为美苏两个超级大国军事思想和军事战略的基础，随着核武器“俱乐部”的扩大，这一纷争愈演愈烈。同时，美苏等国之间还展开了一场以发展空间武器为重点的军备竞赛。

西班牙内战

20世纪20年代初，西班牙工人农民运动与民族自治运动发展很快，阶级矛盾与民族矛盾不断激化，君主制度危机加大。1931年，西班牙爆发了资产阶级民主革命，西班牙从此进入共和时代，并成立资产阶级共和国，进行了民主改革。但是，这场社会民主改革并不彻底，共和的西班牙内部矛盾依然异常尖锐，内战不可避免地爆发了。

内战全面爆发

16世纪时，西班牙曾是世界上最强大的殖民帝国，其殖民地遍布全世界，特别是占有除巴西外的几乎整个中南美洲。然而，显赫一时的殖民强国在几次重大的战争后却一蹶不振，并丧失了绝大部分的美洲殖民地。20世纪初，在西方其他大国迅速发展，势力不断增强时，西班牙却在资本主义经济政治发展不平衡规律的作用下，丧失了帝国主义争霸的权力。西班牙落后的根源是其半封建的生产关系不适应生产力的发展。

20世纪，西班牙处在波旁王朝末代君主阿方索十三世统治下，虽有议会之类的资产阶级统治机构，但贵族大地主、天主教会高级僧侣和一些大资产阶级代表人物掌控着政权。贵族大地主成为统治西班牙的主要力量。天主教会在西班牙具有特殊的势力和地位，它深入到城乡社会生活的各个方面，拥有大量地产和大批企业，高级僧侣本身常常是大地主或大财主，是君主政治的重要支柱。

1935年，欧洲政局动荡。在西班牙，人民阵线政府上台之后，国内局势一直处于紧张状态，特别是右翼势力公开寻衅，制造事端，加重了社会的不稳定。此时，“西班牙军事联盟”已经为武装叛乱、颠覆共和政府做好了准备，而7月13日发生的著名保皇派首领、叛乱组织者之一卡尔沃·索特洛被杀事件成为了西班牙内战的导火索。

▲佛朗哥

1936年7月17日，驻摩洛哥梅利里亚的西班牙军队发生叛乱，并立刻得到“外籍军团”的响应及支援。次日晨，佛朗哥就从其驻地加那利群岛飞抵摩洛哥的德土安指挥叛乱军队，迅速占领了梅利里亚、休达、德土安等城市。叛军借口称叛乱的目的在于制止西班牙的无产阶级革命。18日，叛乱的消息传遍整个西班牙本土各驻军营房。各地的叛党武装组织纷纷策应。反对叛乱的人民要求武装起来，保卫共和国。西班牙内战全面爆发。

德、意武装干涉西班牙内战

然而此时，阿萨尼亚－吉罗加政府面对叛乱却犹豫不决。南方一些城市相继沦陷，告急电报不断发来，总理卡萨雷斯·吉罗加竟然声称半岛上没有人与这种荒谬的阴谋有关，而且拒绝向人民发放武器。佛朗哥率领的摩洛哥叛军自南向北，莫拉率领的保皇党和正统派军队由北而南，戈戴德的军队离开巴利阿里群岛进攻加泰罗尼亚，其他各路叛军都朝首都马德里开进，气焰嚣张，马德里的处境十分危急。

然而，虽然吉罗加政府软弱无能，但广大劳动人民痛恨君主制度，更反对复辟，因此纷纷行动起来，要求获得武器以平息叛乱。卡·吉罗加迫于舆论压力而辞职。不久，载有各种武器的卡车就开始为各个工会运送枪支弹药。

武装起来的人民迅速包围叛乱的军营，甚至在很多地区或城市叛乱刚露头，就受到痛击。在巴塞罗那，武装的民兵包围了军营，攻占了机枪火力点，从而制止了军队叛乱，并且俘获了叛军将领戈戴德将军。在阿斯图里亚斯，矿工们包围了被叛军攻占的奥维亚多城。在马德里，武装的人民包围了蒙塔那军营，经过5个多小时的激烈战斗，终于攻占了这座坚固的军营，平息了叛乱，范胡尔被俘获并被处死。

人民群众的武装对抗，迅速止住了叛乱的蔓延。到7月下旬，除北方原来由莫拉将军所盘踞的布尔戈斯、那瓦尔、萨拉戈萨各省之外，南方被占据的仅有塞维利亚、加的斯、格拉纳达和科尔多瓦几个孤立的据点，南、北两路叛军被巴达霍斯省所分隔。此时，外籍军团的大部分主力还因无法突破共和国海军严密封锁的海峡而滞留于摩洛哥，未能到达西班牙本土。叛军速胜无望，陷于困境。然而此时，德、意法西斯在7月底直接出兵支持西班牙的叛乱，武装干涉西班牙。

德、意武装干涉西班牙的首要任务是协助佛朗哥将军外籍军团的主力横渡直布罗陀海峡。同时，大批德、意飞机、大炮、坦克以及各种轻重武器、弹药源源不断地送达叛军手中。紧接着，德、意大批轰炸机侵入西班牙上空，对和平城市及居民进行猛烈狂轰。德、意正规军在“志愿兵”名义下开进西班牙本土。

德、意对西班牙进行武装干涉，不仅是因为西班牙的战略地位和其丰富的工业资源，同时人民阵线在西班牙的胜利，将促使欧洲反法西斯力量的发展。

美英等国对叛军的纵容

德、意法西斯大规模武装干涉西班牙，是世界法西斯势力对世界民主的又一次猖狂进攻。该战争对于英、法、美等资本主义国家来说，也是一个严重威胁。然而，此时英、法、美等西方国家则标榜“中立”，实行纵容侵略的“不干涉”政策，表面上禁止各国向西班牙输送武器和军用物资，实际上是封锁西班牙共和国，放任德、意支援叛军，意图同德、意共同扼杀民主的西班牙共和国。

此时，英国仍与佛朗哥领导的布尔戈斯政权维持贸易来往。1937年，叛军攻占毕尔巴鄂，佛朗哥允许英国奥康纳公司从这个港口装运铁矿砂，从而得到英国100万英镑的贷款。

美国没有参加“不干涉委员会”，但是罗斯福政府却明确支持英、法奉行的不干涉政策，以防止战火扩大。1937年1月，罗斯福在其致国会咨文中，主张“中立法”也适用于“内战”的国家，取得了国会的同意。美国国会参、众两院通过了对西班牙禁运武器的联合决议。美国所标榜的“中立”姿态，同样只使西班牙共和政府受害，而有利于叛军一方。因为公开支持叛军一方的德、意、葡等国仍然可以在“非交战国”的名目下和美国大做军火生意。

在德、意法西斯的公开侵略和英、法等西方大国所谓“不干涉政策”的配合封锁下，西班牙共和国局势迅速恶化，处境艰难。因此德、意法西斯更加肆无忌惮地扩大武装干涉的规模，在整个战争期间共有5万德军、15万意军在西班牙直接参战。叛军在得到德、意公开支持，取得了大量军事装备和人力补充后，于8月攻占了西南重镇巴达霍斯，南北两支叛军会合，然后挥兵直指马德里。共和国处境逐渐恶化。

国际社会对西班牙人民的支持

西班牙人民反对法西斯联合势力的战争，赢得了全世界进步力量的同情和支援，世界各地纷纷举行集会，谴责德、意的武装干涉，要求英、美、法放弃“不干涉”政策。各国无产阶级团结一切反法西斯的进步力量，积极行动，保卫西班牙。

苏联站在西班牙共和政府一边，在西班牙遭受侵略和封锁的最困难时刻，给予了巨大的支持。除了在“不干涉委员会”为西班牙共和国政府购买武器的权利而斗争之外，苏联人民还源源不断地捐款捐物甚至武器弹药以支援西班牙人民，但后来，由于封锁的加强，西班牙政府能够获得的武器逐渐减少。苏联还给西班牙共和国派去军事顾问、飞行员、坦克手及各类专家共约3000人，他们的任务是帮助西班牙政府训练军队，建立正规军，但不直接参加战斗。

共产国际组织来自全世界54个国家约3万名优秀的反法西斯民主人士，克服困难，躲过法国边防警察的搜捕，突破海上封锁线，从不同途径进入西班牙，组成“国际纵队”，直接参加反法西斯的战争。不同种族、不同信仰的人们，在反法西斯的共同目标下奔赴西班牙战场。

▲国际纵队士兵

西班牙开始了独裁统治

9月，马德里遭到轰炸。11月初，叛军开进至马德里城郊，马德里保卫战进入激烈的阶段。7日，叛军全线展开对马德里的进攻。共和军顽强抵抗，使叛军每前进一步，都要付出巨大的伤亡代价，叛军进入马德里市区的企图最终未能得逞。1937 年 2 月和 3 月，叛军和德、意侵略军又先后发动了两次强大的攻势，均遭失败。经过几番较量后，法西斯侵略军和叛军被迫暂时放弃占领马德里的企图，将其主要攻势转向北方。

1937 年夏，15 万叛军和侵略军聚集兵力进行进攻，佛朗哥叛军主力集中在毕尔巴鄂方向作战。6 月 20 日，巴斯克地区的首府毕尔巴鄂失守。10 月 22 日，共和军在重工业区阿斯图里亚斯的最后一个据点希洪城陷落。随后，法西斯指挥部把作战重点转向了东线。

1938 年 3 月，叛军突破共和军防线，开进到地中海沿岸，割断了加泰罗尼亚与西班牙中部以及南部地区的联系。随后叛军分兵进攻，南攻巴伦西亚，北攻巴塞罗那，西班牙共和国面临危急局面。而此时，英、法政府却封锁法西边界，扣留共和国购买的大批军火。12 月，法西斯联军集中 30 万大军进攻加泰罗尼亚。1939 年 1 月，加泰罗尼亚首府巴塞罗那失陷。2 月，法西斯联军占领加泰罗尼亚全境。英、法帝国主义在美国公开支持下，胁迫共和国政府以投降来迅速结束西班牙战争。2 月，英、法两国政府相继宣布承认佛朗哥政权并断绝同共和国政府的外交关系。此时共和国政府处境非常困难，尽管决心作战到底，但共和国内部的反革命武装叛乱打消了政府继续抗战的意图。

3 月，共和国内部的卡萨多上校和右翼社会党首领贝斯太罗与叛军相勾结，在马德里发动反革命政变，夺取了共和国政权，佛朗哥的军队全线出击，牵制在前线的共产党。28 日，经历了 2 年 8 个月战斗的马德里终于在内外敌人夹攻下沦陷。4 月初，叛军控制西班牙全境。从此，西班牙开始了长达 40 年之久的佛朗哥法西斯独裁统治，而欧洲则面临新的战祸，二战已迫在眉睫。

西班牙内战实际上是西班牙人民抗击法西斯、捍卫民主和独立的民族革命战争。其意义远远超出西班牙国家本身，对当时国际关系产生了广泛而深远的影响，成为第二次世界大战前夕民主力量和法西斯侵略势力斗争的一个重大事件，是 20 世纪 30 年代国际反法西斯斗争的重要组成部分。

第二次世界大战

第二次世界大战是以德国、意大利、日本法西斯等轴心国及保加利亚、匈牙利、罗马尼亚等国为反人类方，以反法西斯同盟和全世界反法西斯力量为正义方进行的第二次全球规模的战争。

第二次世界大战是在社会生产力和科学技术高度发展的条件下进行的，参加战争的不仅有现代化的陆军、海军，还有空军。战争中使用了大量的火炮、坦克、飞机和导弹等现代化武器。

祸水东引殃及自身

资本主义世界在第一次世界大战之后，经历了短暂的繁荣阶段。1929—1933 年的经济大危机，严重地动摇了整个资本主义体系，为了摆脱危机，各国都在寻找出路。在德国，希特勒组织的纳粹党则乘机大肆活动，积极宣传扩张侵略。1932 年 1 月，纳粹党党魁希特勒在垄断资本家代表大会上提出法西斯政治纲领，主张用战争手段夺取“生存空间”，赢得了垄断资本家的支持。1933 年 1 月，希特勒被任命为总理，8 月，他自任国家元首，取消总统制。希特勒的法西斯政权建立以后，立即把全国经济纳入战争轨道，加速实行国民经济军事化，一边“铸造神剑”，一边寻求盟友，准备发动世界大战。

1939 年 9 月 1 日，德国闪击入侵波兰，9 月 3 日，英、法对德国宣战，第二次世界大战爆发。波兰很快落入德军手中，国家灭亡。9 月 17 日，苏联攻入波兰，攻占了西乌克兰和西白俄罗斯等地区。28 日，德、苏签订条约，确定了双方在波兰的占领地区。

▲英国“二战”初期首相张伯伦

从“二战”爆发到 1940 年 5 月，英法一直推行战前外交政策，希望把德国侵略的祸水引向苏联。但法西斯德国则利用战略间歇，积极准备向西欧各国进攻。

1940 年 4 月 9 日，法西斯德军未宣战就占领丹麦领土。同时，也开始侵略挪威。在亲法西斯分子协助下，法西斯德军经两个月军事行动便占领挪威的全境。另外，早在挪威战役前，法西斯德国就开始实施“黄色计划”，这计划旨在经卢森堡、比利时、荷兰对法国实施闪电突击。

1940年5月10日，法西斯德国首先对法国机场进行了密集空中突击，并实施空降。抱定防御战略的法军统帅部将重兵配置在“马奇诺防线”，而未在纵深建立战略预备队。法西斯德军却经阿登山从北面迂回“马奇诺防线”，横贯法国北部，法西斯德军坦克兵团在突破色当地区的防御之后，于5月20日进抵英吉利海峡。比军、英国远征军和一部法军，在弗兰德平原被分割。5月28日，比军投降。英军和一部法军被封锁于敦刻尔克地区，在丢弃全部重型军事技术装备后，撤至英国。6月初，法西斯德军突破了法军在索姆河、埃纳河仓促建立的防线. 6月10日，法国政府放弃巴黎。1940年6月22日，军事行动以签署法国投降书而告结束。

1940年6月10日，意大利参战。8月，意军侵占英属索马里和肯尼亚、苏丹部分地区，9月中，侵入埃及，进逼苏伊士。希腊军队打破了意军由阿尔巴尼亚向希腊发展进攻的企图。1941年1~5月，不列颠军队把意军赶出英属索马里、肯尼亚、苏丹、埃塞俄比亚、意属索马里、厄立特里亚，同时，意大利舰队在地中海海域遭受重大损失。

1941年初，德国隆美尔将军率领“非洲军团”来到北非。3月31日，德、意联军转入进攻，4月下旬进抵利比亚、埃及边界。

在此期间，日本进一步扩大了对中国的侵略。日军占领了中国的华南地区，并且侵占法属印度支那北部。

1940年7月16日，希特勒决议对英登陆作战。8月，德国航空兵对英国本土东北和南部海岸进行了密集轰炸。与此同时，法西斯德国准备侵苏战争，先后入侵巴尔干半岛、保加利亚、南斯拉夫和希腊，夺占了克里特岛。

1941年6月22日，法西斯德国撕毁苏德互不侵犯条约，向苏联发动全线进攻。22日、24日，丘吉尔、罗斯福分别代表英国、美国政府发表声明、缔结协定，支持苏联反法西斯侵略的斗争。

世界范围内的大决斗

苏德战场是第二次世界大战主战场，战斗一开始就异常激烈。法西斯德国在前18天就夺取了拉脱维亚、立陶宛全部，白俄罗斯、乌克兰、摩尔达维亚等大部。苏军在莫斯科附近的反攻和1941—1942年间的冬季攻势，使法西斯的“闪击战”计划遭到了破产。德军遭受第二次世界大战以来的第一次重大失败，为根本战争局势的扭转奠定了基础。

▲日军偷袭美军珍珠港基地

1941年12月7日，日本偷袭美国军事基地珍珠港。12月8日，美、英等国家相继对日宣战；12月11日，德、意对美宣战。

1942年7月，德军统帅部经过准备，开展了第二次世界大战最大的会战之一，即1942—1943年的斯大林格勒会战。而在太平洋地区，日本取得了制海权，攻占了缅甸、马来西亚连同新加坡要塞、菲律宾、印度尼西亚各重要岛屿及其他地区，同时重创英、美、荷联合舰队。

从1942年上半年开始，美国增加太平洋的力量，在与日本进行的珊瑚海海战和中途岛海战中，重挫日本舰队。日本被迫于1942年底转入防御。

1942年11月19日，苏军在斯大林格勒附近展开反攻，击溃法西斯军33万人。苏军在夺取主动权后，于1942年冬、第二年春在北高加索、顿巴斯、列宁格勒附近等地区对敌实施了毁灭性突击，将其击退500千米~1300千米，解放了大片国土。敌军218个师被击溃，约5000门火炮、7000辆坦克、1万余架飞机被击毁。这些胜利，从根本上破坏了德国的军事实力，改变了第二次世界大战所有战场的军事政治形势。

从1942年秋起，英、美战斗行动开始积极起来，以较大兵力轰炸德国的重要城市、工业目标和军事目标。1943年7月10日，美、英军13个师攻占了西西里岛，9月初在亚平宁半岛登陆。7月25日，意大利墨索里尼政府被推翻，巴多格里奥元帅成为新政府首脑，于9月3日与美、英签订了停战协定。法西斯集团开始瓦解。

▲斯大林格勒战役后惨景

原子弹加速终结世界大战

1944年夏秋苏军开展了多次较大规模的进攻战役。1944年9月19日，芬兰政府与苏联签订停战协定，退出法西斯集团，并于1945年3月4日对德宣战。1944年的白俄罗斯战役，解放了白俄罗斯全境、立陶宛大部。1944年中，苏军协同其他国家解放了摩尔达维亚全境、罗马尼亚大部。1945年7月下旬，苏、波联军解放波兰。1944年10月，法西斯德军在巴拉顿湖地区的反攻被击退后，布达佩斯获得了解放。苏军又援助挪威人民解放了挪威东北地区。1945年4月初，盟军在鲁尔地区合围法西斯德军约20个师。西线德军停止抵抗。4月下半月至5月初，盟军进抵易北河，占领了埃尔富特、纽伦堡，随后进入捷克斯洛伐克和奥地利西部。英军进抵什未林、吕贝克、汉堡。4月16日，苏军三个方面军发动了规模巨大而极其紧张的柏林战役，德军柏林集团在这一战役中遭到围歼。

攻克柏林后，德国成立的邓尼茨政府，与美、英缔结局部投降协定。5月8日午夜，以凯特尔元帅为首的德军最高统帅部代表，在苏军占领的柏林近郊卡尔斯霍斯特签署了法西斯德国武装力量无条件投降书。苏联元帅朱可夫受苏联政府委托，同美、英、法代表一起接受了无条件投降。

1944—1945年间，在太平洋战区，盟军进行了粉碎日本舰队和解放日占岛屿的多次战役。1945 年 5 月，只有法西斯日本还在继续作战。8 月，关东军最终被完全击溃，中国东北、朝鲜北部、南库页岛和千岛群岛均获得解放。美国于 8 月 6 日和 9 日对广岛、长崎投下了两颗原子弹，加速了日本侵略战争的失败。1945 年 9 月 2 日，日本签订投降书，第二次世界大战结束。

“二战”作为人类迄今为止规模最大、危害最严重、持续时间最长、参战国最多、波及范围最广的一场战争，给人类世界造成了非常巨大而深远的影响。它造成了社会主义与资本主义两大阵营的对峙，形成了约半个世纪的“冷战”国际关系。客观上推动了现代经济的迅速发展。促进了民族解放运动向纵深发展。

“二战”的军事特征和军事影响

在“二战”中，首次使用了雷达和其他无线电电子器材、火箭炮、第一批喷气式飞机、飞航式导弹和弹道火箭，在战争的最后阶段使用了核武器。空军、国土防空军、潜水艇部队、空降兵兵团、工程兵和技术兵种的作用得到增强。这些对战后各国的军事思想、战争思想和军队建设都产生了深远而重大的影响。

美黎战争

美黎战争是一场侵略与反侵略的战争，是黎巴嫩人民反抗美、英入侵者的一次正义战争。在这场黎巴嫩人民同仇敌忾一浪高过一浪的反抗斗争中，入侵的美国最终被赶出了黎巴嫩。正义战胜了邪恶。

美国悍然发动了侵黎战争

黎巴嫩位于亚洲西部，濒临地中海，首都贝鲁特是国际著名的海港和航空港，是中东交通、商业、金融交易中心，因而有“阿拉伯门户”之称。黎巴嫩虽于1943年获得独立，但战后仍为英、法所控制。第二次中东战争后，英、法势力撤出黎巴嫩，但美国随之在中东推行“艾森豪威尔主义”，把黎巴嫩作为其推销该主义的第一个对象。当时，黎巴嫩总统夏蒙为了在其1958年9月第一届任期期满后能够连任，玩弄各种阴谋手段，甚至妄图修改宪法，因而激起黎人民的强烈反对。夏蒙为了巩固其统治，便接受了“艾森豪威尔主义”，将一些重要机场、港口“租借”给美军使用。美国则给夏蒙政府以军事援助，帮助夏蒙政府镇压人民的反抗。

> **“艾森豪威尔主义”**
>
> 1957年，美国总统艾森豪威尔向国会提交中东决议案。这一决议的基本原则，被称为“艾森豪威尔主义”。主要内容是：由国会授权总统动用2亿美元给中东国家以经济和军事援助；总统有权应这些国家的请求提供武力援助，只要这些国家面临“国际共产主义控制的任何国家的武装侵略”。

1958年5月，黎巴嫩各阶层人民在游行示威、总罢工、罢市、罢课等反政府活动的基础上，发展成大规模的武装起义。起义部队同政府军展开游击战，到6月下旬，起义部队先后占领了贝鲁特的巴斯培区，以及的黎波里、哈勒巴、专纳和巴尔贝克等城市，控制了全国四分之三的领土。夏蒙政府眼看就要垮台，只得向美国求援。而美国积极给予了支援，由此，美黎战争爆发了。

美国等为了进行这场侵略战争，做了充分准备。美、英在中东地区共集结军队近7000人，飞机1000架，大中型舰艇120艘。1958年7月15日，正当黎巴嫩人民的武装起义接近最后胜利的时候，美国发动了对黎巴嫩的武装入侵。1500名美海军陆战队，在贝鲁特国际机场附近的哈尔迪湾实施登陆，接着占领了贝鲁特国际机场。然后通过西德至贝鲁特的“空中走廊”不断增加侵黎美军的人数。到8月上旬，美军进入黎境的人数已达48000人。其中地面作战部队11000人，编为4个陆战营，2个空降战斗群和1个坦克营。地面后勤保障人员4000余人。地面部队占领了贝鲁特市及其附近的山地、国际机场区、火车站和海港区，还控制了几条公路。驻扎在土耳其亚达那空军基地执行支援美占领军作战的美空军编成一个混合攻击部队，有作战飞机71架。此外，有50多艘舰艇集中在黎巴嫩沿海活动。

黎巴嫩人民对入侵者的反抗

黎巴嫩起义部队对入侵的美海军陆战队进行了顽强的抵抗。7月16日，美军攻占贝鲁特区的泛美大厦、议会大厦等重要目标时，都发生了激烈的战斗，起义部队俘获了一部分美侵略军，迫使美军退出这些地区。起义部队还不断击落美军在贝鲁特上空执行作战任务的飞机。在黎巴嫩全国各地，人民群众自发组织起来，同入侵的美军展开游击战，使侵黎美军陷入游击战争的汪洋大海之中。

黎巴嫩人民的反侵略斗争也得到国际舆论的同情和支持，苏联等许多国家纷纷谴责美国的侵略行径，要求美、英侵略军撤出黎巴嫩和约旦。

由于黎巴嫩举国一致同仇敌忾，美国的武装入侵不但未能挽救夏蒙政府灭亡的命运，反而在起义部队的打击下伤亡日益增多。不得已于1958年10月底将入侵黎巴嫩的美军全部撤离黎境。美黎战争遂以黎胜美败而告结束。

1958年9月，就在美军还留在黎巴嫩的时候，黎巴嫩人民按照宪法举行了新总统选举，选出谢哈布为总统，组成了卡拉米政府。卡政府宣布奉行独立自主和中立政策，并引导黎巴嫩人民继续同美占领军进行斗争。由于美军对黎巴嫩的军事干涉以失败告终，也避免了中东危机的进一步发展。入侵约旦的英军处于孤立无援的境地，也于美军撤退之后于1958年11月从约旦撤出。

中印边界自卫反击战

中国与印度之间有约2000多千米的共同边界。由于各种原因，中印两国至今尚未正式划定边界线，但是，长期以来，两国之间实际存在着一条传统习惯线。在中印边界问题上，我国政府坚持实事求是的态度，并考虑历史和现实的情况，始终认为中印两国之间不存在任何划定边界的条约和协定。印度方面置我国政府的正确主张于不顾，一意孤行地在中印边界上侵占我国领土，一场边界自卫反击战终于展开。

我国军队奋勇发起反击

1959年8月25日，侵占中印边界东段朗久的印军派出巡逻队，侵入麦克马洪线以北的小村庄马及敦，并朝向其喊话的中国边防军人开枪。中国边防军人被迫还击，双方枪战一小时，一名印军被打死，其余的撤回朗久。同年10月21日中午，印军60多人在空喀山谷中包围了只有14人的中国边防巡逻队，要中国军人放下武器投降，遭拒绝后，于当地时间13时9分，印军开火，打死一名中国军人。中国军人奋起还击，经两小时战斗，打死印军9人，俘虏7人。由此，中印边界争端由两国军人面对面的武装对峙发展成真枪实弹的武装冲突。

1961年11月2日，印度总理尼赫鲁召开会议，会议发出了被称为“前进政策”的指令，要求印军由目前的阵地朝“国际边界”（即印度单方面主张的边界）尽可能向前推进巡逻。为此，从1962年初起到8月，印军在中印边界西段中国境内增设了38个据点，连同1961年5月以来设立的据点共达43个；在中段，印军继续向进入乌热地区的据点增兵；在东段，印度进一步在麦克马洪线以北扩大占领范围。在此期间，印军还不断向边境地区集结兵力和增派炮兵。到1962年8月，在中印边界西段，印军已部署了步兵7个营和炮兵、工兵等支援部队，兵力5600人左右；在东段，配置了步兵15个营，约16000人，东西两段共集结了32000人的兵力。1962年9月9日，印度国防部长梅农主持召开了国防委员会会议，制定了入侵中国的代号为“里窝那作战行动”的计划。为了实施该计划，印军组建了一支新军——陆军第4军，由陆军参谋长考尔中将任军长。考尔到任后，准备在10月10日发起里窝那作战行动。10月10日，印军在克节朗地区发起进攻，但被中国军队击退，印军的里窝那作战行动被迫推迟，改于10月20日早晨印度标准时间4时30分（北京时间7时）发起攻击。

面对印度不可避免的进攻，中国政府作出了加强战备、准备反击的决定。1962年10月17日，在印军即将发起进攻的前夕，中央军委下达了反击入侵印军的作战命令。按照中央军委的命令，中国边防部队进行了调整。西藏边防部队组成了东段指挥部，由西藏军区司令员张国华任指挥部司令员，该军区副司令员邓少东、赵文进，副政委吕义山负责前线指挥；西藏军区政委谭冠三任指挥部政委，和军区副司令员陈明义、副政委詹化雨及参谋长在拉萨基地指挥所主持工作，调集优势兵力集中在克节朗河地区和拉则山口以北的错那。同时从四川抽调135师及其配属的炮兵、工兵等，加强麦克马洪线东端察隅一带的防御。与此同时，新疆边防部队也开始向喀喇昆仑山地区集结兵力，并成立了西段指挥所，由南疆军区司令员何家产任指挥部司令员兼政委。至10月20日，中国边防部队在中印边界全线，为击退印军进攻的准备已经就绪。

英勇之师初战告捷

1962年10月20日北京时间7时，印军在中印边界东段的克节朗河谷地区向中国军队阵地发起猛烈炮击。30分钟后，中国边防部队开始反击。在炮火掩护下，西藏边防部队投入4个团约9000人，左翼由步兵一个团另一个营实施主要突击，攻歼卡龙、扯冬等据点的印军主力；右翼以步兵一个团攻歼沙则、克宁乃等地印军据点，另以一个营从左翼实施迂回穿插，攻占章多，切断入侵印军的后路。同时用一个营和部分哨所守点分队从正面牵制印军，力争全歼印军于克节朗河谷。激战至当晚7时左右结束，西藏边防部队完全收复了上述中国领土，歼灭印军官兵2000人，印军第7旅基本被消灭。21日，根据总参谋部“相机占领达旺”的电令，西藏边防部队马不停蹄地向达旺推进，相继攻占了桑彩拉山口、哈东山口、棒山口和亭山口，然后分兵4路，向哈东山以南的邱善谋、吉米塘、龙布和永邦桥推进。23日，西藏边防部队集中5个团另一个营的兵力，向达旺发起总攻。经两天激战，终于于25日进入达旺，并继续向南推进，攻占了达旺河以南的部分地区。至此，西藏边防部队收复了克节朗河以南、达旺河以北、不丹以东、达旺以西被印军侵占的中国领土。

在此期间，在中印边界西段的新疆边防部队也展开了一场激烈的反击战。新疆边防部队根据印军的布防特点，决定首先在阻止印军的进一步推进后，采取拔点攻坚的战术，逐个清除奇普恰普河谷和加勒万河谷以及阿克赛钦地区西大沟以北河尾滩、天文点两个防区内的印军据点，同时命令空喀山口防区守卡分队在班公湖以南组织积极防御，牵制当面入侵印军。待得手后，再挥师东进，横扫整个西段印军据点。

10月20日8时25分，新疆边防部队反击的炮声打响，9分钟后，步兵进攻开始，至中午，攻占了加勒万河谷南岸的台地和奇普恰普河谷的红山头。21日，守卡分队发现从班公湖地区撤退的印军，当即抓住战机逐一拔除了印军在此设立的31个据点。24日，新疆边防部队两个团昼夜兼程700千米向西藏阿里地区冈底斯山脉开进，反击侵入巴里加斯地区的印军。到28日，新疆边防部队在从新疆境内喀喇昆仑山脉到西藏境内冈底斯山脉的几万平方千米中国领土内一共拔除了37个入侵印军的据点。10月28日，中国边防部队奉命在中印边界全线停止反击作战行动。在历时一个星期的反击作战中，中国边防部队共歼灭入侵印军3000余人，其中俘虏927人，包括步兵第7旅旅长达尔维准将、7名校级军官和9名尉级军官。

将入侵之敌赶出领土

在失败面前，印度政府并不吸取教训，反而准备同中国大干一场。为此，印度陆军把原来准备对付巴基斯坦的 4 个师调至边界地区。在西段组建了喜马拉雅第 3 山地师，兵力由原来的 5600 人增至 15000 人。东段仍被印军视为主要进攻方向，到 11 月中旬，兵力由原来的 22000 人增至 30000 人。10 月底，印军又组建了新的第 2 步兵师部，负责指挥瓦弄和麦克马洪线中段部队。

瓦弄位于喜马拉雅山南麓，中印边界传统习惯线以北，南距麦克马洪线 20 千米，东、南与缅甸和印度相邻，西、北与西藏门隅和察隅地区相连。印军将此作为在中印边界全线发起一系列大规模进攻行动的始点，并将进攻时间定于 11 月 14 日。

▲反击入侵敌人

面对印军将再次发起进攻的情况，中央军委决定继续实施自卫反击作战。电令西藏、新疆边防部队分别在东段和西段同时反击入侵印军，在打退印军的进攻后，西段的新疆边防部队要乘胜拔除中国境内所有入侵印军据点，收复被侵占的中国领土；东段的西藏边防部队则要乘胜追击，直抵中印边界传统习惯线。为了粉碎瓦弄印军的进攻，总参谋部电令设立由 54 军军长丁盛、副军长韦统泰、副政委钟池、政治部主任蓝亦农和西藏昌都军分区司令员等人组成的中印边界东段地区指挥部，负责全歼入侵瓦弄的印军步兵第 11 旅。

11 月 14 日上午 10 时 30 分，驻瓦弄的印军向中国军队发起猛烈进攻。经过近两天的战斗，中国军队守住了阵地。11 月 16 日凌晨，中国军队开始反击，至当日 14 时，中国军队已逼近瓦弄印军步兵第 11 旅旅部。11 月 17 日，中国部队继续向南追击。18 日，攻占哈拉；19 日，攻占拉木维西和沙木维尔；21 日，攻占金古底，已逼近传统习惯线。至 27 日，入侵瓦弄地区的印军步兵第 11 旅已全军覆灭。

与此同时，在中印边界西段印军新组建的喜马拉雅第 3 山地师在中国境内的班公洛地区，同中国新疆边防部队发生了激烈的战斗。到当天中午，侵入中国境内的全部印军据点即被拔除。下午，印军溃退至楚舒勒。

就在瓦弄的印军第 11 旅遭到围歼时，印军第 4 师已完成了在西山口——邦迪拉地区的战役部署，并制定了进攻作战计划。西藏边防部队根据印军的布势特点，决定集中 3 个步兵师和山南地区边防部队的 22000 余人的兵力，担任这一地区的反击作战任务。11 月 10 日黄昏，担任迂回登班的中国军队秘密出发，经过 7 天 5 夜的行军，该部队深入印军后方 180 多千米，于 11 月 17 日到达并攻占了登班，完全切断了德让宗—邦迪拉公路，形成对印军第 4 师主力的战役合围。11 月 18 日，担任正面进攻的中国军队向西山口发起总攻，至19日16时，攻占了西山口和申隔宗，印军的“头”被彻底砸烂，整个防御体系顷刻瓦解。11月20日以后，印军第4师已全部瓦解，残余部队或藏于山林中，或择偏僻小道往印度平原逃去。西藏边防部队集中了几个团的兵力，开始在德让宗—查库地区拉开了大网搜剿残敌。11月23日，西藏边防部队已进抵非法的麦克马洪线以南靠近习惯线的附近地区。自卫反击作战实际上结束。在历时近1个月的前后两个阶段的作战中，中国边防部队在中印边界全线共清除印军入侵据点90个，全歼印军步兵第7、62和炮兵第4旅，歼灭步兵第11、48、65旅大部及第67、70、114、161旅各一部，给予印军步兵第4师以毁灭性打击。

中印边界自卫反击战是在特殊地域进行的一场规模有限的战争，双方实际投入作战的部队不超过10万人。主要作战兵种是步兵，也有一定数量的炮兵，中方没有使用坦克，印方使用了少量轻型坦克。双方飞机都没有直接参战，只有印方使用了少量运输机和直升机用于物资补给和人员输送。尽管这样，这场战争仍对地区格局乃至世界战略格局产生了影响。

这场战争遏制了印度的扩张势头，稳定了边界局势，使中印边界地区保持了长时间的基本平静，进而也稳定了西藏。另外，这场战争缓和了我国周边的险恶环境，使我国将主要力量用于主要方面的戒备和防御，从而在一定程度上减弱了帝国主义对我国的军事压力。

欧加登战争

欧加登是介于埃塞俄比亚和索马里之间的一块干旱的、半荒漠的低平高原，总面积为38万平方千米。欧加登现归埃塞俄比亚管辖，但索马里不承认现有的索埃边界线，坚持认为欧加登是索马里的领土，并明文写进宪法，称之为西索马里。从索马里独立那天起，欧加登地区的归属问题就不断引起索埃两国的争端。

不可避免的领土之争终于爆发

19世纪80年代以前，包括欧加登在内的“非洲之角”的索马里民族聚居的广大地区，还没有形成一个统一的国家。此时由于苏伊士运河的通航，东非的战略地位大为提高，于是引来了欧洲殖民主义的争夺。除欧加登外，索马里先后被法、意、英三国瓜分，法国于1883年至1887年建立了以吉布提为首府的法属索马里；1887年英国宣布索马里北部为其“保护地”，并同埃塞俄比亚签订划界条约，将实际已在埃塞俄比亚控制之下的欧加登地区正式划归埃塞俄比亚；1889年意大利在索马里中部建立意属索马里，1891年意又占领了索马里南部。1896年，意大利因不断向欧加登地区扩张，终于爆发了与埃塞俄比亚的军事冲突，即阿杜瓦战争，最后埃塞俄比亚取得了胜利，意大利被迫于1897年和1908年两次同埃塞俄比亚签订划界条约，明确承认紧靠意属索马里西部的欧加登地区为埃塞俄比亚的领土。1935年，意大利再次对埃塞俄比亚发动大规模侵略，占领了埃塞俄比亚全境。1949年，联合国将意属索马里交意大利托管，1950年，英国在移交权力之前，在埃塞俄比亚与英属索马里和意属索马里之间有争议的边界地区划了一条临时分界线。但这条分界线当时并未被埃、意认可，在联合国调解敦促下，虽几经谈判，仍未解决。直至1959年索马里独立前夕，意大利才作出让步，承认临时边界线继续有效。

▲全副武装的士兵

但1960年英属索马里和意属索马里先后宣布独立并合并成立索马里共和国后，立即推翻了英埃和意埃的所有边界协议，不仅否认英国划定并被意大利认可的临时边界线，而且宣布欧加登地区应还给索马里。这要求遭到埃塞俄比亚的拒绝后，索即支持欧加登地区的索族人，于1963年成立“西索马里解放阵线”，开展反埃政府的武装斗争。于是，索埃之间围绕欧加登归属问题的军事冲突已无法避免。

索马里军挺进欧加登

欧加登战争按其发展过程大体可分为三个时期：

第一个时期为1963年至1977年。这个时期双方的军事冲突主要发生在临时边界线两侧，规模很小。主要是索马里边防军在“西索马里解放阵线”的配合下，进行越境活动，对埃塞俄比亚边防军进行火力袭击，间或造成伤亡。这期间最大一次军事冲突发生在1964年，双方伤亡数百人。这次冲突引起国际社会的广泛关注。1964年7月，国际会议呼吁索、埃双方通过谈判解决领土争端。1968年，索埃多次谈判，达成消除边界紧张状态的协议，但事后双方在欧加登地区的军事冲突仍时有发生，并且酝酿着新的战斗。

第二个时期为1977年至1978年3月。这个时期虽然只有短短的8个月，但双方的军事冲突已经发展为有几万武装人员参加、范围遍及欧加登全境的战争。这个时期又可分为三个阶段：

第一阶段是索军进攻，埃军防御。1977年7月23日，索马里军队出动12000人连同“西索解阵”的武装共约3万人，在飞机、坦克、大炮的支持下，分三路对欧加登地区大举进攻。埃边防军在强敌压境下，节节后退，至同年9月中旬，索军已攻占欧加登地区的大部分城镇，并一度攻占欧加登北部重镇吉吉加。埃军退至吉吉加至哈拉劳纳一线，双方在哈拉尔和迪雷达瓦一带展开激战，索军屡攻不下，埃军固守待援。索军这次发起突然而强大的攻势，其作战企图是利用埃军在欧加登驻军数量和质量上的劣势，一鼓作气攻占欧加登地区，建立亲索政权，创造既成事实，使尔后谈判解决争端处于有利地位。但是由于索马里国小力弱，战争潜力有限，战线拉长后补给发生困难，加之受到埃军的顽强阻击，攻势进展迟缓，没有完全达到索的预期目的。

第二阶段是双方对峙时期。埃军在顶住索军的强大攻势之后，一方面调整部署，加强对前沿据点的防御力量，并派出民兵深入敌后进行有组织的袭扰破坏活动，以牵制索军的进攻兵力，减弱索军的攻势；另一方面积极寻求外援，大力扩充军事力量，为反攻作好准备。埃军的作战意图是，通过相持阶段将索军的战斗力削弱到一定程度后，即发起强大反攻，着重歼灭进入欧加登地区的索正规军，尽快将其逐出欧加登地区，同时借以打击“西索解阵”的武装力量，肃清其在欧加登的反政府活动。在这期间，索马里也在寻求外援，以增强军力，到相持后期，战场主动权逐渐转到埃军手里。

欧加登重新恢复平静

第三阶段为埃军反攻，索军退却。埃军经过充分的准备，共集结正规军4万人，动员民兵8万人，在苏联、古巴军事人员直接参与下，于1978年2月2日从哈拉尔、迪雷达瓦一线发起反攻，索军主力撤至卡拉马尔，在山口一带，依托有利地形企图阻挡埃军的攻势。3月5日，由3000名军人组成的古巴机械化部队投入战斗，配合埃军再次发动进攻，一举突破索军的正面防线，并乘胜扩展战果，追歼溃逃的索军。3月9

日，索军宣布撤军，14 日全部撤出欧加登地区。3 月底，埃军收复“西索解阵”长期占据的主要城镇，“西索解阵”武装主力被迫撤到索境内。

第三个时期为 1978 年 4 月至 1988 年 4 月。这个时期索埃双方虽然没有大规模的军事冲突，但由于双方仍处于严重的对立并相互提出对方难以接受的要求和条件。特别是索马里继续支持“西索解阵”的武装斗争，对埃军的据点开展袭扰活动。埃军也经常越过边界与索军发生冲突，埃军还经常出动飞机轰炸索马里边境的一些村镇。但索马里在美国的支持下成功地阻止了埃军的入侵，迫使其撤回境内。1988 年 4 月，索埃两国通过和谈签订了关系正常化的协议，恢复了自 1977 年起中断的外交关系。欧加登战争至此宣告结束。

实际上，欧加登之争是美、苏之争的缩影。由于东非之角地处红海通往印度洋的要冲，是当时两个超级大国全球争霸必须控制的一个要点。因此，欧加登地区军事冲突的和平解决，不仅有利于稳定东非的局势，对美、苏的全球争霸活动也起到了一定的遏制作用。

坦桑尼亚和乌干达战争

坦桑尼亚和乌干达战争是一场地区强权政治重新划分势力范围斗争的产物。坦乌战争最后以乌干达的失败而告终。在历史上，坦乌战争具有非常大的意义，它不但有利于坦乌地区战略关系的稳定，更重要的是有利于整个非洲的稳定。

坦乌第一次战争

坦桑尼亚和乌干达均是非洲历史悠久的民族，19世纪中叶先后沦为英国的殖民地，第二次世界大战结束后仍由英国“托管”和“保护”。20世纪60年代初，两国人民通过开展声势浩大的反英斗争，先后获得独立，独立后一段时间内关系正常，相安无事。20世纪70年代初，乌干达政局出现不稳因素，当时的乌干达总统奥博特和国防部长阿明之间因政见分歧和权力之争产生不和。奥博特总统为巩固其统治地位，加强对军队的控制，以便削弱阿明的军权，采取了一系列不利于阿明对军队垄断地位的措施，使阿明感到了对自己的威胁。于是，阿明先发制人，于1971年1月发动了反对奥博特总统的军事政变，夺取了乌干达的政权，奥博特逃到了坦桑尼亚避难。同年2月阿明出任乌干达国家元首，解散议会，由他一手行使行政和立法权。坦桑尼亚对阿明政权不予承认。为此，坦桑尼亚和乌干达两国关系紧张，阿明为迫使坦桑尼亚对其政权的承认，多次在两国的边境进行武装挑衅。

坦桑尼亚为了推翻阿明政权，就帮助奥博特组织武装力量，准备通过这支武装力量反击乌干达对坦桑尼亚的武装挑衅，并伺机帮助奥博特夺回政权。坦桑尼亚和乌干达之间的一场战争已不可避免。

坦乌战争先后发生两次，第一次战争是1972年9月至10月。坦桑尼亚认为时机已到，便支持奥博特的武装力量越过坦乌边界向乌干达进攻，同乌干达政府军在乌边境的一些城镇展开了激烈的战斗。由于坦桑尼亚军队没有大规模介入，奥博特的武装力量处于劣势，不久进攻受阻，继而失利，被迫退回坦桑尼亚境内。阿明考虑到国内形势尚不稳定，没有越境追击。后在索马里等国的干预下，坦乌两国先后达成摩加迪沙和亚的斯亚贝巴两个和平协议。但引起军事冲突的根源并未消除。奥博特的武装力量仍在坦境内从事反阿明政权的活动。坦乌两国关系仍然十分紧张。边境军事冲突和摩擦时有发生。

坦乌第二次战争

第二次战争是1978年10月至1979年6月。1978年初，坦乌两国表示愿意改善双边关系，举行边界谈判，但由于双方分歧太大，未能取得成果，坦继续支持乌的政治流亡者发展武装力量。阿明为了巩固政权，对内采取高压手段，使持不同政见者纷纷流亡坦桑尼亚，而且由于连年政治斗争和内耗，经济发展停滞，国民生活下降，引起了广大群众的不满。乌国内形势十分严峻。

▲乌干达前总统阿明

为了扭转危机，阿明政权不惜投靠苏联和利比亚，在利比亚军队的支持下中断坦乌谈判，重新在坦乌边境集结军队，蓄意挑起军事冲突。

1978 年 10 月 12 日、10 月 28 日，乌干达飞机轰炸了坦桑尼亚境内的布科巴市。10 月 30 日，乌政府军数千人突然越过边境向坦桑尼亚发动大规模进攻，坦边防部队不敌后撤，至月底乌政府军已侵占坦卡格拉地区的 1800 平方千米领土，并宣布要以卡格拉河为乌坦自然边界线。

坦军一边顶住乌军的进攻，一方面从战略纵深调集重兵以便反攻。1978 年 11 月 14 日，阿明政权迫于国际舆论的压力，宣布从坦领土撤军。坦军利用乌军北撤的时机，加紧向北部集结。1979 年 1 月 22 日，坦军追赶乌军，在炮火的掩护下越过边界，攻占了乌的木图库拉镇，尔后兵分三路向北推进。于 2 月 27 日和 28 日先后攻占了乌南部重镇姆巴拉拉和马萨卡。在此期间利比亚除派地面部队协同阿明军队作战外，还多次出动飞机轰炸坦境内的目标。

3 月 23 日至 25 日，乌干达各派流亡组织 100 多名代表在坦的莫希市开会，成立全国解放阵线（简称“解阵”）和全国民族解放军，随坦军进入乌境作战。3 月 28 日，坦军迫近并包围乌干达首都坎帕拉，对该市进行炮击。4 月 2 日，坦军炮轰坎帕拉四郊的一些兵营。乌政府军已无斗志，准备弃城而逃。4 月 6 日，坦军攻占了乌首都的门户恩德培港和国际机场，乌政府机构处于瘫痪状态。4 月 10 日，坦军向坎帕拉发起总攻，于当天上午占领全市。阿明率残部逃往乌的北部和东部。随坦军进入坎帕拉的乌干达解放阵线宣告阿明政权已被推翻。4 月 11 日由解放阵线主席优素福·卢莱为首组成乌临时政府。4 月 13 日，临时政府内阁成员宣誓就职。4 月 21 日，坦军与“解阵”部队攻陷金贾，阿明率残部继续向北方败逃。坦军和“解阵”部队乘胜追击，扫荡残敌。5 月 29 日，攻克阿明残部在乌境内的最后一个据点阿鲁亚。6 月 4 日，乌政府宣布坦军和解放阵线部队已占领了乌全境的所有城镇，控制了全国。阿明及其残部逃到扎伊尔和苏丹境内。6 月 6 日，坦桑尼亚总统尼雷尔宣布，在乌境的坦军日内大部撤回国内。坦乌战争至此结束。

坦乌战争的意义所在

第二次坦乌战争双方都投入了全部军事力量，坦桑尼亚进行了全国紧急动员，除正规军外，还从其他武装中抽调3万余人充实军队，使作战部队达到5万余人，另有乌各派流亡组织的武装游击队7000人。阿明军队总兵力为5000人，坦克、装甲车200辆，作战飞机20架，火炮60门。战争爆发后，双方还得到一些国家的军事援助。坦桑尼亚主要得到古巴、保加利亚和埃及等国的援助。阿明政权得到利比亚和一些阿拉伯国家的支持，可见，坦乌战争也是一场多国战争。

坦乌战争是一场地区强权政治重新划分势力范围斗争的产物。坦桑尼亚的胜利，尽管保持了坦、乌两国的特殊关系，维持了坦桑尼亚对乌干达的影响作用，但也遏制了利比亚势力的扩张，有利于该地区战略关系的稳定，也有利于整个非洲的稳定。

对越自卫反击战

1975年，越南实现全国统一后，迅速走上了地区霸权主义的道路，重生建立印支联邦的企图，在加紧控制老挝的同时，又策划实施了入侵柬埔寨的行动。在此过程中，越南对中国以往的巨大援助和作出的重大牺牲，不仅不图回报，反而将中国视为其推行地区霸权主义的严重阻碍，欲去之而后快。对越自卫反击战就是在这个时期发生的。

对越自卫反击战正式爆发

中越有陆地边界线1300千米，它由清朝政府和法国政府于1885年至1887年签约划定。在过去的相当长时期内，中越的这条边界线都是和平安宁的。但是，从1974年起，越南当局就开始有组织、有计划地制造边界纠纷，蚕食中国领土，进行武装挑衅。

1978年夏，越共四届四中全会把中国列为“最直接、最危险的敌人”“新的作战对象”。7月8日，越共总政治局颁发的文件规定，要对中国采取“进攻战略”“出其不意地、主动地”在边界线以内及以外“袭击敌人”。为此，越军对中国边境地区的武装挑衅和入侵活动日益频繁，规模越搞越大，危害越来越严重。在这一年里，越南武装人员共计打死打伤中国边境军民300余人。

1979年1月至2月中旬，越军在中越边境全线加紧作战准备，大搞军事演习，频繁调动部队，宣布进入一级战备状态，并声称准备同“新的作战对象”打一场大规模战争，要决一死战。

中国政府对于越南当局的反华行径，在较长一段时期内，采取了忍让克制的态度，希望通过和平协商的外交途径，解决两国之间的争端，并为此作出了真诚的努力。就是在中越关系急剧恶化，越军肆无忌惮地侵犯边界、开枪开炮的情况下，中国仍持相当克制的态度，中央军委还多次命令广西、云南边防部队不主动惹事，对越军的挑衅行为，不对骂，不对打，不开枪动武。可是，越南当局把中国的克制忍让视为软弱可欺，进一步加紧中越边境的军事挑衅活动，加重边界地区的紧张局势。在此情况下，中央军委只得作出加强广西、云南边防战备的决定，并采取了相应的军事措施。

1979年2月8日至12日，越军连续5天侵犯中国9个县所辖的边境地区30次，打死打伤中国边民和边防战士34人，并猛烈袭击中国境内的火车、工厂、学校和农田，致使工厂停工，学校停课，耕地停种，广大人民群众的生产、生活乃至生命财产都受到严重威胁。他们纷纷要求中国边防部队回击越南侵略者，恢复边境地区的和平与安全。在此情况下，1979年2月中旬，中国政府和中央军委作出了自卫反击的决定，命令广西、云南边防部队，对侵犯中国边境的越军予以还击，并对其进行有限规模的反击。

1979 年 2 月 17 日凌晨，广西、云南边防部队在边境全线对侵犯中国边境的越军进行自卫还击，中越边界战争爆发。

取得两个阶段作战的胜利

中方的作战方针是：集中绝对优势兵力，在越南北部浅近纵深地区，穿插迂回，分割包围，各个击破，速战速决，歼灭一批对我边境进行入侵挑衅的越南军队，摧毁一批对我边境构成威胁的军事设施。

作战分两阶段进行，第一阶段从 2 月 17 ~ 26 日，历时 10 天，以歼灭越南高平、老街地区之敌为目标，同时对同登、老街、封土地区之敌实施牵制性攻击。第二阶段从 2 月 27 日 ~ 3 月 5 日，采取宽正面、浅纵深，在强大炮火的掩护下，以坚决夺取谅山，力争歼灭在沙巴地区的第 316A 师为主要目标，造成在战略上威逼河内的态势。

在这两个阶段作战中，又分为广西、云南两个方向。在广西方向，广西边防部队主要担负了攻歼高平地区越军和攻占谅山的任务。高平为越北战略要地，山水环抱。3 号公路由河内经此与中国水口相通，4 号公路由此经东溪、七溪、同登至谅山。开战前，高平有越军 346 师和 3 个独立团，12 个独立营。广西边防部队集中了 7 个师及相当数量的坦克，参与围歼该地区越军。其作战部署是，以南、北两线，分别从高平东南和西北实施钳形攻击，同时以部分兵力攻击同登等地越军。在南线，首先以部分兵力在布局方面实施突破，在东溪打开突破口后，以主力跟随其后北上，攻击高平；在北线，以主力组成穿插部队，从广西念并向越北莫隆突破，然后经莫隆、通农向班庄、扣屯地区穿插，协同南线部队打击高平越军。

▲东线总指挥许世友上将

2 月 17 日凌晨，广西南线部队在炮火掩护下，分左、右两路向东溪挺进。右路以坦克为前导，步兵随后，沿布局至靠松山的山间乡路突击，于当日上午进入东溪地区，下午攻占了东溪。左路部队沿山间小路向东溪攻击前进，沿途进行了 7 次战斗，于 18 日拂晓，控制了东溪及附近要点。南线部队夺占了东溪后，其主力立即沿 4 号公路北上，向高平急进。与此同时，南线部队还派出部分兵力进抵复和地区，以保障主力右翼的安全。19 日凌晨，这部分部队进抵复和县城。为保障主力左翼的安全，南线部队还派出另一部分兵力从那花突破，于 21 日进抵弄派山，切断了 4 号公路。至此，高平南面已为我军所控制。

广西北线边防部队于 2 月 17 日经莫隆、通农向班庄穿插。19 日下午，其主力相继到达班庄地区。21 日，该部以一部兵力在班庄组织防御，以另一部兵力向扣屯地区发展进攻。22 日傍晚，胜利插到扣屯地区，截断了高平西边的道路。北线部队夜间向班庄穿插的同时，以一部兵力攻下了素有“天险”之称的朔江，打通了平昌至安乐的公路，同时，还以另一部分兵力向越北茶灵实施牵制性攻击，使该地区的越军不敢向其他方向机动。2 月 21 日下午，广西南线边防部队开始向高平东侧和南侧逼进。此时，广西边防部队前指考虑到北线部队既有打援任务，又离高平较远，不宜参加攻占高平的战斗，遂令增调一支部队到高平，在未到之前，南线部队暂停进攻。22 日至 23 日，南线部队派出小分队夜间进城侦察，发现越军已经撤退，高平已成空城，遂于 25 日夜间进抵高平城区。

在攻占了高平后，广西边防部队从 2 月 27 日起，开始了攻歼谅山地区越军的战斗。谅山为越南谅山省省会，市区四面环山，有铁路、公路南通河内，北接中国。开战前，越军在谅山地区布防的兵力，计有 4 个步兵团，2 个炮兵团及部分地方武装，以后又调 327 师加强该地。

攻歼谅山越军的广西边防部队分兵三路，中路主力沿同登至谅山公路两侧向谅山攻进，左翼和右翼助攻部队配合。战斗于上午 8 时开始，26 日中路部队打至谅山城下。3 月 1 日 9 时许，加强了的中路部队开始攻击市区，11 时进入奇穷河以北，铁路以西谅山北市区。4 日清晨，广西边防部队分多路强渡奇穷河，突进了谅山南市区。4 日下午，中方部队主动停止前进，攻歼谅山地区越军的战斗结束。

中越战争以越的失败告终

在云南方向，战斗主要在老街和沙巴地区进行。老街是越南西北地区的重镇，隔红河与中国河口县城相望，滇越铁路穿越其间。越军在此部署有 345 师又 4 个独立团的兵力。云南边防部队对攻击老街越军作了如下部署：右翼部队在北山至坝洒一线横渡红河，占领滩头阵地后，以一部兵力向东攻击前进，夺取谷柳，协同左翼合击老街；以另一部兵力向纵深穿插，在代乃抢占有利地形，切断越军 316A 师与 345 师的联系。左翼部队主力接南溪河后，在右翼部队配合下，以主力向老街发起攻击，并以一部兵力打击发隆、孟康地区越军，尔后主力沿 7 号公路向南推进并抵达柑塘地区，协同右翼部队合击越军 345 师。与此同时，再以一支部队在封土方向打击越军 193、741 团，牵制越军 316A 师的行动。2 月 17 日凌晨，云南边防部队右翼开始渡河，4 时许，登上红河南岸，并攻占了两个高地。至下午 1 时，右翼主力全部渡过红河。随即兵分两路，一路南下，攻取代乃，一路东进直插谷柳。与此同时，左翼主力渡过南溪河后，避开老街正面，向老街东侧迂回，首先在小曹打开突破口，尔后从东向西攻击老街越军，19 日中午，左翼主力部队进入老街市区，并控

▲追击中的解放军战士

制了龙脖河至谷柳、孟康至老街的两条公路，并前出谷珊、深曼、班菲一线。此时，越军急忙调整部署，除以345师组织梯次纵深防御外，还以316A师驰援老街方向，协同345师夹击云南边防部队。在此情况下，我军必须把越军316A师阻击于代乃以西，才能切断该师与345师的联系，从而打击陷于孤境的345师。云南边防部队急命一支部队于21日前赶到代乃地区。22日，受命部队经14小时激战，攻占了代乃一线高地并立即投入阻击战。

为了不给越军345师以喘息之机，左翼部队在红河东岸沿7号公路继续向栋光方向攻击，右翼部队在红河西岸以钳形攻势威逼柑塘。越军企图守住柑塘。于是，云南边防部队前指决心集中左、右翼部队合击柑塘，同时，再增调一支部队赶赴代乃地区，准备追击越军316A师。23日清晨，向柑塘的合击战打响。25日，完成了对柑塘越军的攻击任务。

云南边防部队在打下老街和柑塘后，随即对沙巴地区316A师实施攻击。越军316A师在代乃得知柑塘失守后，采取紧急措施，将部队收缩到沙巴，组织“沙巴防线”。沙巴山高坡陡、地形复杂、交通不便、易守难攻。

云南边防部队决心集中兵力沿10号公路两侧向沙巴实施主要突击，另以一部兵力穿插沙巴侧后，切断316A师西去之路。2月25日，担任穿插的部队经龙交江、班拂直插沙巴西北之新寨及北山垭口。28日，穿插部队进至新寨北侧荷毛地区。同日夜，负责正面进攻的主力部队开始攻击，3月1日，攻击部队进至沙巴外围，2日，突破“沙巴防线”，当晚，向沙巴外围的最后抵抗线攻击前进，3日上午，进入沙巴县城，4日拂晓，正面主攻部队与穿插部队会师，攻歼沙巴地区越军之战结束。

▲搜索歼敌

云南边防部队在夺取沙巴山口后，主力继续向封土攻击前进。3日傍晚夺取封土县城。在完成上述战斗后，3月5日，中国新华社奉命发布声明：“中国政府宣布，自1979年3月5日起，中国边防部队开始全部撤回中国境内。”据此，中国边防部队于3月5日全线停止攻击，开始有组织、有计划地回撤。至此，中越边境地区的大规模战斗结束。

对越自卫反击战是在现代条件下进行的一场规模有限和目标有限的战争，战争完全是在地面进行的。双方的空、海军都没有直接参与作战。在战斗中，中国军队在越境的浅近纵深扫除和摧毁了越军的大部据点和工事，在一定程度上保障了中国边境的安全。同时，还有效地阻止了越南的扩张势头，对柬埔寨的抗越斗争起到了战略配合的作用。

入侵格林纳达

格林纳达是加勒比海东南部的岛国，距离美国2000多千米。该岛国早在1650年就成为法国的殖民地，1783年又沦为英国殖民地，1974年2月独立后为“英联邦”成员国，成立了亲美政府。由于该岛是加勒比海通往大西洋的南方门户，扼守着由南部非洲和南美洲通向巴拿马运河和美国的重要海运航线，所以在军事上有着重要的地位。由于怀疑其对美国的利益产生严重威胁，1983年，美国以“应加勒比七国的紧急要求”和“保护美侨”为借口，出兵格林纳达。

悍然发动“暴怒”入侵战

1979年3月，格林纳达“新宝石运动”领导人毕晓普发动政变上台后，奉行同苏联、古巴发展密切关系的政策，引起了加勒比地区一些亲西方国家的疑惧和美国的嫉恨。尤其是古巴以援助格林纳达发展旅游交通为名，拨出巨款并派出工兵部队在该岛西南端的萨林纳斯角地区修建一个跑道长达3800米的大型机场，美国认为这将对美国的海上石油运输线构成威胁，是对美国利益的严重挑战。

在美国的压力下，毕晓普开始调整对外政策，在继续同苏、古保持密切关系的同时，努力同欧洲经济共同体和加拿大等西方国家发展经济合作。1983年春，他还亲自赴华盛顿同美总统里根进行会谈，试图缓和与改善双方关系。但是他的做法遭到内部亲苏强硬派的反对，并引起了苏、古的猜忌。在这种情况下，政府军司令官奥斯汀于1983年10月13日发动政变，19日毕晓普被枪杀，全国陷于一片混乱。于是美国便以“应加勒比七国的紧急要求”和“保护美侨”为借口，趁机出兵格林纳达。

1983年10月23日，美国家安全委员会作出了武装入侵格林纳达的决定。在此之前，其就已下令“独立”号航母编队和“关岛”号两栖攻击舰编队驶向格林纳达附近海域，以“接美侨”为由，伺机而动。

入侵决定作出后，美国防部当晚通宵制订具体的作战计划，并下令参战部队进入临战准备。24日，美军运输机和直升机将部分陆军

新宝石运动

新宝石运动又称格林纳达“为福利、教育和解放而共同努力”运动。1973年3月由怀特曼和斯特罗恩的宝石运动和毕晓普领导的人民主人大会合并而成。该党自称是“民族主义的并具有社会主义倾向”的政党。1974年6月在其《原则声明》中宣称，党的目标是实现社会主义，建立一个“人民参政”的国家，满足人民的物质和精神需求。主张废除剥削权利、进行经济改革和土地改革；恢复民主自由，包括选举自由、宗教自由和政治言论自由；国家控制全部资源，限制资金外流。

别动队员和军事装备运往巴巴多斯。同日，牙买加、多米尼加联邦、巴巴多斯、安提瓜、圣文森特、圣卢西亚、圣克里斯托弗－尼维斯七个加勒比国家的警察部队也在演习的名义下调往巴巴多斯集结。24 日晚 6 时，里根签署了作战命令。25 日拂晓美军从巴巴多斯、加勒比海和国内三个待运地点乘直升机和运输机，在格岛实施突然的伞降和机降着陆，发动了代号为“暴怒”的入侵作战。

战争实力的悬殊对比

美军入侵总兵力近 2 万人，投入各型舰船共 15 艘，其中有航空母舰一艘，巡洋舰一艘，各型舰载机 110 余架。地面作战部队有陆军第 82 空降师 500 人，特种部队第 75 团第 1、7 两个营 700 人，海军陆战队一个加强营 1900 人及海军“海豹”特种分队。美军参战地面部队兵力总计 7000 余人，相当于格军的三倍以上。美海军的主要任务是负责海上封锁，在格岛周围建立一道 50 海里宽的海空封锁区。切断格岛与外界的一切联系，实施两栖登陆作战，并向登陆部队和陆军提供火力支援，营救格总督保尔·斯库恩，夺占电台、珍珠机场和首都圣乔治。地面部队担任主攻，负责夺取萨林斯多机场，歼灭格岛南部守军，配合陆战队攻占格首都圣乔治，并营救美国留学生。空军主要任务是负责提供空中掩护、预警、巡逻、运输作战物资和运送空降部队，控制制空权，防止古巴干预。

美北大西洋总司令麦克唐纳海军上将为总指挥；海军第二舰队司令梅特卡夫海军中将担任战场指挥员。

21 日深夜，美国命令驶往黎巴嫩途中的特遣舰队改道驶向格林纳达附近海域。23 日美舰队到达预定海域后，在格岛周围建立了宽 50 海里的海上封锁区，切断了该岛与外界的海上联系。当天，美国里根总统召开国家安全委员会会议，决定对格林纳达采取代号为“暴怒”的作战行动。当晚，参谋长联席会议制定了作战方案，参战部队奉命进入战备状态。24 日，陆军特种部队第 75 团一部分由空军的运输机和陆军的重型运输直升机运到巴巴多斯的斯布里奇顿机场，部分作战飞机也转场至附近基地。留在美国本土的特种部队、空降部队和战略运输机部队也都做好了临战准备。

格军仅 1200 人，编成两个步兵营，一个野炮连，一个高炮连，另有古巴武装援建人员 784 人，其中包括一个全副武装的工兵连，加在一起总兵力不超过 2000 人。主要集中在西海岸萨林斯多至首都圣乔治之间的濒海地区公路沿线。东海岸和南海岸兵力较弱。格岛北部沿海地区有一些民兵营地，中部山区驻军很少。守军岛上防御体系是据点式的，由主要交通线上的一些重要民兵营地、军事基地、军政机构和其它设施组成。每个据点通常驻有一个排或一个连。据点周围建有简易工事和阵地。有些据点比较孤立，相互之间缺乏战术和火力上的联系。格岛多山，地形起伏，守军可利用有利地形，困守据点，阻击和迟滞进攻之敌。

1983 年 10 月 25 日 5 时，美军从巴巴多斯、海上和国内三个待运点乘直升机、运输机在格岛实施突然的伞降和机降着陆。首先由海军陆战队先头部队 400 人，在海军及其舰载机的火力掩护下，乘直升机在格东北部的珍珠机场实施降落，不到2小时就占领了该机场，并很快攻占了附近的格林维尔兵营。另外800名陆战队员随后着陆。

霸权主义取得了胜利

在陆战队抢占珍珠机场的同时，从南路入侵的美陆军特种部队第75团两个别动营约700人，乘运输机在萨林斯机场实施伞降，遭到较强抵抗。为减少被地面炮火的杀伤，美军将计划300米跳伞的高度，降为150米高度跳伞。着陆伞兵部队立即清除机场跑道的障碍物，尔后机降营和多国警察部队共约1500人机降着陆，并同先期伞降部队会合，在海军舰载飞机、直升机和舰炮火力掩护下控制机场，摧毁周围抵抗火力点。随后进一步占领电台、发电厂等重要设施。在首期作战目标达成以后，除留下多国警察部队担任机场警戒外，美军主力部队北上，向首都进击。

北部垂直登陆的海军陆战队，在夺取珍珠机场后，视南路军战斗进展情况，适时派出250名陆战队员，与他们合围钳击首都圣乔治。为了减少受地面抗击而造成伤亡，攻击部队乘坐的直升机未经格中部上空取捷径进击圣乔治，而是绕道海上经“关岛”号两栖攻击舰中转至圣乔治以北1千米处的大马尔湾附近海域，一部分从这里乘直升机垂直登陆，另一部改乘登陆艇登陆。在舰载机火力掩护下，登陆部队出动5辆坦克，占领大马尔，控制了机场和电台、发电厂等重要设施。攻占了总督府，放出被软禁的总督斯库恩，并将他护送到“关岛”号军舰上。

▲进行炮击的美军

经过第一天的战斗，美军夺占了南北两个对战争有决定意义的机场，并形成对圣乔治钳形攻击的态势。26日攻占格军司令部所在地弗雷得里克堡，27日攻占了军事要地里奇蒙监狱，28日攻占首都圣乔治，格军残部散逃或进入山区。至此，近4天地面作战基本结束，美军除留下3000名占领军外，其余的4000余人陆续撤离格岛。

10月29日和30日，美海军陆战队搜捕到格政府总理科尔德和格“革命军事委员会”主席奥斯汀等10多人，并用直升机将他们押送到“关岛”号舰上。美在搜捕中还发现岛上几座弹药库，共缴获各种武器数千件。11月1日，美“关岛”号航空母舰又再次驶近格岸，派出300名陆战队员分别乘直升机和登陆艇上岛搜索。11月2日，美军完全控制了格林纳达全国局势，除派“美国”号航母等9艘舰只，以演习为名前往接替“关岛”号对格监视并起威慑作用外，在岛上停止搜捕，调整部署，收拢兵力，转入平时状态，保驾英女王任命的总督斯库恩临时组阁执政。为期8天的战争遂告结束。

美国一向把加勒比地区视为其后院，因此长期将格林纳达亲苏亲古政权看作是对美安全利益的一大威胁。可以说，美国入侵格林纳达有着美苏争霸的深刻背景，也是美国霸权主义战略处心积虑的结果。

美国入侵格林纳达是一场以海军兵力为主体进行的岛屿争夺型海上局部战争。海军舰艇是进行登陆作战的主要兵力，而海军陆战队是登陆的首突兵力和进行地面战斗的骨干兵力。这场战争进一步揭示了现代海上局部战争有别于一般地面战争的规律和特点。这场战争的结局同20世纪80年代其它几场海上局部战争的结局一样，拥有高技术和战争实力的一方最终达成了预期的目的。

海湾战争

海湾，即波斯湾简称，位于西亚中部。海湾周边国家是世界石油主产区，战略地位突出。1990 年 8 月，这一地区爆发了战后世界最大的一场局部战争——海湾战争。这场战争对冷战后国际新秩序的建立产生了深刻影响，同时，它所展示的现代高技术条件下作战的新情况和新特点，对军事战略、战役战术和军队建设等问题带来了众多启示。

海湾地区战争乌云笼罩

中东地区具有十分重要的战略地位，历来是大国争夺的目标。20 世纪 80 年代中期美苏关系缓和后，这一地区潜在的矛盾逐渐凸显。

伊拉克对邻国科威特觊觎已久，在 1961 年拒不承认科威特独立，并企图用武力将其吞并，但因遭英国阻挠和其他阿拉伯国家的反对，才被迫于 1963 年承认其独立。此后，伊拉克曾因边界问题多次与科威特发生纠纷和冲突。两伊战争之后，伊拉克经济陷入困境，要求科威特减免其债务等多种苛刻要求。遭科威特拒绝后，伊拉克于 1990 年 8 月 2 日出兵占领科威特，并于 8 月 8 日宣布其为伊拉克的第 19 个省。

伊拉克的侵略行为遭到绝大多数国家的反对，同时也冲击了美国的霸权主义政策，为美出兵海湾提供了口实。美国出兵海湾的战略目的是：控制海湾石油资源，掌握西方经济命脉，巩固其在西方世界的“领导”地位；长期驻足海湾，在中东建立以美国为主导的“新秩序”；制服地区强国伊拉克，保持海湾地区力量均衡，维护美国全球利益。伊拉克入侵科威特当天，美“独立”号航空母舰即奉命驶往海湾。

▲伊拉克总统萨达姆

8 月 4 日，美国制定了代号为“沙漠盾牌”的行动计划，其目的是防止伊拉克入侵沙特，用武力迫使伊拉克从科威特撤军。8 月 5 日，美国国防部长切尼飞往沙特，同沙特国王法赫德密谈，出示了美国间谍卫星拍摄的伊拉克在沙特边境大量陈兵的照片。沙特国王接受了美国出兵的“沙漠盾牌”计划，同时提出要求，美国应支持他战斗到底，不得半途撤军，但如果沙特要求美国人撤军时，美军应立即撤出。8 月 7 日，美国布什总统正式签署“沙漠盾牌”计划，下令向沙特出兵。

8 月 13 日以后，英国、比利时、澳大利亚、加拿

大、法国、荷兰、意大利、苏联、孟加拉国相继加入以美国为首的多国部队，对伊拉克进行海上封锁。

美国向海湾不断增兵。伊拉克处于全面戒备状态，全国的军队已增至130万人。伊拉克还准备在遭到进攻时在科威特的领土上使用化学武器和生物武器。海湾地区可谓剑拔弩张，战云密布。

多国部队的密集空袭

1991年1月17日，当地时间凌晨2时40分，北京时间7时40分，多国部队发起了代号“沙漠风暴”的海湾战争。停泊在海湾地区的美国军舰，向伊拉克的防空阵地、雷达基地发射了100多枚舰对地“战斧”式巡航导弹。接着，从沙特、巴林和美国航空母舰上起飞的数百架飞机，对伊拉克和科威特的重要政治、经济和军事目标进行轮番轰炸。多国部队达成了战役上的突然性，伊拉克的飞机几乎来不及升空迎战，伊军高射炮一齐向空中射击，巴格达的夜空如同白日。战争的第一天，多国部队出动飞机1000多架次。

以美国为首的多国部队，其战略方针是利用高技术的优势，先进行大规模的、长期的空袭，基本破坏了伊军的还击能力之后，再发动地面进攻。多国部队的空袭分两个阶段进行，第一阶段打击防空雷达阵地、机场、指挥和通讯设施、核反应堆、导弹发射架、生物和化学武器的工厂。第二阶段打击伊军的前沿阵地，破坏伊军的供给线。18日以后，美军每日以约2000架次飞机，对伊上述目标进行突击。19日后，伊拉克用“飞毛腿”导弹袭击以色列，企图把以色列拖入战争，使多国部队对伊战争变成以色列与阿拉伯世界的战争，从而拆散美国的反伊联盟。但是，以色列在美国的控制下，一直采取克制态度，没有进行还击。伊拉克的计划没有实现。

伊拉克总的战略方针是，在美国为首的多国部队的空袭中保存军力，坚持100天，然后在地面战争中大量歼灭美军的人员，当美军人员遭到大量伤亡后，美国会爆发大规模的反战浪潮，从而罢战退兵。这样，在空袭阶段，伊军基本是坚守在掩体战壕中，躲过了多国部队的空袭。伊军的导弹袭击，效果也不太大，所发射的“飞毛腿”导弹，90%为美军的“爱国者”地对空导弹拦截。随着多国部队轰炸时间的延长，伊军的地下掩护所遭到的破坏越来越严重。

多国部队空袭的第二阶段，重点轰击伊拉克军队精锐之师共和国卫队，破坏伊军阵地内所有的道路桥梁，切断了伊军的供给线，使伊军断粮缺水。多国部队的空袭持续38天，平均每分钟出动一架次飞机。10万架次的狂轰滥炸，使伊拉克的军队和平民的生命财产，遭到了巨大的损失。

地面进攻结束战争

24日当地时间凌晨1时，多国部队向伊军发动了第二次世界大战以来最大的海、陆、空立体式的地面进攻。

海湾战争的军事特征

海湾战争中，以美国为首的多国部队的武器装备建立在高度发展的技术基础之上；打击方式已不再以大规模毁伤为主，而是在破坏力相对降低的基础上突出打击的精确性；整个战争的范围与过程被视为一个完整的系统，战争的协同性和时间性空前突出。另外，展示了新的作战手段和作战思想运用于战争而产生的作战样式的诸多新特点，主要包括：空中作战已成为一种独立作战样式；机动作战是进攻作战的基本方式；远程火力战是主要的交战手段；电子战是伴随“硬杀伤”所不可缺少的作战方式；夜战是一种富有新内涵的战斗方式。

多国部队的进攻分为四路，一路从海上向科威特东部实施两栖登陆，两路从陆上越过科沙边境进入科境内，第四路从沙特越过边境进入伊拉克，向幼发拉底河包抄，切断伊军的退路。此外，还在伊军后方进行伞降。

在多国部队的凌厉攻势下，伊拉克的防线很快就被突破。多国部队采取了声东击西的战术，即在地面进攻前一直摆出向科威特境内正面进攻和在科威特沿海大规模登陆的架势，但在地面战争开始前 10 天，却悄悄地把正面的大批军队调到西部沙伊边境，从西线出敌不意直攻伊拉克南部，包抄伊军后路，并和从南面向科威特挺进的美国海军陆战队形成南北夹击之势。早已断粮缺水的伊军，抵抗极其微弱，数以万计的官兵处于被包围的险境。

26 日，伊拉克正式通知联合国安理会，无条件地从科威特撤军。接着，伊拉克总统萨达姆下达撤军的命令，到 27 日凌晨 1 时，伊军全部撤出科威特。持续了 6 个多月的海湾危机和 42 天的海湾战争就此结束。

海湾战争是“二战”结束以后一次高技术条件下的局部战争，对世界国际形势产生了极为深远的影响，加速了世界两极格局的解体，促进了多极化趋势的发展，对世界经济秩序带来了巨大冲击，使南北差距进一步拉大。

伊拉克战争

伊拉克战争又称美伊战争，是人类社会进入21世纪以来离我们最近的一场战争。伊拉克战争是一场引发争议，遭到大多数国家和民众质疑和反对的战争。这场战争在整个世界引起了强烈的震动，产生了广泛而深远的影响，也带给我们以多方面的启示和思考，包括政治、军事、经济、外交和文化等许多方面。研究这场战争，不仅可以拓宽我们看待当今世界的视角，而且，也会使我们更深刻地领悟现实的人类社会，这对于我们解决纷纭复杂的各种问题和谋求发展不无意义。

实施“斩首行动”

自1991年美军对伊拉克实施“沙漠风暴”行动以后，美国开始全面插手中东事务，试图扩大在中东地区的控制力。然而，在阿以争端问题上，双方不仅没有实现和解，还一再陷入对峙状态。为遏制伊拉克，美国通过“禁飞区”、空中打击、武器核查以及经济制裁试图推翻萨达姆的统治。在美国，小布什上台后，在中东问题上的数次失败让他逐渐丧失选民的支持，为维持统治地位，也需要在伊拉克问题上转变不利局面。为此，小布什政府决心彻底推翻萨达姆政权，企图进一步控制中东地区。

2003年3月20日上午10时30分，美军F－117型隐形轰炸机及“战斧”巡航导弹同时到达伊拉克首都巴格达，伊拉克战争爆发。

巴格达上空响起空袭警报，出现火光，响起爆炸声。随后，美国称攻击目标是伊拉克领导人，此次行动被称为“斩首行动”。

11时20分和11时43分，美军对巴格达进行第二、第三轮轰炸。巴格达防空炮火进行了还击。12时43分，巴格达传来消息，伊拉克领导人安然无恙。12时44分，伊拉克宣布战争开始。伊拉克新闻部长宣称，伊拉克将会取得胜利。

地面行动也于同一日展开。21时05分，大批美军坦克、战车、油罐车穿过科威特沙漠，向伊拉克边境进发。为地面进攻扫清障碍，美军战机持续轰炸伊南部。伊拉克当晚向科威特边境发射了9枚导弹，但部分导弹被美国“爱国者”导弹击落。

不久，萨达姆发表了电视讲话，宣告“斩首行动”受挫。于是美英联军的地面攻势迅速展开，希望通过一场“闪电式”的进攻，迅速摧垮伊拉克的抵抗意志，在短时间内赢得战争。

战争远远没有结束

21日凌晨，美军机械化步兵第三师所属炮兵从科威特沙漠地区向伊南部目标轰击。接着，美国海军陆战队第一远征部队、英军装甲第七旅和英皇家海军陆战队第三突击旅向巴士拉方向发展进攻。最初，伊军抵抗微弱，但在乌姆盖斯尔小城，美英联军第一次遭到伊军的强烈抵抗。尽管美方发言人在21日就宣布完全占领了乌姆盖斯尔，但在23日清晨，城内的驻防伊军部队却向部分城区的美英联军发起反冲击，并取得一定战果，夺回了部分城区。直至26日，英国一名高级军官称，美英联军彻底扫清伊拉克南部港口城市乌姆盖斯尔，完全控制了乌姆盖斯尔。

▲伞兵执行夜间跳伞运动

美海军陆战队第一远征部队、英装甲第七旅和英皇家海军陆战队第三突击旅，于22日凌晨到达伊拉克的第二大城市、最大的港口巴士拉城外。伊军机械化步兵第五十一师一部向城外的美英部队展开反击，在巴士拉西部与美英军队开展了一场极为艰苦的战斗。

巴格达时间22日傍晚，美英盟军已经占领了巴士拉北部的机场和多座桥梁，但未曾进入巴士拉市区。美海军陆战队第一远征主力调头西去，向巴格达方向推进。

英军在24日炮击了巴士拉城内的伊拉克守军。25日巴士拉城外围激战再起，英军在空袭掩护下，从西、北、南方向向巴士拉城区进攻，在局部地段发生坦克战。美英联军在26日对巴士拉城内目标进行火力打击，27日再次进攻。27日晚，英皇家海军陆战队第三突击旅的第三伞兵营乘卡车跨过巴士拉运河桥潜入了伊军防御阵地的后方。经过整夜的战斗，70到120辆伊拉克坦克和装甲运兵车开出巴士拉，遭到联军战机和地面炮火射击后，大部分车辆被击毁。

4月1日，经过一番整顿后，美军重新发起大规模的地面进攻。4月2日，美英联军夺占桥梁，这对于进军巴格达至关重要的。伊拉克战争进入了“决定性阶段”。4月3日，美军机械化步兵第三师渡过幼发拉底河，并控制了河东岸的一些区域，其先头部队出现在巴格达以南仅30千米的地方。4月3日晚上起，美军在巴格达的萨达姆国际机场与伊军猛烈交火。战斗持续到4月5日拂晓，上午11时30分，美伊双方在萨达姆国际机场内外再次展开激烈的交火。当晚，美英联军占领位于巴格达郊外20千米的萨达姆国际机场，并将其改名为巴格达国际机场，至此萨达姆国际机场争夺战结束。

▲战场上的伊拉克士兵

4月8日，美军从北部和南部两个方向推进到巴格达，并夺取了巴格达东南的拉希德军用机场。美国坦克开进巴格达，占领了萨达姆城。4 月 15 日，美军宣布，伊拉克战争的主要军事行动已结束，联军“已控制了伊拉克全境”。伊拉克战争进行了 40 多天，美国达到了用武力推翻萨达姆政权的目的。

伊拉克战争，彻底摧毁了萨达姆的政权体系，瓦解了该政权的武装力量，美英联军在真正意义上占领了伊拉克。然而，在随后的近 5 个月中，伊拉克局势动荡，重建工作步履维艰，美英联军频频遭袭。所有这一切都表明，伊拉克的稳定与繁荣还都是遥不可及的事情。

对美国而言，通过伊拉克战争，美国领导下的北约进一步东扩，同时极大地巩固了美国超级霸主的地位，极大地刺激了美国争霸欧亚的欲望。

萨达姆之死

2003 年 12 月 13 日，萨达姆在自己的家乡提克里特被美军抓获。2004 年 1 月，美国宣布萨达姆为战俘。同年 6 月 30 日，萨达姆被美英联军“正式移交”给伊拉克临时政府。7 月 1 日，伊拉克特别法庭开始对萨达姆进行审判。2006 年 11 月 5 日，伊拉克高等法庭宣布，萨达姆因在 1982 年躲过杜贾尔村暗杀后对当地村民采取报复行动，杀害了 143 人，犯有反人类罪被判处绞刑。同年 12 月 30 日，萨达姆被处死。